가치흐름의 혁신전략

# 가치흐름의

높은 수익내는 강한 기업 만들기

김현식 지음

# 혁신전략

도서출판 물푸레

## 가치흐름의 혁신전략

1판 1쇄 인쇄 | 2006년 9월 25일
1판 1쇄 발행 | 2006년 9월 28일

지은이 | 김현식
펴낸이 | 우문식
펴낸곳 | 도서출판 물푸레
등록번호 | 제 1072-25호
등록일자 | 1994년 11월 11일

주소 | 경기도 안양시 동안구 호계 1동 961-11
전화 | (031)453-3211
전송 | (031)458-0097
www.mulpure.com

책에 관한 문의는 mpr@mulpure.com으로 해주시기 바랍니다.
값 23,000원

ISBN  89-8110-235  03320

　예전에 모 대기업에서 프로세스 혁신Process Innovation, PI 도입에 성공한 사실이 널리 알려졌던 일이 있었다. 당시 프로세스 혁신은 식어 가는 열기의 프로세스 리엔지니어링BPR을 대신할 경영혁신방법론으로 받아들여져, 모르는 사람이 없을 정도였다. 반면에 프로세스 혁신이 대다수의 일반 기업에는 너무 접하기 어려운 것으로 소개된 계기가 된 것 같아 안타깝기도 하다. 사실 필자가 알고 있는 기업의 기획책임자도 정보기술IT을 잘 알아야 프로세스도 혁신할 수 있다고 막연히 생각하고 있었다. 정보기술을 전산 전문가만의 분야라고 생각한 그는, 프로세스 혁신은 아예 추진할 엄두조차 내지 못하고 있었다.

　그러나 실제로, 프로세스에서 성과를 개선하거나 혁신하는 것이 엄두도 내지 못할 정도로 그렇게 거창한 것은 절대로 아니다. 정보기술을 올바로 활용하면 프로세스의 성과를 획기적으로 향상시킬 수 있음은 분명하지만, 그것이 프로세스의 성과향상의 핵심은 아니다. 우리들의 업무(즉 프로세스)에 정보기술을 어떻게 적용해야 할지를 걱정하기보다는, 프로세스와 그 산출가치를 올바로 정의하고 여기서 가치가 부가될 수 있도록 흐름을 만드는 것이 보다 더 근본적인 것이다. 정보기술을 적용하지 않아도 프로세스와 그 성과는 개선할 수 있다.

많은 기업이 성과를 혁신하는 수많은 기법들을 도입해 보지만, 약효가 오래 지속되지 않는다고 생각하면 또다시 새로운 것을 찾아 나선다. 마치 유행을 타는 것 같다. 반면 '프로세스'를 보는 안목은 아직은 초보적인 수준에 머무르고 있다. 사실 프로세스라는 용어는 누구나 다 알 수 있는 쉬운 말이지만, 실무에 적용하면 할수록 어려움을 느낀다.

프로세스는 '가치의 흐름'으로 표현되었을 때만이 의미를 갖는다. 이 말은 기업에서 각 조직의 업무가 끊어지지 않고 서로 연결되어야 하며, 그래서 흐름을 이루어야 함을 뜻한다. 가치를 부가하지 못하는 프로세스라면, 그 자체로 낭비일 뿐이다. 이 책은 처음부터 끝까지 초지일관 프로세스를 '가치의 흐름'이라는 시각으로 조명하고 있다. 가치의 흐름으로 구성된 프로세스여야만 부가가치를 산출할 수 있다. 당연하고 너무나 자연스러운 말처럼 들린다. 그러나 가치흐름 접근방법을 사용했다고 발표한 자료나 기업의 소식은 아직까지 들어본 적이 없는 것 같다. 기업의 모든 업무를 가치흐름의 시각으로 접근하면 제약이론을 적용해 볼 수 있는 또 하나의 기회가 기다리고 있다. 업무(프로세스)의 성과를 향상시키기 위해서, 오로지 흐름이 느린 곳 한 곳에만 집중하면 되는 것이다.(이렇게 쉽고 당연한 성과혁신의 원리를 깨닫지 못하고 먼 길을 돌아가려는 기업이 많은 현실은 참으로 안타까운 일이다)

정보기술은 그 다음이다. 만약 프로세스에서 가치가 부가(창출)되고 전달되는 논리와 분석방법을 분명히 이해하고 난 후에 정보기술을 적용한다면, 그야말로 호랑이에게 날개를 달아 주는 격이 될 것이다.(이런 이유로 이 책에서는 프로세스를 지원하는 정보기술의 적용에 대해서는 언급하지 않았다.)

이 책은 모두 세 부분으로 구성되어 있다. 1부는 가치의 흐름이 무엇인지 올바로 이해할 수 있도록 하는 데에 초점을 맞추고 있다. 우선 현업에서 프로세스를 과연 가치의 흐름으로 인식하고 활용하는지 살펴보고(1장), 고객만족경영과 품질경영의 원칙으로부터 프로세스 중심 사고의 개념을 파악한 후 이들이 어떻게 가치의 흐름과 연관되는지(2, 3장), 그리고 선진 경영혁신 기법에서 가치흐름 중심의 프로세스가 어떻게 응용되는지 살펴보고(4장), 2부와 3부에 앞서 가치흐름으로서의 프로세스 체계를 구축하고 성과를 혁신하는 방법론을 개략적으로 살펴본다(5장).

2부에서는 기업의 현업(프로세스)을 어떻게 가치의 흐름으로 재구축할 수 있는지, 추진하는 순서에 맞게 설명하고 있다. 우선 기업을 둘러싼 환경을 이해하여 전략을 도출하고(6장), 목표고객을 찾아내어 이들이 인식하는 가치를 어떻게 반영할 것인지 살펴본다(7장). 그리고서 고객가치의 흐름과 직무분석 결과를 고려하여 프로세스 체계를 구축하고(8장), 하나 하나의 프로세스를 정의하고(9장), 표현한다(10장). 그런 후에는 프로세스에 따른 성과관리 체계를 수립하고(11장), 그 측정 결과를 분석하고 피드백하는 체제를 설명한다(12장).

3부에서는 가치흐름의 체계를 활용하여 성과를 혁신하는 방법을 설명한다. 가치흐름은 범위에 따라 하나의 프로세스로부터 시작하여 서로 연관성 있는 몇 개의 프로세스들로 구성된 프로세스 경영시스템까지, 범위를 더욱 넓히면 기업과 기업 간의 연결인 공급망까지 확대될 수 있다. 따라서 먼저 프로세스상에서 흐름의 성과를 향상시키는 메커니즘을 살펴보고(13장), 경영시스템과(14장) 공급망에서(15장) 성과를 혁신하는 메커니즘까지 차례로 설명한다.

이론에 치중하기보다는 기업의 현실을 고려한 업무체제(경영시스템)에서 출발하여 가치흐름의 체계로 보완될 수 있도록, 그리고 그 후에는 조직의 역량을 높여 성과를 높이는 데까지 도전할 수 있도록 최대한으로 고려하였다.

원고를 시작한 지 벌써 3년이 다 되었으니 무척 오랜 시간이 흘렀다. 처음 시작할 당시만 해도 프로세스라는 말이 생소하게 들리던 때라, 가치의 흐름으로 프로세스를 연결하고 여기서 성과를 혁신하는 메커니즘을 연구하는 그 자체가 필자를 들뜨게 하는 것이었다. 그러나 출발 당시의 이러한 의욕은 수 차례의 고민과 난관에 부딪힐 수밖에 없었다. 방법론을 구성하기 위해 얼마 안 되는 해외 자료라도 수집해야 했고, 한편으로는 실무에 적용해 볼 시간도 필요했다. 그러는 동안 프로세스를 보는 기업의 안목도 높아졌고, 프로세스에 대한 논리의 전개에도 많은 진전이 있었다. ISO 9001, TS 16949와 같은 품질경영시스템 규격에서 최근 프로세스 접근방법이 강조되는 추세는 경영혁신의 의지를 가진 기업에게는 참으로 다행스럽고 바람직한 일이 아닐 수 없다. 이제 후로도 시간이 갈수록 가치흐름에 대한 이해가 깊어지고 성공사례를 발표하는 기업이 늘어날 것을 기대한다.

독자 여러분이 이 책을 어떻게 만나게 되었는지는 알 길이 없다. 그러나 이 책이 독자 여러분의 조직과 도약을 꿈꾸는 이 나라의 모든 기업에 업무의 목적과 가치를 깊이 생각하는 소중한 기회가 되기를 간절히 바란다.

언제나 동행하시며 조용히 영감을 주신 하나님께 감사드린다. 또한 이 책이 나오기까지 여러 면에서 도움을 자청한 우문식 사장님과, 오랜 시간 기다리며 옆에서 힘이 되어 준 아내 그리고 예은, 예진이에게도 고마운 마음을 전하고 싶다.

2006. 9. 7
김현식

# ■ 목차

3부
# 가치흐름의 혁신(부드럽고 빠른 흐름으로 업무성과 혁신하기)

# 1부

# 가치흐름의 이해
(가치의 흐름을 올바로 이해하기)

가치흐름에 따른 조직의 성과혁신 방법을 이해하려면 가장 먼저 프로세스가 조직에 어떤 영향을 주는지부터 이해해야 한다. 1부를 읽어 나가는 동안 프로세스를 중심으로 한 가치흐름의 본질을 올바로 이해할 수 있을 것이다.

# 01
## 가치의 흐름을 깨닫지 못하는 기업

| 들어가기에 앞서 |

프로세스는 경영에 도움을 주고 있는가? 기업에서 프로세스는 어떻게 관리되고 있는가? 이 질문들은 많은 것을 시사한다. 프로세스가 관리되려면 우선 표현되어야 하고, 무엇보다도 연속적인 가치의 흐름으로서 이해되어야 하며, 의도한 목적을 달성하는 과정으로서 인식되어야 한다. ISO 인증 등으로 프로세스를 수립한 기업은 많지만, 가치의 흐름이 체계적으로 정립된 경우는 드문 것이 현실이다. 여기서는 ISO 9001 인증을 획득한 기업의 사례를 들어 다음과 같은 질문에 대한 답을 찾고자 한다.

- 프로세스는 가치의 흐름으로 되어 있는가?
- 규정 또는 절차서를 프로세스로 볼 수 있는가?
- 프로세스와 업무흐름도는 다른가?
- ISO 9001 인증과 기업의 프로세스가 어떻게 관련되는가?
- 기업에서 프로세스로 무엇을 할 수 있는가?

### 프로세스를 잘못 수립한 기업

몇 년 전 잘 알려진 어느 중견기업으로부터 프로세스 접근방법에 따라 경영시스템을 구축했으니 프로세스 체계를 점검해 달라는 부탁을 받고 그 회사를 방문한 일이 있었다. 평소에 듣기로 최고경영자가 고객만족경영에 상당한 관심을 보이고 있는 기업이었는데, ISO 9001 품질경영시스템, ISO

14001 환경경영시스템 인증은 물론, 6시그마 경영혁신과 고객만족CS경영도 추진한, 제법 알려진 회사였다. 필자를 맞이한 이 회사의 품질경영팀장은 품질경영시스템 규격에 따라 회사 내의 모든 절차를 프로세스로 표현했으며, 몇몇 프로세스는 6시그마 경영혁신과도 연계되어 개선과제로 진행되고 있다고 힘주어 말했다.

그런데 경영시스템 문서목록 중에 좀 특이한 프로세스가 눈에 띄었다. 방침관리프로세스로부터 시작한 프로세스 목록 중에 '계약검토프로세스', '식별추적성관리프로세스' 등 정상적인 프로세스 체계에서는 좀처럼 볼 수 없는 프로세스들이 끼어 있었던 것이다. 고객가치를 전달하는 흐름이 경영체계에 반영되었거나 프로세스 중심의 사고가 사업에 활용되고 있다면 이러한 프로세스가 발생하는 경우는 흔치 않다. 계약검토프로세스맵을 전달받아 확인해 보기로 했다. 아니나 다를까, 계약검토프로세스는 장황하기만 했지 고객의 주문요구사항을 접수하면 이러이러한 측면에서 내용을 검토하겠다는 내용이 전부였다. 이 회사에서 프로세스라고 말한 것은 단순히 ISO 9001 요구사항에 따른 규정문서(절차서)를 업무흐름도 형식으로 그린 것임을 확인하고는 이내 실망할 수밖에 없었다.

계약을 검토한다는 의미는 고객의 주문요구사항을 확인하여 들어줄 수 있는지 확인한다는 뜻이다. 고객에게 제공하는 제품이 이미 시방이 결정되어 있는 이른바 시장형 상품(표준품)이라면 아마도 납기나 수량, 납품가격을 확인하는 정도의 간단한 절차만 거치면 될 것이다. 그러나 주문형 상품이라면, 고객과의 접촉, 견적서 발행, 견적서 수정 및 재발행, 계약서 초안 작성, 계약내용 조정 및 합의, 계약체결 등 수 차례의 공을 들여야 할 것이다. 이렇게 하나의 프로세스를 수행하기 위해서 거쳐야 할 여러 단계 중에서 고객의 주문요구사항을 검토하는 단계는 주문처리프로세스의 흐름 중 지극히 작은 단계(활동)이므로, 굳이 프로세스라고 하기에는 적절치 않다. 물론 엔지니어링 사업분야처럼 계약검토 행위가 주된 활동이고 복잡하다면 예외가 되겠지만, 그렇지 않다면 '계약검토'라는 활동을 프로세스로 보기보다는 프로세스에 속한 하나의 단계로 보고, '활동'(활동의 의미는 뒤에서 설명하기로 한다) 수준으로 기술하면 충분한 것이다.

결국 계약검토라는 행위는 주문처리프로세스에 포함된 여러 단계(활동) 중 하나에 지나지 않는다. 꼭 프로세스로 해야 한다면 주문처리프로세스에 속한 2차 또는 3차의 하위 프로세스Sub-process로 전개될 수는 있을 것이다. ISO 품질경영시스템 인증을 획득했다고 하더라도 이처럼 프로세스 체계를 적절히 수립하지 못한 기업이 대다수다.

### 프로세스에 대한 오해

ISO 9000 규격에서는 기업이 품질경영시스템을 구축할 때 '프로세스 접근방법Process Approach'이라는 개념을 강조한다. 그러다 보니 이제까지 운영해오던 절차서나 지침서를(앞뒤 불문하고) 업무흐름도로 그리면 다 된다고 생각하는 것 같다.

문제는 기업이 업무흐름도로 작성된 프로세스로 할 수 있는 것이 별로 없다는 데에 있다. 업무가 흘러가는 순서와 어느 부서에서 무엇이 수행되는지를 개략적으로 파악하는 데는 문제가 없지만, 그래서 신입사원이 들어왔을 때 교육자료로 활용하는 데에도 유용하지만, 또 3자 인증심사에서 이것을 프로세스라고 내세워도 좋겠지만, 이들이 업무를 프로세스로 표현해야 하는 중요한 이유는 아니다. 그렇다면 기업에서 프로세스를 명확하게 표현해야 하는 이유는 무엇일까?

프로세스란 '목적하는 것을 얻기 위해서 수행해야 하는 순차적인 단계(활동)'를 뜻한다. 더 정확하게 이야기하면 프로세스란 가치Value의 흐름으로서만 이해되어야 하며, 적어도 의도된 목적을 달성하기 위해 존재하는 것이다. 만약 가치의 흐름을 담지 못한 것이라면 프로세스가 아니거나, 적어도 프로세스를 표현한 것은 아니다. 이렇게 프로세스가 목적을 달성하는 데(즉 성과를 얻는 데) 적합한지 검증하고 관리하기 위해서, 또 필요하면 개선하기 위해서 눈에 보이지 않는 것을 가시화하려는 것이다.

업무흐름도Flowchart는 이러한 목적을 달성하기에 전혀 적합하지 않다. 규정이나 절차서도 마찬가지다. 프로세스를 업무흐름도로 표현했다고 해도, 가치의 흐름을 표현한 것이 아니라면 프로세스로서의 의미가 없다. 그것으로 의도된 목적을 달성하는 데에 도움이 되지 않는 것을 프로세스라고 할 수 없는 것이다. 프로세스를 업무흐름도로 나타낼 수는 있지만, 모든 업무흐름도를 프로세스라고 할 수는 없다.

기업에서 경영시스템을 프로세스 중심으로 구성하려는 중요한 이유는 고객가치흐름에 핵심적인 역할을 하는 프로세스를 집중적으로 관리하여, 궁극적으로는 경영목표(경영성과, 사업목표)를 달성하기 위함이라고 할 수 있다. 그러니까 사업성과를 제고하기 위해서 업무의 주된 흐름을 프로세스로 표현하고 관리하고자 하는 것이다. 이런 목적에 비추어 볼 때, 프로세스를 절차(서)로 표현하는 것은 적절하지 않으며, 표현한다고 해도 효율이 아주 낮을 것이다. 반대로, 만약 이러한 목적을 달성하는 데에 적합한 형태의 업무흐름도나 절차서가 있다면, 그것을 프로세스로 인정하는 것에는 반대할 의향이 없다.

| 참고 |  **프로세스(Process)**

한때 Process를 '공정'이라고 부르고 번역하던 시절이 있었다. 그러나 2001년판 KS A 9001 규격(ISO 9001:2000)에서부터는 '프로세스'로 번역하여 소개하고 있다. '공정'이라고 하면 제조업 분야의 제조단계만을 의미하는 것으로 오해할 수 있기 때문일 것이다.

이 책에서 의도적으로 언급하는 '프로세스' 역시 제조단계의 공정은 물론, 지원업무나 서비스에서의 업무프로세스를 모두 포함하는 것이다.

| 참고 |  **가치(Value), 가치흐름(Value Stream), 프로세스(Process)**

프로세스와 가치흐름을 같은 뜻의 동의어로 오해해서는 안 된다. 이 둘이 서로 구분되는 것을 먼저 이해할 필요가 있다.

우선 가치Value란, '프로세스에서 산출될 것으로 기대되는 의도된 결과'

를 뜻한다. 프로세스 내부에 '가치'가 흐를 때에만 그 결과로서도 (완성된) '가치'가 산출될 것이다. 이런 측면에서 프로세스는 연속된 가치의 흐름이어야 한다.

그러나 현실적으로는, 프로세스는 가치의 흐름으로 구성될 수도 있고 그렇지 않을 수도 있다. 실제로 대부분의 프로세스는 가치의 흐름으로 이루어지지 않는다. 그래서 프로세스가 모두 다 가치를 산출하지는 않는(못하는) 것이다.(이 책에서는 '가치의 흐름'을 짧게 말하는 것이 적절할 경우에는 '가치흐름'이라고 줄여서 표현하였다.)

만약 가치가 최종고객이 원하는 바로 그것인 경우에는, '고객가치 Customer Value'라고 한다. 그러니까 고객가치란 가치의 흐름으로 연이어진 프로세스에서 산출되는 결과물로서, 고객이 원하고 있는 것이다.

한편 가치라는 용어를 결과물로서가 아닌 과정으로서 이해해야 할 경우도 있다. 제품이나 서비스가 고객에게 제공하는 '결과(물)'로서의 가치(또는 고객가치)라면, 그 중간 과정인 반제품은 '전달자Carrier'로서의 가치를 말하는 것이다.

이런 개념들이 독자에게 당장은 혼란을 줄지도 모르겠지만, 앞으로도 계속 반복되므로 금방 익숙해질 것으로 생각한다.

이제 다시 아까 그 회사의 계약검토프로세스로 돌아와 보자. 왜 이런 프로세스가 만들어졌을까?

그것은 아마도 프로세스가 무엇인지, 그리고 프로세스의 목적은 무엇인지, 프로세스로 무엇을 할 수 있는지 기업에서 올바로 깨닫지 못했기 때문이라고 생각된다.

ISO 9001 규격은 고객과 시장 중심, 프로세스 관리 원칙, 사업성과의 지속적인 개선 원칙 등을 기업 내에서 현실화시킬 수 있도록 규정한 훌륭한 경영시스템 규격이다. 그러나 아무리 규격의 내용이 좋다고 해도 한 기업의 경영시스템 수준은, 이를 받아들이는 전임직원이 얼마만큼 이해하느냐에 따라 정해지기 마련이다. 핵심은 품질경영을 경쟁력 있는 경영체제로서 도입하는 것이지, 입찰에 참여할 수 있는 자격을 증명하기 위해서가 아니라는 점이다. 필자가 아쉬워하는 것도 바로 이 점이다. 인증을 추진하는 과정에서 이러한 기회를 놓치지 말았어야지, 인증을 획득한 후에 이런 훌륭한 제도를 도입하고 정착시킬 수 있는 기회가 또 오리라고 누가 보장하겠는가?

많은 기업들이 사업의 성과와 프로세스를 올바르게 연결시키지 못한 채 ISO 9001 품질경영시스템 인증을 획득한다. 어떤 기업에서는 업무흐름도를 그려 대응했다고 하기도 하고, 또 어떤 기업에서는 신규 절차서 몇 가지를 추가하는 것만으로 인증을 획득했다고 자랑하기도 한다.

그러나 이들은 사업성과를 높이기 위하여 어떤 프로세스를 관리해야 하는지 조차도 미처 파악하지 못한 채 경영시스템 개선의 기회를 놓치고 만 것이다. 국제규격에서 이렇게까지 프로세스를 강조하고 있음에도 불구하고 ISO 9001 인증업체 경영자나 실무자의 대부분이 프로세스를 그저 절차서에나 첨부하는 업무흐름도 정도로 밖에 인식하지 못하고 있는 것이 많은 기업에서의 현실이다. 필자의 눈에는 이들 기업이 프로세스에 의해 사업의 성과를 올릴 수 있는 기회를 단지 '몰라서' 모두 날려 버리는 것으로 밖에는 보이지 않는다. 그러면서도 또 한편으로는 6시그마 운동이나 BSC와 같은 경영혁신을 도입, 추진하는 데에 인적, 물적자원과 노력을 중복하여 투자하고 있다. 경영시스템이 올바로 수립되지도 않았는데, 거기서 무엇을 개선하고 어떻게 혁신하겠다는 말인가?

필자가 강의 요청을 받고 방문한 어떤 회사에서는 ISO 9001, BSC, 6시그마, BPR의 네 가지 경영혁신을 거의 비슷한 기간에 추진하고 있었는데, 게다가 추진 주관부서가 모두 다르고 상호 협의를 해야 할만큼 다소의 마찰도 있어서, 과연 경영혁신을 추진하고자 하는 것인지 아니면 남들 다하는 유행에 따라가려는 것인지 의아한 경우도 있었다.

프로세스란 멋지게 그려서 절차서에 부록으로 첨부하는 업무흐름도가 아니다. 오히려 프로세스에서 필요한 절차서를 적절히 인용하거나 첨부해야 할 것이다. 경영을 구현하기 위한 수단이 '경영시스템' 이고, 경영시스템은

'프로세스'로 구성됨을 먼저 이해해야 한다. 그리고 프로세스에서 정의되는 성과지표를 관리함으로써 조직의 사업성과를 향상시켜야 한다.

## 자원이 낭비되고 있다

필자가 방문하게 되는 기업들 중에는 훌륭한 기업이 많다. 이들 기업은 대부분 ISO 9001, ISO 14001, TL 9000, ISO/TS 16949와 같은 품질/환경 경영시스템 인증을 획득한 것은 물론이고 대개는 6시그마 경영혁신도 전개하고 있었으며, 전략적인 성과관리시스템이나 고객만족경영, 정보화도 함께 추진되거나 운영되고 있다. 보통 품질경영시스템 인증은 품질부문에서, 환경경영은 환경안전부문에서, 경영혁신은 기획부문에서, ERP나 정보화 프로젝트는 전산부문에서 주관하여 추진되고 있다.

기획부문에서는 회사의 비전에 따라 경영전략을 수립한 후 전략과제를 구체화하는 전략수립프로젝트를 추진한다. 그런가 하면 품질부문에서는 현업에서 발생하는 많은 문제를 찾아다니며 6시그마 개선과제로 등록하게 하여 개선 프로젝트를 추진한다. 기업이 정보전략 계획을 수립하고 경영혁신을 꾀하는 경우에도 ISO 품질경영시스템이나 환경경영시스템 구축시에 수립한 프로세스에는 그다지 관심이 없다.

그러나 그때마다 늘 느끼는 안타까움이 하나 있다. 모든 길은 로마로 통한다고 하지 않던가? 이들이 각각 추구하는 것은 결국 경영의 효율화여서, 크게 보면 중복되는 영역이 발생하고 있는 것이다. 조직 성과향상의 근본이 되는 '프로세스'를 제대로 이해하지 못해서, 시간과 물질과 인력과 노력 같은 자원이 이중으로 낭비되고 있는 것이다.

사실 각각의 혁신 프로젝트를 수행하려는 근본적인 의도는 다르지 않다. 만약 이런 상황에서, 전략에 따른 핵심과제를 좀더 세분화하고 구체화하여 6시그마의 추진과제로 연결한다면 어떤 결과가 될까? 경영전략 도출 과정에서 도출한 핵심성공요인CSF을 중심으로 품질/환경경영시스템을 구축하고 운영하면 어떨까? 아마도 전략적으로 제시된 방향과 일치된 경영성과를 얻을 수 있을 것이다. 품질/환경경영시스템과 사업성과 제고를 위한 경영시스템이 통합되어야 할 필요성도 느끼게 될 것이고, 개선의 방향성도 동조되어 증폭된 성과를 얻을 수 있게 될 것이다. 적어도 방향성 없이 산발적으로 투자하는 (인적/물적) 자원의 낭비는 피할 수 있는 것이다.

### 가치흐름의 범위

가치의 흐름을 이루는 가장 작은 단위는 하나의 프로세스이다. 그러나 프로세스가 연속적으로 이어진 경영시스템에서도 가치의 흐름은 존재하며, 여러 기업이 연결된 공급망에 있어서도 가치의 흐름을 생각해 볼 수 있다. 연관된 여러 프로세스가 하나의 경영시스템을 이루고, 경영시스템들이 여럿 모여서 공급망을 이룬다. 그러니까 프로세스와 경영시스템, 그리고 공급망은 단지 가치의 흐름을 구성하는 범위에 따른 구분일 뿐이다. 이러한 개념들은 3부에서 좀 더 깊이 있게 논의될 것이다.

# O2
## 경영시스템에서의 가치의 흐름

| 들어가기에 앞서 |

프로세스가 품질경영에 국한된 것은 아니지만, 프로세스는 품질경영의 핵심개념이 되고 있으므로 이 장에서는 먼저 고객만족경영의 원칙을 살펴보기로 한다. 프로세스를 언급하다가 난데없이 고객만족경영이라니, 대체 무슨 관계가 있는지 의아해 하겠지만 고객만족경영이라는 건축물의 기초는 바로 프로세스다. 프로세스가 가치의 흐름으로 이루어져 있다면 그야말로 경영의 성과를 향상시키는 열쇠임을 이 장에서 이해하게 될 것이다(비단 고객만족경영만 그런 것은 아니다).

고객만족경영의 원조 격인 말콤볼드리지 미국 국가품질경영상 평가기준부터 살펴보고 나서, 품질경영의 원칙에 대한 이야기로 계속 이어가고자 한다.

## *1.* 말콤볼드리지 품질경영상 평가기준

최근 기업에서 ISO 9001이나 ISO/TS 16949[1]와 같은 국제규격을 도입하면서 기존의 경영체제를 프로세스에 의한 경영체제로 강화Up-grade하려는

---

1) 자동차 산업에서의 품질경영시스템 규격

회사가 늘어나고 있다. 그러나 이들이 모두 프로세스에 의한 경영혁신에 성공하는 것은 아니다.

이들 중에는 최고경영자가 소매를 걷어붙이고 나서서 백여 개에 달하는 프로세스를 새롭게 구축하고 이를 사업목표와 연결시켜 경영성과를 높이는 데에 적극 활용하는 기업이 있는가 하면, 회사의 프로세스 체계를 일부 주관부서 실무책임자에게만 맡겨도 될 것이라고 생각하는, 이해할 수 없는(?) 기업도 있다.

ISO 9001 규격은 어느 산업분야 어떤 규모의 기업에도 적용할 수 있도록 한 '최소한' 의 품질경영 기준이다. ISO 인증을 획득했다고 해서 어제까지 불가능했던 품질경영이 오늘부터는 당장 가능하다고 믿는 사람은 아무도 없을 것이다. ISO 9001 인증은 그야말로 골조를 올리기 위한 기초공사, 운전면허시험에 합격한 초보 운전자와 다를 바가 없어 정상적인 품질경영 운영을 위해선 이제까지 한 일보다 앞으로 해야 할 일이 더 많은 것이다. 그렇다면 진정한 품질경영을 운영하기 위해서, 무엇을 해야 할 것인가? 만약 세계의 초일류 기업들이 그들의 경영 품질을 높이기 위해서 어떻게 했는지 알 수 있다면, 또는 경영의 질을 높이는 어떤 기준이 있다면, 뭔가를 시작해야 할 이 시점에 훌륭한 행동기준이 될 수 있을 것이다.

다행히도 경영의 질Quality of Management을 평가하는 기준이 있다. 막강했던 미국이 경쟁력을 상실했던 1980년대를 딛고, 1990년대에 다시 세계 최고의 국가로서 위치를 확고히 하게 된 뒷배경에 말콤볼드리지 국가품질경영상(MBNQA, Malcolm Baldrige National Quality Award) 제도가 있었다. 품질경영의 기준으로 잘 알려진 MBNQA 제도는 기업가치와 사업성과를 향상시키기를 원하는 모든 기업이 도움을 받을 수 있도록 하며, 수상에 도전하는 기업의 품질경영시스템과 그 결과를 강점과 개선분야로 평가하여 초일류 기업이 되도록 지원하기 위해 의도된 것이었다. 모토롤라의 6시그마 경영혁신, 제록스의 벤치마킹, GM의 동시공학, 페덱스의 화물추적 정보시스템 등은 베스트프랙티스Best Practice로 유명하다. 이들은 모두 세계적인 초우량 기업들이지만, 경영혁신을 위해 피나는 노력을 했고, 먼저 수상한 기업을 창조적으로 모방했으며, 품질경영상에 도전하기 위해 준비하는 동안 자신들만의 경영시스템 모델을 만들어냈다.

바로 이 점 때문에 미국의 전체 산업경쟁력은 점차 회복될 수 있었다. 이를 지켜보던 일본도 미국의 괄목할 만한 국가 경쟁력 성장에 자극을 받아 경영품질상을 새롭게 제정하여 시행하고 있고, 유럽에서는 EQA상이, 우리나라에서는 기존의 품질경영상 외에 고객만족경영상, 신품질포럼 등이 새롭게 등장했다. 이렇게 세계 여러 나라의 일류 기업들은 저마다 이 기준을 도입하여 재도약을 꿈꾸고 있다.

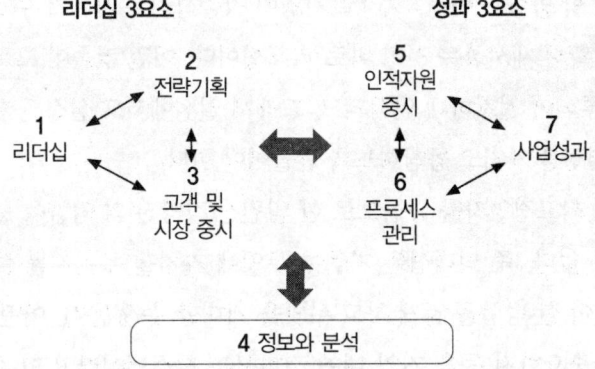

[그림 2-1] 말콤볼드리지 품질경영상의 7가지 평가 범주

이 시점에서 MBNQA 평가기준이자 품질경영의 원칙이라고 할 수 있는 리더십, 전략계획 수립/전개, 고객 및 시장 중시, 정보의 분석 및 활용, 인적자원개발, 프로세스 관리, 사업성과 관리 등을 살펴봄으로써 기업 경쟁력 강화의 기반을 이해하고자 한다.

'품질경영'과 '경영품질' 또는 '신품질'은 같은 용어라고 보아도 좋으며, 질(수준)이 높은 경영을 의미한다. 품질경영을 '제품의 품질을 높이기 위한 경영'으로 오해하기 쉽지만, 품질의 대상은 제품이 아니라 경영이라고 볼 수 있다. 고객을 만족시켜야 하는 기업 본연의 목적을 강조하기 위해서 '고객만족경영(CS경영)'이라는 말도 쓰지만, 용어만 다를 뿐 이들 낱말이 가지는 실질적인 의미는 모두 같다.

## 리더십

회사 내의 모든 임직원이 변화하는 기업환경에 얼마나 신속히 대응하는가는 리더십이 얼마나 체계적으로 발휘되는가에 달려 있다. 간혹 최고경영자의 카리스마를 리더십이라고 잘못 오해하는 경우도 있는 것 같으나, 그보다는 회사가 나아가야 할 방향과 비전, 그리고 기업이 창출하려는 가치가 무엇인지를 전 직원에게 명확히 제시하는 것이 바로 리더십이다. 이런 것들이 모든 임직원에게 전파, 침투되어 철저하게 인식되고, 그래서 일선에서도 설정된 회사의 방향과 목표에 열정을 가지고 동참하도록 만들어야 한다.

이를 위해 최고경영자를 중심으로 한 임원진(경영진)의 역할이 중요함은 더 말할 나위가 없다. 즉 리더십은 기업이 무엇에 가치를 두는지를 설명하여 기업이 나아가야 할 방향을 알게 하고 무엇을 기대할 수 있는지, 어떤 고객과 이해관계자가 중요한지 등을 기업 내에 전파하는 시스템이라고 할 수 있다. 리더십은 회사의 비전이나 전략과도 일관성이 유지되어야 하므로, '전략계획'의 수립 및 전개에 영향을 미치는 동시에 고객과 시장을 최우선으로 하는 정책을 수립하도록 하는 기반이 된다.

리더십 범주에서는 회사의 리더십 시스템과 최고경영자의 리더십을 검토한다.(여기서 최고경영자라 함은 단순히 CEO 뿐만이 아니라, CEO에게 직접 보고하는 임원 등 회사의 경영진을 모두 포함해서 일컫는 말이다.) 그 주요 평가 내용은 다음과 같다.

- 최고경영자들과 조직의 리더십 시스템이 어떻게 조직의 가치와 방향, 성과의 기대 수준, 고객 및 이해관계자 위주의 경영, 학습 및 경영혁신 등을 조직 내에 전파하고 있는가
- 조직이 어떻게 사회적 책임을 인식하고 표현하는가
- 주요한 사회적 공동체(지역사회)들을 어떻게 지원하고 있는가

**리더십 범주에서의 평가기준과 배점은 다음의 두 가지 항목으로 구분된다.**

▸ 리더십 시스템 (80점)
▸ 기업의 사회적 책임과 시민의식 (30점)

## 전략계획

최고경영자의 리더십에 따라 기업이 나아가야 할 비전과 방향이 뚜렷해졌다면 그에 따라 장단기 경영계획 및 전략적 지침을 설정하고 주요한 실행계획을 수립해야 할 것이다. 뿐만 아니라 계획을 현업 부서에까지 전개하고, 각 성과에 대한 평가방법을 수립하는 것까지가 전략계획의 범주다(이 범주는 이전에는 '전략적 품질계획'이라고 했으나, 품질이라고 하면 그것이 기업의 전반적 경영계획과는 별개로 인식될 수도 있어서인지 '전략계획'이라고 수정되었다).

전략계획 수립에 대한 접근방법은 회사의 규모에 따라 다를 수 있다. 대기업의 경우에는 체계화된 절차가 수립되어 있는 경우가 대부분이나 소규모 기업은 그렇게 하기 어려울 것이다. 만약 몇 명 안 되는 적은 인원의 소기업에서 기능과 계층을 여럿으로 나누고, 매 부서나 직책마다 목표와 전략을 수립하도록 하고 있다면 이는 적절하지 못한 것이다. 전략계획은 기업의 규모나 형편에 맞춰 실행 가능하도록, 그리고 실행을 통하여 최대의 성과를 가져올 수 있도록 수립되어야 한다.

따라서, 전략적인 사업과제를 설정하고 실행계획을 수립하는 체계화된 전략수립 절차가 필요하다.

전략계획 범주에서의 핵심적인 평가 내용은 다음과 같다.

- 회사의 장단기 경영전략을 개발하는 계획 과정은 적절한가
- 수립된 계획을 이행(전개)하는 과정은 적절한가
- 성과를 평가하는 방법과 과정이 적절한가

이 범주에서의 평가기준과 배점은 다음의 두 항목으로 구분된다.

- ▸ 전략개발 과정 (40점)
- ▸ 기업전략 (40점)

## 고객 및 시장 중시

고객은 프로세스가 산출하는 가치를 기꺼이 써 주는 고마운 사람들이다. 그러므로 고객은 프로세스의 목적이 되며, 고객이 없으면 프로세스도 없다(No customer, no process). 이와 같이 프로세스 중심의 접근방법에서 고객은 중요한 의미를 가진다. 따라서 고객의 소리를 잘 듣고 경향을 파악하여 그들의 필요와 기대를 정확히 이해하는 일은 품질경영에서는 노른자와 같다. 당연하겠지만, 이처럼 고객과 시장을 중요하게 생각하는 이유는 이들이 프로세스에서 산출되어야 하는 가치Value를 결정하며, 시장에서 기업의 필요성을 판단하기 때문이다. 즉, 고객의 소리를 제대로 이해하고 고객과의 관계를 강화하여 얻어진 정보를 경영전략에 반영한 사업이 비로소 고객만족으로 이어질 것이며, 바로 이것이 기업생존의 법칙이다.

또한, 고객으로부터 입수한 정보는 결과적으로 고객만족이라는 결과를 낳는 데 사용되어야 한다. 중요한 것은 고객이 인식하는 정보를 경영시스템의 핵심프로세스에 재빠르게 피드백하여, 프로세스가 산출하는 가치를 개선하는 데 도움이 되게 하는 것이다. 즉 고객이 매력을 느낀 것이 디자인 때문이었는지, 가격 때문이었는지, 기능 때문이었는지 아니면 A/S가 잘 보장되기 때문이었는지를 명확하게 판단하는 것이 중요한 것이지, 고객만족도 점수CSI가 96점이라든지 우리 기업이 2년 연속 고객만족도 1위라는 사실이 중요한 것은

아니라는 말이다(물론 이런 것도 조직원들에게 어느 정도 자신(만족)감을 줄 수는 있지만, 기업의 경쟁력 강화에 기여하는 핵심요소는 아니다).

광고나 학연, 지연 등을 따져가며 고객들에게 제품이나 서비스를 한 번 이용해 보도록 할 수는 있겠지만, 고객을 다시 불러들여 재구매하게 하는 요인은 오직 그들의 인식을 만족감으로 바꿔 주는 것뿐이다. 한 번 이용해 본 후 더 이상 흥미를 느끼지 못하고 빠져나가는 고객들이 더 많다면, 영업/마케팅 부문에서 매년마다 새로운 시장을 개척해서 아무리 많은 고객을 확보한들 무슨 소용이 있겠는가? 그야말로 밑 빠진 독에 물 붓기가 아니겠는가?

일단 '제품(서비스)이 타사와 비슷하다' 거나 '그저 그런 정도다' 라는 인식이 들면, 이를 만회하기는 어렵다.

참고로 볼드리지 경영품질상 평가기준에서는 내부고객 만족에 대해서는 평가하지 않는다. 단지 외부고객 만족만 고려한다.

고객 및 시장 범주에서의 핵심적인 평가 내용은 다음과 같다.
- 새로운 사업기회를 개발하기 위해서 현재의 제품/서비스와 관련된 고객/시장의 요구사항, 필요, 기대를 장단기적으로 파악하는가
- 경쟁사를 고려하여 목표가 되는 고객집단을 정하는가(시장세분화)
- 고객의 구매동기를 파악하고 학습하는가
- 고객에게 가장 중요하고 가치 있는 제품/서비스의 특징을 선정(차별화)하는가
- 판매정보, 고객발굴/이탈 분석, 고객불만 내용 등 고객관련 정보를 활용하는가
- 사업의 유지 또는 사업기회 개발을 위해 긍정적인 반복거래 고객과 고객관계를 구축, 유지하고 있는가
- 고객접점이 결정되어 있으며 고객을 응대하는 모든 종업원들에게 어떻게 전파시키는가
- 사업에 관한 추가 요구나 방향에 대해 고객과 상의하거나 경청하는가
- 회사의 고객만족도를 측정하는가(경쟁사 정보 포함). 또 향후 사업 방향이나 추가 요구에 반영시키는가

이 범주에서의 평가기준과 배점은 다음의 두 항목으로 구분된다.

  ‣ 고객 및 시장에 관한 지식 (40점)
  ‣ 고객만족 및 고객관계 (45점)

## 정보 및 분석

정보관리 분야는 구성원의 의사소통에 영향이 크면서도 기업의 경쟁력을 좌우할 정도로 중요한 인프라 요소이다. 사업활동에서 얻은 자료data에서 유용한 정보information를 얻고 있는지, 더 나아가 이 정보를 업무에 즉시 활용 가능한 형태의 지식knowledge으로 가공, 축적, 활용하는지 살펴보면 그 기업의 정보화 수준은 물론이고 기업이 경쟁력과 경영혁신을 위해 기울여 온 노력도 쉽게 가늠할 수 있다.

내일을 알 수 없을 정도로 경영상태가 악화되어 고민하던 기업의 경영자가 전 직원을 모아 놓고 회사의 경영 상황을 숨김없이 털어놓았는데, 이것이 계기가 되어 전사원이 똘똘 뭉쳐 역경을 이겨냈다는 성공사례를 한번쯤은 들은 적이 있을 것이다. 이처럼 전사적으로 필요한 때에 필요한 정보를 공유해서 얻게되는 공감대는 모든 조직원을 하나로 결집시켜 스스로도 상상하지 못한 힘을 발휘하게 한다. 그냥 위에서 시키는 대로, 상황이 되는 대로 일을 하는 것이 아니라, 내가 주인이 되어 회사경영에 참여한다는 주인의식이 그렇게 만드는 것이다.

회사 내에서도 직급에 따라 정보를 제한하던 시대는 지났다. 무슨 회의를 하더라도, 회의자료나 정보를 참석 대상자들에게 사전에 알려 주는 것과 그렇게 하지 않는 것은 회의의 결과나 목적 달성 시간에 있어 상당한 차이가 난다. 영업사원이 고객을 방문하여 알게 된 정보는 영업사원 개개인의 노트 안에 잠시 머물다 없어질 뿐, 기업의 영업력에 기여하지 못하는 경우가 많다. 이처럼 서로의 정보를 공유하지 않으면 좀 더 나은 창의적인 정보나 지식이 도출될 가능성은 그만큼 낮아지는 것이다.

그렇다면 정보 유통의 목적은 어떤 것이며, 또 사내 네트워크를 통해 과연 어떤 정보가 수집되고, 분석되고, 가공되고, 공유되며 활용(피드백) 되어야 하는가?

기업의 비전이나 가치관으로부터 시작하여 직원들이 프로세스를 수행하며 나름대로 겪게 된 경험, 업무/작업의 노하우, 성공사례나 실패사례, 그리고 고객의 기대나 불만 같은 고객의 소리VOC가 정보 공유의 대상으로 중요하다. 이들은 모두 업무수행의 성과와 관련된 중요한 정보라고 할 수 있다. 정보 공유와 활용이 핵심프로세스 수행과 사업계획의 전개를 적극 지원하는 것이다.

한편 데이터베이스 프로그램과 네트워크 같은 정보기술IT을 활용하면 전사적으로 정보를 공유하고 가공하고 활용하는 데 있어 최적의 조건을 갖출 수 있다(이것을 '정보시스템'이라고 한다). 기업의 정보시스템이 훌륭하게 정립된 프로세스를 지원해 줄 수 있다면, 호랑이에 날개를 달아 주는 것과 같이 성과증진에 지대한 역할을 한다. '지식경영시스템KMS', '전사적자원관리ERP' 등은 정보시스템을 활용하는 것으로서, 이런 관점에서 쉽게 이해할 수 있을 것이다.

MB 심사기준에서 정보관리 범주는 다른 6가지 범주(리더십에서 사업성과관리까지)를 지원하는 토대가 되고 있다.

> 정보 및 분석 범주에서는 필요한 정보가 수집되거나 가공되고 있는지, 정보를 어떤 목적에서 어떻게 공유하고 어떻게 활용하고 있는지 등을 평가한다.
>
> - 정보가 핵심프로세스와 사업계획을 지원하는가
> - 기업의 경쟁 우위 확보를 위해 비교 정보와 데이터를 확보하고 이를 혁신활동에 적용하여 기업의 성과 증진에 기여하는가
> - 성과 데이터를 지속적으로 모니터링하고 평가하여 이를 업무 개선에 활용하는가
>
> **정보분석 및 활용 범주에서의 평가기준과 배점은 세 항목으로 구분된다.**
>
> ▸ 정보와 데이터의 선택과 활용 (25점)
> ▸ 비교 정보와 데이터의 선택과 활용 (15점)
> ▸ 기업성과의 분석과 검토 (40점)

## 인적자원 중시

이 범주는 회사의 전략과제와 중점시책을 수행하기 위한 인적자원을 발굴/선발하고, 필요한 능력과 기술에 대한 적격성을 확보하며 개발하기 위한 분야이다. 여기에는 기업의 목적에 맞게 조직 구성원의 잠재능력을 개발하고, 참여하게 하며, 최대의 성과 창출을 목적으로 어떻게 조직 구성원에게 동기를 부여할 것인지도 포함된다.

몇 년 전 어느 교육기관에 강사로 출강했을 때의 일이다. 통계적 품질관리 과정이었는데 수강 인원의 대부분이 생산관리, 제품검사, QC(품질관리) 직원들이었다. 그런데 교육 참가 수강생 리스트 중에 중견기업인 A회사의 영업부 차장이 끼어 있는 것이 아닌가. 통계적 품질관리 과정은 품질관리를 전문으로 하는 직원들도 힘겨워하는 과정이라 한편으로는 대견스럽기도 하고, 또 한편으로는 놀랍기도 해서 여러 사람 앞에서 교육에 참여하게 된 동기를 이야기하게 했다. 그런데 그 영업차장은 의외의 대답을 해서 모두를 놀라게 했다. "KS 업체이므로 통계적 품질관리 교육과정을 이수해야 하며, 관리자는 의무적으로 연간 수십 시간을 교육받아야 합니다. 회사가 제품 생산에 바쁜 시기라 시간이 많은 대타가 필요했는데, 솔직히 말해 업무와 관련성이 적은 교육에 들어오면 좀 쉴 수 있을까 해서 참여하게 됐습니다."

KS 제도가 잘못되었다는 것이 아니다. 사업 수행에 불필요한 교육이, 누구도 원하지 않았지만 지금도 관행처럼 이루어지고 있다는 말을 하는 것이다. 직원에 대한 교육훈련은 매년 그래왔던 것처럼 때가 되면 반복하면 되는 것이 아니다. 사업을 수행하는 과정에서 실제로 필요한 내용을, 필요한 인원에게, 필요한 때에 제공해야 비로소 의미가 있다. 따라서 인적자원 관리체계는 먼저 프로세스를 수행하는 구성원별로 교육훈련의 필요성 여부를 판단해야 한다. 또한 주기적으로 교육훈련의 성과를 모니터하지 않으면 아무도 원하지 않는 시간 낭비가 발생할 수도 있다. 회사가 수행하는 연수/교육 프로그램이 사업상의 필요를 얼마나 채워 주고 있는지, 회사 차원에서 신중히 검토해 보아야 할 것이다.

대부분의 기업은 인적자원의 여력이 없어 고민하는 것이 현실이다. 사실 기업의 핵심프로세스들이 의도된 최상의 결과를 낳기 위해서, 프로세스를 수행하는 인적자원에게 적절한 능력을 부여하고 자발적으로 참여하도록 동기를 부여하는 것은 당연한 일이다.

한편 조직원에게 동기를 부여하는 차원에서, 금전적인 보상 위주의 제도보다는 조직원이 달성한 성과를 인정해 주고 성취를 치하하는 성과보상제도가 더 바람직하다.

이 범주에서는 보다 높은 성과를 창출하기 위해서 어떻게 조직구성원을 선발하고 개발시키고 동기부여하는가를 검토한다.

**인적자원의 개발 및 관리는 다음과 같은 세 가지 항목으로 구분된다.**
- ‣ 업무시스템 (40점)
- ‣ 종업원 교육, 훈련 및 개발 (30점)
- ‣ 종업원 복지 및 만족 (30점)

## 프로세스 관리

프로세스는 사업성과에 직접적인 영향을 미치는 대단히 중요한 경영시스템 요소이다. 보다 나은 사업성과를 얻기 위해서 핵심적인 프로세스를 기획하고, 이행하며, 관리하고, 개선시키는 것이 프로세스 관리 분야다. 이 기준에서 평가하려는 대상 프로세스는 크게 세 가지로 구분되는데, 첫째는 제품/서비스를 설계하고 생산하여 고객에게 전달(제공)하는 프로세스이고, 둘째는 기업의 핵심업무를 지원하는 프로세스며, 마지막은 외주협력업체의 협력 프로세스이다.

설계프로세스에서는 고객의 입장에서 제품/서비스를 설계하는 것customer focused design이 중요하며, 제품/서비스 제공프로세스와 외주협력프로세스에서는 부가가치를 생산하지 못하는 활동을 없애는 것이 중요하고, 간접지원 프로세스에서는 사업운영의 효율을 높이는 경영성과 지표를 개발하여 운영하는 것이 중요하다.

프로세스 관리에서 또 한 가지의 중요한 요소 중 하나는 급변하는 기업환경에 신속하게 자신을 변화시킬 수 있는 능력 즉, 프로세스의 유연성flexibility이다. 때때로 기업은 기업환경의 변화 또는 고객/시장 취향의 변화에 따라 경영전략을 변경하거나, 상품(제품 또는 서비스)의 설계를 새로이 바꾸기도 하고, 다품종 소량생산 체제로 라인을 긴급히 변경하기도 해야 하는데, 이런 환경의 변화에 신속히 대응할 수 있는 프로세스만이 경쟁에서 계속 살아남을 수 있다.

> 이 범주에서는 보다 나은 성과를 얻기 위해 주요 프로세스들을 어떻게 설계하고, 실행하며, 또한 관리하고 향상시키는지를 평가한다.
>
> **프로세스 관리 분야의 평가기준은 다음의 세 가지 항목으로 구분된다.**
> ▸ 제품/서비스 프로세스의 관리 (60점)
> ▸ 핵심업무 지원 프로세스의 관리 (20점)
> ▸ 공급업체, 협력업체와의 협조 프로세스의 관리 (20점)

## 사업성과 관리

마지막 평가 범주는 기업의 핵심적 성과지표(예를들면 고객만족도, 영업이익, 시장점유율, 서비스 능률, 고객불만 건수 등)와, 이들이 실제로 개선되고 있는지, 경쟁사에 비해서는 어떤지의 여부를 평가하기 위한 것이다.

아무리 훌륭하고 완벽한 프로세스를 가지고 있다 하더라도 성과를 측정, 평가할 수 없다면 개선할 수도 없을 것이다. 기업이 경영성과를 향상시키기 위해서는 우선 핵심적인 성장전략을 찾고, 이를 수행하는 핵심프로세스와 그에 따르는 성과지표를 찾는 일이 뒤따라야 한다. 그리고 성과지표들 간의 인과관계를 명확히 하고, 이들 프로세스를 평가하는 측정지표가 곧 사업 성과지표가 되도록 계획해야 한다. 또 프로세스 성과를 주기적으로 측정, 분석해서 프로세스들이 사업성과 향상에 기여하고 있는지 지속적으로 모니터링해야 한다.

만약 목표대비 실적이 하강 경향을 보이는 성과지표가 있다면 해당 프로세스나 인적/물적자원에 숨어 있는 원인을 알아내야 하고, 필요한 대책을 강구하여 프로세스를 보완해야 한다. 또, 주요한 경영성과지표에 대해서는 경쟁 타사의 상대적인 성과수준과도 반드시 비교하고 검토해 보아야 한다.

이 범주는 450점이 배정되어 다른 범주에 비해 점수가 월등히 높다. 이 범주에서 높은 점수를 얻기 위해서는 경쟁사와 비교 가능한 차별성이 있는 성과 결과와 추세를 보여 주어야 한다. 효과적인 추진계획은 앞의 해당 항목에서는 높은 점수를 얻는 데 도움이 되겠지만, 여기서는 그 결과가 주된 검토의 대상이다.

이 범주는 다음과 같은 다섯 가지 항목으로 구성된다.

- 고객만족 성과 (130점)
- 재무 및 시장 성과 (130점)
- 인적자원관리 성과 (35점)
- 공급업체 및 협력업체 성과 (25점)
- 기업 고유의 성과 (130점)

| 범 주 | 평 가 기 준 |
|---|---|
| 리더십 | 기업이 나아가야 할 방향과 비전 및 가치를 명확히 제시하고 있으며, 이것이 조직 내에 침투, 전파되고 있는지 평가 |
| 전략계획 | 고객/시장의 니즈/기대를 반영한 경영계획 수립, 중점 전략과제 도출, 구체적인 실행계획 수립 및 전개되는지 평가 |
| 고객/시장 중시 | 고객/시장의 니즈/기대 및 동향 파악, 제품/서비스에의 피드백, 고객과의 관계 구축 및 유지에 대하여 평가 |
| 정보와 분석 | 고객만족, 프로세스 개선, 서비스 향상 및 경영계획 수립에 필요한 정보가 수집, 공유, 활용되고 있는지 평가 |
| 인적자원 중시 | 전략과제와 중점시책을 지원하고 실현할 수 있는 인재 개발이 효과적으로 이루어지고 있는지 평가 |
| 프로세스 관리 | 프로세스의 고객중심 설계 여부, 핵심적인 제품/서비스전달프로세스/지원프로세스/외주협력프로세스의 명확화, 검증, 평가, 개선의 노력 및 효과성을 평가 |
| 사업성과 | 정의된 프로세스가 실질적으로 성과향상에 기여하고 있는지(목표-실적 대비, 성과에 대한 원인분석/대책 수립, 타사/타부문과의 비교, 검토 여부)를 평가 |

[표 2-1] 말콤볼드리지 품질경영상 평가기준의 요점

우선 '고객'은 프로세스의 근본을 이루는 구성 요소이다. 프로세스 성공의 핵심인 원활한 의사소통은 '정보의 분석 및 활용'에서 언급되고 있고, 프로세스를 수행하는 주체는 '인적자원 중시'에서 강조하고 있다. 핵심프로세스를 중심으로 경영을 추진하는 것이 곧 '전략계획'이며, 그렇게 하도록 경영자가 '리더십'을 발휘하도록 한다. 그리고 이러한 프로세스의 운영 결과가 '사업성과'로 나타나게 된다.

MBNQA가 미국의 품질경영상이라면 유럽에도 이와 비슷한 유럽품질경영상European Quality Award, EQA제도가 있다. 유럽품질경영재단EFQM에서 제정한 유럽품질경영상 평가제도는 1992년부터 시행되었는데, 구조 자체가 프로세스의 인풋과 아웃풋을 강조하는 형태로 짜여져 있다. 이 평가제도의 구조모델을 보면 중앙의 프로세스를 기준으로 좌측은 인풋요소로 볼 수 있는 리더십, 종업원, 방침과 전략, 협력관계와 지원이, 우측은 아웃풋요소로 볼 수 있는 종업원 성과, 사업성과, 사회적 성과, 성과지표가 표현되어 있다. 유럽품질경영상 역시 프로세스가 기본바탕인 평가제도이다.

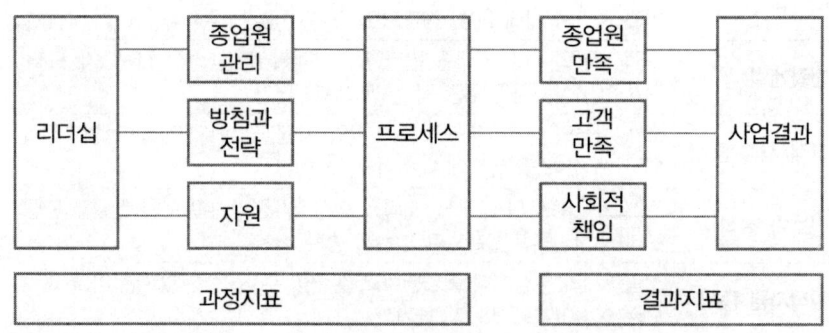

[그림 2-2] EFQM의 유럽품질경영상EQA 평가기준 모델

품질경영상 평가기준의 요소들은 프로세스를 중심으로 하여 서로 밀접한 관계를 가지고 있는 것이다.

# 2. 품질경영의 원칙

이제까지 MBNQA 평가기준을 살펴봄으로써 실질적인 품질경영의 기본 요소들을 대략적으로 살펴보았다. 이제 이와 연계하여 품질경영의 원칙에 대해서 살펴보려고 한다.

품질경영의 원칙은 ISO 9000 품질경영시스템 규격에 8가지로 소개되고 있다(이를 '품질경영의 8대 원칙'이라고 한다.)[2]. ISO 9000:2000 규격과 이를 해설한 서적이 이미 많이 소개되어 있으므로 여기서는 세부적인 내용은 피하고 다만 품질경영의 각 원칙들이 프로세스와는 어떤 관계에 있는지, 말콤발드리지 품질경영상 평가기준이나 고객만족경영과는 어떤 차이가 있는지를 살펴보려고 한다.(품질경영의 원칙은 이미 앞에서 살펴본 평가기준과 대부분 중복된 개념이므로 장황한 설명이 필요하지는 않을 것이다.) 품질경영의 8대 원칙은 각각 다음과 같은데, 프로세스 관점에서 살펴보고자 한다.

| | |
|---|---|
| 고객중심 조직 | Customer-Focused Organization |
| 리더십 | Leadership |
| 전원참여 | Involvement of Peoples |
| 프로세스접근방식 | Process Approach |
| 시스템적 사고방식 | System Approach to Management |
| 지속적 개선 | Continual Improvement |
| 사실(데이터)에 의한 의사결정 | Factual approach to decision making |
| 상호 이익적 협력관계 | Mutually beneficial supplier relationships |

[표 2-2] 품질경영 8대 원칙

---

2) 품질경영의 8대 원칙은 ISO 9000:2000 0.2항(품질경영원칙) 및 ISO 9004:2000 4.3항(품질경영 원칙의 활용)에 소개되어 있다.
※ ISO 9000:2000 : 품질경영시스템 - 기본사항 및 용어
※ ISO 9004:2000 : 품질경영시스템 - 성과개선 지침

## 프로세스 접근방법(Process Approach)

관련된 자원 및 활동이 하나의 프로세스로서 관리될 때 바라는 결과가 보다 효율적으로 얻어진다.

모든 업무와 작업에는 목적이 있다. 프로세스란 인풋을 아웃풋으로 바꾸기 위한 활동의 집합이므로, 기업에서 사업을 위해 수행하는 모든 업무는 필요한 인풋을 가지고 원하는 아웃풋을 얻기 위한 목적으로 수행하는 프로세스로 이해할 수 있다. 그리고 이렇게 얻은 아웃풋을 고객에게 제공하려는 것이 프로세스의 기본이다.(MBNQA 평가기준의 프로세스 관리 참조)

## 고객중심(Customer-Focused)

조직은 고객에 의존하고 있다. 따라서 현재 및 미래 고객의 요구를 이해하고 고객 요구사항을 충족시키며, 고객의 기대를 능가할 수 있도록 노력하여야 할 것이다.

프로세스는 고객이 존재하는 한 사라지지 않을 것이다. 왜냐하면 프로세스가 산출하는 가치를 제공할 대상이 바로 고객이며, 고객이야말로 프로세스의 존재를 결정할 수 있기 때문이다. 따라서, 고객이 명확하지 않거나, 고객에게 무슨 가치를 줄 것인지가 분명하지 않다면 그런 조직이나 프로세스는 경쟁환경에서 결국 도태되고 말 것이다.(MBNQA 평가기준의 고객 및 시장중시 참조)

## 지속적 개선(Continual Improvement)

조직의 총체적 성과에 대한 지속적 개선은 조직의 영구적인 목표이어야 할 것이다.

기업은 생존에 필요한 최소한의 수준 이상의 성과Performance를 얻어야 지속될 수 있으며, 그 수단으로 프로세스를 운영한다. 사실, 무엇이든 '개선' 하고자 한다면 반드시 프로세스를 통해야 한다. 기업경영의 관점에서는 기대되는 만큼의 성과를 내지 못하는 프로세스 역시 유지할 의미가 없다.(MBNQA 평가기준의 프로세스 관리 참조)

### 전원참여(Involvement of People)

모든 계층의 사람들이 조직의 필수 요소이다. 따라서 전원이 참여함으로써 그들의 능력이 조직의 이익을 위하여 발휘될 수 있다.

인적자원Human Resource은 프로세스를 움직이는 주체가 된다. 프로세스 운영요원의 능력과 자질이 의도된 프로세스 운영의 수준에 미치지 못한다면 그 성과도 낮을 수밖에 없다. 따라서 운영요원의 적격성 기준을 포함하여 원하는 수준 이상의 목표를 달성하기 위한 프로세스 운영기준을 사전에 설계해 두고, 그들의 능력과 자질을 확보(개발)해야 한다. 또한 적절한 권한 위임과 동기 부여, 그리고 효과적/효율적인 의사소통Communication은 조직원 전원의 참여와 시너지 효과 발휘에 필수적이다.(MBNQA 평가기준의 인적자원 중시 참조)

### 시스템적 접근방법(System Approach to Management)

상호 연계된 프로세스를 하나의 시스템으로 파악하고 이해하며 관리하는 것은 조직의 목표를 효과적이며 효율적으로 달성하는 데 이바지한다.

기업은 경영목표를 달성하기 위해 경영시스템이라는 수단을 필요로 하고, 경영시스템은 상호 연계된 프로세스들의 집합이다. 그러니까 건강한 프로세스들의 유기적인 작용의 결과로 조직의 경영목표가 달성된다고 말할 수 있다. 이처럼 시스템 접근방법이란 프로세스 간의 유기적인 상호작용을 촉진하려는 시도로 이해할 수 있다. 가치사슬Value Chain이란 이러한 프로세스 간 연계성의 관점을 이야기한 것이며, 조직의 울타리를 넘어 최종 사용자에게까지 확장되면 공급망Supply Chain의 개념으로까지 발전하게 된다.

## 사실에 의한 의사결정(Factual approach to decision making)

> 효과적인 결정은 데이터 및 정보의 분석에 근거한다.

프로세스를 가동하면서 성과지표에 대한 측정데이터를 얻게 된다. 경쟁사의 장점을 벤치마킹하는 경우에도 프로세스 데이터를 얻어야 한다. 그리고 이렇게 얻은 성과 측정값들을 취합하고, 분석하고, 피드백함으로써 차기의 목표수준을 결정할 수 있다.(MBNQA 평가기준의 정보와 분석, 사업성과 관리 참조)

## 리더십(Leadership)

> 리더는 조직의 목적과 방향의 일관성을 확립한다. 리더는 사람들이 조직의 목표를 달성하는 데 전적으로 참여할 수 있는 내부 환경을 조성하고 유지하여야 한다.

리더는 조직의 가치와 미션Mission, 그리고 비전Vision을 제시할 수 있어야 한다. 조직이 나아가야 할 방향을 전 조직원이 명확히 인식할 때, 벡터의 원리에 따라 힘도 배가되는 것이다. 조직이 나아가야 할 방향이 잡히면 사업의 방향이나 과제도 분명해지는데, 이렇게 하여 도출된 경영(사업)전략에 따라 어떤 프로세스가 중요한지가(즉 핵심프로세스가) 결정되는 것이다. 이렇게 리더십은 경영전략의 방향을 제공하고, 핵심프로세스를 선정하는 기준을 제시하며, 전원이 참여할 수 있도록 동기를 부여하는 역할을 맡는다.(MBNQA 평가기준의 리더십 참조)

## 상호 유익한 공급자 관계(Mutually beneficial supplier relationships)

> 조직 및 조직의 공급자는 상호 의존적이며, 상호 이익이 되는 관계는 가치를 창조하기 위한 양쪽 모두의 능력을 증진시킨다.

최근 아웃소싱 전략에 따라 기업은 핵심 역량이 아닌 웬만한 프로세스는 과감하게 분사하거나 외주로 전환하는 경우가 많아졌다. 그러다 보니 고객으로부터의 요구사항을 최종제품이나 서비스라는 가치로 전환하여 고객에게 전달하는 과정(이러한 과정을 가치사슬Value Chain이라고 한다)에서 외주업체가 담당하는 부분(프로세스)이 더욱 많아졌다. 예를 들어, 국내의 제조업체는 운송업체의 (육상/해상/항공) 운송프로세스에 의존하여 최종가치(완제품)를 해외의 고객에게 전달한다.

이런 식으로 가치흐름 중 중요한 부분을 외주협력업체의 외주프로세스가 담당하는 경우가 꽤 많다. 만약 이들 외주프로세스에서 고객가치의 흐름을 잇지 못하고 구멍이 생기면, 전체적으로 연결이 이어지지 않아 고객대응에 부족한 구멍이 생길 수 있다. 이때 이러한 중요한 연결부분(특히 가치흐름의 과정 중 중요한 부분)을 맡고 있는 프로세스를 단지 외주프로세스라고 해서 외면할 것인가?

가치흐름 상의 연결을 끊는 이들 프로세스의 성과를 높이면 고객불만은 상당 부분 줄어들고 주문은 늘어날 것이다. 따라서, 원가절감이니 뭐니 해서 외주업체는 나몰라라하고 우리 회사만 살겠다는 생각은 처음부터 버려야 한다. 그런 생각을 하는 경영자가 있다면 불행하게도 그 기업은 시장에서 곧 도태될 날이 훤한 것이다. 그들도 이득이 있어야 고객가치 전달(흐름)에 신나게 참여할 수 있다. 따라서 시장에서 기업과 협력사의 목표는 하나일 수밖에 없음을 분명히 인식하고, 서로 협조할 수 있는 것이 무엇인지 계속 찾아가며 공동의 이익을 추구해야 한다. 그래야 최종고객에게 전달하는 가치의 흐름은 원활해지고 무한경쟁의 시대에서 양쪽 모두가 공생할 수 있다. 이것이 공급망관리 Supply Chain Management의 기초가 되는 것이다.

기업이 위와 같은 품질경영 8대 원칙을 잘 활용하기만 한다면, 고객을 위한 가치창조와 수익증대라는 두 마리 토끼를 잡을 수 있음은 물론, 같은 이득을 이해관계자에게도 나누어 줄 수 있을 것이다.

이러한 사실들로 미루어 볼 때 품질경영의 원칙들은 어느 것 하나 '프로세스'와 관련되지 않는 것이 없다. 이같이 고객만족경영이나 품질경영의 가장 중요한 핵심 가운데 하나가 '프로세스'인 것이다.

# 03

## 프로세스 중심의 사고 (Process Thinking)

**| 들어가기에 앞서 |**

앞서 살펴본 것처럼 프로세스가 품질경영 및 고객만족경영에서 차지하는 비중과 중요성은 정말로 크다. 그렇다면, 기업에서 '프로세스'란 현실적으로 무엇을 의미하는가?

이제 총체적인 경영의 범주에서 더 들어가 봄으로써, 막연했던 '프로세스'라는 개념을 좀 더 구체적으로 살펴보려고 한다. 적어도 '프로세스아웃풋', '고객', '경영시스템'과 같은 프로세스의 구성요소에 대해서 확실히 이해할 필요가 있다. 또한 우리에게 익숙한 규정과 절차(서), 그리고 업무흐름(도)과 프로세스가 어떻게 다른지도 이해해야 한다.

## *1.* 프로세스란 무엇인가

기업의 모든 업무는 프로세스로 표현할 수 있다(그러나 반드시 그래야만 한다는 뜻은 아니다). 이 책의 궁극적인 목적이 기업 내에서 프로세스를 현실적으로 적용하는 것임을 생각할 때, 그 기반을 이루는 프로세스의 중요성은 정말 아무리 강조해도 지나침이 없을 듯하다.

'프로세스'라는 말의 의미를 모르는 사람은 아마 아무도 없을 것이다. 우리말로 '공정'이라고 하면 되고, '순서에 따라 일이 진행되어 가는 흐름' 정도로 이해하면 무난하다. 그러나 사실은, 프로세스라는 개념이 생각처럼 그렇게 쉬운 것만은 아니다. 게다가 막상 프로세스에 대하여 설명하고 있는 문헌이나 자료도 (찾아보려고 하면) 의외로 많지 않음을 곧 알게 된다. 다행스럽게도, ISO 9000 품질경영시스템 규격에 프로세스에 대한 이해를 좀 더 명확하게 할 수 있는 정의가 있다.

 **프로세스**process : 입력input을 출력output으로 변환시키는 상호 관련되거나 상호 작용하는 활동의 집합

 한마디로 프로세스란 인풋을 받아 아웃풋으로 변환시키는 과정이라고 할 수 있다. 여기서 프로세스인풋Input은 애초에 의도된 프로세스의 운영을 위해 필요한 사항들 즉 자재, 정보 등이다.(프로세스인풋과 비슷한 개념으로 '자원 Resource'이 있지만, 일단 여기서는 인풋과 자원을 별도로 구분하지 않기로 한다.)
 그러나 이 정도로는, 프로세스를 정의하는 데에 뭔가 부족한 감이 든다. 모름지기 프로세스란 '가치의 흐름'으로 '목적(가치)을 이루기 위한 연속된 활동 과정'으로 이해되어야 한다. 그래야 의도한 목적달성과 관련이 없는 활동(비부가가치활동, NVAA; Non-Value Added Activity)들을 찾아 바로잡을 수 있다. 이 책 전반에 걸쳐, 프로세스를 다음과 같이 정의하고자 한다.

 **프로세스**process : 의도된 결과를 얻기 위하여 가치를 창출, 가공, 전달, 부가시키는 연속된 활동의 흐름

 프로세스를 가치의 흐름 관점에서 정의하면, 뭔가 스피드와 관련된 지표를 활용할 수 있을 듯하다. 뒤에서 알게 되겠지만 이 흐름성의 지표 가운데 하나가 사이클타임, 납기, OTD 등이다. 반대로, 흐름성 저해를 측정하는 평가지표로 재고량(재고금액), 잔업시간, 정체/대기시간, 업무과부하 정도 등을 들

수 있다. 활동이 가치를 창출하거나 가공, 또는 부가하는 정도를 판단하면 비부가가치 활동을 찾아내기도 쉽다.

프로세스아웃풋은 프로세스가 산출하는 결과물이지만 프로세스를 수행하기 전부터 이미 의도된 것이다. 그리고 프로세스아웃풋은 프로세스가 존재하는 이유가 되며, 프로세스 중심사고의 근간을 이룰 정도로 중요하다. 또한 한 프로세스의 아웃풋은 다시 다른 프로세스의 인풋이 된다.

아쉽게도 ISO 9000 규격에는 프로세스인풋이나 아웃풋에 대해서는 정의되어 있는 바가 없다. 다만, 프로세스아웃풋과 유사한 용어로 '제품'을 들고 있는데, 다음과 같이 간단히 정의되어 있다.

**제품**process : 프로세스의 결과

품질경영 규격답게 프로세스의 아웃풋을 '제품'이라고 정의했지만, 그 외의 분야에서까지 일반적인 정의로 이용하기에는 무리가 있다. 이제부터는 프로세스아웃풋을 다음과 같이 정의하고자 한다.

**프로세스아웃풋**Process Output : 고객에게 제공하기 위하여 프로세스에서 산출되는 가치

이 후부터는 별 언급이 없으면 '아웃풋'은 '프로세스아웃풋'을 의미하는 것으로 약속하기로 한다(프로세스의 아웃풋도 있지만 활동의 아웃풋도 있기 때문에, 이 둘을 구분해야할 경우도 있다). 인풋이나 아웃풋은 자재, 설비, 보고서 또는 물품과 같이 유형적일 수도 있고, 정보나 에너지 같이 무형적일 수도 있다. 아마도 정말로 중요한 프로세스아웃풋은 무형적이고 개념적인 것일 것이다.(이렇게 최종고객까지의 가치전달체계를 가치사슬Value Chain이라고도 하며, 뒤에서 상세하게 설명한다.)

프로세스아웃풋과 함께 프로세스에서 간과되어서는 안 될 또 하나의 개념은 바로 '고객Customer'이다. 참고로 ISO 9000 품질경영시스템 규격에는 고

객을 다음과 같이 정의하고 있다.

**고객**Customer : 제품을 제공받는 조직 또는 사람 (예; 소비자, 의뢰인, 최종사용자, 소매상, 수혜자 및 구매자)

그러나 이 정의 역시 약간의 수정이 필요하다. 프로세스의 아웃풋을 고객이 무조건 가져가는 것은 아니다. 고객은 자신의 필요에 따른 가치를 원할 따름이다. 따라서 고객은 다음과 같이 정의한다.

**고객**Customer : 가치를 필요로 하는 조직 또는 사람. 고객은 프로세스아웃풋을 제공받음으로써 이 필요를 채울 수 있다.

이 정의에 따라 프로세스아웃풋이 고객에게 제공되는 것이 아니라, 고객이 필요로 하는 가치가 프로세스에서 산출되어야만 한다는 논리가 성립된다(거꾸로 이야기하면 프로세스의 아웃풋은 반드시 고객이 원하는 것이어야 한다).

고객은 프로세스의 아웃풋을 제공할 대상이다. 고객이 있음으로 프로세스의 산출(아웃풋)은 비로소 의미를 가지며, 프로세스의 산출물을 창출하기 위해 프로세스가 존재하고, 이에 따라 필요한 활동이 무엇인지 가려진다.(존재의 이유에 따라 만들어지는 순서로 말하면 고객 → 아웃풋(가치) → 프로세스 → 활동이 된다. 우리는 흔히 우리가 수행하는 업무활동들을 모아 프로세스를 만들어 내고, 프로세스에서 아웃풋과 고객을 정의하는데, 이는 완전히 거꾸로 된 사고방식이다.)

고객을 이해할 때 꼭 한 가지 주의해야 할 것이 있다. 프로세스 중심의 사고에서는 고객이 조직의 외부에 있든 아니면 내부에 있든 관심의 대상이 아니다. 중요한 것은 고객은 프로세스에서 산출되는 결과를 제공받는다는 점이지, 조직의 내부에 있든 외부에 있든 아무 상관이 없다. 따라서 프로세스 중심사고에서 '외부고객' 이니 '내부고객' 이니 하며 구분하려는 것은, 그 자체가 어리석은 짓이다.

여기서 부가가치를 결과물로 산출하지 못하는 프로세스도 문제이지만, 산출된 부가가치를 제공할 고객이 불분명한 것도 문제가 된다. 따라서, 고객은 아웃풋과 더불어 프로세스 중심의 사고를 이루는 아주 중요한 구성요소가 된다.

'고객'보다 더 확장된 개념으로 '이해관계자'를 들 수 있다. '이해관계자'는 프로세스아웃풋이 원하지 않았던 것인 경우 더욱 중요해진다.(원하지 않는 프로세스아웃풋을 특히 '음의 가치'라고 한다) ISO 9000 품질경영시스템 규격과 ISO 14001 환경경영시스템 규격에는 이해관계자를 다음과 같이 정의하고 있다.

   **고객**Customer : 제품을 제공받는 조직 또는 개인 (예; 소비자, 의뢰인, 최종사용자, 소매업자, 수익자 및 구매자) (ISO 9000:2000)

   **이해관계자**Interested Party : 조직의 성과 또는 성공에 관심을 갖는 개인 또는 집단 (ISO 9000:2000)

   **이해관계자**Interested Party : 조직의 환경성과에 의해 영향을 받거나 그 성과와 관련된 개인 또는 단체 (ISO 14001:2004)

이 밖에도 프로세스의 공급사슬을 구성하며 프로세스에 인풋을 제공하는 공급자Supplier나 프로세스의 운영에 책임을 가진 프로세스책임자Process Owner 등에 대한 이해가 필요하나, 프로세스의 개념을 구성하는 이들 세부적인 요소들에 대해서는 뒤에서 상세하게 살펴보기로 하자.

> | 참고 |  **안전경영 및 환경경영에서의 프로세스 개념**
>
> 안전경영이나 환경경영에서는 유해물질이나 폐기물과 같이, 의도되지 않은 프로세스아웃풋에 관심을 가진다.
> 또한 품질경영에서 '프로세스의 의도된 아웃풋 – 이를 원하는 고객'의 관계는, 환경경영에서는 '프로세스에서 나오는 부산물(의도되지 않은 아웃풋) – 이를 원하지 않는 이해관계자Interested Party'의 관계로 이해될 수 있다. 이런 이유로 품질, 환경, 안전 등 통합경영시스템을 수립할 때는 프로세스에서의 고객의 개념을 이해관계자의 범주에까지 넓혀야 한다.

이제 프로세스 중심의 사고Process Thinking를 정리해 보자.

우리가 일상적으로 수행하는 업무나 작업은 고객에게 가치를 전달하는 과정인 프로세스라고 할 수 있다. 그리고 프로세스(수행하는 업무)에는 반드시 얻고자 목적하는 바가 있게 마련이다. 이런 업무(작업)의 목적을 분명히 하여 프로세스아웃풋과, 동시에 이 아웃풋을 제공할 대상인 고객을 명확히 하고자 한다. 또, 이 아웃풋을 인풋으로 받는 다른 프로세스를 찾아 연결하고자 한다. 이렇게 가치를 계속적으로 연결함으로써 최종가치는 고객에게 제공되고, 기업은 경영시스템의 성과를 제고하며 효율성은 극대화된다. 이러한 개념을 경영시스템의 모든 프로세스에 확대 적용함으로써, 업무(프로세스)의 가치를 혁신해 나아갈 수 있다.

'프로세스 중심의 사고'란 고객을 위하여 기업의 업무활동이 어떻게 가치를 창조, 전달할 것인가에 초점을 둔 것으로, 어떠한 업무라도 고객에게 가치를 전달하는 과정인 '프로세스'로 생각하고 관리하려는 접근방법이다. 이렇게 경영활동의 내용을 프로세스 중심으로 생각하는 방법을 ISO 9000 품질경영시스템 규격에서는 '프로세스 접근방법Process Approach'이라고 하여 품질경영의 원칙으로 손꼽고 있다.

# 2. 절차, 업무흐름, 그리고 프로세스

이번에는 절차(Procedure, 또는 절차서)와 프로세스(Process, 또는 프로세스맵), 그리고 업무흐름(Flow Chart, 또는 업무흐름도)이 서로 어떻게 다른지 분명히 해 두자. 절차서나 업무흐름도는 표현 방법만 다르지 서로 다를 게 없어 보인다. ISO 인증을 획득한 기업에서조차 이들에 대한 개념을 구분하지 못하고 있는 경우를 많이 보아왔다.

- 우선 서로의 목적이 다르다. 절차는 규정에 따라 업무를 수행하는 것이 목적이나, 프로세스는 과정보다는 결과물 즉 의도한 것을 산출하는 것이 목적이다. 따라서 프로세스는 바라는 아웃풋을 얻을 때까지 계속된다.
- 절차가 수행해야 할 업무의 순서와 방법이라면, 프로세스는 여러 가지 자원을 이용하여 인풋을 아웃풋으로 변환해 나아가는(만들어 가는) 과정이다.
- 절차는 규정을 준수할 것을 강조하지만, 프로세스는 결과물로 고객을 만족시키는 것을 중요하게 여긴다.
- 절차는 어느 한 부서에서 만들고 수행하는 것이 가능하지만, 프로세스는 특정한 부서에서 만들 수 없을 뿐만 아니라 연계된 부서와 협력하지 않으면 완성되지도 않는다.
- 절차서에는 요구사항과 수행 요령이 기술되지만, 프로세스에서는 가치가 부가되는 과정이 표현된다. 그리고 무엇보다도 프로세스에서는 (가치가) 고여 있어서는 안 되고 흘러가야 한다.
- 절차서에서는 관련되는 다른 절차서를 인용할 뿐이지만, 프로세스에서는 후속 프로세스에 연결되어야 하므로, 프로세스의 아웃풋은 반드시 다른 프로세스의 인풋이 되어야만 한다.

| 절차(Procedure) | 구분 | 프로세스(Process) |
|---|---|---|
| 과업 수행 | 목적 | 목적하는 결과(Output) 획득(산출) |
| 업무를 수행하는 방법 | 내용 | 자원을 이용하여 인풋을 아웃풋으로 변환하는 과정 |
| 규정된 규칙을 준수하도록 함 | 강조 | 결과물로 고객을 만족시키도록 함 |
| 기능(부서/부문) 중심<br>특정기능에서 수행 가능 | 특징 | 범 기능(부서) 중심<br>타 조직과 연계하여 수행 가능 |
| 요구사항과 수행 요령 | 표현 | 결과를 얻기 위한 연속적인 과정(가치가 부가되는 과정) |
| 존재함 | 운영 | 진행됨 (흘러감) |
| 다른 절차를 인용함 | 상호 관련성 | 다른 프로세스에 연결함 |

[표 3-1] 절차 vs 프로세스

또한 업무흐름도Flow Chart를 프로세스라고 착각해서도 안 된다. 언뜻 보기에는 둘 다 비슷한 것으로 보일 테지만, 업무흐름도는 단순히 일의 순서를 도형 심벌을 이용하여 간단히 표현한 것에 불과하다. 여기엔 아웃풋도, 고객도 없다. 따라서 기업 내의 모든 주요업무는 반드시 프로세스로 표현되어야 한다. 그리고 절차서나 지침서는 프로세스를 보완하거나 세부적으로 설명하기 위해 필요할 경우에만 수립하여 활용하면 될 것이다.

# 3. 프로세스를 표현하려는 이유

프로세스 중심의 사고를 활용하여 경영성과를 높이려면 먼저 눈에 보이지 않는 업무를 프로세스로 관리할 수 있도록 '표현' 해야 한다. 프로세스를 표현하면 프로세스의 성과를 측정하고, 분석하고, 개선하기가 쉬워지는데, 바로 이것이 프로세스를 표현해야 하는 기본적인 이유이다. 그러면 프로세스 중심의 사고를 현업에 적용함으로써 어떤 이득을 얻을 수 있을까?

우선은 **의도한 결과를 효과적, 효율적으로 얻을 수 있도록 업무(프로세스)를 관리할 수 있다.**(이렇게 되도록 프로세스 운영조건에 집중할 수 있다.) 프로세스의 결과가 예측 가능해지면 일관성 있는 조직의 능력이 입증되고, 고객에게도 신뢰를 줄 수 있다.

둘째, 프로세스 운영계획은 조직원 모두가 알 수 있도록 표현되므로, **업무 처리과정이 투명해진다.** 이것은 궁극적으로 경영시스템을 투명하게 할 뿐만 아니라, 조직 내부에 숨겨져 있는 비능률과 낭비가 돌출 되도록 하는 데에도 크게 기여한다.

셋째, **사이클타임을 단축하고 프로세스 운영비용을 절감할 수 있는 포인트를 찾을 수 있다.** 프로세스에서 관리하려고 하는 성과 중 가장 대표적인 것이 사이클타임Processing Time과 운영비용Process Cost인데, 프로세스 중심의 사고를 적용함으로써 자원을 계획적이고 효율적으로 사용할 수 있다.

넷째, **활동에 근거하여 프로세스의 부가가치를 분석하기가 용이**해지므로, 우선순위에 따른 개선 포인트를 파악하여 선택할 수 있고, 여기에 투입하는 자원도 기업의 전략적인 방향과 일치되도록 집중할 수 있다.

결국 프로세스 중심의 사고를 활용하려는 목적은 기업이 목표를 달성하는 과정의 효과성과 효율성을 향상시키려는 것이다.

우리들이 일상적으로 수행하는 업무를 '프로세스'로 보기 위해서는 프로세스의 결과물은 무엇이고 그 고객은 누구인지 명백히 해야 한다. 그러나 불행하게도, 우리 주변을 둘러보면 그렇게 낙관적이지는 않다. 우리가 수행하는 업무를 잘 살펴보면 이 두 가지 개념이 명확하지 않은 경우가 상당히 많은 것이다. 예를 들어 발주서를 만들어 협력업체에 보내게 되는 자재구매업무(자재구매프로세스)에서 프로세스아웃풋은 무엇인가? 발주서인가? 고객은 누구인가? 협력업체인가? 그렇다면 자재구매 업무는 결국 협력업체를 위해 수행하는 업무인가?

이처럼 우리 주변의 일들을 프로세스로 생각한다는 것이 생각처럼 만만하지는 않다. 그래서 프로세스는 기업에서 실제로 잘 관리되지 않는다. 프로세스가 잘 관리되지 않는 주된 이유는,

(1) 프로세스는 눈에 보이지 않으며,
(2) 부서(Function, 부문)들을 가로질러 연결되는 속성Cross Functional을 가지며,
(3) 따라서 그것을 관리하기 위하여 어느 한 부서의 특정한 책임자를 선정하기가 곤란하기 때문이다.

특히 경영시스템을 수립하고 운영하는 데에 관련된 책임자들이 대부분 이전부터 ISO 요구사항에 따라 수립했던 절차서로 프로세스를 대체할 수 있다고 오해하기 때문에, 프로세스 중심 사고의 필요성은 더욱 더 드러나지 않고 있다.

프로세스를 이루는 순차적인 활동Activity은 프로세스맵으로 나타낸다. 이렇게 해서 나타내는 프로세스가 업무흐름도와 비슷하여 외관상으로는 잘 구분할 수 없음은 앞서 언급한 바와 같다. 기업에서는 낭비가 되는 업무활동은 줄이고, 고객에게 가치를 더욱 부가시키는 업무활동은 늘릴 수 있도록 프로세스(맵)를 활용해야 한다. 또한 앞에서 살펴본 바와 같이 프로세스 중심의 사고를 활용하여 경영성과를 높이고, 고객 중심의 조직 문화를 만들어 나아가는 기반을 마련해야 한다.


앞서서 잠깐 언급한 바 있는 것처럼 프로세스가 절차(서)나 업무흐름도와 근본적으로 다른 점 중 하나는 프로세스는 가치Value의 흐름을 표현하고 있다는 점이다. 이렇게 프로세스란 가치의 전달자Value Carrier인데, 대개의 프로세스는 또 다른 프로세스들과 계속적으로 연결되어 있어서, 기업의 제품과 서비스를 최종고객인 사용자에게까지 전달하게 된다.

프로세스 간의 수평적 연계성에 따라 고객으로의 가치전달 체계를 규명할 수 있고, 프로세스의 범위를 수직적으로 분할하여 프로세스의 위계Process Hierarchy를 정할 수 있다. 이 두 가지를 잘 조합하면 기업에 적합한 업무 프로세스 체계를 설계할 수가 있다. 이처럼 모든 프로세스는 기업의 목표와 일치되고, 기업과 최종고객에게 가치를 부가할 수 있도록 설계되어야 한다.

ISO 9001 외에도 TS 16949(자동차산업의 품질경영시스템 규격)에서 보듯이, 국제표준화기구에서 최근에 제정되는 많은 경영시스템 국제규격들은 프로세스 접근방법에 대한 요구사항을 더욱 강조해 나가고 있는 추세에 있다. 이러한 추세는 앞으로도 더욱 강화될 것으로 예상되고 있다. 이에 따라 선진기업의 경영혁신 책임부서나 인증심사기관에서도, 프로세스에 대한 관심과 연구 경향이 두드러지고 있다(프로세스에 대한 문의도 많이 늘었다).

프로세스맵은 가치가 부가되는 과정을 표현한 것이다. 이것이 이해되었다면, 다음은 관련된 프로세스가 수건 돌리기처럼 서로 이어진(프로세스로 상호 연결된) '경영시스템'에 대해서 살펴볼 차례이다

# 4. 경영시스템이란 무엇인가

보통 기업은 부서 또는 부문(Function, 기능이라고 한다) 단위의 구조로 조직되어 있어서, 기업이 최종고객에게 제공하려는 제품(또는 서비스)에 대한 책임도 기능 단위로 나누어져 있다. 그러다 보니 제품을 제공받는 최종고객의 문제(고객불만)는 정작 각 부서의 조직구성원에게는 별 문제가 되지 않으며, 반대로 각 부서의 경계에서 일어나는 문제는 고객과 관련된 문제일 가능성이 많음에도 불구하고 부서의 목표보다는 우선순위가 낮다. 발생된 문제를 해결하는 과정도 조직의 전반적인 이익보다는 부서 중심적으로 치우치게 된다.

프로세스 중심의 사고는 서로 다른 부서들이 부서간의 장벽을 가로질러 고객에 이르기까지, 하나의 목표를 가지고 수평적인 가치전달 과정에 집중하도록 하는 접근방식이다. 이렇게 기업이 산출하는 부가가치인 제품이나 서비스를 고객에게 최종 전달하기까지의 과정은 서로 관련이 있는 몇 개의 프로세스들로 연결되어 있다. 이것을 프로세스의 연계성이라고 한다. 그러므로 기업에서는 프로세스 중심의 사고를 일상 업무에 적용함으로써, 고객만족의 성과와 경영성과(사업성과)를 함께 향상시킬 수 있다. 고객 지향적인 사업일수록 더욱 그렇다. 주목할 것은 기업에서 일어나는(수행하는) 거의 모든 일(업무)을 프로세스로 정의하고 표현할 수 있다는 것이다. 연관된

프로세스들을 고객가치의 흐름에 따라 계속 연결해 나아갈 수 있다는 것은 가치사슬에 따라 기업 내 대부분의 업무를 체계화시킬 수 있다는 말과 같은 것이다. 그런데 프로세스 간의 연결이 그렇게도 중요한가?

자동차는 3만여 개의 부품들로 조립되어 있다. 3만여 개의 부품들은 일렬로 나열해 놓으면 아무 일도 일어나지 않지만, 논리적 전후관계에 따라 서로 연결시켜 놓으면 자동차라는 시스템이 된다. 자동차가 내는 힘은 가히 괴력적이다. 그러나 자동차를 만든 사람들이 직접 발휘하는 힘은 미미하다. 바로 여기에 중요한 교훈이 있다.

시스템의 중요성은 바로 이 시스템이 내는 에너지에 있다. 시스템 에너지를 줄여서 시너지라고 한다. 경영시스템은 프로세스로 이루어져 있다. 경영시스템이 괴력을 발휘하게 하려면 **이들 프로세스들이 서로 연결되어 있어야 한다.** 프로세스들이 서로 연결되어 있지 않다면, 경영시스템도 시너지를 낼 수 없다.

프로세스가 연결되어 있어야 하는 또 하나의 이유는, 연결된 곳들 중 가장 약한 곳을 강화하면 시스템 전체의 능력을 그만큼 올릴 수 있기 때문이다. 이들이 서로 연결되어 있을 때만이 개선해야 할 핵심 포인트를 찾을 수 있다. 연결되어 있는 프로세스 중 가장 약한 프로세스가 경영시스템의 능력, 곧 조직의 성과를 결정할 것이다. 따라서 경영혁신의 대상으로 어느 프로세스를 강화해야 할지 분명해지는 것이다(바로 이것이 핵심프로세스다).

개개의 개체가 그냥 '뭉치기'만 하면 되는가? 아니다. 하나 하나가 '연결'된 고리여야 한다. '뭉치기'만 해도 힘을 낼 수는 있겠지만, 개체들이 서로 '연결'된다면 시너지는 몇 배가 될 수도 있다.

스타 플레이어가 하나 없는 우리나라가 월드컵 4강의 신화를 이룩한 데에는 그만한 이유가 있었다. 그것은 바로 조직력이었다. 조직력이 실종된 2006

독일 월드컵에선 어땠는가? (압박수비로 상대팀의 볼 흐름은 끊고)우리는 수 차례의 볼 터치로 슈팅찬스를 연결해 나가야지, 후방에서 무턱대고 올려주는 '뻥축구'로는 상대방의 골문을 열기 힘들다.

월드컵에서 우승한 팀과 전세계 최우수 스타들로만 구성된 드림팀이 경기하면 누가 이길까? 개인적인 능력이 아무리 탁월하다고 해도 드림팀은 그냥 '더미'에 불과할 뿐이다. '쪽박집'과 같은 기업의 공통점은 시스템으로 일하지 않는다는 점이다. 시스템으로 일하는 기업들은 예외없이 '대박집'이 되어 있다.

가까운 장래에 경영혁신을 도입하거나 추진하려고 한다면, 도약의 발판으로서 '프로세스에 의해 연결된' 경영시스템을 구축하지 않으면 안 된다.

# O4

# 경영혁신의 출발선, 프로세스

| 들어가기에 앞서 |

이제까지 프로세스 중심의 사고가 경영에 중요하다는 것을 알 수 있었다. 그렇다면 수많은 경영혁신 기법과 방법론에서도 과연 프로세스가 활용되고 있을까? 프로세스 사고가 정말로 중요하다면 이들 선진 경영혁신방법론/기법들과도 관련이 있을 것이다.

사실은, 관련이 되는 정도가 아니라 이들 방법론의 기초를 이루고 있다. 여기서는 주요한 경영혁신방법론 및 기법들을 간략히 조명해 보고, 프로세스와의 관련성도 확인해 보고자 한다.

## 1. 경영혁신방법론의 재조명

경영혁신에서 프로세스가 근본적으로 필요한 이유는 프로세스를 이해하지 못하고서는 사업의 성과를 향상시키기가 어렵기 때문이다. 프로세스를 송두리째 바꾸어 처음부터 재설계하는 비즈니스 리엔지니어링BPR이나, 많은 기업에서 운영되는 6시그마 경영혁신, 전사적자원관리ERP는 물론 원가회계적인 경영혁신기법인 활동기준원가관리ABC/ABM에 이르기까지, 대부분의 경영혁신 방법론이나 기법이 프로세스를 기반으로 하고 있다.

프로세스를 모르면 성과를 향상시킬 수 없는가? 물론 개선제안과 같이 프로세스를 필요로 하지 않는 개선도 있지만 이는 어디까지나 반짝 아이디어에 불과할 뿐, 그 한계가 있어 어느 정도 이상의 성과향상은 바랄 수 없다. 성과를 향상시키는 원리는 무엇인가? 프로세스 안에는 성과에 영향을 주는 요인들이 숨어 있는데, 프로세스를 정형화하고 체계화함으로써 이들을 밝혀내고 해결해서 성과를 높일 수 있는 것이다. 그러므로 소폭의 개선이든 대폭적인 혁신이든, 사업성과를 향상시키려면 반드시 프로세스를 체계적으로 분석할 수 있어야 한다.

이제, 선진 경영혁신방법론과 혁신기법들을 차근차근 재조명해 봄으로써 프로세스 차원에서 경영혁신에 대한 이해를 구체화해 보자. 다음은 경영혁신 기법들을 관점에 따라 대략적으로 구분해 본 것이다.

| 기반 | 적용/활용기술 | 경영혁신방법론 및 기법 |
|---|---|---|
| 프로세스 | 정보기술 | 전사적자원관리(ERP, ERP-Ⅱ), 정보전략계획(ISP), BPM |
| | 통계 | 6시그마 경영혁신, 통계적공정관리(SPC) |
| | 원가회계 | 활동기준원가계산(ABC), 활동기준경영관리(ABM), 활동기준예산관리(ABB) |
| | 성과관리 | 전략적성과관리(BSC, SEM) |
| | 고객중심 | 고객관계관리(CRM), 고객만족경영(CSM), 가치혁신(BOS) |
| | 위험관리 | 잠재실패영향분석(FMEA), 환경영향평가, 위험성평가(HAZOP) |
| | 가치흐름 | 프로세스혁신/재설계(PI/BPR), 도요타생산방식(TPS/LEAN/JIT), LEAN ENTERPRISE, 제약이론(TOC), U-Line(CELL생산방식), 동기화생산, 공급망관리(SCM) |

[표 4-1] 프로세스 기반의 경영혁신방법론 그룹핑

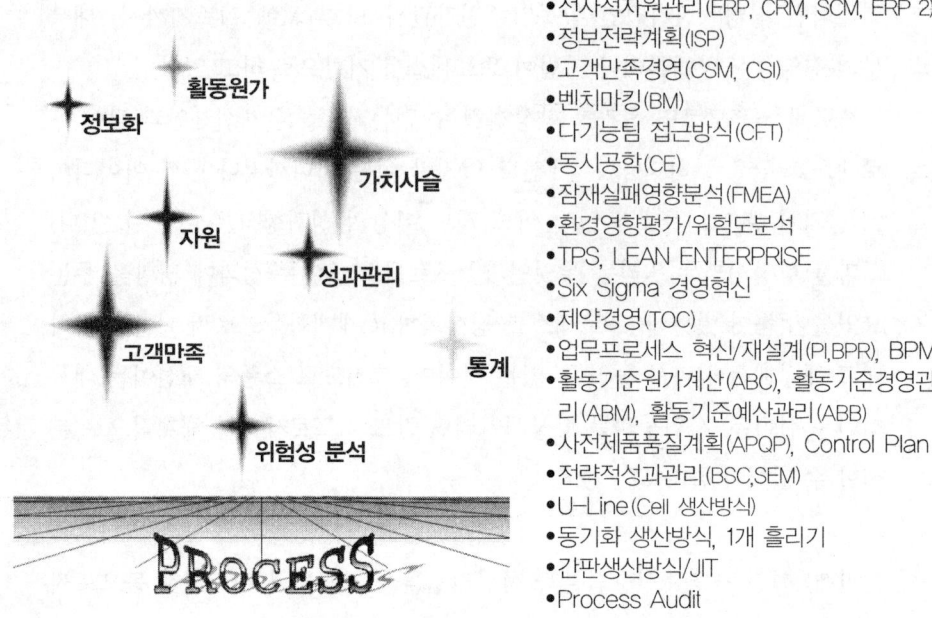

- 전사적자원관리(ERP, CRM, SCM, ERP 2)
- 정보전략계획(ISP)
- 고객만족경영(CSM, CSI)
- 벤치마킹(BM)
- 다기능팀 접근방식(CFT)
- 동시공학(CE)
- 잠재실패영향분석(FMEA)
- 환경영향평가/위험도분석
- TPS, LEAN ENTERPRISE
- Six Sigma 경영혁신
- 제약경영(TOC)
- 업무프로세스 혁신/재설계(PI,BPR), BPM
- 활동기준원가계산(ABC), 활동기준경영관리(ABM), 활동기준예산관리(ABB)
- 사전제품품질계획(APQP), Control Plan
- 전략적성과관리(BSC,SEM)
- U-Line(Cell 생산방식)
- 동기화 생산방식, 1개 흘리기
- 간판생산방식/JIT
- Process Audit

[그림 4-1] 프로세스와 주요 경영혁신기법

이들 경영혁신은 어느 것이나 예외 없이 프로세스를 기본으로 한다. 이들이 처음부터 프로세스를 염두에 두고 개발된 것은 아니었겠지만, 프로세스의 실체를 확인하지 않고서는 경영혁신은 뜬구름 잡기에 지나지 않을 것이다. 그 만큼 프로세스는 성과개선이나 경영혁신의 중요한 기본 바탕을 이루고 있다.

# 2. 정보기술과 프로세스

데이터베이스Database와 네트웍으로 대표되는 정보기술IT은, 프로세스와 서로 떼어서는 도저히 생각해 볼 수 없을 정도로 관계가 깊다. 아마 서로가 없으면 죽고 못사는 사이쯤 될 것 같다. ERP나 BPM 등은 정보기술과 프로세스가 결합된 대표적인 정보화 프로젝트의 예이다. 정보기술은 경영전략을 수립하는 중장기 계획 단계에서부터 고려할 필요가 있는데, 이렇게 정보화를 지원하는 경영전략 수립 방법을 정보전략계획ISP이라고 한다.

정보기술은 시간이 지나 정보화된 프로세스가 기업문화로 정착되면, 개선된 프로세스가 원래대로 되돌아가지 못하도록 하는 데 도움을 준다. 그러나 업무를 정보화할 때에는 한 가지 원칙을 지켜야 한다. 프로세스(To Be Process)를 재설계하는 등 업무를 바람직한 모습으로 변환한 후에 정보화를 해야 한다는 것이다. 기존의 업무를 그대로 정보화하면 오히려 업무량이 늘어나는 수도 있다. 따라서 정보전략계획을 수립하면, 현재의 업무를 분석하여 재설계 과제를 먼저 도출하고, BPR을 수행한 후에 ERP를 도입하거나 확장하는 순서로 프로젝트를 수행해야 한다.

## ERP (Enterprise Resource Planning, 전사적자원관리)

ERP를 말 그대로 해석하면 전사적으로 자원관리를 수행하는 도구Tool지만, 좀더 쉽게 설명하면 각 산업 분야별로 전세계에서 최고의 업무프로세스 Best Practice를 찾아 발굴하여 이를 정형화하고, 프로세스 각 단계(활동)에서 입력되거나 출력되는 정보들을 하나의 데이터베이스로 구성하여 프로그래밍화한 것이다.

데이터베이스를 활용하므로 동일한 데이터를 다음 단계에서 다시 반복해서 입력하는 활동의 낭비는 없다. 게다가 지역적으로 멀리 떨어진 장소에서도 프로세스는 시간을 낭비하지 않고 연결─진행되며(인터넷, 인트라넷 같은 네트워크가 이것을 가능하게 한다), 한번 입력된 데이터는 미리 정해 놓은 정보로 적절히 가공되어서 해당 업무를 수행하는 조직원이 함께 공유하고 활용하게 된다. 순차적으로 진행되던 업무가 동시다발적으로 진행될 수 있으므로, 업무처리 시간(프로세스수행 시간)은 상당히 단축된다. 그리고 일단 첫 단계가 착수되면 후속 단계에서도 일의 진행을 예상할 수 있으므로 이에 맞추어 예상되는 업무에 대한 대비를 미리미리 할 수 있다. 이러한 모든 혜택들은 프로세스가 정보화됨으로써 비로소 가능해진 것이다.

그러나 ERP 패키지의 프로세스 모델(Reference Model)과 회사의 프로세스가 어느 정도 이상으로 차이 나는 경우에는, 오히려 역기능이 나타난다. 실제로 예전에 우리나라 중소기업들에 일시적으로 도입된 ERP는 현재에도 기업의 짐이 되고 있다. 정부의 지원사업 등으로 ERP를 비판 없이 도입했던 기업의 약 80%가 현재 이를 사용하지 않거나, 사용하더라도 부분적으로만 사용하는 것으로 보고된 바 있다. 일반적으로 ERP 패키지의 프로세스 모델과 현업의 프로세스가 30% 이상 차이 나는 경우, ERP 패키지를 도입하는 것보다는 회사의 프로세스에 맞추어 프로그램을 개발하는 편이 더 낫다. 마치 일류 기성복을 여기저기 뜯어 고쳐서(옷에 몸을 맞추어서) 입느니, 차라리 몸에 맞는 맞춤복을 새로 해 입는 편이 나은 것과 같은 것이다.

선진화된 업무(베스트프랙티스)를 모델로 했다고는 하지만 무작정 남의 프로세스에 기업의 업무를 꿰어 맞추는 식이 된다면, 기업 고유의 여건이나 문화가 반영되지 않음은 물론 이후의 변화관리에도 실패하기 쉽다. 일단 ERP 패키지를 현업 프로세스에 그대로 입힌 후에는 개선을 기대하기 어려우므로, ERP를 도입하기 전에 반드시 프로세스 재설계를 수행해야 한다.

그러나 ERP 도입은 이미 결정된 프로세스(To Be Process)를 그대로 도입하는 것과 마찬가지며, 현재(As Is) 프로세스를 분석하는 단계, 바라는(To Be) 프로세스와의 차이Gap를 규명하는 단계, 그리고 프로세스를 표현(맵핑)하는 단계 등은 단지 형식적으로 이행된다. 많은 기업들이 이런 점을 잘 모르거나, 알아도 비용문제 때문에 프로세스 재설계 단계를 수행하지 않는다. 또는 개발업체에서 원가절감의 이유로 이 단계를 수행하지 않기도 한다.

그래서 ERP를 도입한다고 수많은 분량의 자재코드를 몇 날 몇 개월에 걸쳐 조사해서 입력해 놓고도, 정작 자동발주시스템은 사용하지 못하고 엑셀 등으로 수처리하는 경우가 많았다. 현업과 맞지 않아 사용하지도 못하고 그렇다고 돈을 들여 도입한 것을 쉽사리 걷어내지도 못하는, 이러지도 저러지도 못하는 애물단지로 전략해 버리는 경우가 많았다.

전사적자원관리ERP의 연장선상에서 생각할 수 있는 것에 고객관계관리 CRM, 공급망관리SCM 솔루션이 있다. 회사 내의 프로세스 체계를 정보화한 것이 ERP라고 한다면, 프로세스의 범위를 기업과 기업간의 가치흐름(B to B) 즉 협력업체로부터 고객에까지 확대하여 정보처리가 연동되도록 한 것이 ERP-Ⅱ의 개념이다.

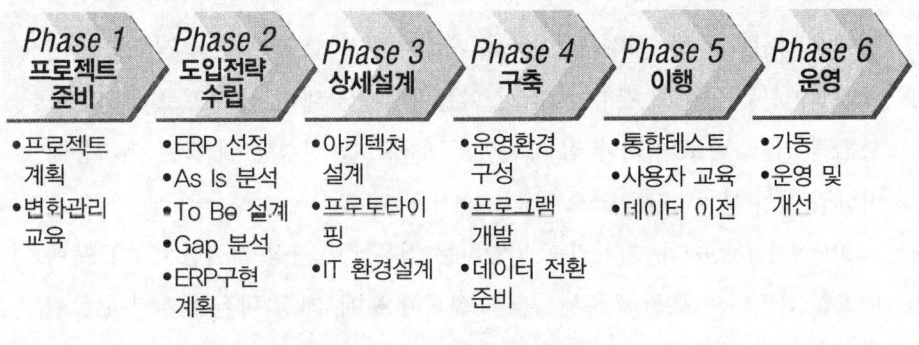

[그림 4-1] ERP도입방법론

**BPM** (Business Process Management)

최근 들어 프로세스를 관리하고 실현하는 정보화 도구로 BPM이 각광을 받고 있다. BPM은 업무에 필요한 어플리케이션Application들을 통합함으로써 프로세스 처리시간cycle time을 줄이고 효율을 높이도록 지원하는 정보시스템으로, 가시적으로 프로세스를 '관리' 할 수 있게 한다. (용어에서도 알 수 있듯이) 비즈니스를 위한 프로세스 관리가 핵심인데, 업무프로세스를 디자인하고, 측정하고, 실행하고, 각 업무 간 상호 작용이 가능하게 하여 프로세스 최적화를 지원한다. 우리나라에서는 은행, 보험, 카드 등 금융권을 중심으로 도입되기 시작했으며, BPM 도입 추진을 고려하는 기업은 계속 확산되는 양상을 보이고 있다. 그러나 아직은 도입을 위한 비용 부담이 크고, 도입 효과가 검증된 사례가 충분하지 않은 형편이다.

기업이 BPM을 도입하는 이유는 변화하는 시장과 경영환경하에서, 고객의 요구에 부응할 수 있는 유연한 프로세스를 관리하고 운영하기 위함이다. 프로세스를 정보시스템으로 연결할 수 있으므로, 상황에 따라서는 타사와 연계된 프로세스도 쉽게 디자인할 수 있다. 일반적으로 BPM Tool은 프로세스를 관리하는 도구들 즉 프로세스를 디자인하고, 운영하고, 모니터링 및 분석할 수 있는 도구 등을 제공한다.

기존의 경우 많은 기업들이 BPR(프로세스 리엔지니어링)을 도입하는 경우 프로세스 혁신을 통해 먼저 프로세스를 재설계하고, 그 후에 이를 정보화한 어플리케이션을 구현해 왔다. 따라서 어플리케이션 내에 업무 프로세스가 포함되게 되고, 바로 이러한 점 때문에 프로세스를 변경할 때 많은 어려움이 따랐던 것이 사실이다(즉 프로세스의 유연성이 부족했다).

ERP(전사적자원관리) 패키지를 도입하는 경우에도 가장 적절한 베스트프랙티스를 참고하여 우선 프로세스를 재설계한 후에, 가장 적절한 패키지를 선택, 커스터마이징Customizing하는 절차를 거쳤으므로 어플리케이션 내에 업무프로세스를 포함하게 되는 것은 마찬가지였다. 따라서 프로세스를 변경하거나 다른 파트너와의 연계작업을 하기엔 불편한 점이 적지 않았다.

그러나 BPM은 단계별로 규칙에 따라 수행할 수 있도록 제어해 주고, 업무처리에 필요한 애플리케이션을 호출해 사람이 단계별로 업무를 처리할 수 있는 통합적인 업무환경을 제공해 준다. 즉 BPM은 프로세스 정보를 애플리케이션 로직과 분리함으로써 프로세스를 자유롭게 변경할 수 있는 장점을 가지고 있다. 프로세스에 대한 변경 요구가 발생하거나 개선점이 보인다면, 언제라도 프로세스를 쉽게 변경, 적용할 수 있는 것이다. 일반적으로 BPM으로 프로세스를 구축하는 경우 다음과 같은 이점을 얻을 수 있다.

첫째, 보이지 않는 프로세스를 보이게 한다.

기업 내에서 혹은 기업 간 일어나는 업무 활동들은 서로 유기적인 관계를 가지고 시작부터 끝까지 사람과 사람이, 사람과 시스템이 경우에 따라서는 시스템과 시스템이 다양한 의사소통을 수행하고 정보를 공유하거나 만들면서 일어나고 있다. 그런데 시작부터 끝까지 어떤 과정을 거쳐서, 현재 무엇이 진행되고 있는지 어떠한 문제가 있는지, 누가 어느 작업을 하고 있는지 한눈에 파악할 수가 없다. 그러나 BPM은 프로세스를 가시화함으로써 프로세스를 파악하고 개선할 수 있게 된다. 일례로 특정 팀의 관리자가 자신의 팀원들이 현재 수행하고 있는 일과 해당 업무의 상태를 실시간으로 한 곳에서 파악하는 것이 가능해진다.

둘째, 최대한 자동화 가능한 업무는 자동화한다.
먼저 프로세스를 기준으로 사람과 사람이 수행하는 의사소통을 자동화하고, 자료와 업무의 배분routing을 자동화하고, 자동화 가능한 업무 처리를 최대한 자동화한다. 자동화를 통해 업무처리에 있어 오류를 줄일 수 있으며, 업무처리 과정 중에 흔히 발생할 수 있는 유휴 시간을 최소화한다. 이러한 자동화는 결과적으로 업무생산성 향상에 기여한다.

셋째, 업무를 중심으로 통합된 시스템 환경을 제공한다.
기업 내에는 무수히 많은 정보시스템과 자료가 존재하고 업무수행 중 이 시스템과 자료를 활용해야 한다. 해당 정보시스템들은 각기 다른 기술환경에서 동작하지만 하나의 업무수행 중 동시에 활용해야 하는 경우가 많다. BPM에서는 특정 업무의 수행을 위해 요구되는 모든 도구와 정보시스템의 특정 화면을 한 곳에서 처리할 수 있는 통합업무 환경을 제공한다. 따라서 업무수행 중 필요한 모든 작업을 쉽고 빠르고 편리하게 빠뜨리는 것 없이 처리할 수 있도록 지원한다.

넷째, 프로세스 처리 시간에 대한 측정을 지원한다.
BPM은 비즈니스 목표에 따라 측정을 위한 지표를 설계하고 프로세스 처리 이력을 토대로 설계된 지표값을 측정함으로써 개선방안을 도출하도록 지원한다. 기업 내 혹은 기업 간에 일어나는 업무 활동을 측정하는 일은 무엇보다도 중요하다. 측정하면 문제가 무엇인지 인식할 수 있고 개선할 수 있다.

다섯째, 변화된 프로세스를 쉽게 적용할 수 있도록 지원한다.

경영환경의 변화에 따라 수반되는 업무 처리 방식과 규칙의 변화에 유연하게 적용할 수 있도록 해준다. 과거에도 BPRBusiness Process Re-engineering 이라는 개념이 존재했으며 많은 기업에서 이를 통해 프로세스 혁신을 시도해 왔다. 그러나 그 결과가 성공적이었던 사례는 별로 없었다. BPR의 가장 큰 장애요인으로는 변화된 프로세스를 조직에 적용하는 것 자체에 대한 어려움을 들 수 있다. 반면 BPM은 개선된 프로세스대로 수행할 수 있도록 제어해 줌으로써 업무 처리 방식의 변경이 미치는 혼선을 최소화한다. 실제로 혹자는 BPR을 수행한 뒤 변화된 프로세스에 BPM을 도입하는 경우가 가장 이상적이라고 말한다. 시장 상황, 고객의 요구, 경쟁 기업과의 관계 등 경영환경이 변화하면, 업무를 처리하는 방식과 규칙, 즉 프로세스가 변화해야 한다. BPM은 프로세스 정보를 애플리케이션 로직과 분리함으로써 프로세스 변화를 적용하는 데 용이하다. 그러므로 프로세스에 대한 변화 요구가 발생하거나 개선점이 보인다면 언제라도 프로세스를 변경해 적용할 수 있다.

그러나 BPM이 만능일 것이라는 생각은 아직 위험하다. BPM을 도입할 때는 다음과 같은 두 가지 사항을 충분히 고려해야 한다.

첫째, 정보기술 못지 않게 프로세스 기획, 정의, 분석에 대한 기법을 잘 적용해야 한다.

BPM 도입 프로젝트는 정보기술이 중심인 프로젝트가 아니다. BPM을 도입하는 이유가 비즈니스의 성과를 향상시키는 것이 목표인 만큼, 업무 프로세스 관점에서 얻을 수 있는 효과를 중심으로 분석하고, 설계해야 한다. 비교적 새로운 개념으로 솔루션을 적용하는 프로젝트가 분명히 쉽지는 않을 것이다.

BPM 프로젝트는 업무지식과, 다양한 정보시스템 그리고 BPM 솔루션을 통합하는 작업이기 때문이다. 따라서 프로세스를 생각하기보다는 어느 고객에게 어떤 아웃풋을 제공할 것인지를 먼저 생각하고, 이것이 확실해진 후에 프로세스로 눈을 돌릴 필요가 있다. 프로세스 관점에서 목표를 정하는 것이 먼저이고, 이를 정보기술과 잘 연결할 수 있도록 프로젝트를 구성한다.

둘째, 도입효과를 쉽게 낼 수 있는 업무프로세스에 먼저 도입한다.

아직까지 대부분의 기업에 프로세스라는 개념이 생소한 것이 현실이다. 보이지 않던 프로세스를 눈앞에 나타나도록 표현하고 도입하는 시도는 예상하지 못한 반발도, 변화에 대한 위험도 겪을 수 있다. 그러므로 실질적인 효과를 볼 수 있는 작은 범위의 프로젝트를 먼저 수행하는 것이 도움이 된다. 프로세스 관리의 필요성과 가치를 인식하는 사람들이 조금 더 많아졌을 때 확산하는 것이 보다 쉽게 진행하는 요령일 수 있다.

# 3. 통계와 프로세스

6시그마 경영혁신을 통계를 주로 활용하는 기법이라고 생각하는 사람들이 많은 것 같다. 틀린 말은 아니지만, 사실 6시그마 경영혁신은 통계를 이용하여 프로세스의 성과를 과학적으로 높이고자 하는 방법으로, 프로세스의 개선방법론 중 하나라고 보는 것이 올바른 시각이다.

제조분야 6시그마의 문제해결방법론으로 잘 알려져 있는 DMAIC(Define-Measure-Analysis-Improvement-Control을 의미하는 이니셜) 절차는 프로세스의 성과Process Performance인 Y와, 프로세스 안에 숨어 있는 변수(들)Process Parameter인 Xs를 찾아 조합하고 반복 측정하여 Y=f(x)의 관계식을 밝혀내고, 여기서 최적의 Y값(최대값이나 최소값 또는 어떤 범위 내에 있어야 하는 값)을 해解로 하는 X값의 범위를 얻어 프로세스(현실)에 다시 적용하는 것이다.

물론 이렇게 하려면 통계적인 기초가 튼튼해야 한다. 그러나 이제는 통계적인 계산과 해석은 컴퓨터 프로그램이 대신해 주므로 사람은 그저 올바른 데이터를 선정하여 측정해서 값을 입력해 주면 그만이다. 통계적으로 의미를 가질 수 있는 만큼의 측정값들을 입력해 주면, 컴퓨터가 Y와 X와의 관계식을 만들어 준다. 통계적 지식보다는 오히려 숨어 있는 범인들(변수 X)을 찾아내는 것이 포인트이므로, 올바른 프로세스맵핑이 중요한 것이다. 비제조분야(서비스, 간접지원, 연구개발분야 등)의 개선방법론은 제조분야의 방법론DMAIC보다 더 프로세스적이다. 통계적 기법을 많이 사용하지 않으며, 제조분야와는 달리 부분적으로나마 프로세스를 바꿈으로써 개선을 이루고자 한다.

6시그마 경영혁신을 운영하는 기업에(특히 중소기업에) 프로세스 관점에서 두 가지 조언하고 싶은 점이 있다.

하나는 이것저것 양量 위주로, 닥치는 대로 과제를 찾아내 개선하려고 하지는 말라는 것이다. 이렇게 하는 것은 어리석은 방법이다. 그저 개선에 도움이 된다고 하여 여기저기 자원을 무계획적으로 투입하는 것은 방향성이 없을 뿐더러 기업 전체적인 개선효과도 낮다. 각 과제의 개선금액을 모두 더하면 기업 전체적인 개선금액이 될 것 같지만, 그렇게 되지 않는다.(이것은 부분최적화의 합이 전체최적화의 합과 같아지지 않기 때문이다. 3부에서 알게 되겠지만, 기업 전체적으로는 오히려 해가 되는 경우도 생긴다)

인적자원과 시간, 투입해야 할 재정자원과 노력 등 기업의 자원은 어차피 한정되어 있다. 경영시스템의 성과를 극대화시키는 프로세스(각 사업영역의 프로세스 중 개선의 기회가 큰 소수의 중요한 프로세스)나, 또는 사업전략을 달성하는 데에 가장 취약한(그래서 병목이 되는) 프로세스가 핵심프로세스이다. 결국은 핵심프로세스가 기업 전체의 성과를 결정하게 된다. 따라서 과제 해결건수, 개선금액, 프로젝트 기간 등에 연연하지 말고, 1년에 단 몇 건만 해결되어도 좋으니 소수의 중요한 핵심프로세스에 개선과제를 집중하여 프로젝트들을 적용할 필요가 있다.

또 하나는 품질부문 임원에게 형식적으로 챔피언Champion을 맡길 것이 아니라, 해결과제가 속해 있는 프로세스의 프로세스책임자Process Owner가 실질적인 스폰서십을 갖도록 하라는 것이다.

6시그마 프로젝트는 과제의 성격상, 어쨌든 한 프로세스에 속한 인원들로 팀이 구성된다. 그런데 이 팀원들의 소속 부서가 모두 달라서, 현실적인 통합과 지원이 이루어지지 않는 경우가 많다. 소속된 부서뿐만 아니라 소속된 부문, 심지어는 사업부까지 다른 인원들이 한 팀에 구성되기도 한다. 이렇게 되면 팀 내의 의사소통에 상당한 장애가 발생한다. 자신의 직속상관이 서로 다르고, 부서, 부문, 사업부 간의 영향과 이해관계가 다를 수 있기 때문이다.

팀원 간의 소속이 다른 경우 각 팀원은 자신의 소속 부서장을 의식하게(눈치를 보게) 되고, 이것이 팀원 간의 의사소통은 물론 자발적인 활동의지도 상당부분 꺾어 놓을 수 있다. 분명히 서로 다른 부문장에게 보고하는 팀원 간의 팀워크는 한 부문장에게 보고하는 팀원 간의 결속보다 못하다. 그래서 항상 모이는 사람만 모이게 되고, 그러다 보면 이것이 과제해결팀인지 분임조인지 분간할 수 없게 되어 버린다. 과제의 성격과 관계없이 품질부문장인 챔피언에게 지휘를 받아야 한다면, 또 팀원들의 소속 부서와는 관계없이 그것이 특정 부서장(부문장)의 해결과제라면, 처음부터 잠자코 눈치만 보며 그저 따라가기만 하면 된다는 수동적인 분위기가 조성될 수밖에 없다.

프로젝트를 성공적으로 이끌려면 팀원들 모두가 한 배에 탄 동료라는 의식을 갖도록 만들 필요가 있다. 가장 좋은 조건은, 과제를 수행하는 팀원이 모두 동일한 프로세스 내에서 역할을 하며(하나의 프로세스로 묶여 있으며), 조직편제상으로도 한 프로세스책임자를 팀장으로 그 밑에 소속되는 것이다. 따라서 프로세스가 체계적으로 정의된 후에는 프로세스책임자가 정해졌을 터이므로(9장 참조), 그를 스폰서로 정할 필요가 있다.

보통 개선과제의 해결난이도가 높아지면 프로세스의 수준도 높아지고(2차 프로세스에서 1차 프로세스로 올라가는 등), 프로세스책임자나 성과지표의 책임자의 직급도 높아진다. 프로세스책임자는 자신이 책임지는 성과목표를 달성하기 위해 능력 있는 팀원으로 팀을 구성하려고 할 것이며, 자신의 역량 범위 내에서 필요한 자원을 투입할 수 있다. 이렇게 하면 예를 들어 2차 프로세스는 BB(Black Belt)의 개선과제로, 3차 프로세스는 GB(Green Belt)의 개선과제로 선택될 수 있다. 이는 프로세스를 기반으로 하는 개선/혁신의 방향과도 일치되는 것이다. 프로세스의 수준Level에 맞는 성과지표 도출과 최적의 팀 구성에도 크게 도움이 될 것이다.

# 4. 원가회계와 프로세스

원가회계 분야에서 발전된 프로세스 관련기법에는 활동기준원가계산 ABC, 활동기준경영관리ABM, 활동기준예산관리ABB가 대표적이다. 케플런 등이 개발한 활동기준원가계산은 제품원가를 산출하는 데에 있어서 간접비를 좀 더 정확히 배부하여 원가의 왜곡을 막고 올바른 의사결정을 할 수 있도록 의도된 것이었다.

종전의 소품종 대량생산 체제하에서는 간접비는 직접비에 비례한다는 가정하에, 직접비의 구성대로 간접비를 나누어서 제품의 원가를 배부해 왔다. 간접비는 직접비에 비해 아주 작았으므로, 이렇게 해도 크게 문제가 없었다. 그러나, 경영환경이 변화하고 시장의 요구도 다양해지자 이러한 원가계산방법은 더 이상 통할 수 없게 되어 버렸다. 기본 가정이 이제는 바뀌었기 때문이다. 예전에는 직접비가 간접비보다 월등히 커서 직접비의 비율대로 간접비를 배부해도 별 다른 문제가 되지 않았으나, 이제는 그 반대가 된 것이다(심한 경우에는 10%의 직접비로 90%의 간접비를 배부하게 되어, 배보다 배꼽이 더 큰 상황이 되어 버렸다).

간접비의 배부 문제로 시작된 제품원가의 왜곡 현상은 판매전략에 영향을 미쳐 효자품목과 불량품목을 구분할 수 없도록 만들었고, 이로 인해 수익성 높은 효자품목이 오히려 기업에서 퇴출되는 상황이 연출되었다. 급기야는 경영자가 제품의 원가정보를 더 이상은 믿지 못하게 된 것이다.

활동기준원가계산ABC에서는 기업에서 이루어지는 모든 활동을 이를 사용한 제품(서비스) 즉, 원가대상Cost Object에 귀속시킨다. 이로써 신뢰할 수 있는 제품 원가자료를 산출하고, 시장 또는 고객별로 수익성이 있는 제품이 어느 것인지 판단할 수 있게 한 것이다. 활동별로 원가가 정해지고, BOA(Bill of Activity)[3]가 작성되면 이것으로 활동기준경영관리ABM와 활동기준예산관리ABB도 가능해진다.

활동기준경영관리ABM는 ABC의 결과로 산출된 자료를 기초로, 원가절감의 기회를 파악하고 낭비요인을 제거하여 이익을 극대화한 최적의 자원활용을 가능하게 한다. 활동기준예산관리ABB 역시 기업가치를 높이고 경영전략을 달성하는 데에 기여할 수 있는 활동에 예산을 수립하고 관리하는 기법으로, 역시 ABC 결과로 산출된 자료를 토대로 한다.

활동기준원가계산은 프로세스를 구성하는 '활동'에 초점을 맞춘 경영기법으로 이해할 수 있다. 프로세스는 전후관계가 종속적인 일련의 활동들로 이루어진다. 이들 각 활동들을 수행하는 데에 누가 얼마만큼의 시간이 걸렸는지를 측정하면 수행하는 인적자원의 임율을 근거로 활동원가를 산출할 수 있다. 더 나아가 이들 활동원가를 모두 합하면 프로세스 원가를 계산하는 것도 가능할 것이라는 생각이다.

만약 프로세스에서 산출되는 아웃풋의 가치를 측정할 수 있다면, 프로세스를 한 번 수행하는 데에 드는 비용(투입)과 그 결과로 얻을 수 있는 가치(산출)를 모두 아는 것이므로, 프로세스의 효율성도 결정할 수 있을 것이다(프로세스의 원가를 산출한다거나, 프로세스의 효율성을 객관적인 수치로 확인할 수 있다는 점은 과거에는 생각하기 어려웠던 것들이다). 경영이 한정된 자원을 가지고

---

3) 한 제품을 구성하는 자재목록을 BOM(Bill of Materials)이라고 한다. 이처럼 한 제품을 만들어 내는 데에 필요한 활동목록을 BOA(Bill of Activity)라고 한다.

최대의 이익을 얻으려는 노력이므로, 효율성에 따라 우선순위를 부여한 프로세스 목록은 CEO에게 아주 유용한 자료가 될 것이다. CEO는 최고의 이익을 얻기 위해 효율이 높은 프로세스에 (한정된 자원을) 투자하고, 효율이 낮은 프로세스는 통폐합하여 정리해 나가려고 할 것이다.

| 참고 |  **프로세스에서의 간접비 배부**

사실 활동기준원가계산 방법을 채용하면 간접비가 좀 더 정확히 배부되기는 하나, 원가왜곡을 근본적으로 막지는 못한다. 간접비의 대부분을 차지하는 고정비를 제품의 생산/판매 수량에 따라 배부하는 것 자체가 넌센스이다.(고정비는 제품의 생산/판매 수량과 무관하게 발생하는 비용을 뜻하기 때문이다.) 또한 관리해야 할 지표(자원동인과 활동동인)도 많고 계산 과정도 복잡하며, 하나의 활동이 하나의 비용에 대응하지 않는 등 그 실효성에도 논란이 있다. 간접비를 배부하는 것 자체가 문제가 되는 것이다. 이런 이유로, 처음부터 간접비를 배부하지 않는 스루풋회계Throughput Accounting가 합리적인 대안으로 받아들여지고 있다.

# 5. 성과관리와 프로세스

최근들어 기업에서 화두가 되고 있는 것 중에 하나가 성과관리이다. 예전에도 성과관리는 목표관리MBO, 방침관리MBP라는 형태로 진행되어 왔으므로 전혀 새로운 개념이 도입된 것은 아니나, 전략적성과관리(BSC, SEM)는 기업의 경영전략을 성과지표로 바꾸어 조직원의 행동양식을 전략지향적으로 바꾸는 데에 크게 기여하는 것으로 평가받고 있다.

원래 BSC는 Balanced Scorecard의 약자로, 말 그대로 균형을 강조한 전략적 성과지표들을 도출하고 관리하는 경영기법이라고 할 수 있다. 여기서의 균형이란 예를 들면 매출액, 영업이익 등 재무적인 관점에서의 성과지표만을 고려하던 것에서 탈피하여 고객 관점에서의 성과지표, 내부 프로세스 관점에서의 성과지표, 그리고 조직원의 학습 및 성장 관점에서의 성과지표를 고르게 관리하도록 한다는 의미가 포함되어 있다. 또한 매출액과 같은 과거지표 뿐만이 아닌, 현재와 미래의 지표를 균형있게 관리한다는 의미가 담겨 있기도 하다.

전략적성과관리(BSC, SEM)가 기존의 목표관리MBO, 방침관리MBP와 어떤 점에서 다른지 간략히 살펴보자. 다음 그림은 BSC 추진방법론이다.

| Phase 1 | Phase 2 | Phase 3 | Phase 4 | Phase 5 |
|---|---|---|---|---|
| 비전 및 미션 수립 | 경영전략 수립 | 핵심성공요인 (CSF) 규명 | 핵심성과지표 (KPI) 정의 | 목표설정 및 이니셔티브 |

[그림 4-2] BSC 추진방법론

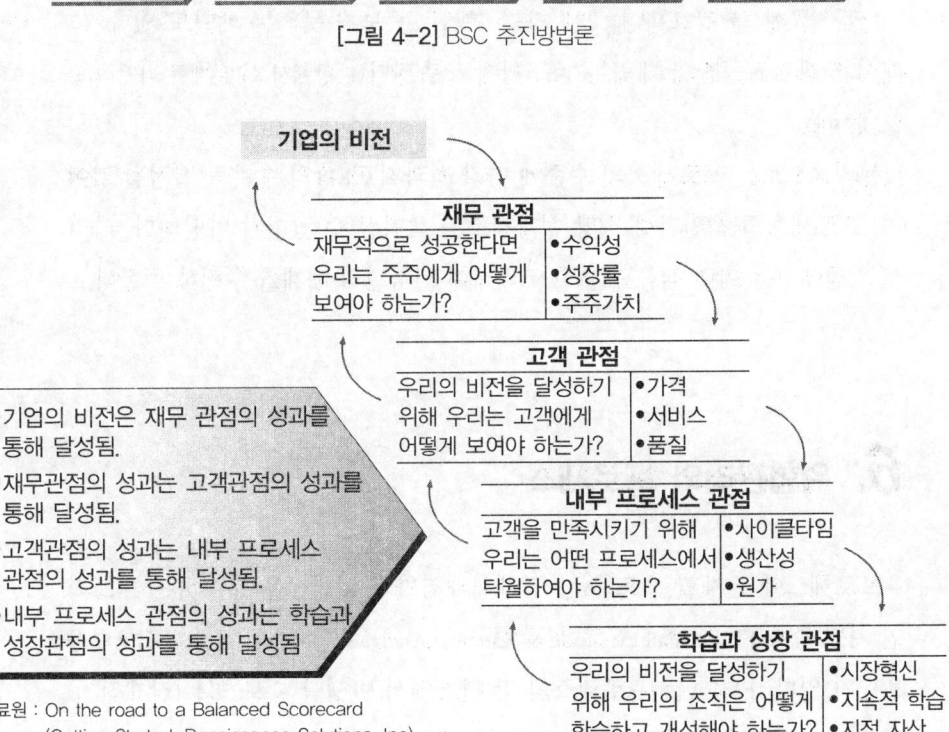

[그림 4-3] BSC의 4가지 관점

자료원 : On the road to a Balanced Scorecard
(Getting Started, Renaissance Solutions, Inc)

기업이 지향해야 할 전략을 성과지표로 변환하여 도출한다는 점에서 주요 직급별로 목표를 설정하고 하부 조직으로 할당하는 목표관리와 차이가 있다. 최고경영자의 방침을 방책으로 반복하여 전개하는 방침관리와도 근본적인 차이를 보인다고 할 수 있을 것이다.

단, 필자가 이 방법론(BSC)에서 아쉽게 여기는 점이 있다. 전략이나 핵심성공요인을 도출한 후, 이를 수행하는 과정(프로세스)은 고려하지 않고 성과지표를 수립한다는 점이다. 비록 고객관점이나 프로세스 관점에서도 성과지표가 도출되기는 하지만, 이는 고객이 원하는 가치(고객가치)를 전달하는 과정(즉 가치사슬) 중에서 핵심이 되는 프로세스를 정하고 이를 근거로 핵심성과지표KPI를 도출하는 프로세스 중심의 사고와는 거리가 있다. 전략적성과관리BSC에서는 고객가치가 창출되는 과정과 이 과정에서의 핵심프로세스를 주목하지 못하고 핵심성과지표KPI를 정하는 것이다.

너무 '균형'을 강조하다 보니 자칫 '핵심'을 보지 못하는 폐단도 있다. 그래서 성과지표들간의 대립문제도 쉽게 노출된다(11장에서 이 문제를 다시 언급할 것이다).

논리적으로는 프로세스의 수준에 따라 성과지표KPI의 수준도 결정될 것이며, 프로세스의 책임자가 해당 성과지표를 책임질 수 있어야 마땅하다. 따라서 기업에서는 이런 점을 충분히 고려하여 성과관리 체계를 수립해야 한다.

# *6.* 위험관리와 프로세스

프로세스에 존재할 수도 있는 잠재실패영향과 위험성을 분석하는 대표적인 기법 중에 FMEA(Failure Mode & Effective Analysis, 잠재적인 실패 모드 및 영향분석)가 있다. FMEA는 프로세스의 각 단계에서 발생할 수도 있는(잠재적인) 실패요인과 함께 파급될 영향, 발생가능성, 검출능력을 파악하고, 분석하여 위험우선순위를 부여하여 관리하는 기법이다.

그런데 프로세스의 위험성을 분석하려면, 프로세스를 구성하는 단계별 활동Activity이 얼마나 잘못될 수 있는지 위험성을 일일이 따져 봐야 한다. 보편적으로 각 활동의 위험성은 다음과 같이 위험지수로 계수화할 수 있다.

위험지수Risk Priority Number = 심각도(영향의 크기) × 발생가능성(발생빈도, 주기, 가능성 등)

이렇게 하여 각 활동의 위험도가 산출되면, 이중 가장 큰 위험도를 가지는 활동을 우선적으로 선정하여 위험도를 낮춤으로써 프로세스 전체적인 위험도를 떨어뜨릴(개선할) 수 있다. 개선이 수행된 후에도 위험지수를 다시 산출해 봄으로써 프로세스의 위험도가 줄었는지도 확인할 수 있다.

## 공정 FMEA

| FMEA NO. | | 공정책임 | | 구분 | 일자 | 주요개정내용 | 작성(SIGN & DATE) | 검토(SIGN& DATE) | 승인(SIGN& DATE) |
|---|---|---|---|---|---|---|---|---|---|
| 적용차종 | | 완료예정일 | | 초도 | | | / / | / / | / / |
| 양산적용일 | | 상호 기능팀원 | | | | | / / | / / | / / |
| 호 변 | | | | | | | / / | / / | / / |
| 품 명 | | | | | | | / / | / / | / / |

| 공정의 기능 | 잠재적 고장형태 | 고장의 잠재적영향 | 심각도 | 특별성 | 고장의 잠재적원인 | 발생도 | 현 공정관리 | 검출도 | R.P.N. | 권고 조치사항 | 완료예정일 | 조치결과 | | | | |
|---|---|---|---|---|---|---|---|---|---|---|---|---|---|---|---|---|
| | | | | | | | | | | | | 조치내용 | 심각도 | 발생도 | 검출도 | R.P.N. |

[그림 4-4] 프로세스의 잠재위험성을 파악하기 위한 FMEA

프로세스 수행 후의 위험성을 평가하는 것은 프로세스를 맵핑함으로써 프로세스 내에 포함된 각 활동에 숨어 있는 위험인자를 파악해내고, 이들과 결과로 빚어질 위험의 영향의 크기와의 관련성을 평가하는 것과 같은 것이다.(이러한 원리는 프로세스 수행 후의 환경영향을 평가하는 것과 동일하다.)

# 7. 가치흐름과 프로세스

프로세스에서는 Market In의 사고방식이 중요하다. 프로세스에서 제품을 먼저 만들어 내고, 이 제품을 원하는 고객을 찾아 영업하려 한다면 제품/자재의 재고유지에 드는 비용을 감당할 수밖에 없다.(과거에는 이런 생산방식을 사용했는데 이것을 Product Out 즉, 밀어내기 방식이라고 한다.) 당기기Pull 생산방식은 시장에서 필요로 하는 제품을, 필요한 만큼만, 필요한 때에 생산하는 것을 목표로 한다. 이렇게 하면 재고를 줄일 뿐더러 시장의 필요에 대응하는 능력이 좋아지고, 공정의 흐름성이 강화될 수밖에 없다.

프로세스에서 중요한 것 중에 하나가 바로 가치의 흐름성이다. 가치흐름 측면의 접근방식은 프로세스 재설계와 프로세스 혁신이 대표적이다. 그밖에 제품생산프로세스에서 흐름성 중심의 경영기법에 도요타생산방식(TPS, Toyoda Production System), 린 엔터프라이즈Lean Enterprise, 당기기 생산방식, U-Line(Cell생산방식), JIT(Just In-Time), 흐름생산(One Piece Flow), 동기화생산 등이 있는데, 동기화생산에 대해서는 13장을 참고하기 바란다.

### 프로세스 재설계(Business Process Re-engineering; BPR)

흔히 기업이 어느 정도 이상의 규모로 성장하게 되면 오랜 관행이 고착화되어 기업 내에 여러 가지 생산요소의 낭비가 발생하게 된다. 주로 통계적 품질관리 형식을 사용해왔던 과거의 지속적 개선활동Continuous Process Improvement은 기존의 프로세스를 대상으로 하며, 하위 계층에서 주도하고(Bottom-up), 개선의 범위나 개선활동의 위험도는 상대적으로 작다.

이에 비해 BPR은 기존의 프로세스를 참조하지 않는다. 근본적인 변화를 이룩하기 위하여 현재의 작업방식에 얽매이지 않고 백지상태에서 출발하여 새로이 업무방식을 구축하는 형태로 진행한다. 변화의 범위가 커서 때로는 구축기간이 장기간이 될 수도 있으며, 경영층의 의지로 시작하여 하향식

(Top-down)의 형태로 추진된다. 또 아무리 훌륭한 프로세스로 재설계된다고 하여도, 원칙적으로 현상이 변화되지 않기를 바라는 조직구성원들의 수용여부가 BPR의 성공요인도, 실패요인도 될 수가 있다.

　비즈니스 리엔지니어링은 기존의 업무방식을 근본적으로 재고려하여 혁신적으로 비즈니스 시스템 전체를 재구축하는 것으로서 프로세스를 기본 단위로 하여 업무, 조직, 기업문화까지의 전부문에 대하여 성취도를 증가시키는 것이라고 할 수 있다. 그리고 이러한 성취도의 목표로는 시간단축, 비용감소, 하청업체 관리, 간접비 감축, 기업의 만성적인 문제점 해결, 부서 간의 조정과 업무연계, 고객서비스 등을 들 수 있다.

　마이클 해머Michael Hammer는 비즈니스 리엔지니어링[4]을 '비용, 품질, 서비스, 속도와 같은 주요 경영성과를 획기적으로Dynamic 향상시키기 위해서 기업의 업무프로세스를 근본적으로Fundamental 다시 생각하고 과거의 업무방식을 혁신적으로Radical 재설계하는 것'이라 정의한다. 그는 정보처리기술을 이용하여 프로세스의 혁신을 이룩하는 방안을 제시하였다.

　한편 비슷한 시기에 MIT 대학의 James Short 역시 과거 산업공학의 기법인 흐름분석이 공장업무에 국한되어 사용되었으나 사무업무에도 훌륭하게 적용될 수 있다고 주장하였다. Davenport와 Short는 비즈니스 리엔지니어링을 '경영혁신과 정보처리기술과의 유기적 결합을 이용한 프로세스의 재구축'이라고 정의하였다. '어떻게 정보처리기술이 경영방식을 혁신할 수 있을까'와 '어떻게 경영방식이 정보처리기술을 이용하여 혁신될 수 있을까'를 동시에 고려하는 것이 Davenport와 Short에 의한 비즈니스 리엔지니어링의 기본 개념이다. 대상이 되는 프로세스의 범위로는 기업 내부의 고객과

---

4) 이들의 논문이 미국 기업들의 전례 없는 관심을 받게 되자 컨설팅 회사인 Index Group에서는 '비즈니스 리엔지니어링'이라는 단어를 특허로 출원했고, 따라서 다른 기업들은 프로세스 혁신(Ernst Young), 비즈니스 프로세스 변환(IBM), 비즈니스 핵심프로세스 재설계(Mckinsey), 비즈니스 프로세스 리엔지니어링(ArthurAnderson)이라는 단어를 사용하고 있다.

외부의 고객에게 가치를 전달하는 시작에서 끝까지의 모든 과정을 포함하게 된다. 다음 그림에 일반적인 BPR 방법론의 로드맵[5]을 나타내었다.

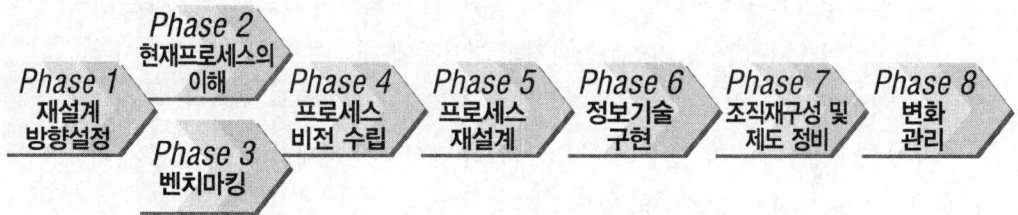

[그림 4-5] BPR 도입방법론

| | 단계별 과제 | 주요 결과물 |
|---|---|---|
| 1단계 | 재설계 방향설정 | ● 프로젝트의 범위, 목표 및 수행 계획<br>● 사업환경 및 목표고객의 니즈 분석 결과<br>● 전략적 방향<br>● 재설계 대상 프로세스 설정 |
| 2단계 | 현재 프로세스의 이해 | ● 프로세스의 현재 상태(As Is Process) |
| 3단계 | 벤치마킹 | ● 대상 설정 및 벤치마킹 계획<br>● 벤치마킹 결과 (설문 및 인터뷰 결과)<br>● 베스트프랙티스와의 차이(Gap) 분석 |
| 4단계 | 프로세스 비전 수립 | ● 프로세스의 바람직한 모습<br>● 비전테마<br>● 최상위 수준의 프로세스 비전<br>● 성과목표 |

---

5) 일반적인 BPR방법론은 '경영시스템의 가치흐름 혁신(14장)'에서 언급하는 핵심프로세스 재설계 방법론과는 약간의 차이가 있다. 이러한 차이는 핵심프로세스의 선정에 있어 전략적인 측면보다 가치흐름의 단절과 지연(즉 병목) 측면을 더 중요시하기 때문이다.

| 5단계 | 프로세스 재설계 | • 극복해야 할 장애요인/제약조건<br>• 핵심장애요인에 대한 해결제안 아이디어<br>  (Breakthrough Idea)<br>• 재설계된 프로세스에 대한 정의 및 표현 (To Be<br>  Process) |
|---|---|---|
| 6단계 | 조직 및 제도 재구성 | • 프로세스조직<br>• 새로운 성과관리 체계<br>• 프로세스를 강력히 지원하는 인프라스트럭처 |
| 7단계 | 정보기술 구현 | • 정보기술 구현 계획<br>• 정보시스템 아키텍처<br>• 새로운 정보시스템 |
| 8단계 | 변화관리 | • 새로운 환경에 적응된 조직 |

[표 4-2] BPR 방법론

*1단계 : 재설계 방향설정*

사업환경과 목표고객의 니즈를 분석하고 전략적인 방향을 재확인하고, 재설계 대상이 될 중요한 핵심프로세스들을 선정한다.

*2단계 : 현재 프로세스의 이해*

프로세스의 현재 상태를 이해한다.

*3단계 : 벤치마킹*

베스트프랙티스를 벤치마킹하고 분석한다.

*4단계 : 프로세스 비전 수립*

프로세스의 바람직한 모습을 그리고, 프로세스 비전을 수립한다. 도달해야 할 목표수준도 결정한다.

*5단계 : 프로세스 재설계*

목표달성의 장애요인을 파악하고 이를 극복할 아이디어를 구체화하여, 프로세스를 새롭게 설계한다.

### 6단계 : 조직 및 제도 재구성

프로세스에 적합한 조직구조로 전환하고, 이에 맞도록 성과관리 체계를 포함한 모든 제도를 개편한다. 또한 필요한 인프라스트럭처를 확보한다.

### 7단계 : 정보기술 구현

새로운 프로세스를 지원할 정보기술을 설계하고 구현한다.

### 8단계 : 변화관리

전환 계획을 수립하여 조직이 새로운 환경과 프로세스에 적응되도록 관리한다.

참고로, Michael Hammer와 Davenport & Short가 제시하는 방법론은 다음과 같이 약간의 차이가 있다.

| Michael Hammer | Davenport & Short |
|---|---|
| 단계1: 개선 대상 프로세스를 선정한다<br>단계2: 프로세스를 이해하고 고객 입장에서 프로세스의 목표를 규명한다<br>단계3: 프로세스를 재설계한다<br>단계4: 변화 대상 프로세스에 대한 미래의 모습을 조직구성원들에게 전달한다 | 단계1: 비즈니스 비전과 프로세스의 측정 가능한 목표를 설정한다<br>단계2: 비즈니스 혁신 대상 프로세스를 선정한다<br>단계3: 현재의 프로세스를 이해하고 분석한다<br>단계4: 필요한 정보처리기술 수준을 파악한다<br>단계5: 개선된 프로세스의 프로토타입화를 실시한다 |

BPR에서 업무처리 절차를 재설계하는 7가지 원칙을 소개한다.

원칙 1. 일을 업무 단위로 구분하여 설계하지 말고 고객 중심의 결과지향적으로 설계하라.

원칙 2. 프로세스의 결과를 받는 사람이 직업 프로세스를 수행케 하라.

원칙 3. 정보를 처리하는 업무보다는 정보를 제공하는 업무로 만들어라.

원칙 4. 지역적으로 흩어진 자원을 중앙에 모여 있는 것처럼 활용하라.

원칙 5. 업무결과의 단순통합이 아니라 업무를 연계시켜라.

원칙 6. 업무수행 부서에 결정권을 부여하고 프로세스 내에 컨트롤을 유지하라.

원칙 7. 정보는 발생지역에서 한 번만 처리하라.

### 프로세스 진단(Process Audit)[6]

최근 ISO 9001 국제규격의 영향으로 경영시스템이 절차서 중심에서 프로세스 중심으로 재구성됨에 따라, 기업의 업무프로세스를 진단하는 새로운 방법에 관심이 높아지고 있다. 이러한 환경변화에 따라 경영시스템 내부심사 제도를 보완하여 프로세스를 중심으로 업무를 검토하고 운영하는 프로세스 진단 운영방안이 활발하게 연구되고 있다.

기존의 내부심사는 경영시스템을 중심으로 경영시스템의 효과성 평가가 주된 점검분야였지만, 프로세스 진단에서는 프로세스 간의 연계성과 프로세스를 중심으로 한 프로세스의 효과성 및 효율성 평가가 가능하다. 기존의 내부심사는 절차서를 근거로 규정의 준수 여부를 평가했지만, 프로세스 진단에서는 ①프로세스 정의서, ②프로세스맵, ③사전에 파악해 둔 고객의 필요 및 기대를 기준으로 프로세스 수행 상태를 평가한다. 기존의 내부심사는 서로 부서를 변경하여 평가하는 상호심사가 일반적인 방법이었으나, 프로세스 진단에서는 프로세스의 고객 또는 고객의 대리인이 프로세스가 이루어지는 단계를 훑어 내려가는 식으로 진행된다.

---

6) Process Audit를 공정감사 또는 공정심사로 번역할 수도 있겠으나, 이미 사용되고 있는 유사한 용어가 있어 적합하지 않으므로 여기서는 '프로세스 진단'이라고 표현하고자 한다.

**I. 프로세스 진단 전 준비**

- 프로세스 간의 연계성 확인
- 프로세스 정의 확인
- 프로세스 산출가치에 대한 핵심고객 요구사항 확인

↓

**II. 프로세스 운영상태 진단**

↓

**III. 프로세스 분석**

- 프로세스 취약점 도출
- Gap 분석 (As Is)
- 시정조치

↓

**IV. 결과보고 및 프로세스 재설계**

- 성과지표 목표 대비 실적
- 고객인식 측정 결과
- 재설계 과제 및 아이디어
- 프로세스별 개선안 요약/종합
- 개선과제 해결제안서

[그림 4-6] 프로세스 진단 절차

프로세스 진단 제도를 도입하기 위해서는 기업 내의 주요 업무가 프로세스 체계 안에서 수립되어 있어야 한다. 진단을 실시하는 진단요원(프로세스 심사요원)은 프로세스를 잘 이해하고 있으면서 프로세스에 대한 이해관계자(가능하면 고객)이어야 하며, 프로세스 중심의 사고방식을 꿰뚫고 있어야 한다.

프로세스 진단은 막연히 프로세스를 분석하고자 하는 것이 아니라, 프로세스에 내재된 개선의 기회가 무엇인지 도출하는 것이 목적이다. 프로세스 각 단계(활동)별로 가치의 흐름을 추적하여 비부가가치활동NVAA을 찾아 개선의 기회를 만들어 가는 것이다. 프로세스 진단 그 자체도 아웃풋이 '개선의 기회'이고, 발굴된 개선의 기회를 성과개선 프로세스로 연결하는 프로세스이다.

　　프로세스를 기반으로 경영시스템이 재구성되었다면 프로세스 진단을 시도해 볼 만하다. 참고로 ISO 9001, 14001 등 대부분의 경영시스템 규격에서는 경영시스템 내부심사를 요구사항으로 규정하고 있는데, 주로 경영시스템의 요구사항이 현업에서 이행되는지 점검하는 프로세스로 되어 있다. 조직에서 이렇게 수행하는 내부심사Internal Audit 제도를 프로세스 진단 Process Audit으로 바꾸어 시행할 수 있다면 기업의 경영혁신에 크게 기여할 수 있을 것이다.(ISO 규격에서 내부심사의 대상이 경영체계Management System였다면, 프로세스 진단은 실제적인 현업무As Is Process를 대상으로 하는 것으로, 그 유용성이 기대되고 있다.)

| 경영시스템 심사(System Audit) | VS | 프로세스 진단(Process Audit) |
|---|---|---|
| 경영시스템 요구사항은 준수되고 있는가 | 주요심사 관점 | 프로세스아웃풋은 고객의 필요를 충족시키고 있는가 |
| 표준문서(매뉴얼/절차서) | 심사기준 (사전준비사항) | 고객의 필요 및 기대 고객불만사항 프로세스 정의서 및 맵 |
| 기록 | 객관적 증거 | 활동단계별 산출물 |
| 부서별 상호심사 | 심사수행 주체 | 고객 및 고객대리인 |
| 부서별, 절차별 | 주요 심사방식 | 프로세스별, 프로젝트별 |
| 경영시스템 개선 (인증, 내부심사) | 주 활용 | 경영혁신 (PI, BPR) |

# 05

# 성과향상의 메커니즘

| 들어가기에 앞서 |

프로세스를 개선하거나 혁신하는 것도 좋지만, 기업에서 필요로 하는 것은 실제로 사업의 성과를 혁신하는 것이다. 따라서 여기서는 어떻게 하면 프로세스 중심의 경영시스템을 구축할 수 있는지, 그리고 실제로 사업의 성과를 혁신할 수 있는지, 각각의 방법론을 살펴보려고 한다. 이 방법론은 각각 2부(경영시스템 구축)와 3부(성과혁신) 전체의 내용을 미리 요약하는 것이므로, 본 장의 내용 이해가 다소 어려울 수도 있다. 뒤에서 세부적인 설명이 반복될 것이므로 충분히 이해하지 못해도 좋고, 이 장을 건너뛰어도 좋다. 그러나 이 방법론들을 염두에 두고 우리 기업 현실과 비교해 가면서, 어떻게 체계를 구축하고 운영할 것인지 구상해 보는 것도 의미가 있을 것이다.

## 1. 가치흐름에 따른 경영시스템 구축

### 기존 경영시스템의 문제점

ISO 9001 국제규격은 이제는 보편화되어서 웬만한 기업이라면 인증을 획득하고 있다. ISO 9001 국제규격에서는 품질에 영향을 미치는 모든 업무를 프로세스로 수립할 것과, 이에 따라 성과지표를 도출하여 관리할 것, 그리고 이를 통해 지속적으로 성과를 개선할 것 등을 요구하고 있다.

그렇다면 이미 ISO 9001, TS 16949 등 품질경영시스템 인증을 획득한 기업들은 프로세스 체계나 성과관리 체계가 잘 수립되어 운영되고 있을까? 필자가 보기에는 그런 것 같지 않다. ISO 인증기업들이라면 프로세스 운영에 별 문제가 없을 것 같지만, 실상을 들여다보면 프로세스나 경영시스템, 성과관리에 관한 문제가 산적해 있다.

- 품질매뉴얼, 절차서, 작업표준서 등이 서술식 긴 문장으로 작성되어 있어 구성원들이 잘 읽거나 이용하지 않는다.
- 절차서 등 회사의 표준문서들은 사업의 성과나 업무의 개선과는 무관하다.
- 프로세스맵이 수립되어 있지 않거나, 수립되어 있어도 내용이 현업과 일치하지 않거나 가치의 흐름이 표현되지 않는다.
- 고객의 불만이 해당 프로세스에 피드백(반영) 되지 않는다.
- 고객만족도 조사 역시 이루어지지 않거나 형식적으로 이루어져서 해당 프로세스나 사업계획에 반영되지 않는다.
- 프로세스를 구성하는 활동들은 조직원의 직무분장과 연관되지 않는다.
- 프로세스에는 고객이나 산출가치가 정의되어 있지 않다.
- 프로세스 간에 서로 연결 관계가 확립되어 있지 않다.
- 프로세스에서 성과지표가 도출되고 있으나, 사업계획에 수립된 목표와는 달라, 진정한 성과관리라고는 할 수 없다.
- 부서별로 관리하는 성과지표는 이익이라는 전사 성과지표와는 관련지을 수가 없다.
- 고객불만 정보가 피드백 및 재활용되지 않는다.

품질경영규격 인증업체에서조차 프로세스가 적절히 운영되지 않는 가장 큰 이유는 인증획득을 추진할 당시 현실적인 업무체제를 근거로 프로세스를 수립하지 못했기 때문에 현실과 프로세스가 일치하고 있지 않는다는 것이다. 요령을 버리고, 프로세스 기반에서부터 착실히 재구축해야 할 필요가 있다.

## 프로세스 중심의 경영시스템 구축 방법론

프로세스에 의한 경영시스템을 구축하고 운영하는 방법론은 크게 ①경영환경을 분석하고 전략을 수립하는 단계(100~200), ②프로세스 체계를 수립하는 단계(300~400), ③ 사업목표를 수립하고 전개하는 단계(500), ④ 시스템을 운영하고 피드백 하는 단계(600)로 구분할 수 있다. (2부 전체가 이 방법론을 언급하고 있다.)

| 구분 | 과제 | 세부과제 | 주요 결과물 |
|---|---|---|---|
| 경영환경 분석 및 경영전략 수립 | A100 경영전략 수립 | A110 비전 및 미션 선언<br>A120 경영전략 수립<br>A130 핵심성공요인 도출 | 비전/미션 선언문<br>경영전략/사업전략<br>핵심성공요인 |
| | A200 고객니즈 분석 | A210 고객/시장 니즈 및 기대 분석 | 목표고객, 고객인식<br>분석결과 |
| 프로세스 체계 구축 | A300 프로세스 체계 수립 | A310 가치사슬 파악<br>A320 직무분석<br>A330 프로세스 체계 수립 | 가치사슬<br>직무목록/활동목록<br>프로세스 체계도 |
| | A400 프로세스 정의 | A410 프로세스 정의<br>A420 프로세스 표현 | 프로세스 정의서<br>프로세스맵 |
| 사업목표 수립 및 전개 | A500 경영목표 수립 | A510 성과목표 수립<br>A520 성과측정 계획 수립 | 전사/계층별 경영목표<br>성과측정 계획 |
| 시스템 운영 및 피드백 | A600 성과측정 및 차이 분석 | A610 성과측정 및 차이(Gap) 분석<br>A620 피드백 | 성과측정 및 분석결과<br>개선기회 정의 |

### 1단계 : 경영환경 분석 및 경영전략 수립

제품(또는 서비스)별로 사업의 대상이 되는 고객그룹(또는 시장)을 명확히 한다. 그리고 나서 고객인식을 조사, 분석하여 목표고객이 필요로 하는 가치

Final Value가 무엇인지를 명확히 정의하여 경영전략에 반영한다.

▶ A110. 비전 및 미션 선언 – 비전, 미션(사명), 경영이념 및 경영방침을 수립하고 전 조직원에게 공표한다.

▶ A120. 경영전략 수립 – 기업 내외부 경영환경을 분석하고, 이를 근거로 사업부문별 전략을 수립한다.

▶ A130. 핵심성공요인CSF 도출 – 경영(사업)전략을 성공적으로 달성하기 위한 핵심성공요인을 도출한다.

▶ A210. 고객/시장 니즈 및 기대 분석 – 구분된 제품 및 사업부문별로 목표고객을 정의하고, 고객의 필요와 기대를 조사 및 분석한다.

### 2단계 : 프로세스 체계 구축

고객가치Customer Value, Final Value를 목표고객에게 제공하는 가치사슬 Value Chain과 조직의 직무분석결과를 함께 고려하여, 프로세스 간의 상호관계(프로세스 연계성)가 확보된 프로세스 체계를 구축한다. 그리고 각각의 프로세스를 정의하고 표현한다

▶ A310. 가치사슬 파악 – 목표고객에게 제공할 최종가치를 분명히 하고, 가치가 전달되는 경로를 파악한다.

▶ A320. 직무분석 – 전사적인 계층별, 기능별 직무를 분석하여 프로세스를 구성하는 최소 단위인 활동목록을 도출한다.

▶ A330. 프로세스 체계 수립 – 파악된 가치흐름과 직무분석의 결과를 고려하여 경영시스템을 구성하는 최적의 프로세스 체계를 구성한다.

▶ A410. 프로세스 정의 – 프로세스책임자, 프로세스 입출력, 성과지표 등 프로세스 주요 구성요소를 정의한다.

▶ A420. 프로세스 표현 – 업무활동의 단계별 흐름에 따라 프로세스를 표현한다.

### 3단계 : 사업목표 수립 및 전개

경영시스템의 주요 핵심성과지표KPI를 프로세스에서 도출하여 결정하고 성과목표 설정, 전개 및 성과측정 계획을 수립한다.

▶ A510. 성과목표 수립 – 핵심성과지표를 도출하고 이를 토대로 전사 및 부문별 성과목표(경영목표/사업목표)를 수립한다. 이때 가능하다면 경쟁사의 성과 분석결과를 참고한다(Bench Marking). 또한 수립된 전사 경영목표를 부서별로 전개하고, 달성 방안을 수립한다.

▶ A520. 성과측정 계획 수립 – 또한 성과측정 주기, 성과지표 산출방법 등의 성과측정 계획을 수립한다.

각 단계별 추진 절차와 내용은 2부에서 상세하게 설명할 것이다.

### 4단계 : 시스템 운영 및 피드백

성과를 측정하고 분석한 후 적절한 조치Action를 취한다. 사안에 따라서는 성과혁신으로 연결해야 하는 과제도 생길 수 있다.

▶ A610. 성과측정 및 차이 분석 – 성과지표에 대한 데이터를 측정하고 수집한다. 목표와 측정결과(실적)를 비교하고 개선의 기회를 도출하기 위해 목표와의 차이Gap를 분석한다.

▶ A720. 피드백 – 차이 분석의 결과로 프로세스의 문제점, 장애요인을 도출하고 프로세스 개선의 필요성을 평가하여 개선과제를 선정한다. 개선과제는 현상유지 및 목표 조정, 단기개선과제Quick Win, 그리고 장기개선과제의 세 가지로 구분하여 각각 추진계획을 세워 추진한다.

성과를 측정하고 분석하여 피드백하는 단계만 운영되어도 성과는 개선될 것이다. 그러나 장기개선과제 이상의 본격적인 성과향상이 필요하다면, 뒤에서 언급할 성과혁신의 방법론을 적용해야 한다.

# 2. 프로세스에서의 가치흐름 혁신

### 경영혁신 기법의 초점

모든 업무를 프로세스로 나타내었다고 하더라도 만약 어떤 업무가 인풋, 아웃풋, 고객 등의 프로세스 구성요소로서 정의되지 않는다면, 그 업무는 프로세스로서는 적절하지 않다(오히려 '활동'의 수준에 가까울 것이다). 따라서 가치흐름을 따지기 전에, 프로세스 구성요소가 올바로 정의되었는지 다시 확인해야 한다.

이제 경영시스템이 프로세스를 중심으로 구축되면 조직의 사업성과를 향상시킬 수 있다. 앞서 4장 「경영혁신의 출발선, 프로세스」에서 살펴본 각종 경영혁신기법들이 어떻게 사업성과의 향상과 연결되는 것인지 생각해 보자. 먼저 다음 그림에 나타낸 프로세스 구성요소들의 의미를 음미해 보라.

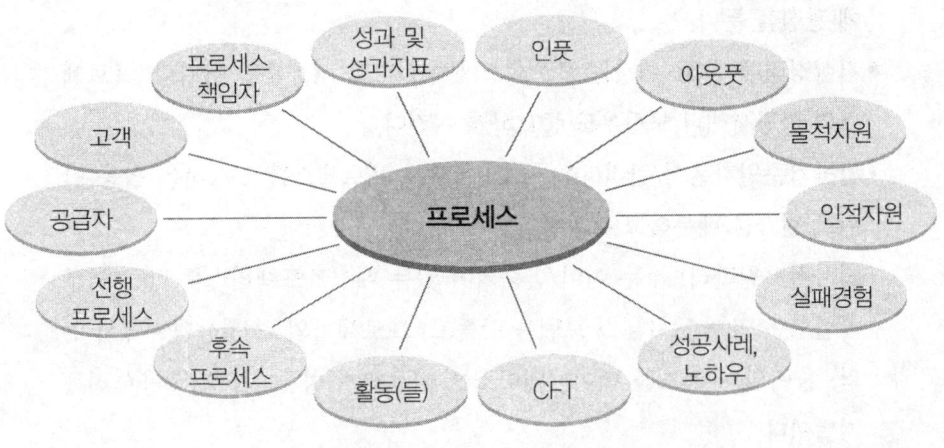

[그림 5-1] 프로세스를 구성하는 요소들

이러한 프로세스의 각 구성요소들은 각종 경영혁신 기법에서 성과향상을 위해서 응용되었다. 다음에 간략하게 그 예를 들었다.

- 6시그마 경영혁신에서는 프로세스의 성과를 높이는 데에 영향을 주는 요인들이 어느 단계(활동)에 숨어 있는지 찾아내는 데 집중한다. 따라서 6시그마 경영혁신에서는 프로세스의 구성요소 중에서 활동(특히 활동의 조건)에 관심을 기울인다.

- 전략적성과관리(BSC나 SEM)에서는 조직의 경영전략 및 핵심성공요소를 성과지표로 바꾸어 관리하려고 한다.

- 고객만족경영CSM은 두 말할 것도 없이 고객의 인식을 반영하여 프로세스를 운영해 나아가고자 하는 것이므로, 고객(특히 고객의 인식)을 최우선으로 강조하는 경영혁신 기법이라고 할 수 있다.

- 프로세스의 자원에 집중하는 대표적인 기법으로 제약경영TOC을 들 수 있다. 제약경영에서도 대표적인 적용 도구 중 하나인 DBR은 제조공정에서 자원의 능력 제한 상황을 역으로 이용함으로써 프로세스의 성과를 개선하려는 생산/물류 개선기법이다.

- 잠재고장영향분석FMEA에서는 프로세스의 실패 경험 즉 프로세스 지식에 관심을 둔다.

- 지식경영체제KMS에서는 프로세스에서 실패한 경험뿐만 아니라, 프로세스의 성공사례나 노하우도 중요하게 여긴다.

- 활동기준원가분석/관리(ABC, ABM)에서는 프로세스를 구성하는 활동 단위로 원가를 배분하고 관리한다.

- 전사적자원관리ERP는 이미 검증되어 있는 베스트프랙티스를 각 산업분야별로 모아서 프로세스 모델을 만들고, 프로세스의 각 활동단계에서 입력, 출력되는 정보를 데이터베이스를 이용하여 공유, 가공, 활용하려는 기법이다.

- JIT나 LEAN은 어떤가? 제품의 흐름을 원활히 하기 위해 제품제조프로세스를 대상으로 각 활동단계(공정)에서의 낭비(예를 들면 대기시간)를 줄이고, 프로세스의 사이클타임(Lead Time)을 단축하며 공정 간의 재고를 줄이려는 노력이 아닌가?

• 가치혁신(블루오션전략)은 고객과 시장에서 원하는 새로운 가치를 찾아 내는 것인데, 이것은 우리 기업이 산출해야 할 프로세스아웃풋이 된다. 아직 시장에서 알려지지 않은 새로운 가치를 찾기 위해서는 현재 고객에 제공하는 제품 또는 서비스에 대하여 제거하거나, 수준을 낮추거나, 반 대로 높이거나, 아니면 새롭게 창조해야 할 요소가 무엇인지 스스로 질 문하고 답한다. 적절한 답을 구한다면 새로운 시장을 만들 수 있다. (가치 혁신에 대한 보다 세부적인 내용은 마지막 15장을 참조하기 바란다.)

다음 표에서 몇 가지 경영혁신기법의 주요 내용을 프로세스의 성과혁신의 관점에서 요약, 비교해 보았다.[7]

| 경영혁신기법 | 중심 내용 |
|---|---|
| 제약경영(TOC) | 성과를 제한하는 요인이 무엇인지 밝혀내고 이를 최대한 활용하고 극복(개선)함으로써, 비교적 단기간에 조직의 성과를 전체적인 관점에서 최적화하고 지속적으로 향상시켜 나아감 |
| 고객만족경영(CSM) | 고객이 기대하는 바를 찾아내어 경영시스템에 체계적으로 피드백함으로써, 프로세스를 고객지향적으로 변화시킴 |
| 프로세스 혁신(PI/BPR) | 프로세스를 이루는 활동들 중에서 부가가치가 없는 활동을 제거하고, 프로세스 수행을 신속히 할 수 있도록 정보화함 |
| TPS 또는 LEAN | (생산프로세스에서) 재고와 낭비를 최소로 줄여 흐름이 빠른 공정을 운영함 |

[표 5-1] 프로세스 관점에서의 주요 경영혁신기법 비교

프로세스 성과혁신은 다음과 같은 측면에서 이들 경영혁신기법과 맥을 같 이 한다. 경영혁신기법들은 프로세스의 구성요소들을 집중적으로 다룬다는 것을 알 수 있다.

---

7) 여기서 이들 경영혁신기법들을 해설하려는 것이 아니라, 다만 성과를 혁신하는 데에 적용할 수 있는 점이 있다 면 이를 부분적으로라도 채용하고자 하려는 의도이다.

- 프로세스는 가치를 창출, 변환, 전달하는 흐름이다.
- 가치흐름에서 병목을 찾아내고, 여기에 집중함으로써 프로세스의 성과를 향상시킬 수 있다.
- 프로세스의 목적은 고객의 가치를 창조하는 것이다.
- 고객에게 제공하는 프로세스아웃풋의 품질을 향상시키고자 한다.
- 프로세스아웃풋을 고객에게 제공하는 속도를 향상시키고자 한다.
- 프로세스는 고객의 기대를 충분히 반영한 아웃풋(결과물)을 고객에게 제공하려고 한다.
- 전문화된 각 기능function은 부분최적화를 이루기 쉽다.

결론적으로 우리는 이렇게 말할 수 있다.

1. 많은 경영혁신 기법들은 프로세스에 기초를 두고 있다. 특히 성과를 향상시키기 위해서 프로세스 구성요소인 자원과 활동, 그리고 성과지표를 중요시한다.
2. 프로세스의 성과를 높이기 위해 중요한 것은 프로세스에서의 '가치의 흐름성'이다.

## 흐름을 개선하는 원리

가치의 흐름이라는 관점에서 프로세스를 바라볼 때 프로세스 개선의 원리는 가치흐름이 정체되거나 지연되는 것을 해소하는 것이다. 일반적으로 프로세스에서 가치흐름은 '흐름의 속도(예를 들면 리드타임이나 사이클타임)'로 평가되며, 가치흐름의 지연이나 정체는 '재고량(금액)', '고객의 기다림(예를 들면 고객대기시간)' 또는 '업무나 작업이 한 곳에 집중된 정도(예를 들면 잔업시간)'로 평가할 수 있다. 이들 평가지표가 양호한 결과를 보인다면 프로세스들이 양호한 것이므로 기업의 이익은 전보다 늘 것이다. 그러므로 전체의 흐름 중에서 한 지점, 가장 병목이 되는 이 지점이 명백한 개선 포인트가 된다.

이것이 제약경영의 논리다.

　자원의 능력을 현실적으로 고려함으로 가치흐름의 성과를 향상시킨다는 제약경영의 이 개념은 지극히 당연하고 상식적이지만, 기업경영 전반에 걸쳐 병목자원을 관리하는 획기적인 아이디어를 준다. 이것저것 개선하려는 것이 아니라 제약요인이 되는 병목자원에만 집중함으로써 복잡하지도 않으며, 별다른 투자 없이도 지금 당장 개선효과를 볼 수 있게 한다. 제약요인을 활용하여 얻은 만큼의 성과는 고스란히 기업의 전체적인 성과로 되돌아온다. 가장 확실하고 정직한 효과를 보장받을 수 있는 것이다.

　중요한 것은 이 논리가 프로세스 성과를 향상시키는 가장 확실하고 적용하기 쉬운 아이디어를 제공한다는 점이다. 프로세스의 개선에 조금 더 가까이 접근하기 위해, 먼저 제약경영이 무엇인지 간략하게나마 설명하는 것이 순서일 것 같다.

　최근까지 제약경영을 도입, 운영한 기업에서 달성한 성과는 작지 않다. 성공한 대표적인 기업들이 보고한 사례는 다음과 같이 조사되고 있다.[8]

　　Proctor and Gamble – 재고 감소 6억불
　　Ford 자동차 (전자사업부) – 재고 감소 1억불
　　Harris 반도체 – 사이클타임 50% 감소, 재고 40% 감소, 수익 28% 향상
　　Lucent Technology – 납기준수율 100% 달성, 1년만에 수익 600% 향상

　이외에도 GE, GM, Federal Security 은행, 델타항공사의 사례가 보고되었고, 일반 제조업에서뿐만 아니라 병원과 은행에서 고객 대기시간을 줄여 큰 성과를 거두고 있다. 우리나라에는 2000년에 들어서 도입되기 시작해서, 최근에는 제조업을 중심으로 성공사례가 보고되고 있다.

---

8) Mabin, V.J. and S.J. Balderstone, The World of the Theory of Constraints

- 주문에 대한 조달기간 : 평균 70% 단축

- 제조 사이클타임 : 평균 65% 단축

- 납기준수율 : 평균 44% 향상

- 재고수준 : 평균 49% 감소

- 수익/스루풋 : 평균 63% 증가

- 순이익 : 평균 76% 증가


제약경영(CM ; Constraint Management)이란 우리나라에서는 제약이론(TOC ; Theory of Constraint)이라는 이름으로 더 잘 알려져 있는데, Eliyahu M. Goldratt 박사가 창안한 것으로 조직의 성과는 조직의 성과를 제한하는 요인에 의해 결정된다는 것이다. 그는 자신의 베스트셀러인 「The Goal」이라는 소설에서 소년대의 행진 모델로 이 이론을 처음 소개하고 있다.

이 소설에서 소년대는 야영지까지 10마일을 행군해야 한다. 주인공은 08:30에 행군을 시작하여 한 시간에 2마일을 행진한 결과를 미루어, 점심시간 1시간을 포함하여 6시간 후인 14:30에는 야영지에 도착할 수 있을 것으로 예상한다. 그러나 처음 예상과는 달리 선두대원이 평균속도를 유지했음에도 불구하고 시간이 갈수록 대열의 길이가 길어지고, 대열의 행군속도도 떨어져서 14:30에는 겨우 5마일 지점을 통과할 수 있었다. 대열 중 가장 느린 허비가 대열의 속도를 붙잡아 시간당 1마일로 속도가 떨어진 것이다.

결국 다른 대원들로 하여금 허비의 짐을 나누어지게 함으로써 허비가 힘을 내자 행군속도가 빨라질 수 있었고, 허비를 선두에 세워 대열의 속도를 조정할 수 있었다. 그 후 소년대는 2시간 동안 4마일을 행군하여 17:00에 야영지에 도착하게 된다. 이 소설에서 소년대의 행군속도를 제한하는 조건은 바로 허비라는 소년이다. 따라서 주인공은 허비가 최고 속력으로 걸을 수 있도록 다른 대원들로 하여금 그의 짐을 덜게(나누어지게) 했고, 그 결과 (예상했던 도착시간을 넘기긴 했지만) 해가 지기 전에는 야영지에 무사히 도달할 수 있었다.

여기서 원하는 시간 내에 목적지에 도달하는 것이 소년대의 목표이고(=약속된 시간 내에 고객에게 고객이 원하는 가치를 제공하는 것이 기업의 목표이고), 허비라는 소년은 이 목표 달성을 제한하는 제약요인(병목자원)이다(=어떤 특정한 병목자원이 기업의 목표달성을 제한하고 있다). 다른 대원이 아닌 허비의 행군속도가 소년대의 행군속도를 결정하고 있으며, 허비가 빨리 걷는 만큼 도달시간 단축에 고스란히 기여한다(=특정한 병목자원이 기업의 목표달성을 결정하고 있다).

이처럼 제약경영에서는 기업의 궁극적인 목적인 이익창출을 제한하는 조건이 무엇인지 밝혀내고, 이를 최대한 활용하며, 다른 조건을 여기에 맞춤으로써(이것을 '동기화한다'고 한다), 그리고 나아가 제약요인을 극복(개선)함으로써 성과를 개선하려고 하는 것이다. 프로세스의 구성요소 관점에서 보면 프로세스의 성과향상을 위하여 '자원'에 초점을 맞추고 있음을 알 수 있다. 기업에서 실제로는, 제약자원과 같은 물리적인 제약보다는 조직구성원의 사고방식이나 조직의 문화, 성과평가 기준 등의 정책적인 제약이 대부분이라고 알려져 있다.

### 병목의 가치

가치흐름상 병목의 존재 때문에 시스템의 성과는 제한되고, 프로세스는 더 나은 성과를 거둘 수 없다. 그렇다면 프로세스에서 병목은 언제나 '없애야 할' 나쁜 것인가?

이제까지는 그렇게들 생각해 왔으나, 그것은 잘못된 생각이다. 병목은 언제나 존재하는 것이며, 없앨 수 있는 것이 아니다. 그렇다면 차라리 병목을 최대한 이용하면 된다. 병목이 프로세스의 발목을 붙드는 것이 사실이지만, 병목이 있음으로써 프로세스의 성과를 최대로 이끌어 낼 수 있다는, 단순하지만 역발상의 아이디어를 얻을 수 있다. 병목(제약)에 대한 생각을 다음과 같이 바꾸어야 한다.

1. 병목이 없는 프로세스는 없다(이론상으로는 영원히, 모든 자원의 능력을 완전히

동일하게 유지해야만 병목을 없앨 수 있다).

2. 병목만 관리하면 되므로, 관리해야 할 내용과 초점이 단순해지고 명확해
   진다.

3. 병목은 없애야 할 대상이 아니라, 이용해야 할 대상이다. 병목을 이용하면
   프로세스의 성과를 조절할 수 있다.

 한방에서는 몸이 아프면 가장 약한 곳에 침을 놓는다. 몸의 여러 곳 중 피
의 흐름이 나쁜 곳, 기가 뭉친 곳에만 침을 놓으면 기와 피가 원활하게 흘러
서 병을 이길 수 있다. 병목지점이 어딘지, 이를 최대로 활용하려면 어떻게
해야 하는지 알면 교통대란을 훨씬 줄이고도 설날 귀향길이 순조로울 수 있
다.(나중에 적당한 예산이 확보되면, 병목지점의 교통흐름을 분산할 수 있도록 도로를
확충하면 그만이다.)

 만약 병목이 없다면 우리가 달성할 수 있는 성과는 무한할 것이다. 따라서
어느 조직이나 지금은 달성하지 못하지만 앞으로 도달해야 할 목표가 있다는
것은, 역으로 병목이 있음을 반증하는 것이다. 그리고 이러한 병목이 있으므
로 해서, 달성해야 할 목표를 보다 명확히 알 수 있고, 성과를 지속적으로 개
선하는 것 역시 가능한 것이다.

 한편 병목이 없는 이상적인 시스템도 확률은 낮지만 존재할 수는 있다. 시
스템을 구성하는 수많은 프로세스에서 가치를 전달하는 속도가 모두 일정해
야 함은 물론, 프로세스를 구성하는 모든 활동 중 어느 하나의 단계에서도
완벽하게 기능해야 한다. 그러나 이렇게 만드는 과정에 오랜 시간과 많은 대
가를 치를 각오를 해야 한다. 만약 어느 시점에 그렇게 완벽하게 기능하는
프로세스와 시스템을 수립했다고 하더라도, 시간에 따라 변동성이 증가하기
때문에 가치전달의 균일한 흐름이 언제까지나 지속적으로 유지되지는 않을
것이다.

 따라서, 병목은 일반적으로 어느 조직, 어느 시스템, 어느 프로세스에도
존재한다고 말할 수 있다. 또한 병목을 알고 조절함으로써 프로세스의 성과

를 관리할 수 있다면, 우리가 의도하고 예상할 수 있는 결과를 얻는 것도 가능한 것이다.(논리를 일반화하기 위하여, 이제부터는 '병목' 이라는 용어를 때에 따라 '제약' 이라는 용어와 함께 쓰고자 한다)

## 제약을 최대한 이용하는 지속적 개선 절차

제약을 단순히 없앨 것이 아니라, 최대로 활용함으로써 성과를 향상시킬 수 있다고 했다. 하지만 성과를 향상시키기 위해서 제약을 없애지 않고 어떻게 활용하라는 말인가?

말 그대로 제약이 되는 자원을 최대로 활용하는 것이다. 이를 위해서 프로세스(또는 시스템)의 모든 자원은 (하나밖에 없는) 제약자원을 도와야 한다. 모든 자원이 최선을 다하는 것이 아니라, 제약자원이 최선을 다할 수 있도록 만드는 것이다. 이렇게 제약자원을 충분히 '활용' 하고 다른 모든 자원을 여기에 '종속' 시키는 것이 성과향상의 핵심이다. 동시에 이것은 훌륭한 '지속적 개선 모델' 이 된다. 어느 프로세스든지 가치의 흐름으로 연결되어 있으므로 이 개념을 활용할 수 있다. 납기와 재고를 줄이는 DBR방법론은 제약자원을 발견 – 활용 – 종속 – 향상 – 반복시키는 이 지속적 개선 절차를 제품생산프로세스에 적용한 것이다(13장에서 구체적으로 언급될 것이다).

Step 1. 가치 흐름에 있어서의 제약(병목) 발견 – 프로세스에서 제약이 되는 자원을 찾아낸다.
Step 2. 제약의 최대 활용 – 제약자원을 최대한 효율적으로 활용할 방법을 결정한다.
Step 3. 제약 중심의 가치흐름 동기화 – 제약자원의 효율적인 활용 방법에 다른 모든 사항을 종속시킨다.
Step 4. 제약의 능력 강화 – 제약자원의 능력을 향상시킨다.
Step 5. 반복 – Step 4의 결과로 제약이 해소되었으면(제약자원이 다른 곳으로 옮겨졌으면) 첫 단계부터 다시 반복한다.

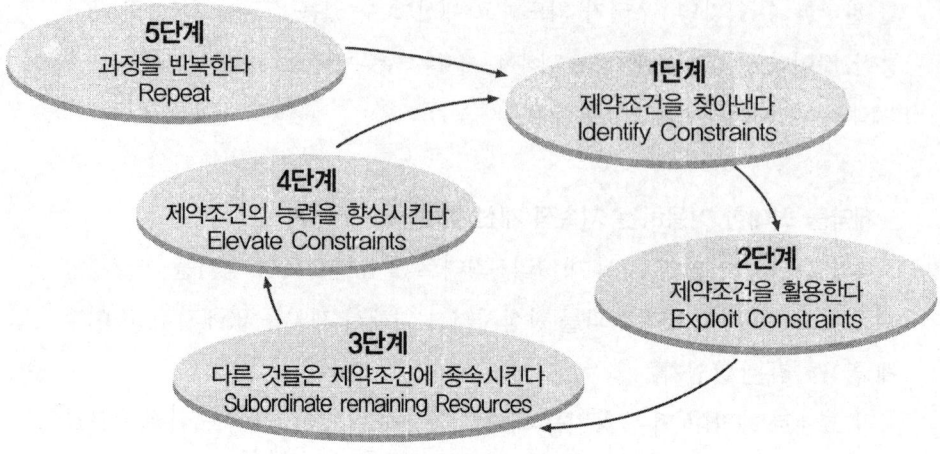

[그림 5-2] 지속적 개선 절차 (집중개선 5단계)

　우리는 보통 프로세스에서 제약(병목)을 확인하면 이를 바로 제거하려고 하는데, 이는 2단계와 3단계를 거치지 않고 바로 4단계로 건너뛰는 것이다. 그러나 이 지속적 개선 모델의 2단계와 3단계까지는 특별한 투자를 하지 않고도 제약자원을 최대로 활용함으로써 프로세스 전체의 성과를 개선할 수 있는 묘미가 있다. 제약자원의 능력이 충분히 이용되어 더 이상의 여지가 없을 때에야 비로소 투자를 하여 제약자원의 능력을 향상시킨다(4단계). 흐름의 병목이 되고 있던 제약자원의 능력이 향상되면 이제는 제약자원이 다른 자원으로 옮겨질 것인데, 이렇게 되면 1단계부터 반복한다. 이 때에는 2단계와 3단계에서 사용하던 규칙은 더 이상 사용해서는 안 된다(2단계와 3단계를 통해 새로운 규칙을 만들어서 운영해야 한다).

### 집중개선 논리의 확대 적용
　제약을 활용한 이러한 집중개선 5단계(지속적 개선 절차라고 해도 좋다)는 비단 한 프로세스 내에서만 할 수 있는 것은 아니다. 적용 범위를 프로세스의 차원에서 경영시스템(조직)의 차원, 그리고 공급망 전체의 차원으로까지 확대할 수 있다. 다음 표에 이러한 내용을 개략적으로 나타내었다. 3부의 각 장(13장, 14장, 15장)에서 이에 대한 구체적인 사항을 설명하고 있으므로 이러한 내용들에 대해 잘 이해하지 못하더라도 아직 걱정할 필요는 없다.

| 성과향상의 대상 | 가치흐름에 있어서의 핵심 |
|---|---|
| 프로세스의 가치흐름 | 가치흐름상 병목이 되는 활동 |
| 경영시스템의 가치흐름 | 가치흐름상 병목이 되는 프로세스 |
| 공급망의 가치흐름 | 가치흐름상 병목이 되는 구성원(기업) |

| 집중개선 5단계 | 프로세스 | 경영시스템(조직) | 공급망 |
|---|---|---|---|
| 1. 발견 | 프로세스에서 가치흐름의 병목이 되는 제약자원 (병목공정) | 핵심프로세스 (가치흐름이 가장 취약한 프로세스) | 공급망 연결고리 중 재고가 가장 많이 적체되는 구성원 (기업) |
| 2. 활용 | 제약자원이 대기하거나 능력을 낭비하지 않도록 조치 | 핵심프로세스에 자원을 집중 배치하는 등 능력을 최대로 활용 | 공급망에서 가망고객의 낭비가 발생하지 않도록 조치(공급방식 변경, 재고위치 조정 등) |
| 3. 종속 | 제약자원 중심으로 다른 모든 비제약자원을 종속 | 핵심프로세스를 중심으로 조직의 다른 프로세스들을 정렬 | 공급망 전체에서 재고발생이 적어지도록 고리간 협력 |
| 4. 향상 | 제약자원의 능력 향상 | 핵심프로세스 재설계 | 공급망의 영역 확대 (신규 시장 진출) |
| 5. 반복 | 제약의 능력 향상으로 제약이 다른 곳으로 옮겨졌으면, 기존의 규칙을 버리고 1단계부터 반복 | | |

[표 5-2] 가치흐름과 집중개선 5단계

고객과 시장이 필요로 하는 가치에 따라 기업의 프로세스도 존재할 수 있는 것이므로, 잠재하는 성과향상의 크기는 공급망, 경영시스템, 프로세스의 순서가 된다.

약간 다른 이야기이지만, 프로세스를 개선하는 방법 중에 프로세스의 부가가치를 높이는 방안이 있다. 프로세스를 구성하는 활동을 적절하게 표현한 뒤, 부가가치가 없는 활동을 밝혀내어 통폐합하는 과정을 거치는 것이다.

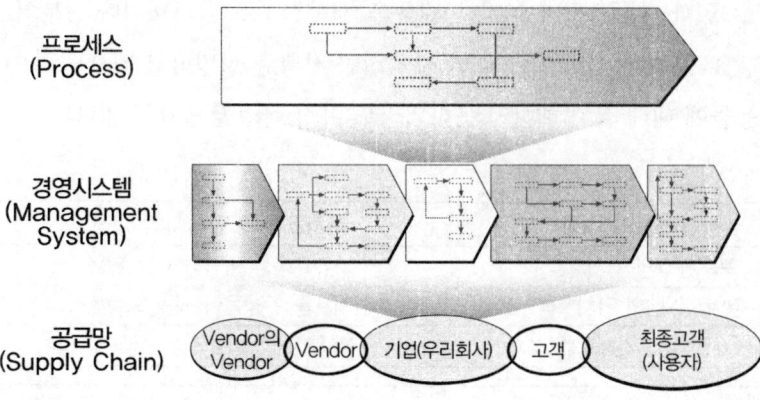

[그림 5-3] 가치흐름의 범위 확장 (프로세스 – 경영시스템 – 공급망)

이는 많은 기업에서 사용되고 있으며, 대부분의 개선 기법에서 채택되고 있는 방법이다.

프로세스의 부가가치를 높인다는 것은 프로세스아웃풋의 가치를 향상시키거나, 각 활동의 낭비를 없애거나, 프로세스 내에 포함된 비부가가치활동 NVAA을 찾아내 제거함으로써 프로세스의 효과와 효율성을 향상시키는 것이다. 한마디로, 각 활동단계Activity의 부가가치를 높이는 것이다. 성과혁신 편(3부)에서는 이러한 방법도 설명하고 있다.

그러나 모든 활동의 낭비를 줄이고 부가가치를 개선하는 방법은 프로세스의 성과를 개선하는 핵심이 아니다. 가치흐름상의 병목(이 되는 활동)에 집중개선 5단계의 절차를 우선적으로 적용해야 한다는 사실을 절대로 잊어서는 안 된다.

# 3. 경영시스템에서의 가치흐름 혁신

## 핵심프로세스 중심의 경영시스템 정렬

몇 개의 프로세스로 연결된 경영시스템의 성과는 흐름성이 가장 취약한(가치흐름의 병목이 발생하는) 어느 한 프로세스에 의해서 결정될 것이다. 바로 이 프로세스가 핵심프로세스이다. 핵심프로세스의 능력 향상의 폭만큼 경영시스템(조직)의 성과도 (같은 정도로) 향상될 것이다.

경영시스템에서 가치흐름은 서로 연결된 몇 개의 프로세스 간을 흐르게 된다. 흔히 이것을 가치사슬Value Chain[9]이라고 부른다. 그러므로 조직의 가치흐름을 혁신하는 것은, 제각기 운영되는 프로세스들을 연결하여 프로세스 간의 연계성을 강화하고 경영시스템 내의 프로세스들이 연결이 완료되면 집중개선 5단계를 활용하여 조직의 성과를 향상시키는 것이다.

프로세스 성과향상에서 가장 중요한 사항은 프로세스를 통해 얻으려는 가치가 무엇인지 발견하는 일이다. 만약 프로세스에서 산출하려는 가치가 분명하지 않다면 성과를 제한하는 제약도 발견되지 않을 뿐더러, 해결해야 할 문제가 무엇인지도 알 수 없게 된다. 또한 정의된 프로세스들이 가치흐름에 따라 연결되었는지도 확인한다. 프로세스 간의 연결이 반드시 1:1이어야 하는 것은 아니다. 1:N(분기) 또는 N:1(합류)로 연결될 수도 있다. 만약 아무리 해도 다른 프로세스와 연결이 되지 않는 프로세스가 있다면 그것은 경영시스템에 기여하지 못하는 프로세스이고, 따라서 조직에 중요하지 않은 프로세스가 될 것이다.

---

9) 가치사슬(Value Chain)과 가치흐름(Value Stream)이라는 말을 혼동하지 않기 바란다. 가치사슬은 운영프로세스와 지원프로세스로 구성되는 기업의 간략한 업무구조를 뜻하지만, 가치흐름은 두 개 이상의 개체에서 '가치가 흐르는 상태'를 의미한다.

경영시스템에서의 집중개선 5단계는 다음과 같이 적용된다.

**발견** 먼저, 운영프로세스들로 이루어진 가치흐름상에서 병목이 되는 프로세스를 찾는다. 이 프로세스가 핵심프로세스이다.

**활용** 핵심프로세스를 섣불리 재설계할 것이 아니라, 핵심프로세스의 능력을 최대한으로 끌어올린다. 핵심프로세스의 능력이 향상되도록 하면 경영시스템의 성과도 같은 폭으로 향상될 것이다. 핵심프로세스의 능력을 강화하려면 핵심프로세스의 능력이 낭비되지 않도록 하거나(동일한 인풋으로 얻는 아웃풋이 현재보다 많아지도록 조치), 인접한 프로세스로부터 자원을 제공받을 수 있도록 업무범위를 조정하는 방법 등을 생각할 수 있다.

**종속** 핵심프로세스를 중심으로 운영프로세스들을 정렬한다. 핵심프로세스를 중심으로 지원프로세스들도 정렬한다. 예를 들어 핵심프로세스에서 인도한 성과물이 다른 프로세스에서 대기하는 일이 없도록 조치한다.

**향상** 핵심프로세스의 능력이 더 이상 향상될 여지가 없는데도 아직도 여전히 흐름성이 가장 취약하다면 여전히 흐름성의 병목이 되고 있는 것이다. 핵심프로세스의 능력을 계속해서 더 확보하기 위해서는 프로세스 재설계를 고려할 수 있다.

**반복** 가치의 흐름성이 가장 취약한 다른 프로세스가 나타났다면, 위의 1단계부터 다시 반복한다. 제약의 능력 향상으로 제약이 다른 곳으로 옮겨졌으므로, 이제까지의 규칙은 버리고 새로운 규칙을 수립하고 운영해야 한다.

| 1.발견 | 가치흐름의 병목이 되는 핵심프로세스를 찾는다 |
|---|---|
| 2.활용 | 핵심프로세스의 능력이 최대한 낭비되지 않도록 한다 |
| 3.종속 | 핵심프로세스를 중심으로 다른 운영프로세스와 지원프로세스를 정렬한다 |
| 4.향상 | 핵심프로세스를 혁신(재설계)한다 |
| 5.반복 | 가치흐름상의 병목이 이동하는지 모니터링한다 |

[표 5-3] 경영시스템에서의 집중개선 5단계의 적용

## 운영프로세스의 정렬

앞서 '프로세스'의 본질이 '가치value 전달의 흐름'임을 강조한 바 있다. 운영프로세스는 고객가치의 흐름에 직접 관여하는 프로세스이다. 고객에게 가치를 제공하고 실현하는 데에 기여하므로 실현프로세스Realization Process라고 하기도 하고 고객지향프로세스COP라고 하기도 하며, 혹자는 주문에서 출하까지의 과정이라고 하여 OTS프로세스Order-to-Shipping Process라고 부르기도 한다. 운영프로세스는 고객가치를 직접 실현하므로, 아무래도 지원프로세스보다 현실적인 개선의 중요성이 높다.

제품생산프로세스나 서비스제공프로세스 등은 대표적인 운영프로세스에 속한다. 그러나 운영프로세스가 단순히 제조공정이나 고객에게 서비스를 제공하는 프로세스를 의미하는 것만은 아니다. 마찬가지로, 단순히 사무실에서 이루어지는 업무라고 해서 지원프로세스에 속하는 것은 아니다. 오히려 사무업무 중에도 운영프로세스에 포함되는 것이 상당히 많다.

운영프로세스에는 고객으로부터 요구사항을 접수하는 것에서부터 시작하여 최종가치인 제품 및 서비스를 고객에게 인도할 때까지의 고객가치 흐름의 과정이므로 생산뿐만 아니라 영업, 자재/구매, 외주, 물류 등 현장에서 수행되는 업무 대부분이 포함된다. 보다 정확하게 말하면 고객이 요구하는 제품이나 서비스를 직접적으로 창출하고 가공(변환)하고, 전달하는 데에 수반되는 모든 업무가 운영프로세스에 포함된다.

그런데 프로세스 간을 흐르는 '가치'란 것은 대체 어떤 형태일까? 그것은 '정보'나 '물품' 또는 '서비스'의 형태이다. 제조업체인 경우 처음 고객으로부터 요구사항을 접수하면서부터 '정보'를 전달, 가공, 처리해 나아가다가, 생산지시와 함께 공정에 자재가 입고되므로 '정보'와 '물품'이 함께 흐르기 시작한다. 그러다가 고객에게 제품('물품')이 전달되어 고객가치의 흐름은 완료된다. 고객에게 서비스를 제공하는 프로세스라면 '정보'와 함께 ('물품' 대신) '서비스'가 흐르게 된다.

만약 운영프로세스에서 '가치'의 흐름이 멈추면 어떤 일이 일어나는가?

고객이 가치를 구매하지 않으면 제조업체에서는 제품의 재고가 쌓이고, 서비스업체에서는 자원이 대기하는 현상이 발생한다. 두 경우 모두 가치흐름 과정에서 대기와 정체 현상을 겪는 것이다. 가치흐름의 시작점(고객의 주문을 접수한 시점)에서부터 종료점(고객에게 가치가 전달 완료된 시점)에 이르기까지의 모든 과정에서 개선해야 할 곳은 바로 '흐름이 멈춘 곳(대기와 정체가 있는 곳)' 이다. 프로세스맵핑을 통해 이러한 흐름과정을 눈에 보이게 하면 개선해야 할 곳도 명확해진다.

일반적으로 가치흐름의 속도가 중요하므로, 프로세스에서 중요하게 생각해야 할 성과지표로 고객대응시간 즉 프로세스 처리시간(Processing Time, Cycle Time)과 부가가치 등을 생각할 수 있다. 제품생산프로세스에서는 자재(반제품)가 정체되면 생산리드타임이 늘어남은 물론 불필요한 재공재고가 쌓이고, 필요한 물품은 결품이 발생하며, 대기 중인 자재는 잘못 사용할 수 있는 가능성이 있으므로 품질문제가 발생하고, 고객에게는 약속한 납기를 지키지 못하게 되고, 재고로 인한 운영경비가 늘어나며, 고객대응 능력도 떨어지게 된다.

주문처리프로세스와 같이 '정보'만 흐르는 경우에는 어떤가? 효율성을 강조하는 기업 분위기에서는 업무를 '한꺼번에 몰아서' 처리하는 경우를 언제든지 볼 수 있다. 업무를 한꺼번에 처리한 사람의 입장에서는 업무를 효율적으로 수행한 것이지만, 다음 사람은 마치 오랫동안 굶주렸다가 한꺼번에 폭식하는 것처럼 원하지 않았어도 사전에 계획하지도 못한 업무를 처리할 수밖에 없다. 이런 식습관을 가진 사람이 늘 설사와 배탈에 시달릴 수밖에 없는 것처럼, 조직도 불규칙적이면서도 불필요한 잔업에 시달릴 수밖에 없다. 타부서의 업무처리를 기다려야 하는가 하면 일이 몰려올 때는 언제나 일손이 모자라는 것처럼 느껴지고, 부서와 부서 간에 전에 없었던 규정과 서식이 생겨나며, 필요한 때에 필요한 정보가 생성되지 않아 뭔가 누락되는 업무가 늘어나게 된다. 회의가 많아지게 되고 부서 간의 원활하지 못한 업무처리로 서로 불만이 쌓인다.

이와 같은 상태들을 개선하려면 흐르는 가치가 어떤 형태이던 병목지점을 찾아야 한다. 프로세스(가치흐름)에서 병목이 어딘지 알 수 있다면 '집중개선 5단계'를 적용하여 문제를 해결하고 성과를 최대화할 수 있다. 가치흐름의 병목지점에서는 흐름을 최대로 할 수 있는 노력을 하고, 다른 곳에서는 이 흐름에 동기화Synchronized하는 것이다. 물품(자재나 제품)이 흐르는 프로세스(예를 들어 제조공정)의 경우 이것을 '동기화생산[10]'이라고 한다. 정보 위주의 흐름에서는 정보의 동시 처리가 가능하도록 데이터베이스와 네트워크를 이용하거나, 아니면 처음부터 부서 간의 인터페이스를 최소화할 수 있도록 프로세스 처리흐름에 맞는 조직(프로세스조직 제도)으로 전환하는 방법 등을 생각할 수 있다.

### 지원프로세스의 정렬

지원프로세스는 가치흐름상에서 직접적으로 기능하지는 않지만, 운영프로세스가 효과적으로 운영되도록 지원하는 것을 목적으로 하는 프로세스다. 경영계획을 수립하거나 인력을 충원하거나, 교육하거나, 설비보전을 수행하거나, 사업실적을 분석하고 결론을 내리는 프로세스가 모두 여기에 해당한다.

지원프로세스는 고객가치 제공과정에 직접적으로 관여하지 않으므로 운영프로세스보다는 개선의 필요성이나 우선순위가 낮다. 그러나 경영기획 같은 프로세스는 회사가 나아가야 할 전략을 설정하거나, 또는 다른 운영프로세스들의 방향을 설정하는 역할을 하므로 결코 과소평가할 수 없다.

핵심프로세스를 중심으로 운영프로세스들을 정렬한 후에는 계속해서 지원프로세스들을 정렬한다. 지원프로세스들을 정렬한다는 뜻은 고객가치 흐름에 중요한 핵심프로세스에 지원프로세스들을 종속시키는 것이며, 이것은 지원프로세스들을 운영프로세스의 가치흐름과 동기화시키는 과정이다.

---

10) 동기화생산이란 시장에서 판매되는 속도에 생산의 속도를 맞추어 재고를 낮추고 흐름의 속도를 높인 생산방식이다.

운영프로세스와 지원프로세스의 특징을 간단히 정리해 보면 다음과 같다.

## ※ 운영프로세스

운영프로세스는 고객의 요구를 만족시키는 데에 필요한 가치를 아웃풋으로 직접적으로 창출하거나 변환하거나 전달하는 프로세스다.

가치의 전달 과정은 고객으로부터 시작하여 고객으로 끝난다.

이러한 운영프로세스는 회사의 기능을 가로지른다(Cross functional).

[예] 주문처리Order Fulfillment, 제품설계, 제품생산Product Realization, 인도 등

## ※ 지원프로세스

운영프로세스가 고객지향적이라고 한다면 지원프로세스는 내부지향적이다.

지원프로세스는 조직을 경영하거나 운영프로세스를 지원하기 위해 필요한 관리, 행정, 인프라infrastructure를 제공한다.

[예] 인사관리human resources, 재무관리financial, 교육 훈련, 설비보전, 고객인식 조사 등

## 핵심프로세스의 업그레이드

핵심프로세스의 능력을 획기적으로 끌어올리는 방법 중에 프로세스를 처음부터 다시 설계하는 방법이 있을 수 있다. (이제 PI 또는 BPR와 유사한 방법론을 사용하여 프로세스를 재설계한다) 이것은 집중개선 5단계 중 네 번째 '향상' 단계에 해당한다.

프로세스를 재설계하여 조직의 성과를 향상시키려면 조직 전체의 관점에서(즉 프로세스로 구성된 경영시스템에서) 가장 취약한 프로세스를 대상으로 하는 것이 당연할 것이다. 프로세스 재설계에 대한 세부적인 사항은 14장에서 설명하기로 하고, 여기서는 가치흐름의 속도를 근본적으로 높이기 위해 프로세스를 혁신하는 원칙을 소개하기로 한다.

1. 고객중심으로 프로세스를 재설계한다
2. 프로세스를 정보화한다
3. 가치흐름의 종속관계를 끊고 프로세스를 병렬로 연결한다
4. 구성원 간에 프로세스 수행에 대한 지식을 함께 공유한다
5. 가치의 흐름에 맞도록 조직구조를 재구성한다
6. 활동의 부가가치를 높이거나, 가치를 부가시키지 못하는 활동은 제거하거나 통합시킨다

## ●고객중심으로 프로세스를 재설계한다

프로세스 내의 모든 활동들은 프로세스아웃풋을 제공받는 고객의 입장에서 가치가 부가되도록 설계되어야 한다.

프로세스가 고객중심이 된다는 뜻은, 프로세스를 수행하는 입장에서 고객이 누군지, 무엇을 제공해야 할지를 생각하는 것이 아니라, 고객의 관점에서 프로세스가 어떤 아웃풋을 산출해야 하는지를 생각하는 것이다. 똑같은 민원처리 업무라도, 관공서 중심으로 설계했을 때와 민원인 중심으로 설계했을 때는 상당히 다른 결과가 빚어진다. 물론 그 출발은 과연 민원인을 고객으로 보는 눈이 있는지의 차이일 것이다.

우리 프로세스에는 문제가 없는 데… 라고 생각할 수도 있다. 그러나 프로세스에 문제가 없다는 것과 그 결과를 공급받는 고객이 만족하고 있다는 것은 서로 완전히 다른 것이다. 만약 이런 시각을 갖지 않은 채로 현재의 업무(프로세스)를 바라본다면, 프로세스를 어떻게 개선해야 할지 한 가닥의 아이디어조차도 얻을 수 없을 것이다.

사내의 업무에서도 전후관계를 놓고 공급자ー고객 사슬을 생각할 수 있겠는데, 이때에도 결과물을 전달받는 다음 사람이 항상 옳다고 생각해야 한다. 왜냐하면 다음 사람도 원하지 않는 결과물이, 고객이 원하는 결과물이 될 리는 더더욱 없기 때문이다.

프로세스를 재설계할 때는 우선 도달하기 원하는 목표부터 정하는데, 베스트프랙티스를 벤치마킹하는 것이 가장 좋은 방법이다. 도달해야 할 목표

는 최고의 경쟁자보다도 높게 잡는다. '이런 과정을 밟아서 목표에 도달하겠다' 는 것이 아니고, '이런 목표를 달성하기 위해서 이렇게 하겠다' 는 사고방식이다. 그리고 프로세스에서 가치를 부가하지 못하는 활동은 제거하거나 통합하고, 장애가 되는 요인은 타개한다.

### ●프로세스를 정보화한다

프로세스를 재설계하여 정보화하는 것은 이젠 거의 상식이 된 것 같다. 업무를 혁신하고 ERP 등으로 새로운 프로세스를 정보화하면, 타성에 젖어 있던 조직원들이 예전의 업무로 되돌아가지 않게 하는 데 도움이 된다.

프로세스를 정보화한다는 뜻은 업무에 필요한 데이터들을 데이터베이스와 네트워크를 이용하여 실시간으로, 지역 간의 거리에 상관없이, 동시다발적으로 정보가 처리될 수 있게 만든다는 뜻이다. 동일한 정보를 조직 내의 서로 다른 조직에서 반복적으로 입력하지 않으므로 정보가 전달, 변천되는 과정에서의 정보 왜곡과 누락의 가능성이 근원적으로 사라진다. 그래서 프로세스의 리드타임이 줄어들고 아웃풋의 질이 향상되는 것이다. 프로세스를 재설계할 때 지역적인 거리에 의한 시간의 차이는 무시한다. 그리고 여러 프로세스들이 동시에 여러 곳에서 수행될 수 있도록 설계한다. 매일 새로워지는 정보기술이 이것을 가능하게 할 것이다.

주의할 점은 프로세스를 정비하지 않은 채 정보시스템만 도입하면 오히려 실패하기 쉽다는 점이다. 데이터를 입력하고 관리하는 일 자체가 또 하나의 일이 될 수 있다. 업무 정보화에 투자한 결과 간접인원만 늘어났지 업무는 줄지 않고 컴퓨터와 정보처리 프로그램만 늘어났다고 하소연하는 경영자들을 많이 보아왔다.

### ●가치흐름의 종속관계를 끊고 프로세스를 병렬로 연결한다

프로세스의 본질은 '가치의 흐름' 이다. 연속된 흐름을 종속성이라고 한다(사건 A가 일어난 후에만 사건 B가 일어날 수 있을 때 이를 사건 B는 사건 A에 종속되어 있다고 말한다). 활동 간의 종속성을 끊어 프로세스의 여러 단계가 동시에 수행될 수 있도록 하는 방법을 연구해야 한다. 종속성이 끊어지면 동시공학 기법을 응용할 수 있게 된다. 직렬로 되어 있는 프로세스의 각 단계를 병렬로 바꾼다. 그러면 전체 프로세스의 길이가 짧아져 수행시간Processing Time은 줄고, 흐름의 정체로 발생할 수 있는 누락과 실수 기회도 줄어들므로 산출가치의 품질은 향상된다.

따라서 다른 팀의 활동과 조정하여 프로세스를 병렬로 설계한다.(설계 전, 프로세스맵은 업무의 수행 단계가 아닌, 가치의 변환과 전달 과정이 표현되었는지 확인해 보아야 한다.) 또한 프로세스를 병렬화하는 데에 있어서 업무처리 담당자의 권한이 문제가 되는 경우에는, 과감한 권한 이양도 고려해 보아야 한다.

각 활동 간의 종속성을 끊어 프로세스가 병렬로 처리될 수 있도록 하는 것과 마찬가지로, 각 프로세스 간의 종속성도 끊어 프로세스들이 병렬로 처리될 수 있는지도 검토해 볼 일이다.

### ● 구성원 간에 프로세스 수행에 대한 지식을 함께 공유한다

프로세스의 본질이 '가치의 흐름'이므로 프로세스에 의해 성과를 개선하는 원칙은 흐름의 속도를 높이는 것이다. 흐름의 속도가 빠르면, 단위시간에 생산되는 최종가치는 그만큼 많아진다. 프로세스 내에서 정보가 빠르게 흐를 수 있도록 프로세스를 수행하는 구성원 간에 정보의 공유를 높인다. 프로세스에서 의사소통의 영향을 살펴보기 위해 한 가지 예를 들어보자.

6명이 함께 모여 한 사무실에서 일하던 벤처기업이 있었다. 서로의 역할이 분명히 분담되어 있었지만, 네 일 내 일 할 것 없이 서로 도와가며 똘똘 뭉친 덕택에 창업 첫해에 상당한 업무성과를 올릴 수 있었다.

사업이 점차 확장되어가자, 업무영역이 늘어나게 되고 식구도 점차 늘어나게 되었다. 업무영역은 보다 더 전문화되고, 인원이 늘어나자 건물 아래 위 층의 사무실을 추가로 구해서 부서가 나누어지게 되었다. 나중에는 인근 건물까지 임대해서 사무실을 확장하게 되었다.

사업은 확장되고 운영의 규모는 커졌지만, 새로운 문제가 발생하기 시작했다. 예전에 한 사무실에서 근무할 때는 자재 구매를 해야 할 경우 옆 사람에게 이야기하면 그 자리에서 자재 조달이 결정되었지만, 이제는 구매의뢰서를 일일이 작성해서 전달해야 하고, 이를 전달받은 부서에서는 품의서를 작성해서 해당 부서장의 결재를 받아야 했다. 이렇게 하여 발주가 되기까지는 이틀이나 걸리게 되었다. 각종 서식이 늘어나고, 업무처리를 붙드는 규정도 자연 발생적으로 많아졌다. 업무간소화를 요구하는 실무자들의 볼멘소리가 여기저기서 나오기 시작했지만, 그렇다고 부서 간에 구분되어 있는 책임이나 절차를 무시할 수도 없는 노릇이었다.

부서가 나뉘어 전문화되면 가장 문제가 되는 것은 의사소통이다. 각 기능 간(부서 간)에 걸친 의사소통의 문제가 프로세스의 진행을 가로막으므로 이를 해결하지 못하면 현재보다 나은 성과는 기대할 수 없다. 위의 예에서 프로세스의 가치흐름은 어떤 것인가? 자재 구매의 필요성은 구매발주서의 작성과 승인으로, 그리고 다시 요청된 자재의 입고로 이어지게 된다. 이러한 가치 변환의 흐름은 각 부서(기능)를 경유해야만 하는데, 각 부서로 연결된 이 흐름의 속도를 결정하는 것이 바로 연관된 조직간의 '의사소통'인 것이다.

그러면 이러한 의사소통의 문제를 해결하기 위해서 가치흐름의 속도 즉 업무처리 속도를 높이려면 어떻게 해야 할까? 프로세스 자체를 재설계하거나 조직을 팀 위주로 개편하거나, 주변의 상황을 바꾸는 등 몇 가지로 나누어 의사소통을 원활히 하는 방안을 생각해 볼 수 있지만 프로세스나 조직을 바꾸는 문제는 잠시 뒤에 더 생각하기로 하고(프로세스형으로 조직을 구성하는 것은 조직구성원 간의 지식을 공유하고 의사소통을 극대화시키는 좋은 방안이다), 당장 가능한 다른 방안은 없을까?

일단 조직구성원 간의 의사소통을 강조한다는 상징적인 의지를 강조하기 위해서라도 부서 간의 칸막이는 철거하거나 적어도 더 낮추어야 한다. 옆 사람과의 칸막이는 그들만의 마음의 장벽, 유리벽이 되어 조직의 커뮤니케이션 능력을 떨어뜨리는 데다가 프로세스의 흐름성을 방해하고 성과를 저하시킨다. 너는 너대로 나는 나대로, 이런 분위기가 되면 조직은 콩가루 집안의 모래알 가족이 되고 마는 것이다.

일본의 공장은 공장을 관리하는 조직이 생산공정 중간에 위치해 있다. 따라서 사무실과 생산라인을 별도로 구분하지 않는다. 칸막이를 칠 생각은 아예 하지 않는다. 공장장이나 생산직 간부와 현장의 인원은 마치 가족처럼, 함께 하는 것에 익숙해져 있다. 그러나 한국의 관리자는 생산라인과 멀리 떨어진 곳에 넓은 방을 차지하고 있다. 보통은 방문도 열어두지 않는다. 현장이야 춥든 말든, 공장장실은 겨울엔 후끈거리고 여름엔 추운 곳이다. 작업인원들에게 공장장은 그들과 섞일 수 없는 다른 계층의 사람일 뿐이다.

프로세스에 관한 실무지식을 공유하는 것도 훌륭한 방안이다. 사내의 네트워크가 훌륭한 인프라가 될 것이다. 프로세스를 수행해 본 적이 있는 조직원이 자신의 지식을 프로세스 별로 구분하여 사내 전자게시판에 올리면 되는 간단한 일이다. 클레임이나 고객불만에 관한 정보도 프로세스 별로 구분하여 같은 방식으로 네트워크에서 공유할 수 있을 것이다. 일단 공유가 가능한 상황이라면, 나의 아이디어에 누군가가 편승하여 더 나은 지식으로 발전시킬 수 있다. 그렇게 조직의 지식도 진화하는 것이다.

### ●가치의 흐름에 맞도록 조직구조를 재구성한다

같은 기능을 하는 인원을 한 곳에 모아 놓은 일반적인 조직(이런 조직을 기능조직이라고 한다)에서는 부서별로 업무효율성이 좋고 책임이 분명하다는 장점이 있으나, 프로세스의 속성Cross-functional은 이와 반대되므로 프로세스를 수행하고 성과를 올리는 데에는 적절하지 않다. 보통은 기업에서 각 프로젝트에 매달려 있는 사람들은 많아도 프로젝트 하나의 성공을 위해 끝까지 책임을 지고 추적하고 관리하는 팀은 없다. 일단 컨베어 벨트에 태워 놓으면 그만이다.

새로운 일이 생겨나거나 역할을 분담해야 할 사항이 생기면 각 부서 책임자들은 회의라는 이름으로 모인다. 회의에서 각 부서장은 생색을 낼 수 있는 사안은 서로 차지하려고 한다. 그러나 문제가 될 소지가 있는 것은 될 수 있으면 발을 빼려고 한다. 이렇게 하여 문제의 소지가 있는 사안은 책임이 모호하게 되어서 곪다가 나중에 터지게 된다. 문제가 터지면 최고경영자가 직접 나서서 책임소재를 묻지만, 책임을 질 사람은 아무도 없다. 최고경영자의 질책이 있었으므로 문제를 해결하기 위해서 다시 회의가 소집된다. 그러나 부서 간 책임공방을 위한 언쟁이 높아지다가 회의에서 나오는 결론은 그야말로 회의적(?)이다. 각자 조사해 보고 안을 만들어서 다음에 모일 때에 결론을 내자는 것이다. 이렇게 하여 애매한 사안은 결국 공동의 책임으로 남게 된다. 공동으로 책임을 진다는 건 아무도 책임을 지지 않는다는 뜻이다. 혹시 결론이 났다고 하더라도 업무규정에 반영되지는 않는다. 지나간 과거 어느 날의 회의록에 기록될 뿐, 해당 프로세스에 반영되지는 않는 것이다.

부서가 아닌 팀이 책임을 지고 한 프로젝트를 끝까지 관리하면 상황이 달라진다. 한 프로세스를 수행하는 데에 필요한 활동을 수행하는 인원을 모두 모으면 팀을 구성할 수 있는데, 바로 이것이 프로세스조직이다. 프로세스조직의 대표적인 형태가 팀이다. 프로세스조직하에서는 프로세스의 가치흐름을 따라서 업무가 이루어지므로 프로세스 처리시간Processing Time은 짧아지며, 불필요한 비부가가치 활동은 자연히 줄어들게 된다. 업무의 성패에 팀의 이름이 걸려 있으므로 일이 끝까지 잘못되지 않도록 열심히 한다. 한 프로젝트를 한 팀이 책임지게 되므로, 팀장은 프로세스책임자의 역할을 한다. 여러 팀이 프로젝트를 할당받으므로 팀 간에 경쟁이 되어 아웃풋의 질도 향상된다. 업무를 수행하는 팀장이 스스로 책임을 가지려면, 권한도 과감히 이양될 수밖에 없을 것이다.

팀은 고객중심이며 프로세스 중심이므로 프로세스의 성과향상에도 최적이다. 그 이유는 가치흐름에 속한 업무를 수행하는 업무집단들을 하나로 묶었기 때문에 팀 내부의 의사소통에 문제가 없어 고객에게 전달되는 제품이나 서비스에 하자가 생길 가능성이 줄어들기 때문이다. 프로세스조직에서는 프로세스 전체를 팀에서 끝까지 책임지고 부서 간에 서로 충돌하던 성과지표도 줄게 될 것이다.

**●활동의 부가가치를 높이거나, 가치를 부가시키지 못하는 활동은 제거하거나 통합시킨다**

프로세스는 많은 활동으로 이루어져 있다. 이 활동 중에는 가치를 부가시키는 활동과 그렇지 않은 활동, 그리고 고객의 가치를 부가시키지는 못하지만 프로세스 운영에 꼭 필요한 활동이 섞여 있다. 이중에서 (특히 고객의 관점에서 보았을 때) 가치를 부가하지 못하는 활동을 우선적으로 구분해 내어 제거한다. 프로세스는 항상 부가가치를 향상시키는 결과를 만들어야 한다.

또한, 조직의 핵심 역량이 아니면서 부가가치도 작고 이미 성숙화된 업무는 과감히 외주처리할 것도 검토해 본다(단 프로세스의 병목이 되는 활동이 아니어야 한다).

위와 같은 원칙들 외에도, 전체적인 관점에서 프로세스의 연계성에 주의해야 한다. 각 프로세스를 재설계하는 것은 자칫 잘못하면 부분최적화의 함정에 빠지기 쉽다. 전체최적화의 관점에서 가치의 흐름이 이어지도록 프로세스들이 연결되도록 한다.


# *4.* 공급망에서의 가치흐름 혁신

한 공급망Supply Chain 내에서 가치의 흐름에 참여하는 기업들은 연쇄적인 공급사슬 구조를 이루고 있다. 이 구조는 예를 들면 소재생산업체-부품가공업체-제품생산업체-물류센터-도매점-매장(소매점)을 거쳐 최종구매고객(소비자)에 이르기까지의 연쇄된 고리여서 공급망 전체에서의 물류를 통한 제품의 유통은 그 자체가 가치의 흐름이다.

## 공급망에서 가치흐름의 현상과 문제

공급망을 구성하는 기업(간단히 줄여 '구성원' 또는 '고리' 라고 부르기로 한다)마다의 이해관계가 엇갈려 있고, 구성원 간의 힘의 우위에 따라 가치(제품 또는 서비스)가 재고로 정체되기도 하며, 제품의 판매는 활기를 띠는데 자재나 부품조달이 원활하지 않은 경우도 있고, 제품 재고는 쌓이는데 판매가 저조한 경우도 있다. 이렇게 공급망에서 가치흐름의 문제는 곧 제품 또는 서비스(이 둘을 묶어 '상품' 이라고 하자) 유통의 문제이다.

판매점과 유통업체(지역대리점 또는 물류센터), 그리고 제조업체를 예로 들어 구성원 각각이 어떤 입장을 견지하고 있는지, 무엇이 문제인지 좀 더 살펴보자.

### *판매점*

판매점(소매업체, 영업점)에서는 상품을 진열해 놓고 더 많은 고객을 유치하여 판매를 늘리려고 한다. 그러나 늘 다음과 같은 어려움을 겪는다.

▶ 갈수록 상품의 수명이 짧아지고 고객의 기호도 다양해지므로 판매기회를 놓치지 않으려면 상품을 다양하게 갖추어 놓아야 한다.

▶ 제품 재고가 부족해서 찾아온 손님이 돌아갈 수도 있으므로 재고도 충분하게 두어야 한다. 그러나 잘 팔리는 것 같아 재고를 갖다 놓으면 금방 소비자의 기호가 바뀌어 그 상품은 곧 진부화된다. 그나마도 유효기간이 정해진 상품들은 일정기간 내에 팔지 못하면 반품하거나 폐기해야 한다.

▶ 진부화된 상품을 마냥 가지고 있으면 자금 압박을 받게 되므로 빨리 처분해야 한다. 진부화된 상품을 처분하기 위해서는 매번 그럴듯한 이름을 붙여 할인행사를 벌여야 한다. 이런 할인은 정기적인 행사로 해야 할만큼 고객들의 기호는 심하게 바뀐다. 또 신제품이 출시된다는 광고에 스트레스가 쌓인다. 신제품이 출시되기 전에 진부화된 제품의 재고 정체를 빨리 해소해야 한다

▶ 할인행사를 하면 싸구려를 좋아하는 고객들은 꼬이지만, 고급품을 선호하는 고객들이 떨어져나가는 것은 감수해야 한다.

▶ 상품 재고가 많아지면 재고를 유지하는 데 들어가는 비용은 그만큼 늘어나고, 반대로 이익은 줄어든다. 할인행사를 하는 경우에도 제품 마진과 영업 이익은 줄어든다.

▶ 그러니까 제품을 주문하기 전에 잘 팔릴 것인지 신중하게 고민해야 한다. 적은 양을 주문할 수 있는 것도 아니니까.

▶ 제조업체에서는 일정한 물량이 되어야 주문을 받아 준다. 더 많은 할인을 받기 위해서, 또 운송비를 낮추기 위해서라도 주문을 모아 두었다가 한번에 많은 양을 주문해야 한다.

▶ 제조업체로부터 많은 양을 공급받기까지는 상당한 시간이 소요되므로, 시장의 수요를 미리 잘 예측하여 몇 개월 전에 주문할 수밖에 없다.

이러한 모든 어려움을 겪는 원인은 무엇인가? 그것은 판매점에 상품(재고)이 정체하기 때문이다. 그렇다면 또 다시 한 가지 의문점이 든다. 판매점에서는 왜 그렇게 많은 재고를 유지하고 있는가? 그러면서도 한편으로는 재고가 없어서 스스로 찾아온 손님들을 왜 날마다 돌려보내고만 있는가? 사실, 영업매장에 재고가 정체되는 원인은 제조업체와 유통업체(물류센터)의 물류정책과 관련이 있다.

### 제조업체/유통업체

제조업체/유통업체는 우선 제품 주문에 따른 운송비를 판매점에 부담하게 한다(이건 기본이다). 그리고 판매점의 주문량에 따라 할인을 제공한다. 물품을 많이 판매하기 위해서, 당근을 주는 이런 조치는 당연한 것이다.

▶ 재고를 줄여서 제조원가(물류원가)의 부담으로부터 벗어나려고 한다. 그래서 가능하면 재고를 유통업체나 판매점에 밀어내려고 한다. 만약 판매

점이 재고 물품을 받지 않으려고 버틴다면, 가격을 인상하거나 독점판매권을 내놓게 한다.

▶ 고객/시장의 수요는 다양하게 일어나고 있지만, 판매점들은 일부 인기품목만을 수요보다 많이 주문하려고 한다. 인기품목이 아니라고 생산하지 않을 수는 없다. 그러니 주문에 대해 언제까지 공급해 줄 수 있다고 확답을 해줄 수도 없는 입장이다.

▶ 주문량이 모이지 않으면 생산원가에도 못 미치므로 결국 생산을 포기하는 품목도 있을 수 있다. 판매점과의 관계가 악화된다.

▶ 또 한편으로는 신제품을 개발하고, 시장에 유통시켜 활로를 찾으려고 한다. 그러나 개발된 신제품 중에서 시장에서 히트를 치는 경우는 상당히 드물다. 신제품을 개발하는 것은 역시 만만치 않다.

이런 상황이라면 제조업체(유통업체)로서 상기와 같은 판매점에 대한 대응방법은 어쩔 수 없는 것이 아닌가?

### 공급망 전반의 물류흐름 문제

살펴본 것과 같이 소매업체, 유통업체, 제조업체는 서로 자신의 이익을 보호하기 위하여, 제품 재고를 서로 밀어내려고 싸우고 있다. 이러한 힘겨루기로 인해 공급망 전반에는 다음과 같은 바람직하지 않은 증상들이 나타난다.

▶ 각 매장에는 많은 재고가 머무르고, 고객은 매장에서 원하는 제품을 찾을 수 없다.

▶ 한 매장에서 품절된 제품이 다른 매장에는 많이 쌓여 있다. 공급망은 판매기회를 잃거나, 아니면 판매를 위해서 긴급운송을 위한 비용을 추가해야 된다.

▶ 공급망에는 잉여재고가 가득 찬다. 특히 시장에서 인기 없는 제품은 공급망 내에 가득 쌓인다.

▶ 공급망 전체에 늘어난 재고 부담은 공급망 구성원 모두에게 부담을 준다. 가장 많은 재고를 가진 곳이 가장 심각한 결과를 맞는다.(판매점은 지급능력을 잃게 되고, 유통업체는 손실을 입으며, 제조업체는 자금운영의 어려움을 겪게 된다.) 따라서 더 나은 조건으로 더 적은 재고를 유지하려고 서로 줄다리기한다.

▶ 제조업체는 더 과감한 조건을 내세워 유통업체나 소매업체로 재고를 밀어내므로 제조업체나 유통업체에서보다 판매점의 재고 수준은 상대적으로 높아진다.

▶ 재고의 대부분을 판매점에 밀어낸 결과로 제조업체는 시장의 변화 추세에 둔감해진다(시장의 변화 추세 대응에 걸리는 시간은 길어진다). 이렇게 하여 공급망에서 신제품의 출시는 더 느려진다.

▶ 매장의 진부화 재고는 할인판매하여 처분해야 한다, 이는 고객에게, 부정적인 공급망의 이미지를 남긴다.

▶ 진부화 재고 소진을 위한 판촉행사로 공급망 내의 신제품 시장은 고갈된다.

▶ 상품의 흐름은 정체되고 따라서 신제품 개발주기, 유통속도는 느려질 수밖에 없다.

▶ 신제품 개발, 유통의 속도가 느려져서 경쟁 공급망에 뒤떨어진다.

공급망 구성원 간의 재고 밀어내기의 결과로 공급망 전반에 걸친 가치흐름은 정체되고, 이는 결국 다른 공급망과의 경쟁에서 뒤져 공급망 구성원이 모두 다함께 망하는 상황이 될 수도 있는 것이다. 공급망의 이러한 문제는 최종고객의 수요와 무관하게 자신들이 손해보지 않기 위해서 다음 고리로 밀어내는push 관행 때문이다. 공급망에서 재고가 가치흐름에 그렇게 나쁜 것이라면, 왜 그리고 어디서 그렇게 많은 재고가 생기는 걸까?

공급망의 각 구성원들은 일단 재고가 많이 있어야 판매기회를 놓치지 않을 것이라고 막연히 생각하는 경향이 있다. 많은 재고가 있어야 한다고 생각하는 몇 가지 이유가 있지만, 주된 이유는 다음과 같은 것들이다.

- 시장의 수요를 정확히 예측하기 어렵다
- 공급자를 신뢰할 수 없다
- 재고 보충기간이 길다
- 게다가 채찍효과(Bullwhip효과)라고 부르는 수요정보의 왜곡 현상이 공급망을 더욱 곤란한 상황에 빠뜨린다.

## 공급망 문제의 해결방안과 성과향상의 기회

이와 같은 공급망의 문제를 해결하기 위해 공급망관리SCM 기법들이 개발되었다. 공급업체와 제조업체, 그리고 유통업체를 유기적으로 연결해서 마치 하나의 회사처럼 움직이도록 하는 것이 요점이다. 더불어 다음과 같은 두 가지 정책을 유지한다.

1. 시장에서 발생한 수요를 보충하는 방식으로 제품을 공급한다.
2. 예측의 신뢰도가 높은 위치에 대부분의 재고를 유지한다.

이 두 정책에 대한 이해와 운영 요령은 15장을 참고하기로 하고, 여기서는 구체적인 설명은 피하기로 한다.

# 2부

# 가치흐름의 정렬
## (업무를 가치의 흐름에 따라 정렬하기)

이제까지는 프로세스를 중심으로 한 성과혁신의 기본 개념을 살펴보았다. 2부에서는 고객가치를 실현하기 위한 기업의 업무를 어떻게 체계화해야 하는지, 프로세스 체계 수립을 목표로 진행 단계에 맞게 설명한다. 가치흐름에 따라 기업의 업무체계를 정렬하려면 먼저 경영(사업)전략을 수립하고(6장), 가치사슬에 따라 프로세스 체계를 수립한 다음(~10장), 성과관리 체계를 구축하는(~12장) 단계에 따라야 한다.

# 06

# 전략을 수립하라

---

| 들어가기에 앞서 |

넓은 바다로 나아갈 배가 나침반 없이는 항해할 수 없는 것처럼, 전략이 없는 기업이 올바른 목적지를 향하고 있다고 보장할 수 없다. 전략이란 기업이 어떤 방향으로 나가야 하는지, 그것을 실현시키기 위한 방법은 무엇인지를 정하는 것이다. 따라서 성급하게 프로세스를 정의하고 성과를 개선하려고 하기 전에, 먼저 기업을 둘러싼 내외 환경을 분석하고 이에 따른 전략을 수립할 필요가 있다.

이 장에서는 프로세스 체계를 수립하기 전에, 기업이 나아가야 할 올바른 방향을 확인하기 위하여 전략을 수립하는 절차와 방법을 살펴보려고 한다.

국내, 국외를 불문하고 경쟁상대는 수없이 다양해지고 더욱 치열해져 가는 현재의 상황에서 어떻게 살아남고 경쟁자들을 능가할 것인지에 대한 전략 없이는 기업의 미래가 올바른 방향으로 갈 수 있다고 그 누구도 장담할 수 없다. 시장상황은 물론 경제상황마저 갈수록 불확실성이 더해져 예측은 더욱 어려워질 것이다.

올바로 수립된 경영전략은 기업의 나아갈 방향을 제시하며, 모든 의사결정의 기준을 제시할 것이다. 이제 경영전략은 경쟁에서 살아남기 위한 경영의 필수도구가 되었다. 전략은 비전으로부터 출발해야 한다. 그러면서도 명확해야 하고, 간략하며, 조직의 모든 구성원들이 쉽게 이해할 수 있는 형태로 제시되어야 한다.

경영전략이 수립된 후에는 이를 성공적으로 달성하는 데에 가장 중요한 요인인 핵심성공요인Critical Success Factor을 도출하고, 기업 차원의 목표를 선정하여 지속적으로 성과를 개선해 나아가거나, 또는 혁신적으로 제고하고자 하는 것이다(전략은 기업 내의 중요한 프로세스를 구분하는 데에도 중요하다[11]). 다음 그림은 전략을 수립하는 절차를 보이고 있다.

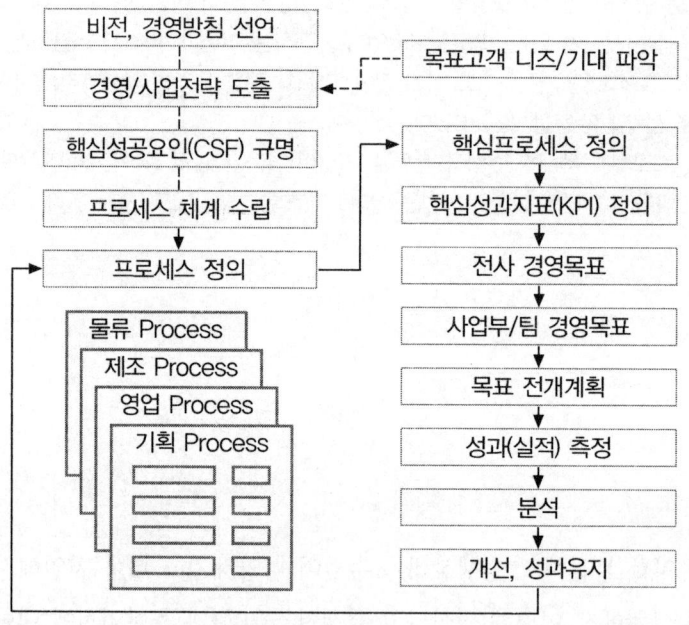

[그림 6-1] 전략적 프로세스 체계 수립 및 운영

---

11) 기존의 PI, BPR에서는 전략에 따라 핵심프로세스를 선정해 왔다. 그러나 가치흐름상의 정체를 만드는 프로세스가 더 중요하다는 것이 이 책의 논리이다. 이 부분이 기존 PI, BPR 방법론과 차이나는 부분 중 하나이다.

# 1. 미션과 비전을 명확히 하라[12]

미션Mission이란 창업이념과 함께 '업의 가치'와 '기업의 존재 이유'를 나타내는 것이다. 따라서 미션은 기업이 '왜 이 땅에 존재해야 하는가, 어떠한 일을 해야 하는가, 산업의 어떤 영역을 담당하며 어떠한 제품과 서비스를 고객에게 제공할 것인가'라는 궁극적인 질문에 대한 답변을 제시한다.

이렇게 기업의 존립 근거가 되는 미션 없이는 기업의 정체성뿐만 아니라 기업의 경쟁력 요소를 도출하는 작업이 어려워지므로, 미션을 수립하는 일은 대단히 중요한 출발점이 된다. 예를 들어 월마트의 미션은 '서민들에게 부자들과 같은 구매기회를 제공하는 것'이고, HP사의 미션은 '인류의 발전과 복지를 위해 기술적으로 공헌하는 것'이며, 나이키Nike사의 미션은 '경쟁, 승리감, 경쟁자를 압도하는 경험을 보게 하는 것'이다

한편 비전Vision이란 '꿈이 담긴 목표'라고 간단히 말할 수 있다. 미션이 우리 회사가 존재하는 가치와 업의 개념을 정의하고 국가와 지역사회 또는 고객에게 이렇게 기여하겠다고 선언한 것인 반면, 비전은 장기적으로 우리 회사가 이루고자 하는 미래의 모습인 것이다. 지금은 세계 초우량 기업이 된 GE도 1980년의 비전은 '우리가 경쟁하는 모든 산업에서 1~2위가 되자. 그렇지 않으면 철수한다'였다. 또 1960년 나이키사의 비전은 '아디다스를 격파하자'였는데 30년만에 그 상황은 역전되었다.

꿈은 언젠가는 이루어진다는 신념이 필요하다. 비록 꿈을 이루지 못하게 되더라도, 꿈이 없이 출발했던 것보다는 나은 결과를 얻게 될 것이다. 꿈을 이룰만한 능력이 없는 것을 걱정하기보다는, 꿈이 없거나 분명하지 않음을 걱정해야 한다. 이처럼 비전은 크고Big 어려우며Hairy 담대한Audacious 목표

---

12) 만약 미션과 비전이 이미 수립된 기업이라면 이를 검토하는 일부터 시작하면 될 것이다. 그러나 미션과 비전이 이미 수립된 회사라 하더라도 미션과 비전의 내용이 모든 조직원에게까지 전파되지 않은 경우가 많아, 그에 따른 적절한 대책이 필요한 경우가 대부분이다.

Goals로 설정하는 것이며(약자로 BHAG라고 한다), 이러한 목표를 달성한 상태를 생생하게 묘사하여 전 조직원에게 꿈을 심어 주고 도전하도록 유도하는 내용으로 표현되어야 한다. 즉, 비전을 성취함으로써 향후에는 어떠한 미래를 갖게 될 것인지에 대한 선명하고도 실감나는 모습이 그려져야 한다.

일반적으로 비전은 고객, 환경의 변화, 경제 및 기술의 추이 등에 대한 분석을 통해 포괄적으로 도출되며, 사업을 수행/전개하게 될 미래의 환경에 대한 시각에서 개발되어야 한다. 또한 최고경영자에 의해서 개발된 비전은 전 조직에서 공유되어야 하고, 또한 각각의 조직은 반드시 그것을 지원할 것에 동의해야 한다.

한편 비전이 미래의 방향성을 재정의하는 것이므로, 비전을 어떻게 설정하는가에 따라 사업영역이 바뀌기도 한다. 워크맨으로 유명한 SONY의 비전은 원래 '세계적인 전기전자제품 메이커'였는데, 후에 Total Entertainment Group으로 바뀌면서부터 영화, 디즈니랜드, 건설사업 등 사업의 영역이 대폭 변경되었다. '판매회사'로서의 비전을 가지고 있던 월마트도 '구매회사'로 비전을 변경함에 따라 가장 좋은 제품을 고객을 대신해서 값싸게 구매하는 회사로 변모해 가고 있다. 그밖에 HONDA는 '야마하를 처부수자'로, Coca Cola는 '세상의 모든 소비자의 손이 닿는 범위 안에 코카콜라를 놓자'로 비전을 내걸고 있어 흥미롭다.

비전은 미션에 바탕을 두고 만들어져야 한다는 점을 기억하라. 기업 존립의 근거와 무관하게 수립된 비전은 아무런 의미를 갖지 못한다.


## 2. 기업을 둘러싼 환경을 분석하고 전략을 수립하라

경영전략은 기업을 둘러싼 외부의 환경과, 기업 내부의 여건을 면밀하게 분석한 후에 이를 근거로 도출하는 것이 일반적이다. 경영환경과 기업의 역량을 분석해서 전략을 도출하는 다양한 기법이 개발되었는데, 여기서는 그중 기업의 경영환경을 분석할 때 일반적으로 사용되는 기법인 5 Force 분석, SWOT분석, 3C분석, BCG Matrix 분석을 중심으로 살펴보고자 한다.

단, 분석 전에 분석 목적에 따라 적절한 기법을 선정하되 분석의 정확도를 높이기 위해서 한 가지 이상의 분석방법을 병행하는 것도 좋은 방법이다. 결론부터 말하자면 '우리 회사가 남들보다 잘 할 수 있는 것이 무엇인지' 아는 것이 핵심이며, 기업경영환경을 분석하는 많은 도구들 중에서 회사에 적합한 것을 선택적으로 적용하는 것이 현명하다는 것이다.

### 5 Force 분석

기업을 둘러싼 산업환경을 분석하고 이해하기 위해 가장 널리 알려진 마이클 포터Michael E. Porter의 5 Force 모델이 있다. 그는 산업을 유사한 대체품을 생산하는 기업군이라고 할 때, 기업의 경쟁력은 해당 기업이 속해 있는 산업의 구조에 의존한다고 했다.

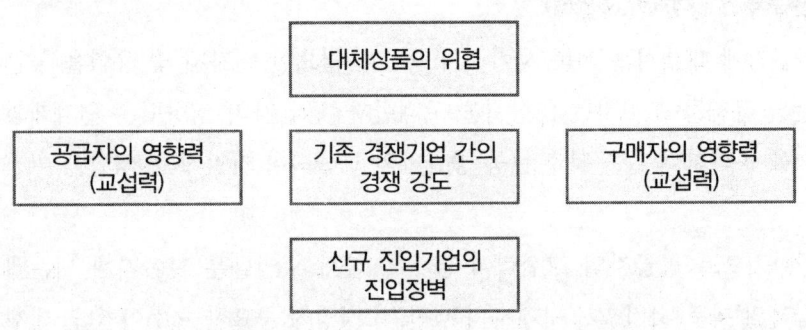

[그림 6-2] Michael E. Porter의 5 Force 모델

#### 기존 경쟁기업 간의 경쟁 강도

먼저 고려해야 할 사항으로 기존의 경쟁자들이 있다.

기존 경쟁자 간의 경쟁이 치열할수록 잠재수익률은 낮아지는 경향이 있는

데 산업 및 시장의 성장세가 완만하거나 제품생명주기상 성숙기의 제품일 때, 높은 고정비가 요구되는 산업일 때, 철수장벽이 높을 때, 동질의 경쟁자가 다수일 때 그 경쟁의 강도는 높아진다. 그 외에 초과 생산능력이나 제품의 차별성 등도 영향을 미친다.

### 신규 진입기업의 진입장벽

그 다음으로 동일한 제품/서비스 시장에 신규 진입하려는 신규 업체(잠재적인 경쟁자)들을 고려한다.

일반적으로 신규 업체들은 산업 진입장벽을 극복해야 하는 어려움을 겪는데, 진출하고자 하는 산업이 규모의 경제를 따를 때, 소요되는 자본의 규모가 클 때, 제품/서비스의 차별화 및 상표 이미지가 필수적일 때, 비용우위가 절대적일 때, 유통망에의 접근성이 어려울 때, 정부에서 추구하는 정책이 영향력을 발휘할 때 이러한 진입장벽은 높아진다. 그 외에 특허 등 지적자본 소유나 진입시 예상되는 보복 등도 진입장벽에 영향을 미친다.

### 공급자의 영향력(교섭력)

공급자에 대해서는 제품/서비스의 생산에 필요한 원자재 및 용역을 공급하는 공급자들이 미치는 영향력을 고려한다. 공급자의 영향력은 원자재의 가격을 올리거나 질을 낮추는 등 공급자의 교섭력이 기업에 큰 영향을 미친다.

일반적으로 공급자의 교섭력이 클수록 잠재 수익률은 낮아지게 되는데 공급자의 제품/서비스가 구매자의 생산 및 경영에 중요한 요소이거나, 대체품이 미비하거나, 공급요소가 차별화되거나, 구매자에 대한 물량 의존도가 낮거나, 공급자의 전방통합능력이 강할 때 공급자의 교섭능력은 강해지게 된다.

그밖에 공급요소의 원가나 구매자를 전환(교체)하는 데 수반되는 비용 등도 공급자의 교섭력에 영향을 미친다.

### 구매자의 영향력(교섭력)

다음은 제품/서비스의 구매자가 미치는 영향력을 고려한다.

구매자의 영향력은 제품/서비스의 가격을 낮추거나 같은 가격으로 더 나은 품질과 서비스를 요구하는 등, 역시 기업에 큰 영향을 미친다. 일반적으로 구매자의 교섭력이 클수록 잠재 수익률은 낮아지게 되는데 특정 구매자가 수요를 독점하거나, 대체품이 많아 공급자에의 물량 의존도가 낮거나, 구매물량의 규모가 크거나, 구매자의 후방 통합능력이 높거나, 공급자 전환(교체) 비용이 낮거나, 구매자의 정보력이 강할 때 구매자의 교섭력은 강해지게 된다.

### 대체상품의 위협

마지막으로 대체상품에 대한 것은, 다른 산업에 있는 기업이 현재의 제품/서비스를 얼마나 대체할 수 있는지를 고려하는 것이다. 일반적으로 대체상품의 유용성이 클수록 잠재 수익률은 낮아지는데 대체품의 상대적 가격과 대체품에 대한 구매자의 성향, 대체품으로의 교체비용 등이 대체품의 유용성을 결정한다.

마이클 포터의 5 Force 모델은 새로운 분야에 진출하고자 하는 경우는 물론이고, 업계 내에서 효과적으로 경쟁하는 방법에 대한 통찰력을 제시한다. 그러나 일부에서는 오늘날과 같이 급변하는 환경에서, 이러한 산업구조 분석이 기업의 경쟁력을 보장하는 데 과연 이러한 방법이 얼마나 유용할 것인가 하는 비판도 제기한다. 다이내믹한 경쟁 및 비즈니스 환경을 제대로 반영하지 못한다는 측면에서 산업구조 환경분석보다는 차라리 기업의 무형자산과 잠재적 능력 즉 핵심역량Core Competency과 지식Knowledge을 분석하는 것이 바람직하다는 소리가 커지고 있다.

## SWOT 분석

SWOT이란 Strength(강점), Weakness(약점), Opportunity(기회), Threat(위협)의 첫 글자를 딴 것으로, 외부 경영환경으로부터의 기회와 위협, 내부역량으로부터의 강점과 약점을 분석하여 전략적 방향과 전략과제를 도출하는 방법이다. 손자병법에 지피지기면 백전백승(知彼知己百戰百勝)이라고 한 것처럼, 전쟁에 이기기 위하여(百戰百勝) 외부환경과 내부역량을 객관적으로 분석하고(知彼知己) 이를 기반으로 승리하기 위한 전략을 수립하는 것이다.

### 외부환경 분석

기업을 둘러싸고 있는 외부환경 즉 정부의 정책, 경쟁 여건, 사회, 경제, 정보환경 등 각 분야별로 현안을 분석하여 기회요소와 위협이 되는 요소를 도출한다. 기회요소란 경영상의 우위를 제공하거나, 신규사업의 기회를 제공하거나, 신규고객을 창출하거나 실적을 향상시킬 수 있는 요인들을 말하고, 위협요소란 전략을 수행하는 데 방해가 되거나, 기대하는 성과를 저해하거나, 사업을 추진하는 데에 장애가 되는 요인들을 말한다. 정부의 정책과 산업 여건뿐만 아니라, 경제환경에 대한 정보 등 산업환경에 대한 정보는 정부부처의 홈페이지나 산업자원부 홈페이지 자료실에서 해당 산업을 키워드로 자료를 검색하면 어렵지 않게 관련자료를 구할 수 있다. 공신력 있는 경제연구소의 홈페이지도 유용할 것이다.

여러 가지 방법으로 산업분야에 관련된 자료가 수집되면 하나의 외부환경(상황)이 기회가 될 수도 위협이 될 수도 있음에 주의하면서, 각 범주별로 회사에 기회가 되는 요인과 위협이 되는 요인을 구분해 둔다.

- 기회 : 우리 회사의 입장에서 외부환경 변화가 우리 회사 성장/발전에 도움이 될 수 있는 예측 가능한 환경 요인
- 위협 : 우리 회사의 입장에서 외부환경 변화가 우리 회사 성장/발전에 저해가 될 수 있는 예측 가능한 환경 요인

### 내부역량 분석

기업의 운영현황과 역량을 조사한 결과를 강점과 약점으로 정리한다. 강점이란 현재 기업의 경영전략, 기업문화 및 조직구조, 프로세스, 정보인프라 등 기업이 경쟁자에 비해 경쟁우위에 있게 하는 요인들 즉 비교우위 요인들을 파악한 것이고, 반면에 약점이란 경쟁사에 비해 비교열위가 되는 요인들을 파악한 것이다. 무엇보다도 우리 회사를 우리 스스로가 판단하는 바, 강점과 약점은 선입견을 버리고 제3자의 입장에서 객관성이 유지되도록 작성하는 것에 유의한다.

  - 강점 : 우리 회사의 능력 중에서 타 회사와 비교하여 경쟁우위에 있거나
    향후 지속적으로 발전시켜야 할 내부적인 강점
  - 약점 : 우리 회사의 능력 중에서 타 회사와 비교하여 경쟁에서 뒤지거나
    향후 개선해야 할 내부적인 약점

### *SWOT 매트릭스 작성*

내, 외부의 경영환경을 조사한 결과를 토대로 기업을 둘러싼 외부의 기회요소와 위협요소, 그리고 우리 회사의 내부역량 즉 강점요소와 약점요소를 각각 요약한다. 조사결과를 정리할 때는 각 부서 대표로 구성된 추진팀Cross Functional Team이 모두 참여한 상태에서 개인별로 의견을 제시하고 함께 검토, 결정하여 완성한다.

외부환경 조사결과는 산업환경의 측면, 경쟁환경의 측면, 정부의 정책 측면, 사회 및 경제환경 측면으로 구분하여 우리 회사에 기회가 되는 요소와 위협이 되는 요소를 나누어 정리하고, 내부환경 조사결과는 조직문화, 프로세스, 전략 측면으로 구분하여 강점과 약점으로 나누어 정리한다. 제시된 내용 중 유사하거나 동일한 내용은 통합해도 좋으며, 우선순위를 가려 각 요소별로 10개 이내의 항목으로 완성한다. 우선순위를 결정하는 방법은 거수Voting, 개인별 순위 발표 합산 등 팀에서 결정하여 사용한다.

그리고, 회사의 비전과 목표를 달성하기 위하여 결정적으로 중요한 요인들을 식별하고 그 이유를 분명히 해 둔다.

### 전략 도출

이제 각 요인들간의 관계를 매트릭스에 따라 분석하고, 전략적 시사점(방향)을 도출하여 2차원적인 전략적 대응방안들을 완성한다. 예를 들어 강점이면서 기회가 되는 방안이 무엇일지 생각하여 SO(강점-기회) 영역에 기입하는 것이다. 이런 방식으로 ST(강점-위협), WT(약점-위협), WO(약점-기회) 방안을 모두 완성한다.

- SO(강점-기회) 영역에 기입된 방안들은 우리 회사의 강점이면서 기회가 되고 있으므로 경쟁우위를 적극적으로 활용하는 전략을 수립한다.
- ST(강점-위협) 영역에 기입된 방안들은 우리 회사의 강점이지만 위협이 되는 있으므로 강점을 더욱 살려 적극적으로 공략하는 전략을 수립한다.
- WT(약점-위협) 영역에 기입된 방안들은 우리 회사의 약점이면서 위협도 되고 있으므로 위기극복을 위한 노력을 하거나 또는 위협요소를 회피할 수 있는 전략을 수립한다.
- WO(약점-기회) 영역에 기입된 방안들은 우리 회사의 약점이지만 기회가 되고 있으므로 내부역량을 강화, 보완하여 경쟁우위로 전환시키도록 하는 전략을 수립한다.

### 3C 분석

3C 즉 고객Customer, 기업Company, 경쟁사Competitor를 각각 분석함으로써 기업의 핵심역량을 파악하고, 앞으로 강화해야 할 부분에 대한 시사점을 도출하는 분석법이다.

| 내부역량 / 외부환경 | 강점 Strength | 약점 Weakness |
|---|---|---|
| | • 기술우위 전략<br>• 기술력 인지도 우수<br>• 국내/해외 다양한 영업망 구축 전략<br>• 신 기술력 확보를 위한 전략적 제휴<br>• 대기업과 활발한 기술업무 거래<br>• 리더의 강력한 추진력 및 조직의 기동력 우수 | • 업무 및 생산공정의 표준화 미흡<br>• 마케팅 및 신기술 개발력 미흡<br>• 정보공유 수준 및 정보관리 체계 미흡<br>• 원가관리 체계 미흡, 품질관리 체계 미흡<br>• 부서간 업무통합성 미흡<br>• 전사적 자원관리 시스템(ERP) 활용성 미흡, 지식관리 체계 미흡 |
| 기회 Opportunity<br>• 중소기업 정보화에 대한 정부지원 강화<br>• e-Business의 확산<br>• ERP, SCM 등 기간 정보시스템 확산 추세<br>• 중국 등 해외시장으로의 확장 가능성 | • E-business 활용으로 시장 확대기회 마련<br>• 기간정보시스템 확산 추세의 도입으로 전략적 파트너십 강화<br>• 정보화를 통한 실시간 재고관리에 의한 원가절감 | • 정부지원 활용으로 정보화에 대한 전략적 활용방안 모색<br>• 지식관리 체계 구축으로 정보의 공유 및 활용증대, 전략적 의사결정 지원<br>• 정보화(ERP등)의 전략적 활용으로 원가절감, 생산성 증대, 고객만족 등 경영혁신 도모 |
| 위협 Threat<br>• 급격한 시장환경 변화<br>• 주 거래업체의 불확실성<br>• 고품질, 저가격, 제품다양화에 대한 고객 요구<br>• 후발 중국시장의 추격<br>• 선진국의 신 보호주의 | • 신기술 변화에 재빠른 대응 노력 필요<br>• 고품질, 저가격, 품목구조의 다양화를 통한 고객 만족도 극대화<br>• 주 거래 업체의 불확실성에 대응하기 위한 영업망 강화 및 확장 | • 정보화를 통한 시장경쟁력(기술집약도, 가격경쟁력, 품질관리) 우위 전략<br>• R&D 및 마케팅의 효율적 지원을 통해<br>• 핵심역량의 지속적 강화로 경쟁우위확보<br>• 업무 및 생산공정의 표준화 및 실시간 관리 시스템 도입으로 제품 품질 제고 |

[그림 6-3] SWOT 분석 (예)

### 고객 분석

기업에 가장 많은 영향을 주는 요소가 고객이다. 따라서 사업을 전개하는 차원에서 누가 고객이 되는지(되어야 할지) 분류하고, 이와 함께 고객의 요구사항은 무엇인지 조사한다. 즉 시장세분화 과정을 통하여 목표가 되는 고객군을 정하고, 고객의 요구사항을 파악하여 기업이 역점을 두어야 할 부분을 도출한다. 예를 들면 이동통신서비스 회사에서 고객군을 일반 장년층, 여성, 청소년 등 연령이나 성별, 소득별로 제품이나 서비스 이용(구매) 행태나 매출에 기여하는 정도에 따라 분류하여 분석하는 예를 들 수 있다.

### 기업현황 및 역량 분석

여기서 기업이란 우리 회사를 일컫는다. 우리 회사가 가진 역량과 장단점, 특이사항 등을 세부적으로 분석하는 것이다.

기업의 비전, 연혁, 재무상황 등 기본적인 기업현황을 파악한 후 기업 경쟁력을 파악하고 이를 세부적으로 분류하여 그 원천이 무엇인지 정리한다. 이때 기업내부의 조직구성원들이 보유하고 있는 총체적인 기술, 지식, 문화 등 기업 경쟁력의 핵심을 이루는 능력을 핵심역량[13]이라고 하는데, 핵심역량은 다른 기업에 의해 쉽게 모방되지 않으므로 이를 통해서 기업의 경쟁력이 제고되며 고객에게 특별한 가치를 제공할 수 있게 된다. 즉 핵심역량이란 단순히 그 기업이 잘하는 활동을 의미하는 것이 아니라 경쟁기업에 비하여 훨씬 우월한 능력 즉 경쟁우위를 가져다주는 기업의 능력으로서, 보다 우수한 수준으로 고객에게 만족을 제공할 수 있는 기업의 힘을 말한다.

파악된 핵심역량은 전사적으로 이용할 뿐만 아니라, 기존의 핵심역량에 새로운 기술, 제품, 서비스 등을 연계시켜 독특한 성장분야를 다각화하는 경쟁전략을 세워 나아가야 한다.

### 경쟁사 분석

우리 회사의 경쟁상대를 분석하는 것이다. 그러나 아무래도 경쟁자의 정보를 획득하고 분석하는 것은 앞의 두 가지보다는 어려울 수밖에 없다. 이때 경영진을 면담하면 경쟁사 관련정보나 동향을 쉽게 얻을 수 있는 경우가 있

---

13) 핵심역량은 1990년 프라할라드(C.K. Prahalad) 및 게리 하멜(Gary Hamel) 교수에 의해 발표된 이론으로, 경쟁과 기술의 신속한 변화로 시장에 대한 정확한 예측이 날로 어려워지면서 종래의 기업 외부환경에 치중하던 경영전략을 지양하고 기업성공의 열쇠를 내부에서 찾으려는 노력의 일환으로 시작되었다. 월마트의 강력한 물류시스템, 혼다의 엔진관련 기술, 소니의 소형화 기술, 캐논의 정밀기계기술 및 광학기술, 코카콜라의 브랜드 이미지 통합을 통한 지속적인 마케팅 능력 확대 등이 각 기업의 핵심역량이다. 한편 핵심역량은 e-비지니스로 발전하고 있는데, 핵심역량만 보유한 채 부가가치가 낮거나 경쟁력이 없다고 판단될 땐 가차없이 아웃소싱 전략을 택하고 있다. 생산공장이 없는 나이키의 브랜드 전략은 그 좋은 예이다.

다. 그리고 나서 부족한 부분은 고객설문조사나, 인터넷 검색(비록 수준이 약간 낮은 정보일지라도), 또는 기업정보 문헌으로 보충할 수 있다.

또 경쟁상대는 아닐지라도, 산업분야를 불문하고 이미 알려진 해당 분야 최고의 업무관행Best Practice을 벤치마킹하는 것도 바람직하다(예를 들어 납기관리에 대해서 피자가게의 프로세스를 배우게 되는 경우를 생각할 수 있다).

## BCG 매트릭스 분석

BCG 매트릭스란 보스턴컨설팅그룹에서 제안해 낸 것으로 상대적인 시장점유율과 시장성장률을 기초로 하여 4가지(Star, Cash Cow, Question Mark, Dog)의 경우로 나눈 매트릭스를 사용하여 각 전략사업단위를 분석하는 기법이다.

여기서 상대적 시장점유율Relative Market Share이란 산업 내 가장 큰 경쟁회사의 시장점유율과 자사의 시장점유율이 비율을 말하는데 시장에서 상대적 위치를 나타낸다. 한편 시장성장률Market Growth Rate이 높은 경우는 매력적인 시장이 될 수 있으나 경쟁을 위해서는 많은 투자비가 필요함을 뜻한다. 이렇게 구분되는 4가지의 사업영역은 다음과 같이 구분된다.

| | |
|---|---|
| Star (별) | 높은 시장점유율과 높은 시장성장률 |
| Cash Cow (금송아지) | 높은 시장점유율과 낮은 시장성장률 |
| Question Mark (물음표) | 낮은 시장점유율과 높은 시장성장률 |
| Dog (개) | 낮은 시장점유율과 낮은 시장성장률 |

이 분석방법은 각 사업단위에 어떻게 자원을 분배해야 하는지 결정할 수 있게 도와준다. 각 영역에 속한 사업에 대해 다음과 같은 전략을 수립한다.

### Stars (성장사업)

고성장 시장에서 높은 시장점유율을 얻고 있는 사업단위로, 사업단위의 시장점유율을 높이도록 자원을 많이 배분한다. 시장이 계속 성장하고 있으므로 지속적인 투자가 수반되어 단기적으로는 손해를 보는 사업영역이다.

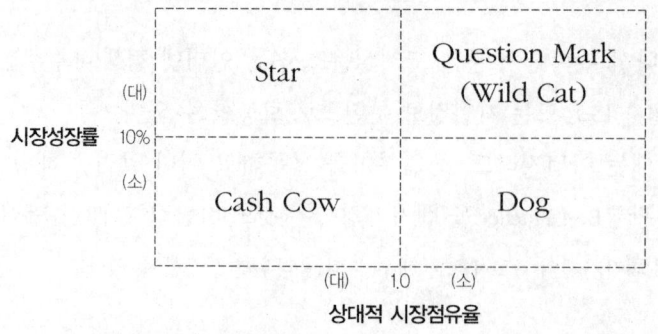

[그림 6-4] BCG 매트릭스

### Cash Cow (수익 주종사업)

저성장 시장에서 높은 시장점유율을 얻고 있는 사업단위로, 시장점유율을 현재 수준에서 유지하는 데 필요한 자원만 배분해 주거나 사업단위로부터 더 많은 현금을 짜낸다. 시장성장률이 낮아 추가적인 투자가 적으므로 이익이 높을 것이라는 것을 추정할 수 있다.

### Question Mark (개발사업)

고성장 시장에서 낮은 시장점유율을 얻고 있는 사업이다. 대부분 사업 초기에 매출이 미비하여 손해를 보는 경우 이 영역에 속한다. 그러나 노력에 따라 성장사업이 될 수도 사양사업이 될 수도 있으므로 성장할 가능성이 있는 경우는 시장점유율을 높이도록 자원을 많이 배분해 주기도 하지만, 가능성이 없으면 철수시켜서 사업단위를 매각하거나 폐쇄하도록 해야 한다.

### Dog (사양사업)

저성장 시장에서 낮은 시장점유율을 얻고 있는 사업단위로 현금을 거의 창출하지 못한다. 매출이 적고 미래를 기대하기도 어려우므로 더 손해를 보기 전에 사업을 매각하거나 철수해야 한다.

**GE매트릭스(Mckinsey 매트릭스)**

BCG 매트릭스는 시장을 두 가지 요소로만 나누어 그 분류가 상당히 단순하므로 실제 시장상황에서는 부합되지 않는 문제점이 있다. 이것을 보완한 방법 중의 하나가 GE 매트릭스이다. GE 매트릭스는 산업의 매력도와 개별산업 단위의 강점이라는 두 차원에서 전략 사업단위를 평가한다.

산업의 매력도(시장규모, 성장률, 이익률, 경쟁정도, 경험곡선 등)와, 사업의 탄탄함(강점)(상대적 시장점유율, 가격경쟁력, 제품의 질, 고객에 대한 지식 등)을 각각 3등분하므로 전체 9개의 영역으로 나누어 각 사업단위의 위치를 찾아 사업부별로 전략을 수립할 수 있다. GE 매트릭스는 BCG 매트릭스와 근본적인 차이가 있다고는 볼 수 없다. 다만 세 가지 기준으로 좀 더 세분화했다는 차이뿐이다.

이 모델의 기본 아이디어는 사업단위가 속한 시장이 높은 매력도를 갖고 있고, 그 시장에서 사업단위가 경쟁자들과 비교하여 유리한 경쟁적 위치를 차지하고 있다는 조건이 충족되면 그 사업단위에 자원배분을 늘려야 한다는 것이다. 그러므로 한정된 자원을 효과적으로 배분하려면, 대각선 3칸을 기준으로 그 위쪽 3영역에 위치한 사업단위에 우선적으로 자원을 배분한 다음, 그래도 여력이 있을 때 나머지 사업단위에 배분한다.

| 산업매력도 | | 강 | Protect position<br>−시장지위향상이 최대목표, 리스크 감수 선행했던 최대 규모의 투자 허용 | Invest to build<br>−업계리더를 목표로 리스크를 감수하며 적극 확대 | Build selectivity<br>−우위성의 사수 |
|---|---|---|---|---|---|
| | | 중 | Build selectivity<br>−필요한 최소한의 투자, 한정확대 및 손실방지 노력 | Build selectivity or manage for earning<br>−수익과 자금의 안정적 확보를 중시 균형 있는 사업확대 | Limited expansion or harvest<br>−우위성을 유지하면서 약한 부문도 기회가 있으면 확대 |
| | | 약 | Protect & refocus<br>−손실과 다른 사업에의 영향 최소화 | Managing for earning<br>−마켓쉐어 저하인정 단기적 자금수지 극대화 | Harvest<br>−중립적 자금수지의 극대화 |
| | | | 강 | 중 | 약 |
| | | | **기업경쟁력** | | |

[그림 6-5] GE매트릭스

### 그 밖의 경영환경 분석 · 전략 수립 방법

그밖에 산업의 성숙도와 경쟁적 위치에 따른 ADL 포트폴리오 분석, 제품의 수명주기에 대한 경쟁적 지위에 따른 호퍼의 분석, 산업의 성숙도에 따른 전략, 또는 기업의 수준에 따라 선택할 수 있는 전략 등을 생각할 수 있겠으나 이 책의 의도를 지나치므로 구체적인 설명은 피한다.

| 경쟁위치 | 강함 | 보통 | 빈약함 |
|---|---|---|---|
| 도입기 | • 현상유지<br>• M/S 적극 추진 | • 점유율 향상<br>• 선택적 추진 | • 지위 향상<br>• 시작 또는 포기 |
| 성장기 | • 현상유지<br>• M/S 유지 | • 지위 향상<br>• M/S 선택적 추진 | • 틈새시장<br>• 우회 또는 포기 |
| 성숙기 | • 현상유지<br>• 산업과 함께 성장 | • 보류 또는 유지<br>• 유리한 시장 탐색 | • 우회 또는 철수 |
| 쇠퇴기 | • 현상유지<br>• 수확 | • 수확 | • 철수 또는 포기 |

[표 6-1] 산업의 성숙도에 따른 전략

| 전략 | 목표 | 사용시기 |
|---|---|---|
| 성장전략 | • 매출 및 수입 증대 | 높은 시장성장률과 경제성장 |
| 안정성장전략 | • 수익성 증대 | 성숙산업, 안정적 환경 |
| 방어전략 | • 원가 절감, 생존 | 위기/치명적 손실 우려 |
| 복합전략 | • 수입증대, 원가절감 | 사업부제 조직, 경제적 과도기 |

[표 6-2] 기업 수준의 네 가지 전략

## 3. 핵심성공요인을 도출하라

전략이 수립되고 전략과제가 도출된 후에는 핵심성공요인(CSF ; Critical Success Factor)을 도출한다. 핵심성공요인을 도출하는 이유는 전략을 성공적으로 수행하는 데에 중요한 프로세스가 무엇인지 찾고, 성과지표와 연결하기 위해서이다.

Rockart는 핵심성공요인을 '기업이 번창하기 위해 옳게 가야 할 몇 가지 중요한 영역'이라고 정의했는데, 몇몇 주요성공요소가 성취되면 기업의 목표가 보장될 수 있다는 데에 바탕을 두고 있다.

예전에 많았던 라면전문점의 성공전략은 다음과 같았다고 한다.

1. 학교나 대학로 또는 출퇴근 시간에 사람들의 왕래가 잦은 곳 등에 위치한다.
2. 해물라면, 김치라면, 만두라면 등 라면에 관한 한 메뉴를 다양하게 한다. 이렇게 전문화된 메뉴가 많으면 자신의 입맛에 맞는 것을 골라 먹을 수 있다.
3. 다른 음식보다 값을 싸게 한다. 돈이 부족하면서도 주요고객인 학생들을 놓치지 않는다.
4. 라면을 빨리 낸다. 아침을 먹지 못하고 출근하는 회사원이라도 아침출근 전에 잠깐 들려 먹을 수 있다.

이것이 라면전문점이 다른 음식사업에 비해 번성할 수 있는 성공요인이다. 여유가 없어 뭐든 빨리 하려는 현대인의 습관이 라면전문점을 만든 것이다.

그렇다면 회사의 핵심성공요인은 어떻게 도출하는가?

보통 핵심성공요인은 어렵고 전문적인 영역이므로 경영전문가나 컨설턴트가 잘 알 거라고 생각하기 쉽지만, 외부의 경영전문가라고 해서 특정한 기업의 핵심성공요인을 잘 알고 있을 리 만무하다. 오히려, 기업의 핵심성공요인을 가장 잘 아는 사람은 바로 그 기업의 경영진(CEO를 포함한 임원)이다. 이들은 기업이 처한 환경과 경쟁자는 물론 기업의 역량과 인적자원 등을 누구보다도 잘 알고 있으므로, 기업이 전반적으로 성공하기 위해서 잘 수행되어야 할 몇 가지 요소에 대한 관심은 물론, 신뢰할 만한 나름대로의 견해도 가지고 있다.

기업의 핵심성공요인을 도출하는 가장 현실적인 방법은 경영진과의 인터뷰(면담)를 하는 것이다. 외부의 전문가 또는 기업의 자체 추진팀이 모여 논의하여 질문할 내용을 미리 준비하고, 인터뷰 결과를 정리하면 기업 스스로도 회사 차원의 핵심성공요인을 도출할 수 있다(인터뷰를 통해 회사의 핵심성공요소를 도출한다는 말이 의아하게 들릴지 모르겠지만 이것은 지극히 당연한 일이다).

회사 차원의 핵심성공요인이 정해지면 임원, 부서장 등 다음 단계의 핵심성공요인도 설정할 수 있다. 이런 방식으로 모든 임원에 대한 핵심성공요인을 찾아낸 다음, 핵심성공요인을 측정하는 방법을 개발하여 측정 데이터를 지속적으로 모니터링하는 시스템을 갖추면, 임원들에게 성취에 대한 동기를 부여할 수 있는 것이다. 임원들이 핵심성공요인에 대해 관심을 갖게 하고 또 가장 중요한 프로세스와 활동에 초점을 맞출 수 있도록 돕는 것도 핵심성공요인을 도출하는 중요한 이유 중 하나가 된다. 핵심성공요인이 도출되면 최고경영자와 각 임원들은 자신들의 주요 목표를 명확히 할 수 있으며, 이를 지원하는 정보를 제공하기 위한 정보시스템을 구축할 수도 있다. 만약 주기적으로 핵심성공요인을 도출한다면 변화하는 환경에 따라 전략을 현실에 맞게 수정하는 데에도 유용하다.

| 참고 | **사업계획 수립시의 유의사항**

사업실적을 점검하고 전략과 계획을 수립하는 것은 기업이 비전과 목표를 달성해 나아가는 주요한 과정을 밟는 것이므로, 결코 소홀히 해서는 안 된다. 기업에서는 매년 사업계획과 함께 전략이 수립되지만, 조직원들은 이 과정을 전문적이고 복잡한 것이라 여기고 있다.

매년마다 때가 되면 반복되다보니 임원들조차 사업전략과 목표를 형식적인 것으로 생각하고 있으며, 크게 신뢰하지도 않는다. 사업계획 수립을 단순히 매출목표와 이에 따른 비용 지출계획을 정하는 정도 이상으로는 생각하지 못하는 것 같다. 심한 경우는 마음속으로 자기 나름의 목표와 전략을 별도로 수립하기도 한다.

이 과정상에서의 문제점을 요약해 보면 다음과 같다.

1. 단순히 전년도의 목표수준을 조정하면 되는 것으로 여긴다.
2. 측정이 불가능한 (그래서 객관적인 달성 여부를 확인할 수 없는) 목표를 수립한다.
3. 목표는 매출 목표를 수립하고 이에 따른 지출비용을 계획하는 수준에 그친다.
4. 기업이 지향해야 하는 방향을 설정하기보다는, 각 부문/부서의 이해관계를 조정하는 수준에 머무른다.
5. 전략과 목표는 변화하는 주변 환경에 둔감하게 수립된다.
6. 전략과 계획은 추상적이고 원론적이어서, 조직구성원에게 판단기준과 행동지침을 주지 못한다.

그렇다면 사업계획 수립 및 검토의 기회는 어떻게 활용되어야 하는가?

1. 기업의 비전 달성을 위한 진도와 전개 방향을 점검하는 기회가 되어야 한다.
2. 경쟁사 및 벤치마킹 대상 기업과의 격차를 비교하는 기회로 활용되어야 한다.
3. 조직구성원에게 확실히 이해되고 동기가 부여되는 의사소통의 장場이 되어야 한다.
4. 선택과 집중의 원칙이 적용되어야 한다.

사업실적 분석회의는 비전과 장기목표와의 연계성을 점검하는 기회가 되어야 한다. 기존의 시장이 파괴되고 다시 재구성되는 등 급변하는 경영환경에서 적어도 1년에 한 번쯤은 조직구성원 모두를 태운 기업이라는 배가 목적지를 향해 순항하고 있는지, 방향은 올바른지, 수정해야 할 필요는 없는지를 조직구성원 모두가 함께 토의하고 검토하는 기회가 되어야 한다. 매년 단순히 매출계획, 영업목표만 설정하는 사업전략이 되어서는 임직원들에게 동기를 부여하기 어렵다.

전략수립 과정을 경쟁자를 인식하는 기회로 활용하는 것도 중요하다. 부서간의 대립과 의견충돌 문제는 기업 외부의 공동의 적을 명확히 정함으로써 상당 부분 해결이 가능하다. 경쟁자에 대한 위기감을 공유하는 기회를 갖는 것만으로도 부서 간의 이기주의를 무너뜨리고 구성원의 팀워크를 높이는 데에 큰 도움이 된다. 어떤 새로운 경쟁자가 출현하고 있는지, 기업의 현재 위치와 벤치마킹의 대상 기업과의 차이는 어느 정도인지, 이를 줄이려면 어떤 전략이 필요한지 전임직원이 함께 인식하는 장으로 활용한다.

　조직구성원이 기업의 전략 또는 사업전략을 명확히 이해한다면 그들은 수없이 부딪치는 일상의 업무 속에서 어떤 결정을 내려야 할 것인지 경영자의 입장이 되어 판단할 수 있다. 따라서 사업전략과 목표를 추상적인 개념과 용어로 설명할 것이 아니라, 구체적인 전략과제가 무엇인지, 무엇을 해야 할지를 알려 주어야 한다. 숫자로 사업목표를 알려 주는 것도 도움이 되지 않는다. 뚜렷한 이미지를 받아들일 수 있도록 전달해야 한다. 구성원들에게 분명하고 생생한 이미지를 가지고 전략과 목표를 분명하게 전달하는 것은 조직구성원의 동기부여에 상당히 중요한 역할을 한다.

　경영의 문제는 한정된 자원을 가지고 무엇을 선택하여 어디에 집중하고 투자할 것인가의 문제이다. 설령 활용할 수 있는 자원이 무한히 많은 기업이라고 해도, 적어도 시간이라는 자원은 제한적일 수밖에 없다. 따라서 임직원들은 여러 가지 기회가 올 때 무엇을 선택하고 어디에 집중할 것인가에 대한 원칙과 우선순위에 흔들리지 말아야 한다. 어떤 계약을 수주할 때에는 수익성이 우선이라고 해놓고 시장점유율로 업무실적을 평가한다면, 구성원은 어느 장단에 맞추어야 할지 헷갈려 눈치를 보며 몸을 사리거나 갈등을 겪을 수밖에 없을 것이다. (성과지표 간의 대립 문제는 11장을 참고하기 바란다)

# 07
# 목표고객의 인식을 꿰뚫어라

| 들어가기에 앞서 |

어느 누구나 회사의 고객을 잘 알고 있다고 말하지만 사실은 고객처럼 알 수 없는 대상
도 없다. 고객의 마음까지 잘 알고 있다면 과연 사업이 현재 수준에 머무르고 있겠는가?
고객의 마음은커녕 우리 회사의 고객, 내 고객이 누구인지조차 분간하지 못하는 상황도
자주 있다. 특히 고객은 내 프로세스의 존재 이유를 알고 있으므로 이들이 내 제품과 서
비스에 대해 어떤 생각을 하고 있는지 알아내는 것은 중요하다. 고객의 생각은 곧 마케팅
의 무기가 된다.

이 장을 읽으면서 다음과 같은 질문에 어떻게 답할 수 있는지, 곰곰이 생각해 보기 바란다.

 - 고객은 내(우리의) 프로세스의 산출가치를 구매하는 자인가, 아니면 사용하는 자인
   가? 혹시 가치를 창조하거나 전달하는 내부 직원이나 협력업체는 고객이 아닌가? 과
   연 누가 내(우리의) 고객인가?
 - 고객이 원하는 가치를 내(우리)가 제공하고 있는가?
 - 그들이 만족하고 있다는 것은 내(우리의) 생각인가, 아니면 그들이 그렇게 인식하는
   것인가?
 - 고객의 말하지 못하는 고민까지 알아낼 수 있는 방법은 없는가?

예전에 비해 고객만족도 조사를 실시하는 기업이 많이 늘어났다. 기업과
산업의 앞날을 위해서도 무척 반가운 일이다. 그러나 고객의 생각을 아는 기
업은 여전히 적은 것 같다. 기업에서 수행되는 고객만족도 조사를 조금 더

상세히 살펴보면 상황은 그렇게 낙관적이지 않다. 고객만족도 조사로 이득을 얻는 기업은 얼마 안 되는 것 같아 보인다. 우리 회사의 상황은 어떤지 스스로 돌아보고 점검할 수 있도록, 다음 몇 질문들에 답해 보자.

*Q1. 고객만족도 조사에서 무엇을 조사, 분석해야 할지가 명확한가?*

대부분의 기업은 고객에게 무엇을 물어보아야 할지 잘 알지 못한다. 그래서 스스로 설문항목을 개발하기보다는 시장조사 전문기관에 의뢰하거나, 아니면 동종 타사의 설문지를 아무 비판없이 사용하는 경향이 있다. 고객만족도 조사를 전문적으로 실시하는 조사기관에 의뢰하는 경우에는 편차가 작은 유용한 결과를 얻을 수 있지만 정기적으로 그렇게 하려면 만만치 않은 비용을 감수해야 한다. 그렇다고 기업 스스로 체계적인 조사와 분석을 해 나아가기도 쉽지는 않은 상황이다.

*Q2. 고객만족도 조사 결과는 제품이나 서비스의 개선에 유용한 정보로 활용되는가?*

고객만족도 조사 결과를 분석하여 제품이나 서비스의 설계에 체계적으로 반영하는 기업은 이미 어느 정도 수준에 올라선 기업들이다. 대다수의 기업들은 고객만족도 조사를 실시하지만, 정작 그 결과를 미흡한 제품 및 서비스의 개선(재설계)에 효과적으로 반영시키지는 못하고 있다. 그럴 필요성을 잘 느끼지 못하거나, 그럴 수 있는 능력이 떨어지는 것이다.

*Q3. 고객만족도 조사 결과로 사업에 주력해야 할 목표고객이 드러나는가?*

고객만족도 조사를 시행하는 경우 사업의 목표가 되는 고객이나 시장에 초점을 맞추어야 하지만, 대개는 그러지 못한다. 우선 누구에게 의견을 물어봐야 하는지부터가 불분명한 상황이다. 보통은 영업부서에서 현재 거래중인 고객을 방문하여 고객만족도를 조사하는 형편이다. 고객이 일반 대중처럼 불특정 다수인 경우에는 인구 통계적인 접근방법까지 고려해야 고객이 인식하는 바와의 편차를 최소화하는 데에 도움이 될 것이다.

### Q4. 고객만족도 조사 결과가 사업전략 수립에 도움을 주는가?

고객만족도 조사 결과는 당연히 사업전략(특히 마케팅전략)을 수립하는 데에 반영(활용)되어야 한다. 또한 고객중심의 기업이 되기 위해 성과목표를 설정하는 데에도 도움이 되어야 한다. 이것이 가능하려면, 고객만족도 조사 설문항목은 고객이 가장 중요시하는 영역이 무엇인지 알 수 있도록 설계되어야 한다.

### Q5. 조사 과정에서 경쟁사와의 성과가 비교되거나 벤치마킹되는가?

고객만족도 조사시에 경쟁사에 대한 고객인식 정보도 획득하고 있는가? 이렇게 물어보면 어떤 이들은 경쟁사에 대한 고객만족도 데이터를 어떻게 구하느냐고 반문한다. 그들은 처음부터 경쟁사와의 성과 비교는 고객만족도 조사로는 알 수 없다고 단정해 버린다.

참고로, 본 장에서 말하는 '고객'의 개념은 프로세스의 고객이 아닌, 기업의 영업대상인 고객(즉 흔히 말하는 외부고객)을 지칭하고자 한다. 원래 프로세스 중심의 사고에서는 고객은 프로세스아웃풋을 제공받는 객체일 뿐, 내부고객이나 외부고객을 구분하지는 않는다(프로세스 중심 사고에서는 이런 것은 넌센스이다). '프로세스의 아웃풋을 받는 고객'의 개념은 뒤에서(9장, 프로세스 정의) 구체적으로 다루게 될 것이다.

# 1. 고객불만을 알아내지 못하는 기업은 망한다

　필자가 기업을 방문하여 품질책임자에게 제품에 대해 고객이 만족하는지 어떻게 확인하느냐고 물어보면 "우리 회사는 고객불만으로 접수된 것이 없습니다."라는 대답을 듣는 경우가 많다. 불만을 말하는 고객이 없으니 문제될 것이 없다는 이야기다. 불만이 없다고 과연 고객이 만족하고 있는 걸까?

　말도 안 되는 이야기다. 사실 고객으로부터 접수된 불만이 없다거나 고객의 불만이 뭔지 모르는 회사만큼 답답한 경우도 없다. 제품이나 서비스가 어떻게 개선되면 좋을지 힌트를 얻는 기회를 포착하지 못할 테니까 말이다. 제품(서비스)의 가치는 고객과 시장이 결정하는 것이지, 만들어 제공하는 기업이 결정하는 것이 아니다. 접수된 고객불만이 없다는 말은 고객의 불만이 있는지 모르거나, 있어도 무엇인지 모른다는 말과 같을 뿐이다.

　이제는 옛말이 되어 버렸지만, 한때 '품질' 하면 일본을 연상하던 때가 있었다. 그 당시, 일본 제품의 품질이 미국을 앞지르던 원동력을 여러 가지로 볼 수 있지만 그 중의 하나는 일본의 국민성이라는 어느 신문의 사설을 읽었던 기억이 난다. 구매한 제품에 별다른 하자가 없어도, 보일 듯 말듯하게 난 흠집이라도 있으면 교환해 달라고 하여 기업을 괴롭히는 국민들이 있기에 일본 제품의 품질이 좋아진 것이라고 했다. 반면 유교적 사상이 지배하는 우리나라의 국민성은 좀 피해보는 일이 있더라도 남이 싫어하는 말은 하지 않으려고 하기 때문에 제품의 품질개선이 더디다고 했다. 자신에게 약간의 피해가 있어도 불편하지 않으면 문제삼지 않는 우리 국민들의 무관심도 기업을 자만에 빠뜨리는 데에 일조했을 것이다.

　더군다나 불만이 있어도 표현하지 않는 것이 '고객'의 속성이다. 통상 제품이나 서비스를 구매한 고객 중 불만이 있는 고객이 열 사람이라면, 이 가운데 정작 불만을 이야기하는 고객은 세 사람에 불과하다고 한다. 일곱 명은 뒤도 돌아보지 않고 경쟁사로 발길을 돌리고(경쟁사의 제품/서비스를 구매하게 되고), 나머지 세 명 중에서도 두 명은 자신과 친분이 있거나 아는 직원에게 자신이 경험했던 불쾌감을 지나치듯 이야기하고, 나머지 한 사람만이 고객 불만 접수창구에 자신의 불만을 정식으로 제기한다고 한다. 이 결과대로라면 고객이 겪는 불만Claim이나 불평Complaint은 회사로 접수되는 불만의 10배나 되는 것이다.

그러나 지금의 한국은, 적어도 IT 분야에서만큼은 180도 달라졌다. '얼리어답터Early Adopter' 라는 말을 들어본 적이 있을 것이다. 남보다 앞서 신제품을 써 보고 평가정보를 제공하는 전문적인 소비자들을 일컬어 만들어진 말이다. 한국은 초고속인터넷 강국인데다 디지털카메라와 MP3플레이어 등 소형 디지털기기에 열광하는 디지털기기 전문가들이 많은 나라로 세계에 알려졌다. 그래서 한국은 세계적인 기업들의 신제품의 시연장이 되고 있다. 얼리어답터들은 짧게는 6개월, 길게는 1년 정도 제품이 등장하기 전부터 관련 기술을 분석하고 제품을 예상, 평가한다. 가전, 통신기기 제조업체들은 물론, 인텔이나 마이크로소프트 같은 세계적인 기업들도 그들의 첨단 IT 신제품을 시장에 내놓기 전에 인구 5천만 명도 안 되는 한국 시장에 먼저 선보인다. 한국 얼리어답터들에게 물어보는 것이 시장을 예측하는 지름길이라고 판단하기 때문이다(한국의 얼리어답터를 의미하는 '코얼리어답터' 라는 신조어까지 만들어질 정도가 되었다). 기업에서 채용하는 프로슈머와는 달리 얼리어답터들은 한 제품에 대한 전문적인 지식을 갖추고 있기 때문에 기업들은 이들의 의견을 적극 반영하는 추세이다. 이러한 성향이 소비시장의 한 축으로 자리잡게 되면서부터, 공급자 중심의 시장이 진정한 소비자 중심의 시장으로 바뀌어 가고 있는 것이다.

'고객불만 ZERO = 고객만족' 이라는 등식이 성립되지 않음은 분명하다. 고객불만이 없다고 하는 것은 고객이 만족하고 있음을 의미하는 것이 아니다. 오히려 '우리는 고객이 뭘 원하는지 확인해 본 적이 없습니다' 라는 이야기처럼 들린다.

## 2. 고객의 만족도보다는 고객의 인식을 조사하라

마케팅이나 품질관리에 관심을 갖는 많은 회사에서는 정기적으로 고객만족도 조사가 수행되고 있다. 그러나 대개 그 결과의 신뢰도는 낮으며, 조사결과를 사업전략에 다시 반영하는 회사는 소수에 지나지 않는다. 고객불만(클레임)이 접수되지 않으면 제품이나 서비스에도 문제가 없을 것으로 착각한다.

이 책의 앞부분(품질경영의 원칙)에서도 밝혔듯이, 고객만족도 조사에서 몇 점이 나왔는지는 별로 중요하지 않다. 고객이 우리 회사의 제품과 서비스에 얼마나 만족하는가를 아는 것보다, 우리의 제품과 서비스에 대해 어떻게 생각(인식)하는지를 아는 것이 사업성과를 증진하는 데에 더 중요하다. 예를 들어 우리 회사의 제품이 시장에서 1등인지 2등인지 우열을 가리는 것보다는, 시장에서 우리 회사의 제품에 대한 구매를 결정할 때 제품의 품질을 중요시하는지, 아니면 디자인을 중요시하는지, 그것도 아니면 A/S 용이성을 중요시하는지가 중요한 것이다.

고객만족도를 조사하는 것보다 고객의 인식을 조사하는 것이 보다 근본적이므로, 이후로는 '고객만족도 조사' 대신 '고객인식 조사'라는 말을 사용하고자 한다.


## 3. 고객과의 인식 차이를 극복하라

흔히 '우리가 파는 것'과 '고객이 사는 것'이 막연히 같다고 생각하기 쉬운데, 이런 착각에서 원활하지 않은 판매문제가 발생한다. 고객과 공급자는 상품(제품 또는 서비스)에 대한 가치를 각자 나름대로 인식한다. 다음 각각의 내용은 서로 다르다.

- 공급자가 인식하는 상품의 가치
- 고객이 기대하는 상품의 가치
- 실제로 공급자가 고객에게 제공한 상품의 가치
- 실제로 고객이 인지하게 된 상품의 가치

서로 다른 이들 간의 차이를 어떻게 좁히느냐에 따라 사업이 흥하기도 하고, 망하기도 한다.

회사로서는 제품의 개발, 생산 그리고 유통에 들어간 원가에 적당한 이윤을 더하여 고객에게 팔 상품(제품 및 서비스)의 가격을 책정한다. 그러나 고객의 입장은 이와는 다르다. 고객은 자신이 상품에 대해 느끼는 가치가 자신이 지불할 대가보다 더 커야 상품을 구매한다. 또, 같은 상품이라고 하더라도 상품의 가치에 대한 인식도 고객마다 모두 다르다. 어떤 이는 기능을, 어떤 이는 내구성을, 어떤 이는 사후서비스의 용이성을, 또 어떤 이는 결재조건을 선택의 기준으로 삼는 것이다.

그런가 하면 고객(구매자)마다 지불할 수 있는 능력도 다르다. 자주 변덕을 부리는 고객을 탓하기 전에, 무엇이 이러한 차이를 야기하는지 먼저 이해해야 한다.

이렇게 여러 가지 상황으로 인해 공급자가 제공하는 상품에 대한 고객의 인식은 모두 다를 수밖에 없고, 이런 차이로 인해 상품의 모델은 다양해질 수밖에 없으며, 시장도 세분화될 수밖에 없다. 이러한 차이를 인정하는 것이 고객인식 조사에 앞서 전제되어야 한다. 이 둘의 차이가 왜 나는지, 어디서 차이가 발생하고 있는지 아는 것으로부터 마케팅이 시작될 수 있다.

제품에 대해 고객이 인식하는 가치가 떨어졌을 때 고객의 인식가치를 높이는 방안으로 신제품을 개발하는 방안이 있을 수 있지만, 그렇게 하려면 오랜 기간과 많은 노력이 필요하다. 반면에 제품(서비스)을 바꾸지 않아도 고객의 문제를 해결하려는 접근방법을 사용한다면 비교적 적은 노력과 짧은 시간으로도 고객의 인식가치를 높일 수 있다. 고객의 인식가치와 공급자의 인식가치가 서로 일치된다면, 기업(공급자)의 매출도 늘리면서 고객에게도 도움이 보장되는 마케팅이 가능해진다.

# 4. 마케팅은 고객의 고민에서 시작하라

최근 시장의 상황은 특성이 다른 두 제품이 제품 품질이나 기능을 놓고 서로 경쟁을 벌이는 상황이 아니다. 결재방법, 상담여건, 서비스, 제조(판매)기업의 신뢰도, 배송조건 등, 제품 그 자체가 아닌 제품에 부가된 요소를 두고 서로 경쟁이 벌어진다. 예를 들어 어느 소비자가 모든 제품시방Spec과 기능, 디자인을 고려하여 A회사의 가전제품 B모델을 구매하기로 최종 결정했다고 하더라도, 그는 집 앞에 있는 A회사의 대리점으로 가는 것이 아니라 약간 떨어졌지만 자신이 즐겨 가는 대형할인매장으로 향하게 된다. 구매금액에 따라 매장에서 주는 마일리지 포인트를 쌓을 수 있기 때문이다.

그런가 하면 어떤 기업고객은 한 가지 품목을 경쟁 관계인 두 회사에서 똑같이(또는 일정한 비율로) 구매하기도 한다. 어느 한 제품을 결정했다면 이런 상황은 벌어질 수 없을 것이다. 이런 현상들은 단순히 '제품 자체의 특성SPEC'이 더 이상 경쟁의 초점은 아니라는 점을 반증하는 것이다.

고객은 제품보다는 자신의 입장에 따라 제품에 부가된 그 '무엇'을 훨씬 더 중요하게 여긴다. 제품들 간의 차이는 이미 명확하게 드러나 있지만, 그 이상의 요소인 고객의 니즈는 겉으로 드러나지 않는다. 고객인식 조사는 겉으로 드러나지 않는 제품에 대한 고객의 니즈가 무엇인지를 파악하려는 노력이다. 그렇다면 고객의 니즈라는 것이 대체 어떤 것인가? 그리고 이를 어떻게 마케팅에 활용할 수 있겠는가? 쉽게 이해하기 위해 어느 데스크탑 컴퓨터용 조립부품을 생산하는 중소기업의 예를 든다.

이 회사는 컴퓨터용 조립부품을 생산, 판매한다. 자신이 PC를 조립할 줄

알며 중저가 제품을 선호하는 중, 고, 대학생으로 구성된 20대 전후의 청년들이 고객이다. 학생들을 대상으로 한 제품이므로 저가제품이 주류를 이룬다. 회사에서 생산된 제품(컴퓨터용 조립부품)은 대부분 용산 컴퓨터 도매상가에 공급되고, 여기서 제품의 80% 이상이 학생들에게 판매되고 있다.

그런데 얼마 전부터 경기가 나빠지자 상가 점포로부터의 구매량이 현저하게 줄어들었다. 회사는 대량구매를 촉진하기 위해서 대량주문시에는 상당한 할인을 제공해 주고 있지만, 그래도 중소점포들의 자금사정이 나빠져서 그런지 매출이 줄어들기 시작했다. 영업팀이 주축이 되어 판촉활동을 강화하고 고객만족도 조사도 새로 착수했다. 그러나 조사결과 이상하게도 학생들의 선호도나 구매의지는 전보다 더 좋아진 것으로 나타났다.

컴퓨터 부품 판매점포에서 주문이 줄게 된 이유에 관심을 기울이던 중 몇몇 영업사원들로부터 의외의 이야기를 듣게 되었다. 자금 문제를 겪게 된 점포 사장들이 현금거래를 피하기 위해 다른 회사의 부품을 선호하게 되었다는 사실을 알게 된 것이다. 그 때까지 이 회사의 판매정책은 할인을 통해 대량주문을 유도하던 것이었는데, 분기마다 대량으로 구매하던 그들이 자금순환을 우려해 단가는 좀 높지만 소량만 구매해도 되는 경쟁사의 제품을 필요시마다 구매하는 행태로 바꾼 것이었다. 그들은 대량구매로 할인가격을 적용받고 있었지만, 다른 한편으로는 필요한 양보다 더 많이 구매하게 되어 재고부담을 겪고 있었고, 그래서 자금 압박도 가중되어 가고 있었으며, 신제품으로의 교체도 늦을 수밖에 없어 일정 규모 이상의 기회손실도 감수해야 했음을 깨닫기 시작한 것이었다.

이러한 시장의 필요를 파악하게 되자 회사는 새로운 판매전략의 필요성을 느끼기 시작했다. 그리고 다음과 같이 판매전략을 변경했다.

- 주문량에 따라 적용되던 할인율을 바꿔서, 판매수량의 많고 적음에 따라 적용한다.
- 제품을 위탁판매 방식으로 전환하여 점포에서는 재고에 대한 부담을 갖지

않아도 되도록 했다.

- 판매한 모델의 수량만큼 신속히 보충해 주는 방식을 도입했다(점포는 판매량만 알려 줄 뿐, 주문하지 않아도 되게 했다).
- 대량 포장만을 취급하다가, 낱개 포장의 형태로 전환하였다.
- 각 점포에서 필요한 부품의 수량을 매일 취합하여, 매일 운송차량으로 순회, 공급하도록 했다. 물론 점포 측에서는 운송비를 부담하지 않는다.

이러한 판매전략의 변화는 중소점포의 필요에 맞아 떨어져서, 회사는 예전의 매출을 만회한 것은 물론, 수개월만에 예전의 영업이익을 능가하게 되었다.

일부를 각색한 사례지만, 무엇을 시사하는가? 다음과 같은 점은 우리에게 시사하는 바가 크다.

1. 목표고객의 초점을 제품의 소비고객인 학생에서 구매고객이자 가치전달고객인 점포사업자로 바꾸었다.
2. 고객의 고민, 즉 고객의 필요를 사업의 기회로 적극 활용했다.

만약 회사 제품에 대한 소비자들의 만족도만을 파악하려고 했다면 점포사업자들의 사정을 잘 알 수도 없었을 것이고, 더구나 영업이익을 신장하는 기회와도 무관했을 것이다.

고객의 필요(니즈)와 기대는 1인칭의 관점(즉 회사의 관점)에서 이해하려고 해서는 안 된다. 고객의 관점이 되어, 기업이 제공하는 제품이나 서비스가 사업에 어떻게 활용되어야 하는지, 어떤 어려움이 있는지 파악해야 훌륭한 힌트를 얻을 수 있다. 이 책 마지막 장(15장)에서, 고객의 가치인식과 마케팅에 대한 기존 생각의 전환을 다시 한 번 시도할 것이다.

# 5. 고객인식 조사 결과를 어떻게 활용할 것인가

### 고객인식 조사 결과의 활용

이렇게 제품이나 서비스에 대한 고객의 필요와 기대를 알기 위해서 고객인식을 파악한다. 그러면, 이렇게 하여 파악된 고객의 인식 즉 고객의 필요와 기대를 어디에 어떻게 활용할 것인가?

우선, 제품에 대한 고객의 필요나 기대를 제품개발에 활용한다. 프로세스 중심의 사고로 본다면, 고객인식 조사의 결과(아웃풋)가 연구개발(R&D)프로세스에 신속히 인풋되도록 가치흐름을 연결하는 것이다. 또한 고객의 소리와 현장의 소리를 잘 이해하여 전략에 반영하도록 한다. 목표고객이 제품의 품질보다 디자인을 더 중요시한다는 것을 알았다면 디자인에 우선적인 초점을 맞춘 사업전략이 수립되어야 하며, 구매자가 부품재고에 곤란을 느끼고 있다면 고객이 보유해야 하는 재고량을 최소로 할 수 있도록 하는 생산, 물류 전략이 필요하다. 마케팅의 방향도 여기에 일치시킨다. 고객의 니즈를 회사의 강점으로 만들어 판매 촉진의 기회로 삼는 것이다.

고객인식 조사 결과를 마케팅에 적용하는 과정은 고객의 만족도를 조사하는 것이 아니다. 다음과 같은 질문에 대한 답을 구하여 제품/서비스와 관련된 고객의 고민이 무엇인지 듣고 거절할 수 없는 제안(Un-refusable Offer)을 작성하여 고객으로 하여금 이를 받아들이도록 하는 과정이다.


- 누가 우리의 고객인가(우리의 목표고객은 누구인가)?
- 회사의 제품이 고객에게 어떻게 사용되고 있는가(고객의 공정이나 제품에는 어떤 영향을 미치는가)?
- 그들이 우리의 상품을(경쟁사의 상품을) 원하는(구매하는) 이유는 무엇인가?
- 그들이 우리 회사의 제품과 관련하여 겪는 사업상(공정, 업무)의 문제는 무엇인가?

– 이를 해결할 수 있는 우리의 방안은 무엇인가?

하지만 안타깝게도, 고객인식 조사 결과를 잘 활용하는 기업은 많지 않은 실정이다.

### 만족도와 중요도

정기적인 고객만족도 조사를 실시하는 기업에서도 고객에 대하여 만족도만 조사하고 마는 경우가 많은 것 같다. 그러나 사실은, 고객의 만족도와 고객이 인식하는 중요도를 함께 파악하는 것이 특히 전략적인 차원에서 중요하다. 고객만족지수는 다음과 같이 산출된다.

고객만족지수(CSI; Customer Satisfaction Index) = 만족도 × 중요도

고객만족도 조사를 매년 착실히 실시하는 것으로 알려진 K사에서는 고객만족도 조사 결과 제품에 대한 시장에서의 고객만족도는 경쟁사를 앞선 것으로 조사되었다. 이 같은 보고를 받은 경영자는 시장상황에 대해 특별한 조치를 하지 않아도 된다고 판단했다.

그 이듬해의 고객만족도 조사 결과도 마찬가지로 경쟁사보다 앞서 있었다. 그러나 조사 결과와는 달리, 2년 연속 매출액은 떨어지고 제품의 선호도는 경쟁사에 밀리게 되었다. 원인을 알 수 없어 전전긍긍하다가 정확한 사실을 조사하기 위해 시장조사 전문기관에 고객만족도 조사를 의뢰해 보기로 했다. 리서치 전문기관의 고객만족도 조사 결과는 자신들의 것과는 반대로 경쟁사에 뒤지고 있었다. 이 둘을 비교해 보고서야 비로소 사업부장은 그 원인을 알 수 있었다. 이 회사의 고객만족도 조사에서는 '고객이 무엇을 더 중요하게 여기고 있는지'를 고려하지 않은 것이 오판의 원인이었다.

K사의 고객만족도 점수는 68.3점으로 경쟁사의 65.0점보다 앞선 것처럼

| 속성 | 중요도 | K사 | 경쟁사 |
|---|---|---|---|
| 내구성 | 0.3 | 70 | 55 |
| A/S 용이성 | 0.6 | 55 | 85 |
| 디자인 | 0.1 | 80 | 55 |
| 고객만족도 (평균) | | 68.3 | 65.0 |
| 고객만족도 (중요도 고려) | | 62.0 | 73.0 |

보인다. 그러나 내구성, A/S 용이성, 디자인이라는 세 가지 속성 각각에 대한 고객인식의 중요도를 고려하면 K사는 오히려 경쟁사에게 뒤지고 있음을 알 수 있다. 고객이 중요하게 생각하는 속성은 A/S 용이성인데 이를 다른 것과 똑같이 생각하니 오류가 있었던 것이다. 이처럼 어느 속성에 대해 고객이 얼마나 중요하게 여기고 있는지가 고객만족도 조사시에 반영되어야 하는 것이다.

고객의 만족도와 중요도를 놓고 상품 또는 상품의 요소가 기업에 어떤 의미를 가지는지 해석할 수 있다. 만족도와 중요도를 평균보다 높고 낮음으로 구분하여 다음 그림과 같이 타점해 보면, 고객이 중요하게 생각하는 속성이면서 만족도도 높은 영역 1이 가장 이상적인 영역임을 알 수 있다.

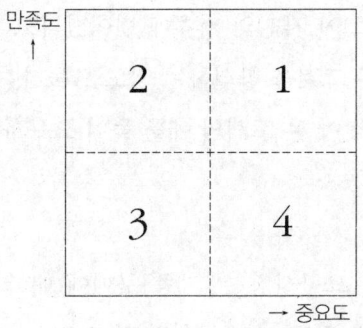

[그림 7-1] CS 포트폴리오

영역 4는 고객이 중요하게 생각하는 속성이지만 고객의 만족도는 낮아서, 최우선적으로 개선이 요구되는 속성임을 알 수 있고, 반면에 영역 2는 고객의 만족도는 높지만 고객이 별로 중요하게 생각하지 않는 영역으로, 처음부터 사업성을 재검토해야 할 영역이다.

고객의 소리VOC로부터 고객이 관심을 가지는 요소를 알아내고, 관심 요소별로 중요도와 만족도를 모두 고려하여 설문항목을 개발하는 요령은 잠시 후에 설명하려고 한다.

## 요구사항, 필요 및 기대

고객의 필요와 기대에 대한 고객의 인식이 중요하다고 하였으므로 이쯤에서 요구사항Requirement과 필요Needs와 기대Expectation에 대한 차이점을 확실하게 집고 넘어가야 할 것 같다.

제품이나 서비스를 주문할 때 고객은 자신의 '요구사항'을 주문서, 계약서 등에 적극적으로 기술한다. 그렇게 하지 않으면 자신이 제공받게 될 제품이나 서비스에 하자가 생길 수 있기 때문이다. 반면에 제품(서비스)에 대해 자신이 '필요로 하는 사항'이나 자신이 '기대하는 사항'은 그저 마음속에 간직하고 있을 뿐, 적극적으로 표현하지 않는다.(어쩌면 표현에 서투른 것일 수도 있다.)

그런가 하면 제품(서비스)이 자신의 기대에 벗어났다고 해서(자신이 원하는 수준에 미치지 못했다고 해서), 그것을 항의하는 일도 드물다. 다음 도표는 자동차 수리를 위해 정비소를 찾아 온 고객의 예를 들어 요구사항과 필요와 기대를 비교한 것이다.

도표에서 볼 수 있듯이 '요구사항'은 제품 구매에 대한 최소한의 조건으로 작용하므로, 어떤 경쟁자라도 이를 놓치지 않고 그것을 충족시키려고 하지만, '기대'나 '필요'는 그것을 채우기는커녕 아는 것조차 쉽지가 않다. 그래서 고객의 필요나 기대를 채우는 일은 결국 회사마다의 노하우요, 시장에

| 구분 | 의미 | 표현 | 충족시 |
|---|---|---|---|
| 요구사항 Requirement | **그렇게 되도록 요구하는 것** <br>• 늦어도 내일까지는 수리가 완료되어야 한다. <br>• 그렇게 안 되면 책임져야 한다. | 능동적 적극적 | 품질보증 (QA) |
| 필요 Needs | **그렇게 되기를 원하는 것** <br>• 차량수리 내역을 문서로 받았으면 좋겠다. <br>• 기다리는 동안 커피를 마시고 싶다. | 수동적 | 고객만족 (CS) 또는 품질경영 (QM) |
| 기대 Expectation | **그럴 것이라고 기대하고 있는 것** <br>• 수리내역서의 내용은 알기 쉽게 요약되어 있을 것이다. <br>• 날씨가 더우니 아마 냉커피를 가져다 줄 것이다 | | |

[표 7-1] 요구사항, 필요 및 기대 간의 개념 차이

서의 차별화를 의미하게 된다.

한편 훌륭한 제품이나 서비스를 한번 경험한 고객은 다음에도 동일한 수준의 제품/서비스가 제공될 것을 기대하게 되어, 계속해서 고객의 기대에 부응하기가 쉽지 않은 상황이 된다.(한 번 제품이나 서비스를 경험해 보았던 고객의 기대는 상향조정된다.) 또한 훌륭한 제품이나 서비스를 제공한 기업의 수준을 경쟁자도 곧 따라오게 될 것이므로, 제품/서비스의 차별화를 위해서는 고객의 인식을 정기적이고 지속적으로 확인할 필요가 있다.

이처럼 고객의 필요와 기대를, 그것도 주기적으로 파악하는 작업이 바로 고객인식 조사인 것이다. 따라서 고객인식 조사와 분석은 적어도 매년 1회 이상은 실시하는 것이 바람직하다.

# 6. 누가 우리의 고객인가

### 가치흐름에 따른 고객의 범주

고객의 필요와 기대를 파악해야 한다고 했지만, 구체적으로 누구의 의견

을 들어야 하는지도 중요하다. 아무 고객의 의견이나 들으면 되는 것이 아니고 '목표고객'의 인식을 파악해야 한다. 그러나 실제로 자신들의 목표고객이 누구인지 정확히 인식하지 못하는 것이 우리 기업의 현실이다. 대체 누가 우리의 '목표고객'인가? 목표고객에 대해서 언급하기 전에 우선 '고객'은 누구인지 생각해 보자.

가령 학생을 둔 부모가 서점에서 학습참고서를 골라 사준다고 하고, 회사는 이들을 대상으로 참고서를 발행하여 판매하는 입장이라고 생각해 보자. 이 회사의 고객은 과연 누가 될 것인가? 누구의 의견을 존중해야 할까? 참고서를 사용하는 학생인가? 아니면 참고서를 선택해서 구매하는 학부모들인가? 혹시 학부모가 학교 선생님의 조언을 듣고 왔다면 교사는 어떤가?

학생이 학습참고서(가치)를 사용하므로 학생은 무시하지 못할 고객임에 틀림없다. 그렇다고 해서 현실적으로 학습참고서(가치)를 구매하는 학부모의 성향이나 기대를 나몰라라 한다면 회사는 곧 문을 닫는 상황을 맞게 될지도 모른다. 또, 교사의 안목을 무시해서도 안된다. 그들의 한마디가 회사의 매출에 결정적일 수도 있기 때문이다. 사실, 이들 모두가 다 기업의 고객이 된다. 중요도가 다를 뿐이다. 이들 각각이 무슨 생각을 하는지, 회사의 매출에 영향을 미칠 가능성은 어느 정도인지 등 고객을 고려하지 않으면 이익을 남기는 사업을 수행할 수 없다.

이제 고객을 구분해 보자. 그림에서 처럼 가치흐름의 순서에 따라 고객은 ①가치를 창출 또는 가공하는 고객, ②가치를 전달하는 고객, ③가치를 구매하는 고객, ④가치를 사용(소비)하는 고객, ⑤가치를 구매 또는 사용하도록 영향력을 행사하는 고객으로 구분될 수 있다.

이렇게 고객의 범위가 확대되다 보면 나중에는 '이해관계자'의 수준까지 넓어지게 된다.('이해관계자'에 대해서는 여기서 언급하지 않기로 한다) 거꾸로 생각해 보면 기업이 제품(서비스)이라는 가치를 만들어서 고객에게 제공하는 가치

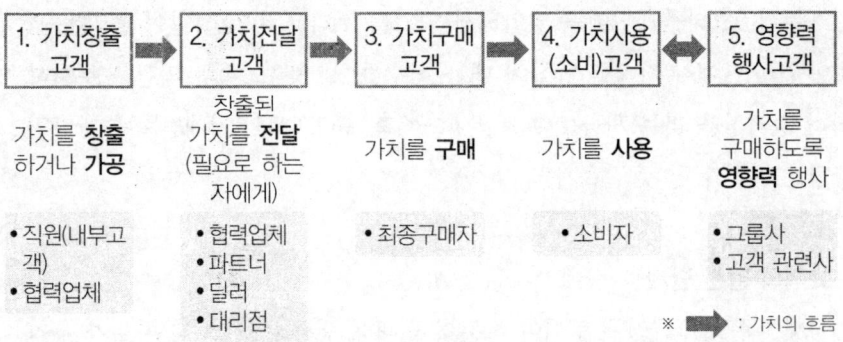

| 1. 가치창출<br>고객 | 2. 가치전달<br>고객 | 3. 가치구매<br>고객 | 4. 가치사용<br>(소비)고객 | 5. 영향력<br>행사고객 |
|---|---|---|---|---|
| 가치를 **창출**<br>하거나 **가공** | 창출된<br>가치를 **전달**<br>(필요로 하는<br>자에게) | 가치를 **구매** | 가치를 **사용** | 가치를<br>구매하도록<br>**영향력** 행사 |
| • 직원(내부고<br>객)<br>• 협력업체 | • 협력업체<br>• 파트너<br>• 딜러<br>• 대리점 | • 최종구매자 | • 소비자 | • 그룹사<br>• 고객 관련사 |

※ ➡ : 가치의 흐름

[그림 7-2] 가치흐름상에서의 고객 구분

흐름의 과정 어디에서든지, 어떤 필요나 기대를 가진 자들이 모두 '고객'이다.

또 한 가지, 협력업체는 계약관계로 보면 분명히 '을'이지만, 만약 그들이 중요한 가치를 창출하거나 가공 또는 전달하는 데 기여하고 있다면 '갑'(협력회사와 계약을 맺은 우리 회사) 이상으로 중요할 수도 있다. 만약 '갑'이 자신의 이득만을 생각해서 원가절감 등을 내세워 '을'에게 불리한 상황만을 강요한다면 '을'은 점차 거래에 매력을 잃어가게 될 것이고, 그러면 구매고객이나 사용고객에게 전달되는 최종가치(제품 및 서비스)의 상황은 나빠질 것이다. 이렇게 되면 '갑'의 사업도 타격을 입게 된다.

예전에는 대기업이 하청업체에 불리한 거래조건을 내세워 이득을 많이 챙기고자 하는 경향이 우세했지만, 최근 일부 선각 기업을 중심으로 어음으로 지급하던 결제조건을 현금으로 바꾸어 주는 등 하청업체에 대한 태도가 달라지고 있다. 상호 공생의 인식을 주지 못하면 '갑'의 사업도 보장받지 못한다는 위기감도 여기에 일조했으리라고 본다.(2장에서 품질경영의 8원칙 중 하나인 '상호이익적인 협력관계'가 이러한 이치임을 이미 설명하였다.)

이런 논리는 조직 내의 임직원에게도 동일하게 적용된다. 화학시험 분석 분야에서 훌륭한 전문가를 많이 확보해서 분석능력이 일반에 잘 알려진 시험기관이 있다. 그러나 전문가에 대한 대우가 점점 소홀해져서 해외로, 경쟁기관으로 하나 둘씩 직원이 빠져나가게 된다면, 이 기관은 사업을 유지할 수 있겠는가? 스타플레이어를 영입해서 인기를 누리고 수입을 많이 올리는 프로야구 구단에서 가치를 만들어 내는 선수들(가치창출고객)의 의견을 무시하면서 경기장을 찾는 관중(눈에 보이는 고객 즉, 구매고객)의 기대만 존중한다면 구단은 어떻게 될 것 같은가?

### 고객의 발전 단계

이제 '목표고객'이 누구여야 하는지에 대해 생각해 보자. 과연 누가 우리의 '목표고객'이 되어야 할까?

고객은 처음에는 '가망고객(예비고객)'의 수준에 머물다가(가망고객이란 아직 한번도 우리 회사의 제품 또는 서비스를 구매한 적은 없지만, 향후 구매 가능성이 높은 상태의 고객을 말한다), 첫 거래를 한 후에 정식으로 회사의 '고객'이 되고, 그 후 동일한 제품이나 서비스를 다시 반복하여 여러 번 이용(구매)하는 '단골'이 되고, 더 나아가서는 입으로 소문을 내며 자신이 겪은 좋은 경험을 주변에 전파함으로써 다른 고객을 끌어오는 '옹호자'로 발전하게 된다. 관계가 극적으로 발전되는 경우 기업과 함께 함으로써 기업의 의사결정에도 참여하고 이익도 함께 나누는 '동반자' 관계로 발전한다.

| 참고 | **발전단계에 따른 고객 구분**

고객과의 관계는 거래가 이루어지기 전 단계인 가망고객에서 거래 후에는 고객→ 단골→ 옹호자→ 동반자 관계로 점차 발전되어 나가는 단계를 밟는데, 각 단계는 다음과 같이 구분된다.

1) 가망고객Prospect - 아직은 기업과 첫 거래를 하지 않은 상태로서 잠재 고객인 상태
2) 고객Customer - 첫 거래를 한 이후의 단계
3) 단골Client - 동일한 상품이나 점포를 여러 번 이용한다.
4) 옹호자Advocate - 좋은 구전을 전파함으로써 다른 고객을 끌어오기도 한다.
5) 동반자Partner - 기업과 함께 완전히 융합된 상태로서 기업의 의사결정에 참여하고 함께 이익을 나눈다.

여기서 충성고객Loyal Customer이란

첫째, 제공받은 제품/서비스에 만족해 하며,

둘째, 반복해서 구매(재구매)할 의향이 있고,

셋째, 다른 이들에게 추천할 의사가 있는 고객

을 말한다. 충성고객은 대다수를 차지하는 다른 고객에 비해 소수이지만, 기업의 이익에 대단한 기여를 하고 있는 것이 보통이다.(80:20의 법칙에 따른다면, 회사 매출(또는 영업이익)의 80%를 20%의 소수의 고객이 차지하게 되는 것이다) 회사는 자연히 이들의 의견을 존중하게 되며, 이들이 사업의 방향을 정하는 데에 고려해야 할 우선순위를 차지하는 1순위 고객이 되는 것이다.

충성고객은 회사의 매출이나 이익에 기여하는 정도(기여도)가 크고 거래추세도 잠재적인 성장성을 가지는 고객군으로, 사업에 크게 영향을 미치는 소수의 중요한 고객군이다. 결론적으로 말하면 목표고객은 '고객충성도 Customer Royalty'를 고려한 '충성고객'이 되어야 한다. 그리고 사업은 충성고객을 목표로 하는 전략으로 전개되어야 한다.

따라서 다음 그림에서 기여도와 성장성이 모두 높은 고객군이 목표고객이 되는 것이다.

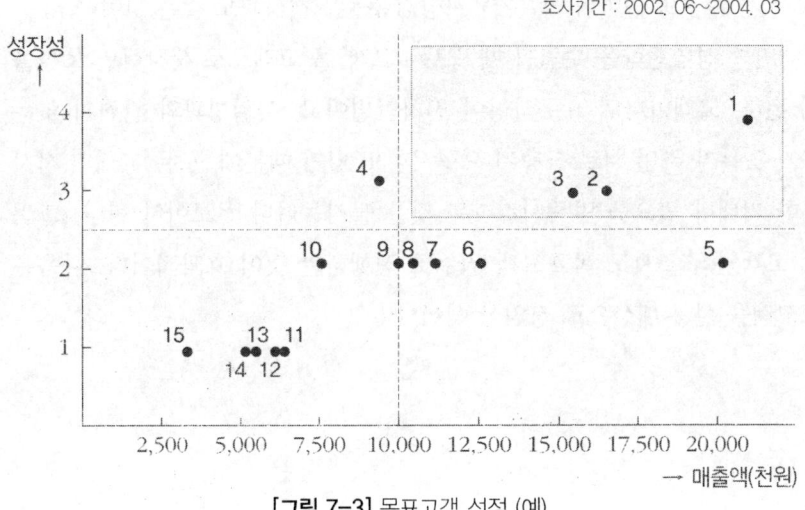

[그림 7-3] 목표고객 선정 (예)

성급하게 생각하면 신규 고객을 확보하여 시장을 넓히는 쪽으로 생각하기 쉽겠지만, 신규 고객을 발굴하는 것보다는 기존의 우수한 고객을 잘 유지하는 것이 사업 전반적인 측면에서 더 효과적이다. 신규 고객을 확보하는 데에 드는 노력이나 비용을 고려하면, 기존 고객이 발길을 돌리지 않도록 관리하는 것이 영업차원에서 훨씬 경제적임은 이미 많은 보고서와 사례에서 사실로 확인되었다. 막연히 영업인력을 신규로 채용하여 영업력을 늘이려고 하기보다는, 기존 고객과의 관계유지에 집중할 수 있도록 자원을 사용해야 한다.(2장 중 말콤볼드리지 품질경영상 평가기준의 고객/시장 중시 사고방식에서도 그 중요성을 엿볼 수 있었다.) 또한 경영자는 이러한 사업전략에 따라 회사의 인적 · 물적자원을 집중 지원해야 할 것이다.

이처럼 신규 고객을 늘리는 것보다는 기존 고객과의 관계가 훨씬 더 중요하다. 따라서, 고객과의 관계 성과지표로 시장점유율을 사용하려고 하기보다는, 기존 고객 유지율이나 이탈률 같은 고객충성도Customer Loyalty 지표를 우선적으로 사용하라. 시장점유율이 높다고 순이익도 항상 높은가? 기업의 목표는 이익을 늘리는 것이지, 더 많은 시장을 확보하는 것이 아니다. 시장점유율을 높이려고 바겐세일을 기획하거나 경쟁사와 과도하게 경쟁을 하기도 한다. 월말, 기말, 연말의 목표를 채우려고 무리한 덤핑판매로 (알면서도) 손해를 보는 경우는 또 얼마나 많은가? 시장점유율은 허상과도 같은 것이다.

고객만족 경영전략을 수립할 때 '모든 고객'을 고객으로 생각하면 초점을 잃게 된다. 고객마다의 요구사항이 천차만별이고, 사업성과와 관련이 없는 요구가 있는가 하면 서로 상충된 요구사항도 있기 때문에, 모든 고객의 시시콜콜한 기대나 필요를 만족시킨다는 것은 불가능하다고 보아야 한다. 그러므로 고객인식 조사도 목표고객 위주로 진행하는 것이 효과적이다. 다음은 목표고객을 설문 대상으로 정의한 예이다.

| 상품(가치) | 설문 대상으로 선정한 목표고객 |
|---|---|
| 담배 | 6개월 이상 흡연 경험이 있는 만 20세 이상의 남, 여 |
| 호텔 객실 서비스 | 최근 3년 내 투숙 경험 있는 자로 현재 호텔에 직접 체크인하여 이틀이상 투숙하고 있는 개인 |
| 대학교육 서비스 | 단과대학별 학부 재학생 |
| 가정용 전력 | 결혼 2년 이상의 주부로 이용요금 고지서를 수령하는 고객 |
| 손해보험상품 | 본인이 보험료를 납부하고 있는 자로 손해보험 가입시기가 1년 이상 경과한 고객(암보험/연금보험 제외) |
| 이동통신(서비스) | 3개월 이상 서비스를 이용하는 가입자 |
| 지하철(서비스) | 출퇴근 시간에 주 평균 3회 이상 이용하는 승객 (왕복 기준) |

[표 7-2] 설문 대상 목표고객 정의(예)

# 7. 고객인식, 이렇게 조사하라

## 설문항목 설계방법

고객의 소리를 듣는 다양한 방법이 있지만, 그 중에서도 고객의 소리를 이해하기 위해 중심이 되는 정보는 고객불만사항에 대한 정보와 고객인식 조사 결과로 얻는 정보이다.

대부분의 회사에서 고객이 인식하는 정보를 설문조사 형식으로 획득한다. 이러한 조사는 전문 리서치업체를 이용하는 경우가 조사방향 설정이나 결과의 신뢰성에 있어서 월등히 우수하다. 하지만 조사에 수반되는 비용이 크고, 전문적인 지식도 필요하다는 것이 흠이라고 할 수 있다. 만약 회사 자체적으로 설문조사를 수행하려면 어떻게 해야 할까?

설문서를 설계하는 요령, 설문서의 구성 내용, 설문조사 요령 등에 대한 설명은 전문적인 조사Research 영역으로, 이 책의 범위를 벗어난다. 단, 설문조사를 할 때는 어떤 항목을 물어볼 것인가가 우선적으로 고려되어야 하는데, 여기서는 설문항목(설문속성이라고 한다)을 정하는 방법을 예를 들어 간략히 설명하고자 한다.

## 설문항목 구성 절차

1. 고객의 소리(VOC) 수집, 정리
2. 핵심요구사항에 대한 속성 정의
3. 속성별 질의항목 전개
4. 속성별 만족도, 중요도 질문

### 고객의 소리 수집, 정리

해피콜, 클레임 접수, 고객면담 결과 등 여러 가지 경로로부터 고객의 필요 및 기대에 관련된 다양한 언어데이터(3차 속성)를 수집하고 정리한다.(원칙적으로는 Focused Group을 구성하여 면접하는 방법 등이 바람직하나, 여기서는 설문항목을 간단하게 구성하는 방법을 설명한다.)

예를 들어 호텔의 이용고객들에게 객실 서비스에 대해 설문조사를 하고자 한다면, 이용 가능한 고객의 소리 데이터를 확보하여 정리하는 것부터 시작한다. "예약접수 직원이 예약시간을 넘겼다고 자기 마음대로 내 예약을 취소해 버렸다", "밤에 시끄러운 소리가 나더라", "프론트에 문의해 보니 친절하게 말해 주지 않더라" "예약사항을 잊어버리지 않도록 전날 다시 한 번 확인해 주었으면 좋겠다" 등등의 여러 가지 내용의 원시 언어 데이터들이 나올 것이다. 이들 원시 데이터들을 긍정적인 단문형식의 표현으로 정리하면 다음과 같이 될 것이다.

- 예약담당 직원이 고객의 예약사항을 잘 지켜 준다.
- 취침시에는 고요하다.
- 프런트 직원이 문의에 친절하게 답해 준다.
- 적당한 때에 예약사항을 잊지 않도록 확인해 준다.

### 속성 정의

이 데이터들을 알맞게 그룹핑하여 중간 제목을 각각 정하고 이를 세부속성(2차 속성)으로 한다. 그리고 나서 같은 방법으로 세부속성들을 한번 더 적절하게 그룹핑하여 대표속성(1차 속성)으로 하고 제목을 정한다.

위의 예에서는 고객의 소리에서 정리한 언어 데이터들을 내용에 맞게 그룹핑하여 시설 관련사항, 예약 관련사항, 교통 관련사항, 주변관광지 관련사항 등의 세부속성(2차 속성)으로 정한다. 이들 세부속성들은 객실 서비스라는 대표속성(1차 속성)으로 묶을 수 있다.

### 속성별 질의항목 전개

이제 설문서의 질의항목을 설정하는 단계이다. 객실 서비스(1차)에 대한 고객의 인식을 세부속성(2차)과, 속성별 세부항목으로 구성한다. 그리고 각 항목에 대한 만족도를 측정할 수 있도록 척도를 함께 표시한다(5가지의 답변이 나오도록 리커트척도를 사용하는 것이 일반적이다).

예들 들어 예약 관련사항(2차 속성)을 묻는 질의항목을 3차 속성으로 정리한다.

### 속성별 만족도, 중요도 질문

각각의 질의항목으로 만족도를 측정하더라도, 어느 항목이 더 중요한지 알아야 한다. 설문 마지막 부분에 객실 서비스 전반(대표속성)에서 어느 것(세부속성)이 가장 중요하다고 생각하는지를 고객이 답하도록 하면, 속성별 만족도 뿐만 아니라 중요도도 파악할 수 있다.

예를 들어 예약과 관련한 질의항목(3차) 각각에 대한 만족도를 답하게 하고서, 세부속성(2차)인 예약 관련사항이 전반적으로 만족한지를 한 번 더 묻는다. 이렇게 하면 세부속성의 만족도와 각각의 요소별 만족도를 통계적으로(상관분석 등) 연관지을 수 있어, 어떤 경우(3차)에 고객이 예약(2차)에 만족한지를 파악할 수 있다.

같은 방식으로 설문서의 맨 뒷부분에 객실 서비스 전반에 대해 느끼는 만족도를 답하게 함으로써, 세부속성과 대표속성의 만족도도 서로 연결할 수 있다. 그리고 나서 시설, 예약, 교통, 주변경관 중에 객실 서비스에 중요한 것이 무엇이라고 생각하는지를 답하게 하면 어느 세부속성이 중요한지도 함께 파악할 수 있는 것이다.

| 3차 (=VOC에서 추출된 요구품질 표현) | 2차 | 1차 |
|---|---|---|
| 1. 용모가 다정하다 | | |
| 2. 표정이 밝다 | 2.1 예의가 바르다 | |
| 3. 품행이 단정하다 | | |
| 4. 말씨가 예의 바르다 | | |
| 5. 상품사용법에 관해 상세히 설명한다 | | |
| 6. 동종제품과 비교하여 설명해 준다 | 2.2 설명을 잘해 준다 | 2. 판매시 접객 서비스가 좋다 |
| 7. 하자발생시 대처방안을 설명해 준다 | | |
| 8. 표정과 말이 일치한다 | | |
| 9. 외모로 고객을 차별하지 않는다 | | |
| 10. 호객행위를 하지 않는다 | 2.3 첫 응대가 좋다 | |
| 11. 밝은 미소로 맞이한다 | | |
| 12. 신속하게 맞이한다 | | |

접객 서비스 분야 ◄

대표속성

1. 직원이 예의가 바릅니까? ► 속성만족도 설문항목  3  2  1  9
2. 직원이 설명을 잘해 줍니까?  5  5  3  2  1  9
3. 맞이하는 응대가 좋습니까? 체감만족도  5  3  2  1  9
접객 서비스가 전반적으로 잘 이루어진다  5  5  3  2  1  9

[그림 7-4] 고객인식과 설문속성 개발 (예)

### 경쟁사와의 비교자료 조사

한편, 고객인식 조사는 경쟁 타사와 대비되도록 조사하는 것이 바람직하다. 경쟁사의 데이터는 비교적 간단하게 얻을 수 있다. 설문서 앞부분에 제품(또는 서비스)을 경험했던 회사들(경쟁사)의 이름을 고르게 하고, 질문하는 각 항목에 경쟁사의 만족도도 함께 답하도록 설문서에 척도표시를 추가해 넣으면 된다. 만약 아직 어느 회사가 경쟁사인지 모르고 있다면, 경쟁사의 이름을 설문에 답하는 고객이 직접 기록하게 하면 된다.

# 08
# 고객가치의 흐름에 따라 업무를 연결하라

| 들어가기에 앞서 |

이 장의 목표는 회사 내에서 고객가치흐름에 따라 업무 체계를 어떻게 구성할 것인지, 그 틀을 짜고 방향을 잡는 것이다. 특히 다음과 같은 문제를 어떻게 해결할 수 있을지 생각해 보기 바란다.

- 고객가치흐름에 따르려면 어떤 프로세스들이 어떤 순서로 연결되어야 하는가?
- 가치흐름으로부터 업무 체계를 만들 것인가, 아니면 현업의 목록으로부터 가치흐름을 구축할 것인가?
- 고객가치흐름에 따라 프로세스 체계를 수립한다는 것은 무슨 뜻인가?
- 직무분석의 결과와 프로세스들을 어떻게 일치시킬 수 있는가?

앞에서는 누가 목표고객인지, 그리고 그들이 기대하는 것은 무엇인지 파악했다. 이렇게 파악된 고객의 기대와 요구사항은 기업이 수행할 프로세스들이 시장에 내놓아야 할 최종가치가 어떤 것이어야 하는지, 보다 명확히 이해할 수 있게 한다.

사업단위별로 시장이나 고객이 정해지고 이들에게 제공할 최종가치(제품이나 서비스)가 명확히 정립되었으면, 그 다음은 이러한 가치가 어디서부터 시작되어 어떻게 창출되고 변환되며, 어떤 경로를 거쳐 최종적으로 고객에게 전달되는 것인지 파악해야 한다. 이것이 고객에게로의 가치흐름[14]이다. 기업의 프로세스는 이 흐름에 맞도록 정렬되어야 할 것이다.

프로세스 체계를 수립하는 방법은 크게 두 가지로 구분된다. 하나는 고객 가치 전달체계를 파악하여 확립된 가치흐름을 기반으로 이에 해당하는 프로세스를 전개해 나아가는 방법(Top Down Approach)이고, 다른 하나는 직무조사를 통해 회사의 업무기능을 정의하고, 여기에 부서 간의 관련성을 도출하여 프로세스를 파악해 나아가는 방법(Bottom Up Approach)이다. 그 외에 고객의 소리(VOC, Voice of Customer)를 수집하여 도출한 핵심고객 요구사항(CCR, Critical Customer Requirement)으로부터 업무기능전개(Function Deployment) 기법을 이용하여 프로세스 체계를 설계하는 방법이 있으나 여기서는 앞의 두 가지 방법에 대해서 소개하고자 한다.


# 1. 운영프로세스와 지원프로세스

프로세스는 이를 구분하는 방법에 따라 여러 가지로 부르는 경우가 있다. 예를 들어 말콤볼드리지 품질경영상의 기준에서는 프로세스를 연구개발프로세스, 제조/서비스 인도프로세스, 외주협력프로세스로 구분했었다. 프로세스의 기능이나 실행책임에 따른 구분이라고 볼 수 있겠다. 그런가 하면 고객에게 가치를 직접 전달하는 것을 목적으로 하느냐 아니냐에 따라서 운영

---

14) 포터가 본원적 활동과 부가적 활동으로 구분된다고 말한 '가치사슬Value Chain' 과는 개념이 약간 다른 용어다. 말 그대로 가치의 흐름Value Stream이라고 순수하게 이해하기 바란다. 공급망Supply Chain이라는 용어와도 혼동하지 않기 바란다. ISO 9001:2000 품질경영시스템 규격에는 기업의 부가가치 창출과정을 '제품실현 Product Realization' 이라고 표현하고 있다.

프로세스와 지원프로세스로 나누기도 한다. 우선 프로세스를 수직적, 수평적으로 분류하는 대표적인 방법을 살펴보자.

업무프로세스 체계에서 프로세스는 1차, 2차, 3차, 4차 등으로 위계Hierarchy를 갖는다. 기업의 정서와 특색이 반영된 경영시스템을 수립하려면 최상위의 프로세스를 Top-down 방식으로 차례차례 전개해서, 직책별 직무기술서에서 언급되는 수준의 '활동'이 될 때까지 전개해야 한다(더 작은 범위를 갖는 프로세스들로 나눈다). 상위 프로세스는 하위 프로세스를 포함할 수 있다(여기서 '상위 프로세스'나 '하위 프로세스'는 모두 상대적인 용어이다). 또한 하위 프로세스는 계속해서 또 다른 프로세스를 하위에 거느릴 수도 있다. 이렇게 하다보면 몇 단계로 나뉜 프로세스 체계Process Hierarchy가 되는데, 이렇게 수직적으로 전개된 프로세스 체계를 가리켜 복층구조Multi-Layer라고 한다. 그렇다면 프로세스는 어느 수준(단계)까지 전개해야 할까?

보통 중소기업 정도라면 사업부문별로 보통 3차까지, 대기업이라고 해도 특별한 경우를 제외하고는 4차~5차 정도까지 전개하면 충분하다. 프로세스를 작은 단위로 나누는 것이 목적이 아니다. 프로세스를 지나치게 잘게 자르는 것은 한도 끝도 없고, 기울인 노력에 비하여 얻을 수 있는 효익도 미미하다.

뒤에서 성과관리 체계를 수립할 때 프로세스의 위계에 따라 프로세스책임자의 직급이 결정되도록 할 텐데(이렇게 하는 것이 논리적으로도 타당하다). 회사의 규모나 직급 체계에 따라 다르겠지만, 1차 프로세스에 대한 책임은 대표이사 또는 각 부문장(임원)이, 2차 프로세스에 대한 책임은 부서장이, 3차 프로세스에 대한 책임은 중간관리자 층이 맡는 식이다. 프로세스에 대해서 책임을 진다는 뜻은 그 프로세스의 프로세스책임자Process Owner가 되도록 한다는 말이다. 이렇게 프로세스의 위계를 설정하면 목표성과지표의 책임자 계층이 정해지고, 이에 따라 프로세스 운영의 효율성을 높이기 위한 혁신의 한 방편으로 조직을 개편할 수도 있는 것이다.

### 1차 프로세스 (Mega Process)

사업영역을 큰 시각으로 보면 고객으로부터 시작해서 고객까지의 가치가 전달되는 흐름과정 가운데에 영업, 연구개발, 조달, 생산, 물류, 지원 등 몇 개의 커다란 프로세스가 있음을 알 수 있는데 이것이 메가프로세스Mega Process다. 일반적으로 기업의 한 사업부문은 대개 5~10개 정도의 메가프로 세스로 구성된다.

메가프로세스는 최상위 수준의 프로세스이며 경영층에서 책임져야 할 전 사적인 프로세스로, 하위에 몇 개의 2차 프로세스Major Process를 갖는다.

### 2차 프로세스 (Major Process)

하나의 메가프로세스는 몇 개의 주프로세스Major Process로 나누어진다. 하나의 주프로세스는 다시 여러 개의 하위 프로세스Sub-process를 거느릴 수 있다. 2차 프로세스는 부서장급이나 팀장급에서 책임져야 하는 프로세스 가 된다.

### 3차 프로세스 (Sub Process)

하위 프로세스 역시 그 자신이 다시 하위 프로세스를 가질 수 있다. 3차 프 로세스는 실무책임자 또는 중간관리자가 책임을 지는 프로세스가 된다.

### 활동 (Activity)

프로세스의 위계가 어떻든지(몇 차이든지), 하나의 프로세스는 다수의 활 동Activity들로 이루어진다. 잘 정의된 활동은 직무 분장의 최소단위와 유사 한 수준이며, 현업 일선의 담당자(책임자)가 책임을 지게 된다.

프로세스를 문서로 표현하는 경우 즉 프로세스맵을 작성하게 되는 경우, 상자처럼 네모난 칸 안에 활동의 내용을 기술하는 것이 보통이므로 이들 활 동을 '박스Box' 라고 부르는 이들도 있다. 그런가 하면 활동의 내용을 상세 한 수준까지 기술해야 할 필요도 생기는데, 그런 때는 활동의 내용을 네모칸

안에 모두 기술할 수 없으므로 활동의 요령이나 기준 등을 별도로(절차서나 지침서 등으로) 작성하는 것이 좋다.

### 과업 (Task)

활동을 보다 더 상세하게 과업Task 단위까지 나누려는 이들도 있다. 그런 가 하면 오히려 과업이 활동을 포함하는 더 큰 개념이라고 주장하는 이들도 있다. 그러나 이러한 논쟁은 별로 소득이 없다. 어느 한쪽이 다른 한쪽을 포함하든 말든, 그것이 프로세스 중심의 사고에서는 중요하지 않기 때문이다. 프로세스 위계Hierarchy상의 혼란을 피하기 위해서라도, 프로세스에서 과업이라는 용어는 사용하지 않기 바란다.

| 참고 | 활동Activity과 과업Task

활동Activity이란 용어와 과업Task이란 용어는 뜻이 비슷해서 자주 혼용된다. 과업이란 '어떤 목표달성을 위해서, 수행할 수 있도록 작게 나누어 놓은 과제' 정도로 이해된다. 용어 자체가 방향성과 목적 지향적인 속성을 가지고 있어서, 자주 '이정표(Milestone, 중요시점)'와 함께 사용한다.

특정한 기간이 정해져 있고 산출물이 고유한 일련의 활동을 프로젝트 Project라고 하여 프로세스Process와는 구분하는데, 프로젝트에서는 과업이라는 용어를 일상적으로 사용한다.

그러나 일상적으로 운영되며 동일한 아웃풋을 반복적으로 산출하는 프로세스에서는 과업이라는 말은 어딘지 부자연스럽다. 프로세스에서는 활동이란 용어로 충분할 것이다.

프로세스는 프로세스 위계가 잘 정립되도록 전개해야 한다. 프로세스 체계가 수평적, 수직적으로 전개된 것이라면, 프로세스 위계란 프로세스를 수직적으로 전개한 계급관계인데, 가계家系로 비유될 수 있다. 예를들어 제품개발을 수행하는 ⓐ연구개발 프로세스가 있고, 그 아래에 각 단계별로 ⓑ제품기획프로세스, ⓒ제품설계 및 개발프로세스, ⓓ공정설계 및 개발프로세스, ⓔ제품 및 공정의 타당성 검증프로세스가 있다고 가정할 때 연구개발프로세스는 아버지(Level 1)가 되고, 나머지 네 개의 프로세스들은 아들(Level 2)이 되는 수직관계가 성립될 수 있다. 또 ⓑ, ⓒ, ⓓ, ⓔ 네 개의 프로세스들은 순서대로 일어나면서도 동시에 수준Level은 같은 형제관계에 비유될 수 있을 것이다.

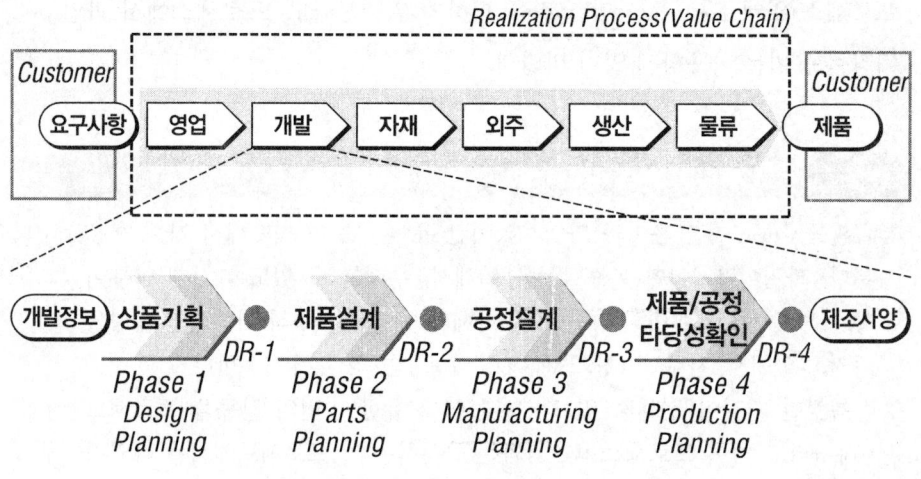

[그림 8-1] 연구개발프로세스의 전개

이런 경우 ⓐ는 ⓑ, ⓒ, ⓓ, ⓔ 네 개의 하위 프로세스를 가지며(수직적인 전개), ⓑ, ⓒ, ⓓ, ⓔ 네 개의 프로세스는 서로 간에 선행 프로세스, 후속 프로세스 관계가 될 수 있다(수평적인 전개).

혼동을 피하기 위하여 사용에 주의를 기울일 용어가 있다. 'Main Process', 'Key Process', 'Core Process' 등의 용어는 프로세스 위계에 따른 용어가 아니라, 프로세스의 중요도 특히 개선-혁신의 대상에 따른 관점에서 부르는 말이므로 주의가 필요하다. 이런 용어를 핵심프로세스, 메인프로세스, 주프로세스, 기본프로세스, 직접프로세스 등 마음대로 불러서는 곤란하다. 가치흐름 과정에서 중요한 역할을 하는 프로세스이거나 또는 기업에 핵심역량을 제공하는 프로세스를 핵심프로세스라고 한다. 이러한 핵심프로세스는 자주 개선이나 혁신의 대상이 되곤 한다. 지원프로세스나 외주협력프로세스 중에서도 핵심프로세스가 존재할 가능성은 얼마든지 있다.

## 2. 고객가치의 흐름에 따라 프로세스를 정렬시켜라

고객이 원하는 것은 제품만이 아니다. 그 외에도 기술적인 정보, 제품 사용에 대한 안내나 관련된 교육, 서비스 등 여러 가지 형태일 수 있다. 여기서는 고객이 원하는 가치를 통칭해서 편의상 '고객가치' 라고 부르기로 한다. '고객가치' 와 '고객' 중 어느 개념이 우선적인지 정하기는 쉽지가 않다. 마치 닭이 먼저인지, 달걀이 먼저인지를 따지는 것과 같다. 그러나 엄밀히 따지면 고객이 존재해야 고객에게 제공해야 할 가치도 정해진다고 생각할 수 있는 것이므로, 고객이 고객가치에 앞선다고 보아도 이의를 제기할 수는 없을 것이다.

어쨌든 고객이나 시장이 어느 곳인지, 목표로 하는 고객은 정확히 누군지, 그리고 우리 회사가 이들에게 어떤 가치를 제공해야 하는지가 명확히 확인되어야 사업 관점에서의 가치 창출 및 전달 체계는 물론, 사업의 방향이나 목표도 정할 수 있다.

---

15) 그는 본원적 활동을 Primary Activity로, 지원활동을 Secondary Activity로 표현하고 있다. 한편 가치사슬(Value Chain)이 한 기업 내에서의 가치의 흐름이라면, 최종사용자(End User)에 이르기까지의 가치의 흐름을 공급사슬(Supply Chain, 공급망)이라고 한다.

1985년 마이클 포터Michael E. Porter는 그의 저서에서 가치사슬Value Chain 이라는 개념을 처음으로 발표했는데, 그에 따르면 이윤을 내기 위한 기업활동은 부가가치를 창출하는 본원적프로세스와, 이를 지원하는 지원프로세스로 구성되어 있다고 하였다.[15]

이러한 가치흐름의 개념은 오늘날에도 여전히 유용하다. 시장이나 고객으로부터 요구사항이 전달되면 기업에서는 이를 제품(서비스)화하기 위해 영업/판매 – 설계/개발 – 자재구매(조달) – 생산 – 포장 및 보관 – 인도 순으로 고객가치를 전달하는데, 이렇게 조직 외부의 최종고객에 이르기까지 기업 고유의 목적인 이익을 추구하기 위해서 고객에게 가치를 전달하는 것을 목적으로 하는 프로세스를 '운영프로세스' 라고 정의한다.

즉 운영프로세스는, 기업이 외부로부터 부가가치를 획득하는 데에 직접적으로 기여하는 프로세스다. 운영프로세스는 조직에 직접적인 재화를 가져다 주므로 반드시 프로세스로 표현해야 할 대상이 된다. 간혹 운영프로세스를 사업프로세스, 가치부가프로세스, 실현프로세스 등으로 부르기도 한다.

제조업의 경우 고객의 요구가 조직 내로 들어오는 과정(영업프로세스)으로부터 시작해서, 이를 생산계획의 형태로 변환하는 과정(생산계획프로세스), 필요한 자재를 확보(조달)하는 과정(조달프로세스), 그리고 이를 제품화하는 과정(생산프로세스), 제품을 보관하고 인도하는 과정(물류프로세스), 그리고 해당되는 경우 A/S를 제공하는 과정(서비스프로세스) 등이 고객에게 가치를 전달하는 과정에 해당되는데, 사실 이 정도의 상위 프로세스는 기업 (또는 사업 단위)마다 대동소이하다. 따라서 기업의 특성을 감안하여 이 모델을 다소 조정함으로써 기업의 환경에 적절하면서도 유용한 프로세스 체계 모델로 전개, 활용할 수 있다.

기업에서는 부가가치를 창출하는 운영프로세스에 우선 관심을 갖게 된다 (공공기관과 같은 비영리사업체라도 기관의 목적에 따라 운영프로세스를 정할 수 있다). 운영프로세스는 주로 다음과 같은 점에서 지원프로세스와는 확연히 구별된다.

- 프로세스에 인풋되는 요구사항은 고객으로부터 시작되며, 아웃풋인 고객가치도 역시 고객에까지 도달되어야 완료된다.
- 한 프로세스에서 산출된 가치는 계속하여 후속 프로세스에 명확히 연결된다. 즉 프로세스 간에 연결과 선후 관계가 분명하다(프로세스의 연계성).

반면에 가치흐름상에 놓여 있지는 않지만 이러한 운영프로세스를 지원하는 프로세스들도 조직 내부에는 있는데, 이를 지원프로세스(SP, Support Process) 또는 경영지원프로세스라고 한다(Sub-Process를 Support Process와 혼동하지 마라). 지원프로세스는 아웃풋이 연결되는 후속 프로세스가 분명하지 않고, 단독적으로 수행되기도 한다.[16] 지원프로세스는 운영프로세스의 활동들이 효과적이고 효율적으로 달성될 수 있도록 지원하거나, 조직 운영의 효율성 제고를 목적으로 하므로 간접프로세스, 경영관리프로세스, 간접지원프로세스, 경영지원프로세스 등으로 불리고 있다. 지원프로세스의 예로는 경영기획, 예산수립, 기업전반관리, 인적자원관리(HR), 기술지원, 연구개발, 고객만족활동, 재무, 창고관리 등을 들 수 있다.

한편 프로세스를 고객지향프로세스(COP, Customer Oriented Process)와 지원프로세스(SP, Support Process), 그리고 경영프로세스(MP, Management Process)의 세 가지로 구분하는 경우도 있다. 이 경우 운영프로세스는 고객지향프로세스와 동일하고, 지원프로세스는 기업경영을 위한 경영프로세스와 고객지향프로세스를 지원하는 운영지원프로세스로 나누어진다. 여러 프로세스 중에서 고객지향적인 프로세스를 구별해 고객지향프로세스(COP)라 명명하고, 이에 의한 고객만족 성과를 분석, 지속적으로 개선하려는 접근방법이다.

여기서 한 가지, 기업의 여건에 따라 또는 사업전략이나 의도에 따라, 또

---

16) 그래서 혹자는 지원프로세스는 적극적으로 맵핑(표현)할 필요가 없다고 주장하기도 한다. 그러나 지원프로세스도 의도한 목적을 가지고 있으며 개선의 대상이 되는 것은 마찬가지이므로, 역시 프로세스로 표현하는 것이 마땅하다.

는 프로세스아웃풋의 정의에 따라 어느 특정 프로세스를 운영프로세스로 분류할 수도 있고 지원프로세스로 분류할 수도 있다는 점을 이해하여야 한다. 예를 들어 연구개발프로세스를 운영프로세스로 구분하는 경우가 있는가 하면 제품기획/설계 기능이 없는 기업에서는 제조프로세스의 지원기능 정도로 분류해도 좋은 것이다.

또 하나, 가치흐름 가운데에서 고객에게 제공할 최종가치를 창조하고 전달하는 데에 중요한 역할을 하는 협력업체의 프로세스가 누락되지 않도록 주의한다. 간혹 회사 내부의 일이 아니라고 프로세스 체계에서 무심코 빼버리는 경우가 있는데, 이렇게 하면 고객가치의 흐름이 어느 한 곳에서 중단되거나, 흐름상 앞뒤가 맞지 않게 되어 프로세스의 연계성에 문제가 생긴다. 가치흐름상에서 고객가치의 전달이 잘못되었을 때, 그것이 외주업체의 문제라고 해서 회사에서 책임지지 않아도 되는 것은 아니지 않은가? 외주프로세스는 운영프로세스일 수도 있고 지원프로세스일 수도 있지만, 외주냐 직영이냐를 구분하기 이전에 고객가치 전달 과정에 직접 참여(고객가치를 창조하거나, 가공하거나 또는 전달)하느냐 아니냐가 더 중요한 것이다.

이제 프로세스 체계를 수립하는 과제로 다시 돌아가 보자. 최상위의 프로세스Mega Process를 순서대로 나열해 보고 고객가치의 흐름이 타당하면 프로세스의 범위를 보다 구체적으로 구분하여 다시 2단계까지 전개해 본다. 이때 우선은 현실을 반영하지 말고, 가장 이상적인 업무의 흐름만을 고려해야 한다. 이렇게 하여 수립된 프로세스 체계는 논리적으로 전개된 것이므로 바람직한 프로세스 체계(To Be Process Hierarchy)를 수립할 때에는 적합하다.

다음 그림은 2단계까지 전개된 프로세스 체계를 예시하고 있다. 이 예에서는 1차 프로세스Mega Process는 모두 7개로, 5개는 운영프로세스, 2개는 지원프로세스로 구성되었다.

| MEGA PROCESS | 마케팅/ 영업 | 신제품개발 | 구매 | 생산 | 로지스틱스 | 고객관리 | 경영지원 |
|---|---|---|---|---|---|---|---|
| MAJOR PROCESS | 시장조사 | 개발계획 수립 | 구매계획/ 정책 | 생산계획 수립 | 물류 종합계획 | 고객관리 | 경영전략 수립 |
| | 브랜드 별 전략 수립 | 신제품 개발 | 공급자 관리 | 제품생산 | 입고관리 | 채권관리 | 경영혁신 |
| | 실행 및 분석 | 신제품 출시 | 발주관리 | 생산지원 | 재고관리 | 행사실행 | 홍보 및 광고 |
| | 주문처리 | | | | 출고관리 | | 재무회계 |
| | | | | | 수/배송 관리 | | 인사노무 관리 |
| | | | | | | | 총무 |

[그림 8-2] 2수준(Level 2)까지 전개된 프로세스 체계 (예)

---

| 참고 | **자동차산업에서의 프로세스 구분**

자동차 산업분야의 품질경영시스템 규격(ISO/TS 16949)을 운영하는 IATF(International Automotive Task Force, 국제자동차협의회)에서는 프로세스를 고객지향프로세스COP, 경영프로세스MP, 지원프로세스SP의 세 가지로 구분할 것을 권장한다. 이 구분의 예는 다음과 같다.

▶ **고객지향프로세스(COP)의 예** ; 시장(고객)요구사항 분석 / 견적–입찰 / 주문처리 / 제품 및 공정 설계 / 제품 및 제조공정 타당성 확인 / 제품생산 / 인도 / 지불 / 클레임 처리 및 서비스 / 고객피드백

▶ **지원프로세스(SP)의 예** ; 구매 프로세스 / 설비관리

▶ **경영프로세스(MP)의 예** ; 사업계획 수립 / 내부심사 / 교육훈련 / 목표관리

# 3. 직무분석을 통해 프로세스 체계를 완성하라

그러나 프로세스 체계를 위와 같이 이론적으로만 전개한다면 프로세스의 수준이 내려갈수록 현재 수행하지 않는 업무가 도출되는 등 현업과의 차이가 너무 벌어져서 비현실적으로 전개될 것이다. 따라서, 이번에는 현업을 중심으로 프로세스 체계를 구축하는 방법을 생각해 보자.

현업과 일치된 프로세스를 구축하는 것은 그 중요성을 아무리 강조해도 지나치지 않는다. 사실 대부분의 기업에서 ISO 규격 요구사항에 따라 수립해 놓은 절차서는, ISO 요구사항을 이행하는 데에는 충분할지 몰라도 현업에서 수행되고 있는 사항은 누락되기 일수였다. 예를 들어 채권을 회수하는 업무는 영업부서에서는 중요하게 수행하는 업무이지만, ISO 요구사항에는 규정되고 있지 않아서 이 절차를 적절히 다루는 절차서는 드물었다. 이렇게 절차서에 현업 수행절차가 충실하지 않게 된 대부분의 이유는 절차서를 작성할 때 타사의 사례를 그대로 받아들였거나, 일상적으로 일어나는 내용보다는 ISO 등 규격 요구사항 충족이 더 시급했기 때문이었을 것이다. 또 프로세스 중심의 사고가 부족해서 프로세스를 현업과 동일하게 수립하는 것조차도 힘들었을 것이다.

프로세스는 그것을 수행할 가치(아웃풋)가 있는(의도된) 것이다. 조직원들이 수행하는 업무 하나하나는 이런 프로세스로 표현되든가, 아니면 프로세스 내에 포함되는 활동으로라도 표현되어야 한다. 만약 두 가지 중 어느 것으로도 표현되지 않는 업무가 있다면 현업과 프로세스는 괴리된 것이고, 목적이 분명하지 않은 이런 업무는 언젠가는 통폐합(개선하든지 없애든지)의 대상이 되는 것이 당연하다. 프로세스 중심 사고에 따라 프로세스를 현업과 동일하게 일치시킨다는 것 자체가 부가가치 없는 활동을 모두 폐지하고 현업을 모두 목적이 있는 업무로 전환하는 일이므로, 그 자체로 업무의 개선이요 혁신인 셈이다.

조직에서 현재 수행하고 있는 현업에 따라 프로세스 체계를 (현실적으로) 수립하려면, 다음과 같은 직무 반영 절차를 거친다. 참고로 직무분석 대신 업무분장 규정을 참고할 수도 있지만, 오래 전에 만들어진 규정들은 대부분 현업과 달라 소용이 없는 경우가 많았다.

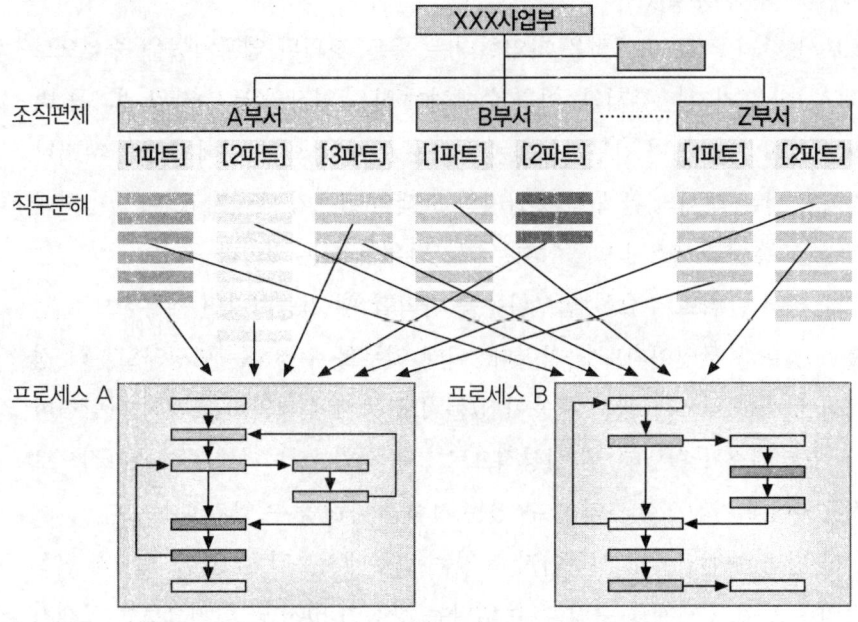

| 직무분석에 따른 프로세스 체계 수립 절차 |
| --- |
| 1. 전임직원을 대상으로, 그들이 일상적으로 수행하는 업무내역을 조사한다. |
| 2. 각 부서, 각 직책별로 조사된 직무(업무기능)를 '활동' 수준까지 충분히 전개하여 활동목록을 만들고 활동번호를 붙여 둔다. |
| 3. 활동(업무기능) 하나가 타부서의 어느 활동과 연관되는지 파악하여 전후관계(종속관계)에 따라 나열한다. 이렇게 하여 모인 일련의 활동들이 하나의 프로세스를 이룬다. 이때 한 부서 내에서 모든 활동이 이루어지는 프로세스는 따로 모아 둔다. |
| 4. 프로세스를 대표하는 이름과 고유번호를 정한다. |
| 5. 정리된 프로세스들 간에 상하, 전후관계를 정하여 프로세스 체계를 완성한다. |

[그림 8-3] 직무분석에 의한 프로세스 구성

직무조사를 통해 모든 현업 부서의 업무가 파악되면 부서 간 동일하거나 비슷한 업무가 중복되는 것을 초기부터 발견할 수 있다. 처음에는 부서를 중심으로 조사하기 시작한 직무가 결국에는 부서의 개념은 사라지고 프로세스를 중심으로 기능Function이 재정렬된다는 점을 추진팀에게 사전에 충분히 이해시켜야 한다(실전에서는 추진팀원들이 이 점을 충분히 이해하지 못해서 업무기능 전개를 반복하곤 한다).

부서 간의 직무 연계성을 파악한다는 뜻은 정의된 업무기능을 중심으로 요구사항을 가지는 부서와, 이를 수행해야 하는 입장의 부서 간의 관계를 밝히는 것이다. 그러면 업무기능을 수행하는 주체와, 이에 대해 요구를 하거나 결과를 받는 객체의 관계 즉 공급자와 고객의 관계가 맺어지고, 이것이 하나의 흐름 즉 프로세스가 만들어지는 기본단위가 되는 것이다.

각 부서 단위로 주요한 업무활동을 파악할 때 가능하다면 세부적으로 입출력 정보가 무엇인지도 파악한다. 이때 업무를 수행하는 담당자로부터 정보화에 대한 니즈가 있는 활동이 있는지도 동시에 파악하는 것이 바람직하다. 프로세스가 확립된 후 정상적으로 가동되면, 정보기술IT을 추가적으로 적용하여 획기적으로 도약할 수 있는 기회를 마련할 수 있기 때문이다.

이 방법은 현업에서 이루어지고 있는 업무에서부터 출발하므로, 꽤 현실적인 프로세스 체계를 수립할 수 있다는 장점이 있지만, 한편으로는 고객가치의 흐름에서부터 시작된 논리적인 전개와는 이어지지 않는다는 단점이 있다(나무는 보되, 숲은 보지 못하는 경우에 비유될 수 있을 것이다).

프로세스를 도출하는 것을 목표로 하는 만큼, 각 부서의 직무조사를 수행할 때는 부서의 업무분장에서 주요한 업무활동을 우선적으로 파악해야 한다. 그리고 나중에 체계적으로 전후관계를 연결하겠지만, 가능하면 조사 단계에서부터 직무에 대한 부서간의 연계성을 파악하는 편이 낫다. 한편 이 방법은 활동기준원가관리(ABC/ABM) 방법론과 접근방법이 같아서, 활동과 관련된 개념과 자료를 공유할 수 있다.

# 4. 프로세스의 연계성을 확보하라

이제까지 프로세스체계를 수립하는 두 가지 방법(가치흐름을 수립하여 하향식 (Top-down방식)으로 전개하는 방법과, 직무조사 후 업무체계를 확립하여 상향식 (Bottom-up방식)으로 전개하는 방법)을 간략히 살펴보았다. 그런데 동전의 양면 처럼, 이 두 가지 방법 모두 장점과 단점을 동시에 안고 있다. 가치흐름으로 부터 전개하는 방식은 이상적인 프로세스 체계를 얻을 수는 있으나 현실적 이지 못한 체계가 되기 쉽고, 현업의 체계로부터 전개하는 방식은 너무나 현 실적이어서 바람직한 모습에 대한 전개가 아쉽다. 전자는 수행해야 할 프로 세스들로 프로세스를 혁신하기에 적합하고, 후자는 현재 수행하고 있는 프 로세스들로 프로세스를 개선하기에 적합하다고 하겠다.

따라서 현실적으로는 이 두 가지의 방법에서 장점만을 골라 반영하는 절 충식의 접근방법을 사용한다. 그래서 가치흐름의 이론적인 전개와, 직무분 석에서 얻은 결과를 절충하는 것이 최적의 방안이 된다. 즉 먼저 고객가치의 흐름을 확립하고 난 후 상위의 프로세스들(1~2차 프로세스들)로 틀을 구성 하고, 여기에 현업(직무분석 결과로 만들어진 하위의 프로세스들)을 반영하 여 프로세스 체계가 현실적이 되도록 바로잡는다.[17] 다음과 같이 한다.

---

### 하향식(Top-down)과 상향식(Bottom-up)을 절충한 프로세스 체계 수립 절차

1. 우선 가치흐름에서 출발하여 1단계 프로세스(Mega Process), 2단계 프로세스(Major Process) 순으로 전개해 가면서 회사 전체의 프로세스 체계를 대략적으로 수립한다. 업무 체계가 아주 복잡한 경우가 아니라면 3단계 이상으로 전개하지 않는다.
2. 대략적인 프로세스 체계가 수립되면 가치흐름의 방향으로(프로세스 체계의 왼쪽에서

---

17) 기업마다 환경이 다르므로 적용방법도 동일하지 않을 것이다. 먼저 후자로부터(직무분석 결과로부터의 하위프 로세스 도출) 현실감 있게 시작하여 점차 프로세스의 개선의 영역을 늘려 나아가다가, 조직원이 변화에 적응하는 능력이 생기면 전자의 방법(가치흐름으로부터의 논리적인 전개)으로 도약하는 것이 바람직할 수도 있다.

오른쪽으로) 각 범주에 해당하는 번호를 붙인다. (영업은 1000, 연구개발은 2000, …과 같은 방법으로)

3. 이번에는 프로세스의 윗수준에서 아랫수준으로(위에서 아래로) 프로세스 번호를 붙여 나간다. (연구개발이 2000이면 제품기획은 2100, 제품설계는 2200, 공정설계는 2300, … 그리고 2200 제품설계에서 다시 유사설계 검토는 2210, 사양설정은 2220, 설계 FMEA는 2230, 시작품 제작은 2240, 설계 문제점 검토는 2250…과 같은 방법으로)

4. 이제 현업의 직무분석의 결과로 구성된 프로세스 목록과 비교해 가며 프로세스 체계를 적절히 수정, 통합, 추가, 삭제한다. 주로 3단계 이상의 프로세스들의 이름과 구분이 보완될 것이다.

이때 (직무조사시에는 없었지만) 새로이 도입해야 하거나 또는 보완해야 할 프로세스들도 가치흐름을 토대로 논리적으로 함께 전개해 나아가야 한다. 고객가치 전달 체계를 구성하는 문제는 결국은 프로세스 간의 관계를 연결하는 문제로 귀착하기 때문이다.(프로세스 간의 연계성에 대해서는 3장에서 간략히 언급했지만, 앞으로도 계속 강조하려고 한다.)

프로세스 체계 초안이 마련되면 프로세스에 의한 성과혁신방법론을 미리 교육하고, 최고경영자는 물론 사업본부장과 현업 부서장들이 모두 모인 자리에서 프로세스 체계 초안을 설명한 후 함께 검토하여 완성해야 한다. 물론 초안은 추진팀에서 사전에 마련한 후 임원 및 부서장 워크숍을 통해 검토, 조정해 나아가는 것이 좋다.

한편, 최종 도출된 프로세스 체계와 직무조사로 도출된 현업의 활동목록을 비교해 보면 즉시 조치를 취할 수 있는 개선영역(즉시 개선이 가능한 개선과제를 Quick Win 이라고 한다)도 쉽게 발견할 수 있다. 우선 새로 수립된 프로세스 체계에는 있지만 현업 활동목록에서는 찾아볼 수 없는 활동이나 프로세스가 있을 수 있다. 이것은 '조직 내에서 이루어져야 하지만 이제껏 어느 누구도 하고 있지 않던 업무'로, 프로세스에 따라 수행책임을 새로 분장하여야 하는 업무다.

또 하나는, 활동목록에는 있지만 프로세스 체계에서는 찾아볼 수 없는 활동이나 프로세스다.(예를 들어 부서장에게 보고하기 위해 매주 요약보고를 하는 업무는 그 이상의 목적을 갖지 못하므로 프로세스에는 잘 나타나지 않는다.) 이것은 현재 수행하고 있는 활동이 적절하지 않거나, 부가가치를 내지 못하는 활동이거나, 아니면 프로세스로서 표현될 필요까지는 없는 업무이다. 마땅히 개선되거나 통폐합할 것이 기대되는 업무다.

필자가 경험하기로는 임원 및 부서장들이 워크숍을 통하여 처음에는 격론을 심하게 벌이기도 하지만, 나중에는 공동의 이익을 위해 부서 간의 벽을 허물고 함께 고민하는 경우가 대부분이었다. 기능 간의 커뮤니케이션 측면에서 기대 이상의 효과를 얻게 될 것으로 확신한다.

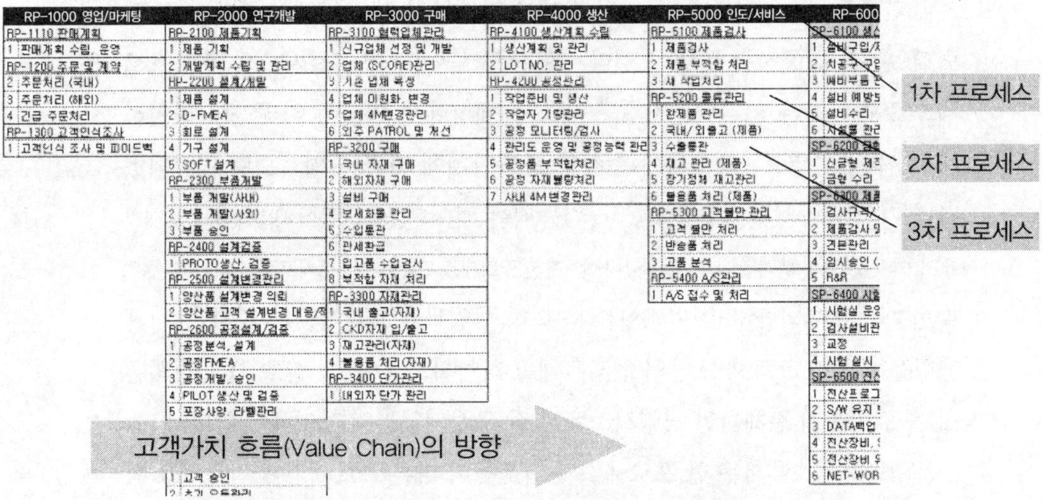

| RP-1000 영업/마케팅 | RP-2000 연구개발 | RP-3000 구매 | RP-4000 생산 | RP-5000 인도/서비스 | RP-600 |
|---|---|---|---|---|---|
| RP-1110 판매계획 | RP-2100 제품기획 | RP-3100 협력업체관리 | RP-4100 생산계획 수립 | RP-5100 제품검사 | SP-6100 생... |
| 1 판매계획 수립, 운영 | 1 제품 기획 | 1 신규업체 선정 및 개발 | 1 생산계획 및 관리 | 1 제품검사 | 1 설비구입,... |
| RP-1200 주문 및 계약 | 2 개발계획 수립 및 관리 | 2 업체 (SCORE)관리 | 2 LOT NO. 관리 | 2 제품 부적합 처리 | 2 치공구관... |
| 2 주문처리 (국내) | RP-2200 설계/개발 | 3 기술 업체 육성 | HP-4200 제조관리 | 3 새 사업처리 | 3 예비부품... |
| 3 주문처리 (해외) | 1 제품 설계 | 4 업체 이원화, 변경 | 1 작업준비 및 생산 | RP-5200 물류관리 | 4 설비 예방보... |
| 4 긴급 주문처리 | 2 D-FMEA | 5 업체 4M변경관리 | 2 작업자 기량관리 | 1 완제품 관리 | 5 설비수리 |
| RP-1300 고객인식조사 | 3 회로 설계 | 6 외주 PATROL 및 개선 | 3 공정 모니터링/검사 | 2 국내/외 출고 (제품) | 6 치공구 ... |
| 1 고객인식 조사 및 피드백 | 4 기구 설계 | RP-3200 구매 | 4 관리도 운영 및 공정능력 관리 | 3 수출통관 | SP-6200 시험... |
| | 5 SOFT 설계 | 1 국내 자재 구매 | 5 공정품 부적합처리 | 4 재고 관리 (제품) | 1 신금형 제... |
| | RP-2300 부품개발 | 2 해외자재 구매 | 6 공정 자재 불량관리 | 5 장기정체 재고관리 | 2 금형 수리 |
| | 1 부품 개발(사내) | 3 설비 구매 | 7 사내 4M변경 관리 | 6 불용품 처리 (제품) | SP-6300 제품... |
| | 2 부품 개발(사외) | 4 부세화물 관리 | | RP-5300 고객불만 관리 | 1 검사구 ... |
| | 3 부품 승인 | 5 수입물판 | | 1 고객 불만 처리 | 2 제품검사구... |
| | 1 PROTO생산, 검증 | 6 관세환급 | | 2 반송품 처리 | 3 검토관리 |
| | RP-2400 설계검증 | 7 입고자재 수입검사 | | 3 고품 분석 | 4 임시승인 ... |
| | RP-2500 설계변경관리 | 8 부적합 자재 처리 | | RP-5400 A/S관리 | 5 R&R |
| | 1 양산품 설계변경 의뢰 | RP-3300 자재관리 | | 1 A/S 접수 및 처리 | SP-6400 시험... |
| | 2 양산품 고객 설계변경 대응/... | 1 국내 출고(자재) | | | 1 시험실 운영 |
| | RP-2600 공정설계/검증 | 2 CKD자재 입/출고 | | | 2 검사/설비관... |
| | 1 공정분석, 설계 | 3 재고관리(자재) | | | 3 교정 |
| | 2 공정FMEA | 4 불용품 처리(자재) | | | 4 시험 실시 |
| | 3 공정개발, 승인 | RP-3400 단가관리 | | | SP-6500 전산... |
| | 4 PILOT 생산 및 검증 | 1 내외자 단가 관리 | | | 1 전산프로그... |
| | 5 포장사양, 라벨관리 | | | | 2 S/W 유지 ... |
| | | | | | 3 DATA백업 |
| | 1 고객 승인 | | | | 4 전산장비, ... |
| | | | | | 5 전산설비 ... |
| | | | | | 6 NET-WOR... |

1차 프로세스
2차 프로세스
3차 프로세스

고객가치 흐름(Value Chain)의 방향

[그림 8-4] 프로세스 체계 (제조업의 예)

### 가치흐름과 프로세스 연계성

가치흐름에 따라 프로세스 체계를 잘 설계하는 것은 경영성과 개선을 위한 기본적인 전제조건이 된다. 경영시스템이 서로 연결이 적절한 프로세스들로 구성되어 있다면, 가치흐름에 속한 프로세스들의 유기적인 협조로 경영시스템이 전체적으로 성능을 내고, 조직의 성과는 보다 향상될 것이다. ISO 9000 규격에서는 이런 것을 '시스템적 접근방법System Approach to Management'이라고 하여 품질경영의 8대 원칙 가운데 하나로 손꼽았다(2장 품질경영의 원칙 참조). 시스템적 접근이란 경영목표(사업목표)를 달성하기 위해 프로세스들을 개개로 볼 것이 아니라 상호 연계된 것으로 이해함으로써 조직의 효과성과 효율성을 향상시킨다는 원칙이다. 이렇게 경영목표(사업목표) 달성을 위해 프로세스 간의 연계성은 중요하며, 고객에게 어떤 경로를 따라 가치가 연계되는지 정확히 파악되어야 한다.

### 프로세스 체계의 검증

비록 프로세스들이 모두 정의된 후에야 가능하지만, 프로세스 체계가 잘 수립되었는지 검증하는 방법이 있다. 프로세스들이 선행 프로세스와 후속프로세스로 하나하나 연결되는지 프로세스 체계상에서 일일이 따라가며 확인하는 것이다. 운영프로세스들이 순서와 종속관계에 따라 수평적으로 연결되었다면 기업 내에서의 '가치흐름'도 검증되는 것이다.(예를 들어 내부심사프로세스에서 아웃풋으로 부적합이 발생되었다면, 개선프로세스 또는 시정조치프로세스의 인풋으로 연결되도록 정의되어 있는지 확인한다.) 특히 사업목표 또는 핵심성과지표KPI에 영향을 미치는 프로세스 간의 선후관계를 파악하고, 이들의 상호 연계성(의존성)을 검증하여 전체적인 경영시스템이 잘 구성되었는지 확인해야 한다.

운영프로세스에서는 한 프로세스의 아웃풋이 다른 프로세스에 인풋으로 활용되지 못한다면 고객가치 전달 체계가 적절하지 못한 것이다. 예를 들어서

- 개발프로세스의 아웃풋인 설계 검토 활동의 결과가 사업실적 검토 및 기획프로세스의 경영실적 자료수집 활동에 인풋으로,
- 고객만족조사프로세스의 아웃풋으로 도출된 고객니즈가 경영기획프로세스의 검토 활동과 연구개발프로세스의 제품사양 검토 활동의 인풋으로 연결되어야 하는 등이다.

# 09

# 연결된 업무에서 프로세스를 정의하라

| 들어가기에 앞서 |

이제는 프로세스 체계를 구성하고 있는 매 프로세스를 하나하나 정의할 차례이다. 대개 프로세스맵을 작성하는 데에는 곧 익숙해지지만, 프로세스를 정의하는 것은 어려워한다. 프로세스를 정의하는 것은 고객과 아웃풋은 물론 프로세스책임자, 활동, 자원, 성과지표 등 프로세스를 구성하는 요소들을 하나 하나 고민해 보아야 가능한 일이다. 업무를 수행하는 목적에서부터 다시 생각해야 답할 수 있으므로 생각만큼 쉽지는 않다. 만약 이 과정을 소홀히 하면 이후의 프로세스맵핑 과정도 별 의미가 없다.

이 장에서 프로세스를 구성하는 요소들의 의미를 본격적으로 음미해 보기 바란다.

## 1. 프로세스를 설계하는 순서

우리 자신의 업무분장사항을 아무거나 하나 선택하여, 스스로에게 다음과 같은 질문을 해 보자.

• 지금 내가 하는 일은 어떤 가치를 산출하기 위한 것인가?

- 산출된 이 가치를 사용할 사람(또는 필요로 하는 사람)은 누구인가?
- 이를 위하여 단계별로 어떤 활동들이 필요한가?
- 이 활동들을 수행하려면 어떤 정보나 자재나 장치 등이 있어야 하는가?

이들 질문에 대해 분명한 답을 했는가? 만약 이들 질문에 객관적으로 타당한 답변을 낼 수 없다면, 그 일은 더 이상 조직에서 의미를 갖지 못하거나, 기업에서 별로 중요하지 않은 일이라고 판단할 수 있다. 우리의 업무분장사항에 대해서, 이러한 질문들에 대한 답변을 찾는 것이 바로 '프로세스 정의' 단계이다.

프로세스를 정의하는 것은 이제까지의 그 어떤 단계보다도 중요하다. 그 이유는 프로세스 정의 단계에서 프로세스에서 산출되어야 하는 가치가 명확해지고, 프로세스의 성과를 책임질 주인도 가려지며, 가치를 전달할 고객도 정해지기 때문이다. 다시 말해서 프로세스 정의는 프로세스에 의미를 확립하는 작업이다. 이것은 실제로 업무를 새로 창조하는 것이나 다름없는, 중요하면서도 어려운 작업이다. 위에서 질문한 4가지 항목들은, 사실은 프로세스를 설계하는 네 단계의 논리적인 절차였다.

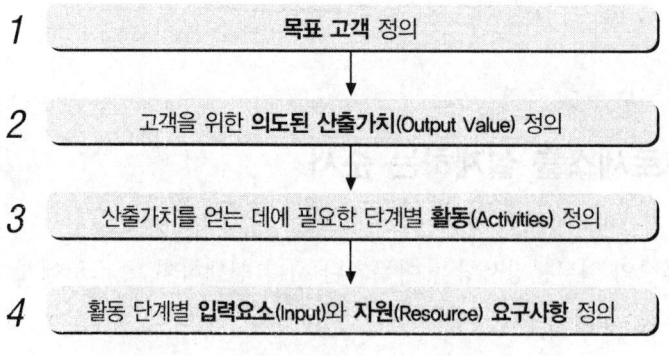

[그림 9-1] 프로세스를 설계하는 논리적인 순서

프로세스 설계 절차는 어떤 사업을 벌일 것인지 정하거나, 새로 창업한 회사처럼 아무것도 정해져 있지 않은 상태에서 어떤 프로세스, 어떤 업무가 필요한지를 규정하는 절차이다. 그러나 현업에서는 이미 모든 업무가 정해져 있는 상태이므로 이와는 상황이 다르다. 현업에서는 우리가 가진 것(자원)을 기반으로 어떤 업무(활동)를 수행하고 있고, 그 결과로 제품과 서비스(산출가치)를 만들어 고객에게 제공하고 있다. 프로세스를 구성하는 순서가 완전히 거꾸로 되었지만, 현실이므로 어쩔 수 없다.

프로세스를 정의하려면, 프로세스를 구성하는 각각의 요소를 파악해야 한다. 프로세스를 표현하는 일(프로세스맵핑 즉, 프로세스맵을 작성하는 일)은 그 다음이다.


# 2. 프로세스는 무엇으로 구성되는가

독자의 회사가 이제까지의 절차에 따라 충실하게 따라왔다면 목표고객과 이들에게 제공하려는 최종가치를 찾아내고, 한편으로는 현업을 분석하여 고객으로의 가치전달흐름에 맞도록 프로세스로 구성하는 등 회사의 프로세스 체계를 구축하기까지 상당히 의미 있는 변화를 이루었을 것이다. 그러나 보다 의미가 있는 과제는 지금부터다. 프로세스 체계상에서 정해진 프로세스 하나하나를 정의하고 맵핑하는 일이 기다리고 있다.

프로세스 체계가 수립되고 목록이 확정되면, 이제 프로세스를 정의한다. 프로세스를 정의하는 것은 프로세스맵을 작성하는 것보다 훨씬 더 중요한데, 그 이유는 프로세스를 정의하면서 자신들이 무슨 일을 하고 있으며, 누구를 위하여 어떤 가치를 만들어 가고 있는가를 명확히 인식하는 기회가 되기 때문이다. 그러나 안타깝게도 대부분의 기업에서는, 이 같은 프로세스 정의의 중요성은 간과한 채 프로세스맵을 멋지게 보이도록 꾸미는 일에 더 많은 시간과 노력을 쏟고 있다.

프로세스 정의에 앞서, 먼저 프로세스를 구성하는 요소를 확인해 두자. 프로세스 구성요소 중 가장 중요하면서도 기본적인 것은 이제까지 강조해 온 것처럼 '아웃풋(Output, 산출가치)'과 '고객Customer'이다. 프로세스아웃풋은 프로세스가 존재하는 이유라고 할 수 있고, 고객은 프로세스아웃풋 즉 프로세스에서 산출한 가치를 필요로 하는 주체였다. 만약 어떤 업무에서 이 두 가지 중 어느 것 하나라도 명확하지 않다면, 그 업무는 이미 프로세스로서의 가치를 잃었다고 판단해도 좋다.

여기에 프로세스 인풋Input과 이를 제공하는 공급자Supplier까지 합하여 가치흐름의 순서대로 나열하면 공급자Supplier – 인풋Input – 프로세스Process – 아웃풋Output – 고객Customer이 되는데, 이를 '프로세스 모델'이라고 하며 간단히 줄여서 'SIPOC'이라고 부른다.

[그림 9-2] 프로세스 모델 (SIPOC)

그러나 프로세스를 정의하려면 이 다섯 가지 구성요소 말고도 중요한 다른 요소가 더 필요하다. 먼저 프로세스 모델을 이루는 구성요소부터 살펴보고, 그 외의 구성요소들을 계속해서 살펴보기로 한다.

### 공급자 Supplier – 누가 인풋을 제공하는가

공급자는 프로세스에 인풋을 제공하는 자이다. 유의할 것은 공급자가 반드시 외주협력 업체를 의미하는 것은 아니라는 점이다. 선행 프로세스의 주체도 공급자가 될 수 있다. 이때 인풋은, 선행 프로세스에서는 아웃풋이었을 것이다. 최근에는 자사에 핵심역량이 되지 못하거나 전문적인 사업분야는 즉시 외주로 전환하는 아웃소싱 전략을 채택하므로 공급자의 중요성은 더욱 커지고 있다.

그러므로 만약 프로세스를 재설계한다면, 프로세스에 기여하는 중요성이 확인된 공급업체의 대표자를 프로세스 개선팀 활동에 참여시키도록 하는 것이 좋다.

### 인풋 Input[18] - 프로세스가 시작되려면 무엇이 필요한가

프로세스인풋은 프로세스를 시작한다. 인풋 없이는 프로세스에 포함된 활동들이 시작될 수 없다. 즉 인풋이 있다는 것은 프로세스가 종속적임을 의미한다. 프로세스 간의 종속성을 끊는 것이 프로세스 혁신의 원리이므로, 잘 살펴보아야 할 필요가 있다.

운영프로세스에서 인풋Input은 일반적으로 하드웨어나 문서의 형태지만, 오히려 정보와 같이 보이지 않는 형태의 인풋이 더 중요할 때가 많다. 인풋의 형태는 문서는 물론이고 정보, 자재, (반)제품, 재화 또는 서비스가 될 수도 있다. 운영프로세스에서 가장 첫 단계의 활동은 (그 형태가 무엇이든 관계없이) 인풋의 적정성을 확인하는 내용을 포함하는 것이 정상적이다(예를들면 자재 수입 검사나 고객과의 계약 내용을 점검하는 활동 등).

운영프로세스인 경우 프로세스인풋은 (만약 고객으로부터 시작된 가장 첫 번째 프로세스가 아니라면) 다른 프로세스(선행 프로세스)에서 온(공급된) 아웃풋이어야 한다(가장 첫 단계 프로세스의 인풋은 고객의 요구사항이다).

한편, 인풋은 자원Resource과는 다른데, 이에 대해서는 '자원'에서 언급하기로 한다.

---

18) 엄밀히 말해 인풋이라고 하면 프로세스에서의 인풋인지, 아니면 활동에서의 인풋인지 구분해야 한다. 일반적으로 인풋이라고 하면 프로세스의 인풋을 말한다. 만약 혼동이 우려될 때는 '프로세스인풋', '활동인풋' 등으로 명확히 지칭해야 할 것이다. '아웃풋' 역시 마찬가지이다.

## 아웃풋 Output - 프로세스가 고객에게 제공하려고 하는 것은 무엇인가

ISO 9000 규격에는 프로세스의 결과Result of Process를 '제품Product'이라고 정의하고 있다(따라서 '제품'은 '프로세스아웃풋'과도 동일하다). 여기서 '제품'에는 '고객에게 제공하는 무형의 서비스'도 포함된다. 예를 들어 택배회사에서 고객에게 제공하려는 제품은 바로 택배 서비스인 것이다.

필자의 경험으로, 자신이 어떤 프로세스를 수행하고 있으며, 자신의 업무에 대해 아웃풋을 제대로 답하지 못하는 사람들이 상당히 많았다. 예를들어 제조프로세스의 아웃풋이 제품임을 모르는 사람은 아무도 없을 것이다. 그러나 A/S프로세스의 결과물이 무엇인지 물어보면 어떤 사람은 서비스 보고서라고 하고, 또 어떤 사람은 수리비 청구서라고 하는 등 사람마다 견해가 나누어지기 시작한다. 만약 총무부서에서 수행하는 의료보험처리프로세스의 결과물이 무엇인지 다시 물으면 더욱 애매해져서, 대답하지 못하는 경우까지도 발생한다.

아웃풋의 형태 역시 정보, 중간 자재, 완제품 및 또는 서비스가 될 수 있다. 보고서나 양식 등 서류 형태의 아웃풋만 떠올려서는 곤란하다. 아웃풋을 서식이나 보고서 이름으로 정하는 경우가 많음을 보는데, 프로세스아웃풋은 정보의 형태일 경우가 훨씬 많다. 무슨 보고서나 만들자고 프로세스를 수행한다면, 그것은 아주 낮은 차원의 프로세스일 것이다.

그런데 문제는, 이같이 프로세스의 결과물이 무엇인지 불분명해도 누구하나 이의를 제기하지 않고 프로세스가 운영된다는 것이다. 이것은 무엇을 의미할까? 이것은 기업 내에서 목적이 불분명한 일이 수행되고 있음을 뜻한다. 현재 수행하고 있는 업무 프로세스의 아웃풋이 분명하지 않다는 것은, 목적없이 일하고 있다는 것과 별반 다르지 않다.

프로세스아웃풋은 후속 프로세스에 입력을 제공하여 가동을 시작하도록 한다. 따라서 한 프로세스에서의 아웃풋이 어딘가의 후속 프로세스에서는 반드시 인풋으로 규정되어야 프로세스 간의 연계성이 유지될 수 있다. 또, 프로세스의 아웃풋은 한 가지만이 아니고 복수로 정의될 수도 있다.

아웃풋이 정의됨에 따라, 이를 제공받는 고객이 정의될 수 있을 것이다.(사실은 고객이 먼저 정의되어야 한다.) 프로세스에는 반드시 사전에 의도된 목적(아웃풋)이 있어야 한다. 프로세스에서 고객에게 제공하려는 가치가 바로 아웃풋인 것이다.

### 고객 Customer – 프로세스에서 산출된 결과를 누가 원하는가

고객은 프로세스의 결과를 이용하는 사람이나 집단이다[19]. 고객은 프로세스아웃풋에 대한 필요와 기대를 가지고 프로세스아웃풋의 가치를 판단하므로 궁극적으로는 프로세스의 존재 이유를 결정한다. 만약 고객의 개념이 불분명한 프로세스가 있다면 그 프로세스는 산출된 가치를 이용해 줄 대상이 없음을 뜻하는 것이니 이미 프로세스로서의 존재 가치를 잃은 것이다. 프로세스는 '고객' 없이 스스로 존재할 수도, 그럴 이유도 없다. 따라서 프로세스에서 누가 고객인지(또는 누구여야 하는지)를 정의할 때는 신중하지 않으면 안된다.

또한 고객을 그저 외부의 고객만으로 생각하기가 쉬운데, 프로세스 중심의 사고에서는 외부고객이니 내부고객이니 구분하는 것은 아무 소용이 없다. 고객은 그저 프로세스에서 산출되는 가치를 공급받는 대상일 뿐이지, 조직 내부에 있다고 해서 외부고객과 다르게 생각하거나, 내부고객과 외부고객을 구분하는 자체가 이미 넌센스인 것이다. 그런데, 언제나 프로세스에 대한 고객이 잘 정의될 거라고 생각하면 오산이다. 예를 들어 보자.

영업팀에서 거래처로부터 받은 주문서를 처리하여 생산을 지시하는 수주처리프로세스와, 생산지시서를 받은 생산팀에서 제품을 생산, 포장한 뒤 이를 출하팀에 넘기는 제품생산프로세스가 있다. 그러면 출하팀에서는 인도프

---

19) 7장(목표 고객의 인식을 꿰뚫어라)에서는 기업의 영업대상으로서의 '고객'(일반적인 개념의 외부고객)을 가리켰지만, 여기서의 '고객'은 한 걸음 더 들어가서 프로세스아웃풋을 제공받는 고객(프로세스의 대상)을 뜻한다.

로세스에 착수한다. 이때 수주처리프로세스의 고객은 누구인가?

언뜻 생각하면 주문을 하는 거래처라고 생각할 수 있겠으나, 이 프로세스가 생산지시서를 산출하는 프로세스라고 정의한다면, 생산지시서를 받아 처리하는 생산팀(생산계획 담당자)이 고객이다. 생산팀은 생산지시서에 대한 기대를 가지고 있다(고객중심의 사고로 생각한다면 생산지시서가 아니고 생산의뢰서라고 해야 더 적당할 것이다). 그러면 제품생산프로세스의 고객은 누구인가?

프로세스의 아웃풋을 공급받는 자를 고객이라고 정의했으므로 여기서도 언뜻 보면 이 프로세스의 고객은 제품(아웃풋)을 공급받는 출하팀인 듯 하다. 그러나 사실 제품을 요구한 것은 거래처(2차적으로는 영업팀)이다. 거래처나 영업팀에서는 이러이러한 제품이 생산되어 나오기를 기대하고 있다. 여기서 영업팀은 제품을 직접 사용하지는 않지만, 사내에서는 제품 사용에 대한 거래처의 입장을 대변하는 입장에 선다(품질경영의 용어로는 '고객대리인'이라고 한다). 반면에 출하팀은 제품을 사용하지 않으며, 따라서 제품에 대한 필요나 기대를 느끼지도 못한다. 단지 정상적인 제품 운송을 위해 제품의 포장 상태에는 불만을 가질 수도 있는데, 만약 제품생산프로세스의 아웃풋을 '운송이 가능하도록 포장된 제품'이라고 정의한다면 출하팀도 당연히 고객이 된다.

이처럼 고객의 개념을 명확히 정의하기가 언제나 쉬운 것은 아니다. 그럼에도 불구하고, 어찌되었든 프로세스의 고객은 정의되어야 한다. 모든 업무를 프로세스로 표현하고 고객을 정의하려고 노력하는 동안, 조직과 모든 조직원은 고객지향적으로 무장될 수 있을 것이다.

고객이란 프로세스에서 창출된 제품(가치)을 사용하는 최종사용자End User 만을 의미하는 것은 아니다. 제품을 유통하는 딜러Dealer도 제품에 관련된 요구사항을 가지고 있다. 이렇게 고객의 개념을 확장시켜 나아가면 '이해관계자Interested Party'의 수준까지 고객의 범위를 확장해야 할 경우도 있다.

## 프로세스책임자 Process Owner - 프로세스의 성과에 누가 책임을 져야 되는가

프로세스책임자는 프로세스의 성과에 대한 책임과 권한을 가진 자이다. 그래서 프로세스책임자는 프로세스 운영에 필요한 적절한 인적·물적자원을 확보, 공급할 수 있는 능력과 권한이 있어야 할 뿐만 아니라, 프로세스의 성과와 운영에 전반적인 책임을 질 수 있는 인원이어야 한다. 특히 프로세스의 성과를 개선/혁신하고자 할 때는 아낌없는 스폰서십을 발휘할 수 있어야 한다.

6시그마 경영혁신의 제도 중에 '챔피언'이라는 타이틀이 있다. 챔피언은 자신의 책임과 권한하에 개선과제(프로젝트)를 선정하고, 프로젝트팀을 구성하며, 프로젝트팀의 활동을 지원한다. 프로젝트 활동으로 거두게 될 성과 역시 자신의 몫으로 돌아오므로, 확실한 가능성만 보이면 이 활동에 인적·물적·재정적 자원을 아낌없이 투자(제공)한다. 프로세스책임자란 바로 이런 것이다. 프로세스책임자가 적절한 인적/물적자원을 쓸 권한이나 능력이 없다면, 프로세스에 의한 성과혁신도 한계에 부딪힐 수밖에 없다.

이렇게 프로세스의 성과를 개선하기 위해 프로세스혁신 추진팀을 구성하고 지휘하는 일 이외에도, 프로세스책임자는 프로세스를 체계적으로 개발, 유지하고 프로세스의 모든 활동단계가 효과적으로 이행되는지 감독하며, 문제가 생기는 경우에는 활동의 책임자와 자원 제약, KPI 성과, 목표 설정 등의 문제를 조정하고 해결해야 한다.

실제로 프로세스를 지도하는 과정에서 가장 애로를 겪는 까다로운 부분 중에 하나가 바로 프로세스책임자 Process Owner를 정하는 부분이다. 보통 프로세스책임자를 정하라고 하면, '주관부서장'이라고 하여 그 프로세스의 속성에 가장 가까운 업무를 수행하는 부서의 부서장을 선정하려 한다. 하지만 프로세스의 대표적인 속성 중의 하나가 부서를 초월한 Cross Functional 것이 아닌가? 어느 한 부서의 부서장이 프로세스 성과에 대한 책임을 질 수 있다는 것 자체가 억지이다. 만약 한 부서에서 책임을 질 수 있는 프로세스나 성과지표가 있다면 그 프로세스는 낮은 수준의 프로세스이든지, 아니면 잘 못된 프로세스일 것이다.

프로세스 책임자를 적절히 선정하는 문제는 실은 조직 편제에 대한 문제 이다. 조직은 프로세스가 성능을 발휘하기에 적절하지 않게 편제된 기능조 직이면서, 프로세스는 최대의 능력을 발휘할 수 있어야 한다니까 말이다. 기 능조직하에서 범부서적Cross Functional이어야 하는 프로세스책임자를 선정 하려고 하니, 적절한 인원이 없을 수밖에 없다.

특정의 프로세스가 이해관계가 엇갈린 여러 부서에 걸쳐 있는 경우에는 프로세스의 능력 측정에 맞는 성과지표를 정하기도 쉽지 않으며, 논리적인 과정을 거쳐 이를 도출했다고 해도 여기에 책임을 질 부서장은 쉽게 선정되 지 않는다. 그리고 이런 현상은 상위의 프로세스일수록 심하게 나타난다.

### 성과 및 성과지표Performance Indicator – 프로세스의 능력(성능)을 어떻게 평가할 수 있는가

프로세스에서 중요하게 다루어야 할 사항으로 프로세스의 성과 Performance가 있다. 간혹 프로세스 성과와 프로세스 산출을 혼동하는 경우 가 있는데, 이 둘은 서로 다르다. 아웃풋은 프로세스를 수행한 결과로 산출 되는 것인 반면, 성과는 프로세스의 능력을 나타내는 것으로, 프로세스 운영 의 효과성과 효율성을 의미한다. 프로세스아웃풋은 고객에게 제공되지만, 성과는 고객에게 제공되는 것이 아니다. 고객은 프로세스의 성과보다는 아 웃풋에 관심을 갖는다. 프로세스의 성과에 관심을 가져야 할 사람은 프로세 스책임자이거나 조직의 경영자이다.

프로세스의 성과를 객관적으로 측정할 수 있도록 한 것이 프로세스 성과 지표Performance Metric이다. 그리고 기업의 목표달성에 중요한 핵심프로세 스들에서 도출된 성과지표들을 핵심성과지표 KPI, Key Performance Indicator 라고 부른다. 핵심프로세스의 성과지표들은 당연히 회사의 경영목표나 사업 목표와 연계되어 있어야 한다. 만약 그렇지 않다면, 기업이 가야 할 목적지

(기업 전체의 목표)와 핵심프로세스가 뛰어가는 방향이 서로 다른 곳을 가리키는 것이다.

가야 할 목적지(기업의 목표)는 분명한데, 그 방향으로 뛰는 주자들(프로세스들)이 없거나, 부분적으로 가는 길이 막혔거나, 코스가 토막토막 끊어져 있다면 주자들은 가다 쉬다를 반복하며 그때그때 각자 알아서 판단하려 할 것이다. 어떤 구간에서는 오히려 반대 방향으로 달리도록 지시하는 바보 같은 코치도 있을 수 있다.

정리해서 말하면, 기업의 목표는 대부분이 핵심프로세스에서 도출된 성과지표들과 연관되어 있어야 한다(프로세스 성과지표는 경영목표와 상이하지 않도록 개발되어야 한다). 사업의 성과를 높이기 위해서 핵심프로세스만을 중점관리해도 되도록 해야 하는 것이다.

만약 프로세스들이 가치흐름에 따라서 그리고 프로세스 위계에 따라 적절히 전개되었다면, CEO와 사업본부장의 성과지표는 대체로 1차 프로세스 Mega Process에서, 부서장급의 성과지표는 대체로 2차 프로세스Major Process에서, 실무책임자 및 중간관리자급의 성과지표는 대체로 3차 프로세스Sub Process에서 도출되는 것이 정상일 것이다. 그리고 이렇게 하여 도출된 핵심 성과지표에 경쟁사의 성과(실적)를 고려하여(벤치마킹) 목표수준을 정하면 기업의 경영목표(Objectives 또는 Targets)가 수립된다. 그래서 주요 직책별로 전개된 성과관리 체계를 수립하고 운영할 수 있다.(같은 방식으로 일선의 직원에까지 성과관리 체계가 전개될 수 있다면, 인사평가 체계로까지 발전시킬 수 있을 것이다.) 결국 가치흐름을 반영한 프로세스 체계의 수립과, 체계적인 프로세스 위계 전개, 그리고 올바른 프로세스 정의가 프로세스에 근거한 성과관리 체계의 성공적인 설계를 좌우한다고 할 수 있다.

한편 프로세스의 능력을 대표하는, 적절한 성과지표를 개발하는 일도 중요하다. 성과지표는 조직원의 행동양식을 결정하기 때문에, 성과지표를 적절하게 정하지 못하면 조직의 이익에 반하는 행동을 유발할 수도 있다(잘못된 성과지표로 인한 영향은 11장을 참조하라).

성과지표와 목표수준을 각 부서장에게 맡겨 두면, 프로세스의 성능을 측정하는 적절한 지표가 개발되기보다는 자신의 이해관계에 따른 성과지표와 목표수준을 결정하게 되어 조직 전체의 최적화를 이루지 못한다. 그래서 기업의 목표와 조화되지 않는 목표(성과지표) 관리 체계가 수립되어 버린다.(즉 회사의 목표와 각 부문(부서)의 목표는 서로 괴리된다.) 다음은 관리자들 스스로 성과지표와 목표를 정하도록 할 때 나타날 수 있는 최악의 시나리오들이다.

- 자신의 이해관계에 따라 생색을 내기 쉬운 성과지표와 목표수준을 정한다.
- 프로세스의 능력을 평가하는 적절한 성과지표를 애써 찾으려 하기보다는, 조직에서 이미 관리(모니터링)되고 있는 성과지표를 중심으로 도출한다.
- 어렵게 측정해야 하는 지표들은 피하고, 관리하기 쉬운 (측정하기 쉬운) 성과지표들만 선정한다.
- 잘못되기 쉽거나, 열심히 해도 생색이 나지 않는 지표는 누락시킨다.
- 측정이 가능해도 책임소재가 애매한 성과지표는 도출되지 않는다. (예; 고객이탈률 – 사실 성과관리 체계의 대부분은 이런 지표들로 채워져야 한다.)

이것은 회사 전체를 위해 결코 바람직하지 않은 상황들이다. 이런 문제를 근본적으로 피할 수 있는 방법은 (각 부서별로 목표를 수립하여 이를 취합하려 하지 말고) 처음부터 '수익'이라는 기업 최고의 목표로부터 시작하는 것이다. 이 최고 목표의 달성을 붙들고 있는 핵심프로세스를 파악하고, 이 핵심프로세스의 성과지표에 최고의 우선순위를 두어야 한다. 그리고 난 후 핵심프로세스 성과지표와 대립되지 않도록, 관련된 프로세스들의 성과지표를 도출해야 한다. 보다 구체적인 내용은 11장을 참조하라.

| 참고 | 프로세스의 성과지표 선정 요령

성과지표를 개발할 때는 프로세스를 세 가지 측면 즉 처리시간 측면, 품질 측면, 생산성 측면에서 생각하여 도출하는 것이 도움이 된다.

| 처리시간<br>(Processing Time) | 품질<br>(Quality) | 생산성/원가<br>(Productivity/Cost) |
|---|---|---|
| 적시성 측정요소 | 정합성 측정요소<br>(고객요구에 대해<br>프로세스아웃풋이 일치한 정도) | 생산성, 효과성, 효율성<br>측정요소 |
| 시간[일수/시간] | 비율[%] | 비용[원], 수량[개수/건수] |

다음은 성과지표를 선정한 예이다. 단, 생산성/원가 측면의 성과지표는 부분최적화의 원인이 될 수도 있으므로, 이를 선정할 때는 핵심프로세스에 국한시킬 필요가 있다.

| 활동 또는 프로세스 | 고객불만처리 | 준비교체(셋업) | 제품설계 |
|---|---|---|---|
| 처리시간<br>(Processing Time) | 평균 고객불만처리시간 | 평균 준비교체 시간 | 평균 설계기간 |
| 품질<br>(Quality) | 처리하지 못한<br>고객불만 수 | 준비미비/오류건수 | 설계변경건수 |
| 생산성/원가<br>(Productivity/Cost) | 처리당 활동원가 | 준비교체당 활동원가 | 인당 설계건수 |

**자원**Resource - 프로세스를 운영하는 데 필요한 인적/물적자원은 무엇인가, 자원의 능력은 프로세스에 어떤 영향을 주는가

프로세스의 성공적인 성과달성을 위한 요소로 자원Resource을 빼 놓을 수가 없다. 경영시스템에서의 자원은 인적자원, 물적자원, 정보자원 그리고 재정자원의 네 가지 분야로 크게 구분된다.[20] 그 중에서도 프로세스를 운영하

---

20) 참고로 ISO 9001 규격(품질경영시스템 요구사항)에는 인적자원과 업무(작업)환경을 포함한 기반구조(Infrastructure)를 관리하도록 규정하고 있고, ISO 9004 규격(성과개선지침)에는 그 외에도 정보자원, 공급자, 천연자원 및 재정자원을 자원관리영역으로 제시하고 있다.

는 인적자원Human Resource은 가장 중요하게 다루어져야 할 분야이다. 인적자원의 수준은 그대로 프로세스의 경쟁력으로 나타나기도 한다.(사실 인적자원은 프로세스를 수행하는 것이 아니라, 활동을 수행한다. 그래서 인적자원은 프로세스의 구성요소라기보다는, 뒤에서 이야기할 활동의 구성요소로 보는 것이 더 적합하다.)

기업에서 발생하는 문제의 중심에는 프로세스가 있고, 그 프로세스의 중심엔 사람이 있다. 에드워즈 데밍W.Edwards Deming은 기업 내에서 발생되는 문제 중 94%는 프로세스를 통해 유발되며 나머지 6%만이 사람들에 의한 요인이라고 했다. 그는 또 프로세스를 통해서 유발되는 이러한 문제에 대한 해결책은 100% 모두 사람의 손에 달려 있다고 했다. 따라서 인적자원 분야에서는 프로세스를 수행하고 성과를 달성할 수 있는 인원의 능력(적격성이라고 한다)을 어떻게 확보하느냐가 관건이다. 프로세스의 효과적인 운영을 위한 인원의 적격성 기준을 마련하고, 훈련을 통해 이를 확보하도록 해야 한다. 다른 한편으로는 직원의 직무에 대한 만족도를 높이고, 자주성과 창의성을 높이며, 이를 위한 적절한 학습환경을 조성해야 한다.

작업장, 창고, 설비, 공구, 차량 등은 물적자원으로서 고려해야 할 것들이다.(참고로 ISO 9000 규격에서는 이러한 물적자원을 '기반구조Infrastructure'라고 하여 적절하게 유지관리할 것을 요구하고 있다.) 여기서는 투입되는 자재는 물론이고 프로세스를 운영하기 위해 필요한 시설과 장비, 도구가 확보되어야 한다. 프로세스의 능력을 지속적으로 보장하기 위해서, 물적자원은 의도된 기능(능력)이 일관되게 유지되도록 관리하는 것이 요령이다. 특히 가장 능력이 작은 자원은 흐름의 병목을 만들어 프로세스 전체의 성과를 결정하므로, 프로세스의 성과를 높이기 위해서는 프로세스의 운영을 계획할 때 자원의 능력을 고려해야 한다. 프로세스는 언제나 자원 제약의 문제를 안고 있다. 프로세스 개선(혁신)은 이러한 장애요인이나 제약조건을 극복하려는 시도로 볼 수 있으며, 제약된 자원을 역으로 이용하려는 시도가 제약경영TOC, Theory of Constraint의 핵심이다.

프로세스의 성과를 높이는 데 크게 기여하는 또 하나의 구성요소는 정보자원이다. 정보자원에는 프로세스 운영에 필요한 데이터나 정보, 지식, 운영의 노하우는 물론 정보기술IT까지도 포함된다. 정보자원 분야에서는 정보의 수집과 분석, 그리고 공유 등 정보의 활용이 무엇보다도 강조된다. 특히 빠른 속도로 눈부시게 발전하는 정보기술 덕택에, 프로세스에서의 가치흐름은 나날이 가속되고 있다. 정보기술이 프로세스를 어떻게 지원할 수 있는지, 한 예를 들어 살펴보자.

고객으로부터 주문을 받고 이것을 처리하는 과정에서 고객명, 납기, 제품명, 제품수량 등의 주문정보가 몇 번이나 기록될까?

- 고객은 주문서를 작성하여 팩스(또는 전화)로 송부한다.
- 영업담당자는 접수한 주문서를 수주처리대장에 기록한다.
- 영업담당자는 제품생산을 위해 생산의뢰서를 작성한다.
- 생산관리담당자는 생산계획을 수립하기 위해 월/주별 생산계획서를 작성한다.
- 공정책임자는 제품생산을 위해 공정별로 생산지시서를 작성한다.
- 공정책임자는 생산 완료된 제품을 창고에 입고하기 위해 입고전표를 작성한다.
- 창고관리담당자는 제품출고를 위해 출고전표를 작성한다.
- 영업담당자는 제품의 출하/운송을 위해 운송책임자에게 발행할 운송장(송장)을 작성한다.

예로 들어 놓은 여덟 단계에서, 주문정보는 해당 서식지마다 매번 반복해서 기록되었다. 그리고도 주문정보는 아직도 계속해서 더 기록될 수 있을 것이다. 워드나 엑셀로 된 양식에 기록하기 위해 PC를 사용한다고 해도 동일한 정보를 그때마다 반복하여 입력하는 상황은 여전히 마찬가지이다.

만약 데이터베이스와 네트워크를 활용할 수 있다면, 최소한 프로세스의 매 단계마다 동일한 정보를 반복 입력하는 낭비 정도는 없앨 수 있다. 정보는 한 번만 입력되면 조직원 모두가 동시에 공유할 수 있으며, 장소에 구애받지도 않는 등 정보기술은 프로세스 활용분야에 있어서 거의 절대적인 영향을 미친다.

이처럼 프로세스를 혁신하고자 할 때 정보기술IT을 따로 떼어 놓고는 생각할 수 없다. ERP까지 생각하지는 않는다고 하더라도, 데이터베이스Database와 컴퓨터PC, 그리고 S/W는 프로세스를 강하게 만든다. 따라서 프로세스의 혁신을 위해서, 필요하다고 판단되는 정보자원은 반드시 프로세스의 중요한 자원으로 고려해야 한다.(여기서 PC, Software 등은 원칙적으로 물적자원으로 분류되지만, 정보자원으로 규정한다고 해도 문제되지 않는다.)

굳이 컴퓨터가 아니더라도, 조직원 간의 의사소통의 영향은 프로세스의 성과향상에 기여하는 바가 크다. 지식경영KM도 따지고 보면 결국 조직 내에서 정보자원을 효율적으로 활용하려는 노력 아닌가? ISO 9001에도 조직의 성과개선에 도움이 될 수 있도록, 사내에서 방침, 요구사항, 목표, 성과(실적)와 같은 품질경영시스템의 효과성에 대한 내부 의사소통을 정보의 공유와 활용 측면에서 규정하고 있다.

한편 '인풋'과 '자원'은 서로 비슷한 개념이지만 차이가 있다. 일반적으로 인풋은 프로세스에 투입되어 아웃풋으로 변환되므로 없어지지만, 자원은 반복적으로 사용된다(그러나 구분이 애매한 경우도 있다).

### 연결 프로세스 Preceding/Succeeding Process – 가치의 흐름이 어느 프로세스로부터 와서, 어느 프로세스로 연결되는가

연결 프로세스에는 선행 프로세스와 후속 프로세스가 있다. 선행 프로세스는 인풋이 들어오는 프로세스를, 후속 프로세스는 아웃풋이 흘러가는 프로세스를 말한다.

사실 프로세스 내에서의 가치흐름보다는, 프로세스 간의 가치흐름이 더욱 중요하다. 앞에서 프로세스 간의 연계성은 시스템적 사고방식이라고 했던 것을 기억하는가? 프로세스 내에서 가치의 흐름이 잘 연결되었더라도, 선행-후속 프로세스 간의 연결이 원활하지 못하다면 경영시스템은 역시 효과를 내지 못한다.

프로세스 간의 연결은 다음과 같이 다양한 형태로 일어난다. (이러한 가치는 반드시 1:1로 연결되어야 하는 것은 아님에 유의하라.)

– 다른 프로세스의 아웃풋이 한 프로세스의 시작점으로 들어오는 경우
– 다른 프로세스의 아웃풋이 한 프로세스 내의 어떤 활동으로 들어오는 경우
– 한 프로세스 내의 어떤 활동에서 다른 프로세스로 연결되어 나가는 경우
– 한 프로세스의 끝점에서 다른 프로세스로 연결되어 나가는 경우

프로세스의 시작점과 끝점은 물론이고, 프로세스 내에서 다른 프로세스와의 가치의 입출력 연결은 프로세스맵상에서도 표현되어야 한다.

**프로세스 지식 – 프로세스를 수행할 때 참조해야 할 긴요한 정보는 무엇인가**

지식경영이 이루어지는 많은 기업에서 데이터베이스에 등록된 지식을 살펴보면 호기심이 생기거나 신기한 것이 많다. 주식을 사거나 파는 요령, 부동산으로 재산을 증식하는 방법, 베스트셀러의 내용 요약 등등. 회사에 다니는 목적이 지식왕이 되기 위한 것은 아닌가 싶을 정도로 지식마일리지에 목숨을 건(?) 직원을 만난 적도 있었다.

그러나 이런 지식이 기업을 얼마나 살찌우게 될 것인지는 의문이다. 이 지식들을 부가가치를 창출해야 하는 해당 프로세스와는 관계지어 놓지 않았기 때문이다. 이런 기업에서는 프로세스는 행정상으로만 운영될 수밖에 없다. 요는 프로세스와 그에 해당하는 지식을 연결지어 관리하는 것이다.

가장 중요한 지식은 업무프로세스에 대한 지식이다. 프로세스에 대한 지식이야말로 기업의 중요한 자산이다. 프로세스 수행에 대한 지식보다 더 귀

한 지식은 흔하지 않다. 왜냐하면 프로세스의 성능은 곧바로 경영시스템의 성과가 되고, 이것이 수익을 내야 하는 기업의 최고 목표를 달성하기 때문이다.

그렇다면 어떻게 해야 할까? 예를 들어 고객으로부터 클레임이 접수된 경우, 이를 분석한 결과를 적절한 프로세스에 배정(할당)하여 지식으로 등록시킨다. 성공사례 역시 같은 요령으로 해당 프로세스의 지식으로 등록시킨다. 프로세스에 대한 이런 지식들은 기업의 노하우에 해당한다. 프로세스를 수행하는 조직원이 관련된 성공사례와 실패사례, 노하우와 약점에 대한 정보를 업무수행과 동시에 참조할 수 있다면, 그것이 바로 지식경영 본래의 의도가 아닌가?

프로세스 관련 지식은 두 가지로 나눌 수 있다. 하나는 성공사례나 노하우, 또는 수행요령이요, 다른 하나는 실패경험이나 잠재적인 위험성이다. 그러므로 프로세스 수행에 참여해 본 경험이 있는 조직원이라면 누구라도 해당 프로세스에 대한 자신의 경험을 다른 이들과 나눌 수 있도록 제도화해야 한다. 정보시스템이 프로세스의 지식을 데이터베이스에 축적할 수 있도록 지원한다면, 그래서 프로세스를 수행할 때 참고할 수 있도록 활용된다면, 프로세스의 성과는 날이 갈수록 향상될 수밖에 없을 것이다.

**활동 Activity – 프로세스는 어떤 단계(과정)를 거쳐서 이루어지는가**

프로세스가 순서대로 일어나는 활동들의 집합임을 감안하면 프로세스의 핵심적인 구성요소 가운데 하나는 바로 활동Activity이다. 그리고 구체적인 활동은, 프로세스 표현단계(10장)에서 드러날 것이다.

활동기준원가계산ABC이나 활동기준원가관리ABM, 활동기준예산ABB 등은 모두 활동의 개념을 적극 활용한 경영혁신 기법들이다. 활동을 파악하여 제품원가를 산출하고, 한정된 자원을 쓸모 있는 활동에 우선적으로 배정하려 한다. 활동별로 원가를 산출할 수 있으므로(간접비 배부의 문제가 남아 있기는 하지만), 활동원가의 합으로 프로세스가 1회 수행될 때의 원가도 산출할 수 있다. 경영자는 프로세스원가보고서를 참조하여 기업의 제한된 자원을 어느 프로세스에 우선 투자해야 경영성과를 극대화시킬 수 있을지 판단할 수 있을 것이다.

'프로세스'와 마찬가지로 '활동' 역시 인풋과 아웃풋, 성과지표 등의 구성요소를 가질 수 있다. 활동에 대한 이런 세부적인 사항은 프로세스 표현(10장)에서 좀 더 언급하기로 한다.

### 고객의 필요 및 기대 Customer's Needs & Expectations – 고객이 정말로 바라는 것은 무엇인가

고객의 필요와 기대[21]를 정의한다. 우리는 프로세스아웃풋이 항상 이것과 같아지기를 기대한다. 고객의 필요와 기대를 알아보는 데에는 그렇게 많은 노력이 필요하지 않다. 기업 외부의 고객에 대한 인식조사는 앞서서 수행되었을 것이고(7장), 기업 내부에서는 각 프로세스마다 고객이 설정되므로 대부분의 고객은 조직 내에서 만날 수 있다. 따라서 의지만 있다면, 거의 모든 프로세스의 고객으로부터 프로세스에 대한 그들의 필요와 기대를 파악할 수 있다.

고객의 필요와 기대가 파악되면 프로세스를 검증할 때 (프로세스 체계 수립 후) 이를 적극적으로 활용할 수 있다. 그 방법 중 하나가 프로세스 진단이다. (4장을 참조하라)

---

21) 필요와 기대의 차이는 7장을 참고한다

# 3. 프로세스를 정의하라

이제 위에서 살펴 본 프로세스 구성요소를 고려하여 프로세스를 정의하고 기술(문서화)한다. 프로세스를 정의할 때는 우선 무엇을 하는 프로세스인지부터 정의한다. 그리고서 프로세스의 처음 시작과 끝을 정해 프로세스의 범위(경계)를 설정한다. 그리고 위에서 살펴본 프로세스 구성요소를 고려하여 적절히 프로세스를 기술하는 것이다.

프로세스를 정의하는 문서의 대표적인 예로 프로세스 정의서Process Definition, 거북도형Tuttle Diagram 등을 들 수 있다. 프로세스 ID(Process No & Name), 프로세스의 목적Purpose, 범위Scope, 인풋, 아웃풋, 고객Customer 자원, 산출식과 측정주기 등을 포함한 성과지표 참고자료(관련문서, 서식, 관련정보 등) 등 프로세스의 주요한 요소들을 기술한다.

| 프로세스 정의 | | 대외비 | 2차 〉 3차 〉 4차 〉 |
|---|---|---|---|
| 프로세스 번호/이름 | SP-7300 정보화 운영지원 | 고객 | (1)CEO (2)각부서장 |
| 프로세스 정의 | 회사 전반적인 전산시스템 서비스를 효율적으로 관리하며 업무의 질적향상을 증가시키는 프로세스 | | |
| 프로세스 책임자 | 기획실장 | 수행(관련)부서 | 전산팀 |
| 지원(S/W, H/W) | ERP, WEB P/G, 전산장비 | 표준 Cycle Time | 3개월 |
| 상위 프로세스 | (없음) | 선행 프로세스 | SP-7310, SP-7320, SP-7330 |
| 하위 프로세스 | SP-7310, SP-7320, SP-7330 | 후속 프로세스 | |
| 주요입력 | ERP 가동률<br>Web 가동률<br>전산장비 가동률 | 주요 산출 | 전산 정보화 계획<br>전산프로세스 취약점<br>문제해결 |
| 성과지표 | 산출식 | 측정주기 | 관리책임 / 측정결과기록 |
| 정보화 가동률 | ERP가동률 + Web가동률 + 장비가동률 | 분기 | 기획실장 / 정보화가동률 조사표 |

[그림 9-3] 프로세스정의서(Process Definition) (예)

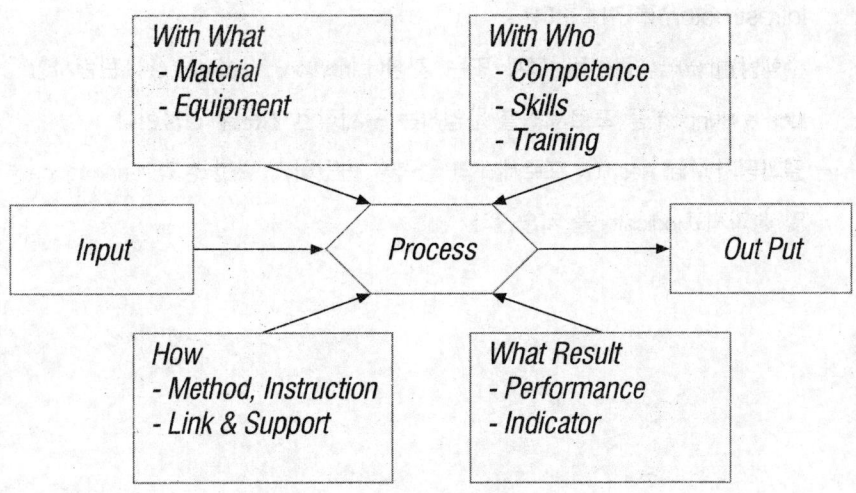

[그림 9-4] 거북도형(Tuttle Diagram)

거북도형은 자동차 품질경영시스템(ISO/TS 16949) 규격을 주관하는 국제자동차협력팀IATF에서 권장하는 사항으로, 프로세스를 정의할 때 인풋과 아웃풋 이외에도 인적자원, 물적자원, 방법, 성과지표의 6가지 구성요소를 고려하도록 권장하고 있다.

- 인풋 : 고객의 요구사항이나 선행 프로세스의 아웃풋을 인풋으로 기술한다. 인풋은 정보, 문서, 원부자재 등 여러 가지로 형태가 정해져 있는 것은 아니다.
- 아웃풋 : 프로세스의 출력으로 정보, 문서, 제품, 서비스 등을 기술한다. 아웃풋의 형태 역시 고정되어 있지 않다.
- 인적자원With Who : 인원의 적격성Competence, 기량Skills, 교육훈련 Training 등 프로세스를 수행하는 데에 필요한 인원의 요구사항을 결정하여 기술한다.
- 물적자원With What : 프로세스를 수행하는 데에 필요한 원자재Material, 설비Equipment, 장비, 사무기기, 정보시스템(S/W, H/W, N/W, D/B 포함) 등의

Infrastructure를 기술한다.

- 수행방법How : 관련된 절차 또는 지침Instruction, 방법Method, 관련사항 Link & Support 등 프로세스를 운영하는 구체적인 기준을 인용한다.
- 결과평가What Result : 프로세스의 능력을 판단하기 위한 성과Performance 및 성과지표Indicator를 기술한다.

# IO

## 가치의 흐름에 따라 프로세스를 표현하라

| 들어가기에 앞서 |

프로세스를 표현한 그림을 프로세스맵이라고 하는데, 필자가 프로세스맵에 대해 자문할
때 주로 다음과 같은 질문들이 많았다.

- 왜 프로세스를 문서로 표현해야 하는가?
- 업무흐름노(Flowchart), QC공정도, 제조공정도, 표 등은 프로세스로 볼 수 있는가?
- 이전까지 경영시스템을 구성하던 절차서 체계를 그대로 프로세스 체계로 볼 수 있는가?
- 절차서(문서화된 절차) 프로세스로 볼 수는 없는가?
- 절차서 뒤에 업무흐름도를 첨부하면 프로세스가 표현된 것인가?
- 업무흐름도와 프로세스맵이 다르다고 하면, 프로세스맵은 무엇을 표현한 것인가?
- 프로세스를 문서로 표현하면 절차서는 없애도(폐기해도) 되는가?
- 사업계획서에 있는 목표성과지표와 프로세스를 어떻게 연결하는가?

이러한 질문들은 대부분 ISO 9001 품질경영시스템 인증을 보유하고 있는 기업의 품질경
영팀, 전략기획팀 등 경영혁신을 추진해야 하는 입장에 선 실무자들에게서 나온 것이다.
이 질문들에 대해 어떻게 답할지 염두에 두면서, 프로세스 표현에 대해 생각해 보자.

## *1.* 프로세스 관리가 어려운 데에는 그만한 이유가 있다

프로세스는 몇 가지 이유 때문에 관리하기가 쉽지 않다. 프로세스를 '관
리' 하기 까다로운 주요한 이유들을 꼽아 보자.

### 프로세스는 어느 한 부서에서 책임질 수 없다

프로세스의 가장 중요한 속성 중 하나는 다기능적(Cross Functional, 범부서적)[22]이라는 것이다. 물론 하나의 프로세스를 범위에 따라 몇 개의 하위 프로세스로 계속 나누어 가면 특정한 부서 내에서 이루어지는 작은 프로세스까지 세분화할 수도 있겠지만, 업무를 부서에 맞게 나누는 것은 프로세스 중심의 사고에 위배되는 것이다.

프로세스의 범부서적인 속성 때문에, 즉 프로세스가 어느 한 부서에 명백히 귀속되지 않기 때문에 여러 가지의 문제가 야기된다. 우선은 해당 프로세스의 주관부서가 어디인가(누가 프로세스 초안을 수립할 것인가)에서부터, 그 프로세스의 성과(지표)를 무엇으로 할 것인가, 그 성과지표는 누구의 목표가 되는가 등이 논란이 될 수 있다. 가장 문제되는 것은 프로세스 성과에 대해 책임질 부서장을 확정할 수 없다는 것이다. 예를 들어 고객만족도는 일반적으로 영업부서장의 성과지표라고 생각할 수 있겠지만, 영업부서장의 생각은 다를 수도 있다.

　생산부서장 : "고객만족도는 고객과의 문제이니 영업부서의 책임이다."
　영업부서장 : "결품과 납기지연 때문에 생기는 생산부서의 책임을 왜 나한테
　　　　　　　미루는가?"

회사 차원에서는 중요한 프로세스이고, 핵심적인 성과지표일지 몰라도 주인을 가리기는 쉽지 않다. 어설프게 맡았다가는 끝까지 책임지게 될지도 모른다고 누구나 생각할 것이다. 임자 없는 프로세스에 관리자들이 서로 책임을 전가하다가 심지어는 최고경영자가 책임자가 되는 웃지 못할 경우도 있다. 우여곡절 끝에 누군가에게 프로세스에 대한 책임이 할당되었다고 하더

---

22) Cross Functional : 여러 기능 즉 여러 부서나 부문에 걸쳐 있다는 뜻. 우리말로 다기능적, 범부서적, 전문분야 협력적 등의 용어가 사용되기는 하지만, 원어의 뜻을 잘 전달하지는 못하는 것 같다

라도 프로세스 내의 사소한 다른 부서의 일까지 감당하기에는 지식적으로 한계가 있으므로 프로세스를 나누자고 주장할 수도 있다(이미 언급했다시피 부서별로 쪼개진 프로세스는 그 자체로 프로세스 중심사고에 위배되는 것이다). 게다가 관련된 부서의 적극적인 협력을 얻는 것이 쉽지 않아 프로세스의 성과는 좀처럼 좋아지지 않는다.

몇몇 부서장이 모여 함께 책임지자고 해도 곤란하기는 마찬가지다. 공동의 책임은 누구의 책임도 아니라는 말과 동일하다. 자신이 100% 책임질 사항도 챙길 시간이 없는데, 약간 관여된 것을 가지고 총력을 다할 관리자가 어디 있겠는가?

## 조직편제가 프로세스에 맞도록 되어 있지 않다

위에서 프로세스의 책임이 애매해지기 쉽다는 이야기를 했는데, 그건 곧 조직편제의 문제이기도 하다. 프로세스를 잘 살펴보면, 프로세스를 구성하는 단위인 활동이 어느 한 부서에 모두 존재하는 것이 아니라, 각 부서마다 조금씩 나누어져(흩어져) 있음을 알 수 있다. 프로세스란 각 부서마다 존재하는 이런 활동들을 모두 모아서 순서대로 연결한 것이다.

각 부서장은 자신들이 맡고 있는 부서에 충실할 뿐, 프로세스 전체를 책임지는 부서장은 없다.(본부장급 이상으로 올라가면 혹시 가능할 수도 있다. 그러나 본부 간의 영역들을 침범하는 프로세스는 무조건 최고경영자가 책임져야 하는가?) 단위 부서를 책임지는 사람은 있어도 전체 프로세스 차원의 성과를 책임지는 사람은 없기 때문에, 프로세스는 잘 관리되지 않는 것이다. 프로세스의 범위가 넓어질수록 프로세스는 문제를 많이 안게 되며 프로세스에 대한 책임도 모호해질 수밖에 없다. 일을 단순한 작업으로 세분화하는 아담스미스의 분업화 사고의 영향으로, 경영자들은 아직도 프로세스의 일부인 부서업무나 작업에 매달린다. 보다 큰 목표인 제품이나 서비스를 주문한 고객은 보지 못하고 있는 것이다.

단위조직(기능, Functional)과 프로세스(다기능, Cross Functional) 간에 불일치가 일어나는 이유는 이들의 속성이 서로 달라 물과 기름 같이 서로 섞일 수 없기 때문이다. 이 문제를 근본적으로 해결하려면 프로세스를 포기하고 기능별로 충실하든지, 아니면 기능을 해체하고 프로세스에 맞도록 조직을 바꿔야 한다.

프로세스의 가치흐름에 맞도록 구성된 조직을 프로세스 조직이라고 한다. 프로세스 조직에는 각각의 필요한 기능을 담당하는 인원이 모두 모여 있는데, 대표적인 예가 '팀'이다. 프로세스 조직에 대해서는 14장(조직의 가치흐름 혁신)에서 구체적으로 언급할 것이다.

### 프로세스는 눈에 보이지 않는다

회사의 프로세스는 전직원 대부분이 다 알고 있는 것 같으면서도, 막상 따져 보려고 하면 아는 사람이 별로 없어 황당함을 겪곤 한다. 규정Rule에 따라 이루어지는 것 같으면서도, 담당자의 개인적인 판단에 따라 이루어지는 일들이 우리 주변에는 부지기수다.

T기업에 대리로 입사하게 된 구매담당자는 입사하자마자 자신이 전에 다니던 회사의 제품 포장방법과 아이디어를 이 회사에도 적용하면 좋을 거라는 생각을 늘 하고 있었다. 그의 아이디어는 제품의 포장이 더 간단하면서도 포장자재에 드는 비용까지 줄일 수 있는 것이었는데, 정작 이 회사에서 제품의 포장방법과 포장재료를 선정하는 일은 제품설계부의 일이라는 것만 알뿐, 관련 규정에 구체적으로 규정된 사항도 없어 어떻게 포장 사양이 결정되는지는 알 수가 없었다. 게다가 포장을 바꾸려면 고객의 승인이 있어야 할 것이라는 동료의 말을 들은 적이 있는 터라, 자신의 아이디어를 제안할 생각을 포기하고 있었다. 그러다가 제품설계부 과장으로 보직을 바꾸고 나서야 제품의 포장을 바꾸는 절차가 어려운 것이 아님을 비로소 알게 되었다. 결국 그가 입사하고 4년이 지나서야 제품의 포장은 전보다 좋은 방법으로 변경되었다. 만약 포장을 결정하는 절차를 조직원이 함께 공유했더라면 즉시 개선되었을 수도 있었던 일이었다.

업무처리절차 내부에 잠재되어 있을 불합리성과 모순을 밝혀내려면 그 업무가 어떻게 처리되는지 모든 사람에게 투명하게 보여야 한다. 업무처리 절차가 모든 사람에게 투명해진다면 문제는 의외로 쉽게 드러날 것이며, 우리가 마음을 먹고 그 업무 속으로 들어가 보면 일관성 없는 결정과 알려지지 않은 사실, 성과에 영향을 주는 요인들, 개선의 기회가 무수히 감추어져 있음도 발견하게 될 것이다.

도와주고 싶어도 그 일이 어떻게 이루어지는지 몰라서 즉, 일처리 과정을 알지 못해서 도와주지 못하는 경우가 종종 있다. 프로세스나 그 성과를 개선하려면 일단 모두에게 투명하게 보여야 한다. 생산현장에서 '눈에 보이는 관리'를 강조하는 것도 이와 동일한 이유에서다.

## 프로세스는 분장된 업무와는 성격이 다르다

어떤 관리자들은 부서의 업무 내에 각각의 목적을 갖는 프로세스를 두는 것으로 오해한다. 그래서 각 부서별로 규정된 업무분장에 따라 프로세스 체계를 구성하라고 주문하기도 한다. 그러나 프로세스는 부서 직무분장과는 성격이 다르다. 오히려 각 부서별 업무분장 사항 중 일부를 활동Activity으로 하고, 이를 모든 부서별로 모아 구색을 맞춰 하나의 프로세스를 구성해야 한다.

각 부서의 관리자를 중심으로 그들의 책임과 권한을 (부서별로) 규정한 후에, 이를 전사적으로 모아 놓고, 동일한 목적을 가진 유사한 업무분장 사항이 다른 부서에도 있는지 확인한다. 이런 유사한 업무 사항을 전후의 흐름관계를 따져서 서로 이어 놓으면, 비로소 하나의 목적을 가진 하나의 프로세스를 구성할 수 있다. 예를 들어 기획실의 투자분석업무, 생산기술부의 설비보전계획업무와 사후보전업무, 생산2부의 설비사양 결정업무, 생산관리부의 설비구매신청업무와 일상점검업무, 총무부의 설비 이전 및 폐기업무 등은 설비를 도입하고 설치, 사용, 보전하는 설비관리라는 하나의 프로세스에 묶여진 활동들이다.

프로세스는 순차적으로 발생하는 활동들의 집합체이다. 그러니까 프로세스 구성의 역순으로 생각해서, 프로세스에서 활동들을 뽑아 내어 활동수행 자가 속한 부서별로 분류해 놓으면 부서별 업무분장이 되어야 한다.

### 프로세스는 이름이 없으며, 적절한 이름을 붙이기도 쉽지 않다

프로세스를 관리하기 위해 그 이름을 정하려고 해도 문제가 있다. 프로세스는 그 시작점과 끝점을 정해야 어떤 내용인지 윤곽이 잡히므로, 먼저 관리하려고 하는 범위를 정해야 이름도 적절히 결정할 수 있게 된다. 다음과 같은 경우를 생각해 보자.

> 어느 회사 영업부에서 자신들이 하는 업무를 크게 영업프로세스라고 명명하려고 한다. 영업프로세스의 범위는 고객으로부터 주문을 접수하여 생산부에 의뢰하고, 생산된 제품을 고객에게 인도하는 과정을 거쳐 고객으로부터 수금을 완료하기까지로 정했다.

그런데 곤란한 일이 생겼다. 영업프로세스가 고객으로부터 주문을 접수하기 시작하여 고객에게 대금을 수금완료하기까지의 업무이므로, 제조프로세스와 인도프로세스까지도 이 영업프로세스에 포함되게 된 것이다. 이렇게 되면 영업프로세스라는 하나의 큰 프로세스Mega Process 안에 회사의 모든 업무가 하위 프로세스로 포함되게 되어 프로세스 체계를 다시 바꿔야 하는지 난감해진 것이다.

이름도 더 이상 영업프로세스라고 하기는 어려워졌다. 더 넓고 큰 업무범위를 포함하려다 보니 '기업운영프로세스'로 바꾸어야 할 판이다.

### 프로세스 내에서 어떤 가치가 흘러야 하는지 명확히 알지 못한다

프로세스맵을 작성하라고 하면 업무흐름도Flowchart를 그리는 수준에서 끝내고 마는 경우가 대부분이다. 그러면서 프로세스맵이 업무흐름도와 무엇이 다르냐고 반문할 수도 있다. 프로세스맵과 업무흐름도의 차이는 앞에서도 잠깐 언급했지만, 한가지 분명한 것은 업무흐름도에는 그것이 산출하는 부가가치가 어떤 것인지 표현되지 않을 뿐만 아니라, 부가가치를 얻기 위해 필요한 활동을 나타낸 것도 아니라는 것이다. 그저 일(업무)을 어떤 순서에 따라야 하는지 도표로 알기 쉽게 표현한 그림에 지나지 않는다.

프로세스는 부가가치가 창출되고, 전환되고, 가공되고, 전달되는 가치의 흐름과정이다. 따라서 프로세스는 어떤 고객가치를 산출할 것인지, 이를 얻기 위해 그 안에 어떤 활동들Activities을 포함해야 하는지 명확해야 한다. 또한 나중의 개선을 위해서, 프로세스 내에 현재 어떤 비부가가치활동NVAA들이 포함되어 있는지도 표시하려고 한다.


## 2. 프로세스로 표현하지 못하면 성과를 개선할 수 없다

프로세스를 정의한 다음에는 프로세스를 표현한다. 그런데, 왜 프로세스를 (문서로) 표현해야 할까?

프로세스는 일반적으로 프로세스맵의 형태로 표현하는데, 프로세스를 표현해야 하는 이유는 아주 간단하다. 프로세스가 눈에 보이지 않으면 관리할 수 없음은 물론, 성과를 개선할 수도 없기 때문이다. 이것은 마치 생산현장을 '눈으로 보는 관리' 체제로 유지하려는 것과 똑 같다. 프로세스에서 항상 예상할 수 있는 결과를 얻기 위해서, 또 성과를 개선하기 위해서, 프로세스는 반드시 표현되어야 한다.

잘못된 프로세스 표현의 예를, 필자가 방문했던 어느 회사의 사례로 들어본다. 이 회사 총무부에서는 6시그마 경영혁신 과제로 식당개선 프로젝트를 수행하기로 했다. 관계된 인원을 모아 팀을 만들고 6시그마 경영혁신 과제 해결에 착수하게 되었다.

개선의 핵심CTQ은 식당에서 종업원들에게 제공하는 음식의 맛으로 결정되었다. 그래서 우선 설문을 통해 음식 맛에 대한 현재의 시그마수준을 측정하였다. 그 다음으로 식단을 짜고, 식자재를 구입하고, 배식을 통해 종업원에게 음식을 제공하고, 식사가 끝난 후의 설거지와 식당청소 등 식당에서 이루어지는 음식준비 및 제공과정 전반에 대하여 프로세스맵핑을 실시하였다.

음식의 맛을 나쁘게 하는 원인을 찾던 중, 결국은 낮게 책정된 부식재료 단가가 주된 원인인 것으로 결론짓고 회사에서 더 많은 비용을 지출하여 이를 해결하기로 대책을 수립하여 실시에 들어갔다.

식당의 환경을 밝게 바꾸는 등 여러 가지 대책을 수립하여 실시한 후 측정결과에서 식당의 환경여건이나 대기시간은 전보다 좋아진 것으로 나타났다. 그러나 가장 중요한 성과항목으로 선정되었던 음식 맛에 대한 수준은 설문결과 개선되지 않고 더 악화된 것으로 나타났다. 왜 그랬을까? 무엇이 잘못되었을까?

만약 가장 중요한 성과를 '음식의 맛'으로 결정했다면, 음식준비 및 식당이용 전과정이 아닌 음식의 맛을 내는 과정을 프로세스로 표현(맵핑)했어야 했을 것이다. 그러나 이 프로젝트에서는 맛과는 관계가 없는 식당업무 전반에 대한 프로세스맵핑을 했기 때문에 원인이 어느 과정에 있는지 답을 찾지 못하고 말았다. 프로세스맵핑(표현)에 대한 접근방법이 잘못되었기 때문에, 엉뚱한 곳에서 핵심원인을 찾아 헤매고 원하는 성과개선도 이루지 못한 것이다. 성과개선을 원한다면 성과를 이루는 과정이 표현되어야 하는 것은 당연한 것이 아닌가? 이것이 프로세스 표현에 있어서의 중요한 원칙이다.

프로세스는 가치가 전달되는 과정이다. 가치전달의 과정 중에 포함되어 있는 낭비 요소를 발견하여 줄이거나 제거하면 그만큼 성과를 향상시킬 수 있다. 무엇을 어떻게 바로잡아야 할지도 곧바로 알 수 있다. 또한 가치의 흐름을 눈으로 확인할 수 있어야, 프로세스의 가치도 분석하고 판단할 수 있다. 현재 업무의 부가가치를 개선할 수 있는 기회를 확보하는 것이 프로세스를 표현하는 가장 큰 목적이라고 할 수 있다.

또한 과거로부터 이어져 온 관행과 같이 별 생각 없이 진행되는 업무도 눈으로 볼 수 있도록 표현하면 체계적으로 관리할 수가 있다. 그리고 아웃풋을 얻기 위한 바람직한 모습(To Be Process)에는 어떤 활동이 필요한지 사전에 판단하고, 아웃풋을 얻지 못할 상황이 발생하면 미리 대처하기 위해 프로세스를 수립하기도 한다.

이렇게 프로세스맵은 해당 프로세스를 전체적으로 조감하고 개선의 기초를 마련하기 위해 사용된다. 즉 프로세스맵은 전체 업무프로세스를 사실 그대로 한눈에 보여 줌으로써 어떻게 단순화할 수 있는지, 제거가 가능한 개선 가능영역은 어디인지, 업무들이 어떻게 연결되어 있으며 왜 관련되는지, 누가 관련되는지 등을 투명하게 하여 조직원 모두가 공통의 언어로 이해하고 함께 개선할 수 있도록 한다.

정리하면 프로세스는 다음과 같은 목적을 위해 눈에 보이도록 문서로 표현한다고 할 수 있다.

1. 더 나은(개선된) 성과를 얻기 위해 (즉 의도된 결과를 보다 효과적이고 효율적으로 얻기 위해)
2. 막연하던 업무(프로세스)를 체계적으로 관리하기 위해
3. 일관된, 그리고 예상된 결과를 얻기 위해

# 3. 규정이나 절차서는 프로세스를 표현한 것이 아니다

'업무를 표준화하는 것'과 '프로세스를 표현하는 것'은 전혀 다르다. '업무표준화'는 반복적인 일상 업무를 가장 효율적인 방법으로 수행하고 유지하기 위하여 문서화documentation하는 것인 반면, '프로세스 표현'은 성과를 개선하기 위한 것이라는 점에서 근본적으로 차이가 난다. 성과개선을 목

표로 하기 때문에 프로세스의 현재 상태(As Is)와 바라는 상태(To Be)를 대비하여 차이(Gap)가 분명해지도록 표현한다.

그러면 이러한 목적에 따라 절차서나 규정처럼 텍스트Text로 되어 있는 현재의 표준문서들을 모두 프로세스맵으로 바꿔야 하는 것인가? 또, 업무가 모두 프로세스로 표현되면 절차서는 없애도(폐기해도) 되는가?

프로세스맵은 목적하는 가치Value를 창출하거나 가공, 전달 과정을 순서적인 활동의 흐름으로 보여주므로, 업무의 '흐름'을 단계적으로 표현하기에 적합하다. 그렇지만 프로세스를 반드시 도표나 그림으로 표현해야 하는 것은 아니다. 문장으로 되어 있더라도 필요한 결과를 산출하는 과정을 기술했다면 프로세스를 표현한 것으로 볼 수 있다. 반면에 절차서나 규정은 요구사항, 원칙, 활동에 대한 세부요령(방법) 등을 기술하는 데는 적절하지만 가치의 흐름을 표현하기에는 적합하지 않을 뿐더러, 그렇게 하기도 어렵다. 눈으로 보는 관리 측면에서 업무나 작업을 관리하기에도 효율적이지 않다.

따라서, 절차서나 규정은 가능하면 프로세스맵으로 전환하는 것이 좋다. 물론 영업절차서를 영업프로세스로 이름을 바꾼다고 해결되지는 않는다. 절차서나 규정은 근본적으로 가치의 흐름을 표현한 문서가 아니므로, 프로세스맵으로 단순하게 전환되지는 않는다. 또한, ISO 품질경영시스템을 수립할 때 절차서(또는 업무흐름도)가 50종 있었으니, 프로세스(가치흐름)도 50개로 만들면 되는 것도 아니다. 게다가 절차서(업무흐름도)들은 선후관계가 서로 연결되어 있지도 않다.

이미 3장에서 프로세스와 절차서, 그리고 업무흐름도와의 차이를 간략히 짚어 보았다. 그 차이는 다음과 같았다.

| 절차서<br>(Documented) Procedure | 업무흐름도<br>Flowchart | 프로세스 맵<br>Process Map |
| --- | --- | --- |
| 업무/작업 요령 및 요구사항 | 업무/작업의 순서 | 가치의 흐름 |

또한 ISO 9000에서는 절차를 다음과 같이 정의하고 있다.

**절차(procedure)** : 활동 또는 프로세스를 수행하기 위하여 규정된 방식

절차(서)의 목적은 프로세스를 설명하기 위한 것이다. 따라서 절차(서)를 단독적인 것으로 보기보다는, 프로세스나 활동을 지원하고 보완하기 위한 수단으로 이해되어야 한다(절차서에 의해 지원을 받는 프로세스도 있을 수 있고, 그렇지 않은 프로세스도 있을 수 있다).

프로세스맵이 가치의 흐름을 눈으로 볼 수 있도록 표현한 것이기는 하지만, 각각의 활동Activity 단계에서 세부적으로 나타내야 할 기준이나 활동요령, 주의사항 등을 표현하기에는 제한이 많다. 각 활동 단계에 대한 설명과 세부작업빙법을 절차서나 지침시에 모아 기술힐 필요도 있는 것이다. 프로세스는 가치의 흐름을 순차적인 활동들로 표현하므로 '무엇을' 해야 하는지는 표현되지만, '어떻게' 해야 하는지까지 모두 표현하기에는 적절하지 않다. '어떻게' 해야 하는지를 설명하기 위해서 필요한 것이 절차서이다.(여기서, 절차서와 지침서의 구분은 중요하지 않다) 그러므로 프로세스는 절차서의 지원을 받아 '완전하게' 표현될 수 있다.(그러나 반드시 '완전하게' 표현해야 하는지는 별개의 문제이다. 프로세스는 '완전하게' 표현하는 것이 중요한 것이 아니라, '성과를 개선하기에 적절하게' 표현하는 것이 중요하기 때문이다.)

업무수행 조건이나 기준은 프로세스로 표현하기에는 적합하지 않으므로 규정이나 지침서 그대로 두는 것이 더 낫다. 또, 일상적으로 반복되지 않는 업무인 경우에도 프로세스로 표현하지 않아도 되는 경우이다.

예를 들면 문서관리 절차나 파일링관리 절차는 프로세스로 나타내도 얻을게 별로 없지만(그 안에 흐름을 타야 할 '가치' 가 명확히 드러나지 않지만), 기준과 요령을 조직원이 함께 공유해야 할 필요는 있으므로 규정이나 절차서로 나타내야 할 이유는 충분한 것이다(ISO 9001에서도 이들은 절차서로 문서화하도록 요구하고 있다).

업무를 기술할 때 가장 적절한 방법은 프로세스맵과 절차서를 병행하는 것이다. 단계별 업무흐름으로 관리하려는 목적이라면 프로세스로, 준수해야 할 사항을 규정해야 한다면 규정문서(절차서)로 기술하는 것이 원칙이다. 프로세스의 목적과 절차서의 목적이 근본적으로 서로 다르기 때문에, 각각의 목적과 필요성에 따르는 것뿐이다. 흑백논리처럼 둘 중 어느 한 가지만 있고 다른 하나는 없어도 좋다고 말할 수는 없다. 또한 하나의 업무를 프로세스맵과 절차서에 중복해서 기술할 필요도 없다. 프로세스로 가치의 흐름을 먼저 표현하되, 각 단계별로 활동을 수행하는 기준과 준수되어야 할 사항이나 활동수행 방법은 서술식 문장으로 보완하면 좋은 것이다. 이제 어떤 업무를 프로세스로, 또는 절차서로 분류해야 하는 이유와 기준이 분명해졌는가?

# 4. 어떻게 프로세스를 표현해야 하는가

### 활동의 표현(기술) 요령

이제 프로세스 구성요소를 염두에 두면서, 활동을 종속관계로 나열하여 프로세스맵을 작성한다(이것을 프로세스맵핑Process Mapping이라고 한다).

프로세스맵핑 과정에서는 각 단계별 활동Activity을 잘 표현해야 한다. 사실 프로세스맵은 업무를 도형의 형태로 표현한 것으로 알기 쉬우나, 프로세스는 도형을 사용하여 작성하든 표로 정리하든(하다못해 말로 서술하게 될지라도) 어떤 형태로 표현하든 그것은 문제가 되지 않는다. 그보다는 활동Activity을 어떻게 기술(표현)하느냐가 더 중요하다.

활동을 기술할 때는 활동상자Box 내에 '누가(주어) + 무엇을(목적어)' + '어떻게 한다(동사)'의 형태로 기술한다. 프로세스와 마찬가지로 활동도 구성요소를 갖는데, 주요 구성요소로는 인풋, 아웃풋, 자원(인적자원/물적자원/정보자원), 측정지표, 조건 및 세부 기준, 관련표준 등을 들 수 있다(프로세스 구성요소와 혼동해선 안 된다).

## 인풋, 아웃풋

활동의 입력, 출력은 대부분 업무관련 정보의 형태일 것이다. 예를 들면, 연간교육계획을 수립하는 활동의 결과로 '연간교육계획서'라는 문서(정보)가 산출된다. 또한 이전 활동(앞 단계)의 아웃풋이 후속 활동(뒤 단계)의 인풋이 되는 일이 아주 많으므로, 다른 프로세스로부터 들어오거나 나가는 흐름을 제외하고는, 입출력을 반복해서 표현하지 않아도(생략해도) 좋다. 아웃풋의 형태는 보통 서식이나 정보화프로그램의 출력 화면이 될 것이다.

## 인적자원

활동을 수행하는 인적자원을 활동상자 내에 표시한다. 인적자원은 활동상자 내용의 주어가 된다. 필요한 경우에는 활동의 조건이나 관련표준 등에 활동을 적절하게 수행할 수 있을 정도의 인적자원의 능력기준(적격성)을 별도의 절차서(또는 지침서)로 규정한다(이 능력기준을 충족하도록, 교육훈련을 제공하여야 한다).

## 물적자원

물적자원에는 장비, 설비, 치공구 뿐만 아니라 정보화 기기, 정보기술IT, S/W 프로그램Solution과 같은 기술자원도 포함된다. 재료나 설비 같은 특정한 물적자원의 능력이 프로세스의 성과를 결정할 것임을 기억해 두라(프로세스의 성과를 혁신하려고 할 때 이 정보가 필요할 것이다).

## 측정지표

활동 단위에서도 성과를 측정하는 지표가 필요할 경우가 있다. 가능하면 프로세스 성과지표와 연관성을 맺도록 한다.(예를 들어 활동의 측정지표는 독립변수(X)가, 이에 따른 프로세스의 성과지표는 종속변수(Y)가 되는 관계를 맺을 수 있다면, 프로세스 성과를 개선할 수 있는 바로 그 '활동'을 찾은 것이다.)

## 조건 및 세부 기준

작업환경, 작업기준이나 검증기준 등은 조건 및 세부 기준에 해당된다. 활동상자 내에서는 이러한 세부 기준을 기술할 여백이 적절하지 않을 것이므로 별도의 여백에 기술하거나, 아니면 관련표준에 기술할 수도 있다.

## 관련표준

활동을 세부적으로 기술하고 있는 절차서나 규정, 작업표준서를 인용한다.

프로세스는 고객에게 가치를 만들어 제공할 때까지의 과정(가치흐름)이 드러나도록 표현해야 한다. 즉 고객에게 제공하려는 가치가 어떻게 창출되고, 전환되고, 가공되고, 전달되는지를 연속된 활동의 흐름으로 보여 주어야 한다. 가치를 부가해 나아가는 연속된 흐름에 충실하면, 가치를 부가하지 못하는 활동을 금방이라도 구분해 낼 수 있는 것이다.

BPR, ERP 프로젝트 등을 수행할 때는 우선 업무표준화를 위해 현재 사용 중인 서식을 조사하게 되는데, 이때 막연히 서식을 전산으로 구현하는 일에만 매달리면 나중에는 가치흐름의 과정은 온데간데 없어지고 프로세스가 마치 전표를 입-출력, 처리하는 정보처리업무 또는 경리업무 흐름처럼 되어 버린다. 따라서 업무처리 과정을 정보화하기 전에 정보를 누가 요구하는지, 왜 생성해야 하는지의 이유를 분명히 하는 과정을 별도로 가져야 프로세스를 부가가치의 흐름으로 전개할 수 있다.

한편 각 단계별 활동을 표현할 때 프로세스에 인풋이 들어오는 최초 지점이나 아웃풋이 나가는 최종 지점 이외에, 즉 프로세스 도중에 다른 프로세스로 가치가 분기되는 분기점과 다른 프로세스에서 가치가 들어오는 입류점도 적절히 표현되어야 한다.

활동은 프로세스를 구성하는 최소 단위지만, 보다 구체적으로 구분되어야 할 필요가 있을 때는 하위의 프로세스로 전개할 수도 있다. 다음 프로세스맵에서 그림자가 있는 활동은 하위 프로세스로 전개되는 활동을 의미한다.

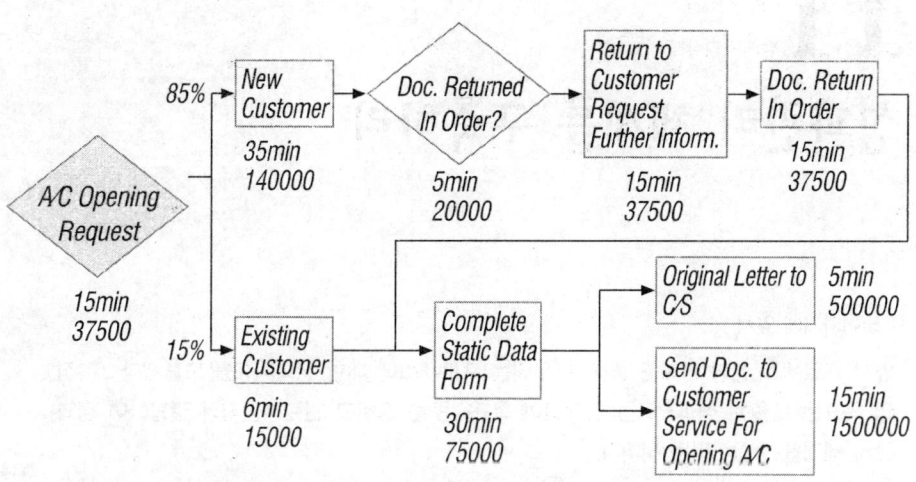

[그림 10-1] 프로세스맵 (by Process Expert)

## C4-312 수주관리 프로세스

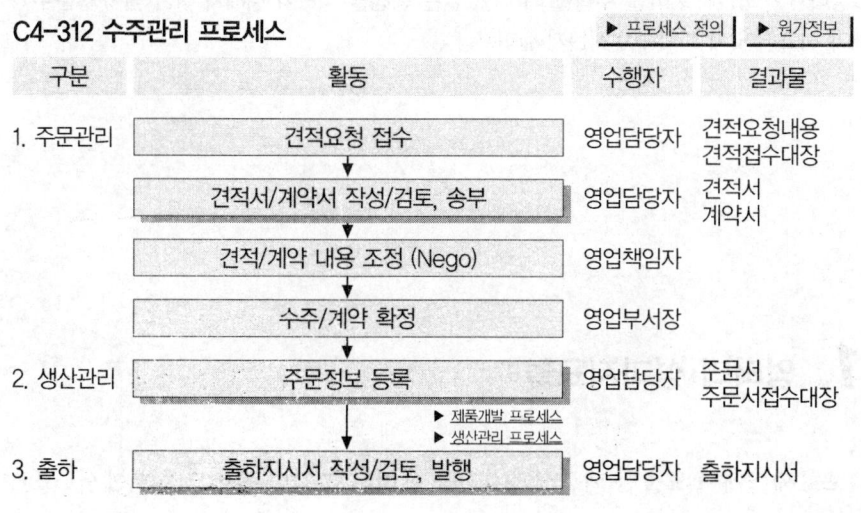

[그림 10-2] 프로세스맵 (by Process Manager)

# II
# 성과관리 체계를 구축하라

| 들어가기에 앞서 |

앞서 프로세스 정의 단계를 통해서, 우리는 프로세스에 대한 성과지표를 도출했다. 이 장의 목표는 도출된 성과지표들에 대하여 목표수준을 정하고 관련책임자와 결합하여 성과관리 체계를 수립하려는 것이다.

그런데 성과관리 체계에는 보이지 않는 많은 함정이 숨어 있다. 함정이란, 가령 기업에서 의미 없는 성과지표가 관리되고 있다거나, 부서 간 서로 대립하는 성과지표들이 병립하게 된다거나, 또는 부서 실적은 높여도 기업차원의 수익은 줄어들게 하는 성과지표가 운영되는 것 등이다. 많은 기업들이 이러한 실수를 범하고 있다.

그렇다면 성과관리 체계를 수립할 때 이와 같은 함정을 피하기 위해서 어떤 원칙을 준수해야 하고 무엇에 주의해야 하는지 살펴본다.

## 1. 엉터리 성과지표들

프로세스에서 도출한 핵심성과지표를 관리하고 있다는 어느 회사에서 '표준문서의 제개정 횟수'라는 성과지표를 본 적이 있다. 데이터가 측정되어 도표와 그래프로 관리되고 있었다. 이에 대한 설명을 부탁하자 담당자는 절차서 등 표준문서의 제개정 횟수를 측정하는 것으로, 문서관리프로세스에서 도출된 성과지표라고 했다.

더는 묻지 않았지만, 아마도 표준문서를 자주 개정해서 회사에서 살아 있는 문서를 운영하겠다는 의도로 정해진 측정지표였을 것이다. 물론 그럴 필요가 없다고 단정할 수는 없을 것이다. 그러나 전사목표로 신경을 써서 관리해야 할만큼 중요한 지표는 아니었다.

왜 이런 문제들이 생기는가?

'문서관리프로세스'라는, 아웃풋이 분명하지 않은 프로세스를 도출한 데서부터 잘못된 것이다. 문서관리업무는 어떤 의도된 결과를 산출하는 업무가 아니라, 문서를 어떻게 취급해야 하는지 절차를 규정하는 내용이다. 따라서 프로세스로 표현하기보다는 절차서로 표현했어야 적절했을 것이다. 그러나 일던 프로세스가 수립되었으므로, 프로세스의 능력을 평가할 수 있는 어떤 성과지표든 정해야 했을 것이다. (칼을 빼 들었으니 무라도 베어야 하지 않겠는가?)

고객이 기대하는 것을 프로세스에서 제공했는지 평가할 수 있도록 고려된 성과지표인가도 생각해 봐야 할 문제이다. 문서관리프로세스는 '고객'이 누군지 결정하기 애매한 프로세스인데, 어떻게 고객의 기대 충족 여부를 평가할 수 있겠는가?

만약 표준문서를 자주 개정하도록 유도하는 목적이라면, 개정을 해야 하는 상황인데도 표준문서가 개정되지 않았거나 반대로 개정된 횟수를 측정하는 편이 더 나았을 것이다. 기업에서 이렇게 적절하지 못한 성과지표가 도출되는 경우는 의외로 많은 것 같다.

엉터리 성과지표가 도출되는 것도 문제이지만, 사업계획서에 기술된 목표(성과지표)가 프로세스에서 관리되지 않는 것도 문제다. 사업계획서에서 언급된 목표와 프로세스에서 관리하려고 정한 성과지표가 서로 다르다(이원화되어 있다)는 것은 프로세스가 현실적으로 정착되지 못했거나, 프로세스가 현업과 일치하지 않음을 반증하는 것이다.

조직에서 우선적으로 관리해야 하는 중요한 성과지표를 핵심성과지표KPI

라고 한다. 이론적으로 기업차원의 핵심성과지표는 소수이며, 대부분 핵심프로세스와 연관될 것이므로, 기업차원의 목표관리 항목으로 관리한다. 따라서 핵심프로세스에서 나온 성과지표를 중심으로 경영목표(사업목표)가 수립되도록 성과관리 체계가 운영되어야 할 것이다.


# 2. 성과지표 간의 대립은 피할 수 없는가

### 성과지표 간의 대립

"나를 어떻게 평가할 것인지를 말해 주면 나도 내가 어떻게 행동할 것인지 이야기하겠다. 만약 나를 불합리한 방법으로 평가한다면, 내가 불합리한 행동을 하더라도 탓하지 말라" Tell me how you measure me and I'll tell you how I will bahave. If you measure me in an illogical way … Do not complain about illogical behavior. ― Eliyahu M. Goldratt

이는 조직에서 운영되는 잘못된 성과지표를 은근히 꼬집고 있는 말이다.

성과지표관리 체계 수립과정에서 곤란을 겪는 것 중 서로 대치되는 성과지표들을 조정하는 문제가 있다. 우리가 잘 알든 아니면 잘 모르든, 회사에서 관리하는 성과지표들 중에는 한 쪽 성과지표가 좋아지면 다른 쪽 성과지표는 나빠지는 관계가 분명히 상존한다. 예를 들어 구매단가를 낮추기 위해서는 사전에 대량 구매를 하는 것이 좋으나, 자금회전율을 높이기 위해서는 때에 맞게 필요한 최소량만 구매해야 한다. 정시인도율을 높이기 위해서는 제품이 생산되는 즉시 출하해야 하나, 차량의 운송비를 낮추기 위해서는 한 차 분량이 찰 때까지는 제품을 창고에 쌓아 두어야 한다.

기업에서 이렇게 성과지표 간에 서로 대립되는 상황Trade-off은 꽤 많다.

찾아보지 않아서 잘 모르고 있을 뿐이다. 일상에서는 양측의 주장이 상충될 경우 우리들은 보통 협상하거나 타협을 통해 해결책을 찾게 된다. 타협은 양측 모두 어느 정도의 양보와 절충을 통해 합의하는 것으로, 사실은 양쪽 모두 불만을 안고 물러서는 것이다Lose-Lose Game. 그러나 성과지표 간에는 타협이란 생각할 수 없다. 그렇다면 이렇게 성과지표들이 서로 대립하는 원인은 무엇인가? 또, 성과지표가 서로 대치되는 경우 어떻게 조정해야 양측의 피해를 최소화할 수 있는가?

이렇게 되는 근본적인 이유는 성과지표들이 대부분 각 부서별로, 부문별로 나누어져서 수립되기 때문이다. 서로 다른 책임을 가진 각 부서의 책임자가 자신에게 부여된 업무에 따라 성과지표들을 스스로 정하니 부서 간의 이해관계가 엇갈릴 수밖에 없다. 이들이 각자 자신의 입장을 고수하려고 하는 한, 대치되는 성과지표가 발생하는 것은 지극히 당연하다. 다시 말해서 부서 간의 이해관계가 완벽하게 일치하는 상황을 만들지 못한다면, 기업에서 성과지표 간의 대립은 원칙적으로 피할 수가 없다.

성과지표들이 대립하는 문제에 대한 해답은 분명하다. 회사 전체의 이익에 맞게 성과지표를 정렬하는 것이다. 영업부서에서 정시인도율을 높이려는 것도, 출하부서에서 운송비를 낮추려는 것도, 수익이라는 회사의 대의大義를 앞설 수는 없다. 따라서 정시인도율이나 운송비를 성과지표로 정하기 전에, 수익을 내는 데에 가장 영향력이 높은 프로세스(핵심프로세스)의 (가치흐름의 속도를 최대한으로 하는) 성과지표에 최우선 순위를 부여해야 한다. 그리고 나서 전 임직원이 수행하는 활동에 대한 모든 평가지표는 여기에 기여할 수 있도록 정렬해야 한다. 아무리 부서 간의 이해가 엇갈린다고 해도, 적어도 최우선순위를 갖는 성과지표에 반反하는 상황이 있어서는 안 된다.

### 부분최적화 문제

부문별, 부서별로 나누어 목표를 수립하면 성과지표들이 부분최적화를 추구하게 되는 반면에, 핵심프로세스의 성과지표를 중심으로 회사의 성과지표를 정렬하면 기업으로서 전체최적화를 추구할 수 있다.

한 부서에서의 개선활동이라는 것이, 고작 자기 부서의 문제와 책임을 다른 부서로 떠넘기는 결과가 될 수도 있다. 예를 들어 6시그마 활동 등으로 여유능력이 많은 공정에서 상당한 개선을 이루었다고 하더라도, 후 공정인 병목공정에는 전보다 더 많은 부담을 주어(재고가 쌓이게 되어) 생산라인 전체의 운영상황은 더욱 나빠질 것이다. 개선을 이룬 공정의 책임자는 회사로부터 개선에 따른 보상과 박수를 받지만, 쉴 틈이 없는 병목공정의 책임자는 더 많은 질책과 스트레스를 받게 되고, 회사의 자금운영 상황은 전보다 더 악화되어 버린다. 이런 상황을 어떻게 '개선'이라고 할 수 있겠는가?('개악'이라고 해야 옳지 않은가?) 이처럼 어느 한 부서의 개선활동으로 원가절감이나 품질은 개선되는 한편, 회사의 순이익이나 투자수익률은 기대만큼 좋아지지 않을 수가 있는 것이다(오히려 낮아지는 경우도 있다).

3부에서 세부적으로 언급하겠지만, 경영시스템의 성과를 높이려면 경영시스템의 제약에 초점을 맞추고 이를 최대로 이용하면 된다. 어떤 프로세스에서도 마찬가지이다. 프로세스의 성과를 높이려면 프로세스에서 가치흐름의 병목에 초점을 맞추고 이를 최대로 이용하면 된다. 제품생산프로세스라면 모든 공정을 관리하는 것이 아니라, 병목공정을 집중적으로 관리함으로써 프로세스의 성과를 높이는 것이다. 생산에서는 모든 공정에서 가동률을 높이기보다는, 병목공정의 가동률을 높여야 회사의 이익을 늘릴 수 있다(생산한 모든 제품이 팔린다고 가정할 때).

따라서 모든 공정을 똑같이 평가하는 것이 아니라, 병목공정은 가동률로, 그 외의 공정은 병목공정이 최대한 가동되도록 얼마나 기여했는지로 평가해야 한다. 물론 제품생산 이외의 프로세스에서도, 가치흐름의 병목 관점에서 생각해 본다면 생산프로세스와 다를 것이 없다. 그러므로 프로세스에서 목표달성에 제약이 되는 활동(공정)의 성과지표를 우선 설정하고, 다른 활동들은 여기에 맞춘다. 이렇게 하면 관리해야 할 성과지표도 단순해지면서 의사결정도 신속해지고, 목표로 세운 성과를 효과적으로 달성할 수 있다.

프로세스는 처음부터 올바로 구축되어야 올바른 성과지표 수립도 가능한 것이다. 또한 기존의 성과관리 체계에서는 너무 많은 성과지표들을 우선순위 없이 관리하는데(BSC도 마찬가지다), 이것도 성과관리 체계 운영상 바람직하지 않다. 프로세스에서 정의되는 성과지표들을 우선순위 없이 모두 관리하려고 해서는 안 된다.

# 3. 목표수준을 설정하라

## 목표수준 설정

성과지표가 선정되었다고 해도 목표관리 체계를 수립하려면 도출된 성과지표마다 적절한 책임자와, 일정한 기한 내에 도달해야 할 수준을 정할 필요가 있다(성과지표별 책임자는 프로세스를 정의할 때 프로세스책임자가 정해졌을 것이므로 어느 정도는 수립이 되었을 것이다). 목표수준은 어느 정도로 어떻게 설정하는가?

목표Objectives는 기업의 비전에서부터 출발한다. 비전은 기업이 추구하는 미래지향적인 목표라고 할 수 있고, 이를 실천하기 위한 중간다리가 목표다. 따라서 목표는 비전에서 수립한 방향과 일치되어야(어긋나지 말아야) 한다.(6장 참조)

성과목표를 구체적으로 표현하는 경우에는 다시 목표Objectives와 세부목표Targets로 구분한다. 일반적으로 목표는 일반적으로 주어진 기간 안에 달성 가능해야 하며 그것이 달성되었는지 나중에 확인할 수 있어야 하므로, 당연히 측정이 가능한 형태로 수립되어야 한다(목표 수립시 측정지표도 함께 정의되어야 한다). 단, 세부목표를 측정 가능한 지표로 설정하는 경우, 목표는 반드시 측정이 가능할 필요는 없고, 기업이 추구하는 방향성으로 표현할 수도 있다.

전략이라면 중장기 전략과 단기 전략을 수립할 수도 있겠지만, 목표를 수립하는 데에 있어서 변화가 무쌍한 불확실한 환경하에서 중장기 목표를 수립하는 것은 의미가 없다. 목표수준을 정할 때는 길어야 3년 정도를 내다보는 것이 무난하다. 그보다 긴 것은 비전 또는 사업전략 수준에서 논하는 것이 좋다. 단기적인 목표는 연간목표를 기준으로 한다. 연간 기준으로 구체적인 성과관리 체계를 수립한다고 생각하는 것이다. 1년이 지난 후에 성과(실적)를 평가하다 보면, 더 이상 목표수준을 정해서 관리해야 할 필요가 없을 정도의 성과지표도 나올 수 있다.

목표 수준을 정할 때 이제까지의 경향을 통계적으로도 알 수 있을 만큼 실적데이터가 쌓여 있다면 목표수준은 쉽게 정해질 것이다. 실제로 재무부서나 영업/마케팅부서, 생산부서에서 선정하여 운영하는 일부의 전통적인 성과지표들은 이제까지의 데이터가 비교적 잘 확보되어 있는 경우가 많다. 그러나 프로세스 체계를 새롭게 수립하면서 함께 도출되는 성과지표는 그 동안 실적을 관리해 오지 않았거나, 관리해 왔더라도 통계분석도구를 적용하기에 적절하지 않아 목표수준을 정하기가 곤란한 경우가 많다.

그래서 새로운 전략과 새로운 프로세스에 따른 임의적인 목표를 정할 수밖에 없는데, 이렇게 새로운 경영시스템 수립 초기에는 목표에 따른 달성실적을 성과 보상과 연결하려고 하는 경우 성과관리시스템은 실패하기 쉽다. 성과지표를 설정하거나 수준을 정할 때 성과와 관련된 개인적인 이해관계가 엇갈리므로 누구나 생색이 날 수 있는 성과지표를 정하려고 할 것이고, 자신에게 불리한 성과지표나 수준이 설정되었다면 반감을 갖기 쉽다. 어느 경우나 조직구성원 간의 신뢰를 무너뜨리는 갈등요소로 작용할 수 있음에 주의해야 한다.

이럴 땐 경쟁사나 선진기업의 성과를 참조하는 것이(벤치마킹하는 것이) 현실적으로 좋은 방법이다. 동종 타사보다 목표를 너무 높여 놓을 필요도 없고, 그렇다고 너무 낮은 수준이어서도 안 되며, 기업의 의지를 더하여 실현 가능한 수준을 설정하되, 장래의 목표 수준은 타사 베스트에 근접할 수 있는 정도면 된다. 기업의 역량에 비해 너무 높은 수준의 목표를 설정하면 쉽게 포기하게 되고, 반대로 기업이 가지고 있는 잠재력에 비해 너무 낮은 목표를 수립하면 목표 성취에 대한 동기를 유발할 수가 없다.

요는 달성을 촉진하는 정도의 수준으로 목표를 정하는 것이다. 그래서 어떻게 목표를 수립해야 조직원이 모두 동의할 수 있는지, 어느 정도로 설정해야 과연 적절한 목표라고 할 수 있는지는 모든 관리자들이 항상 고민하는 사항이다.

**프로세스 성과지표**

| No | 프로세스/이름 | 프로세스 책임자 | 성과지표 | 목표 | 성과지표 측정책임자 | 산출식 | 주기 | 원천 D |
|----|----|----|----|----|----|----|----|----|
| 7 | RP-2100 개발품 진행 | 기술개발 부서장 | 납기 준수율 | 90% 이상 | 기술개발 부서장 | (납기내 생산된 IT EM수/ 총 개발 ITEM수)×100 | 매 주 | |
| 9 | RP-3200 자재 구매 | 통합구매 부서장 | 결품률 | 0 | 통합구매 부서장 | (입고건수/발주건수) ×100 | 매 주 | |
| 10 | RP-3210 수입검사 | 품질보증 부서장 | 불량률(PPM) | 300 | 품질보증 부서장 | (불량수량/입고수량) ×11,000,000 | 매 주 | 품질 |
| 11 | RP-3300 자재 관리 | 통합구매 부서장 | 재고 회전수 | 5회전 이하 | 통합구매 부서장 | 재고금액/매출액 | 매 주 | |
| | | | 악성재고 금액 | 2% 이하 | 통합구매 부서장 | (장기재고/총재고액) ×100 | 매 주 | |
| 13 | RP-4100 생산계획 | 생산관리 부서장 | 생산계획 변경률 | 80% 이상 | 생산관리 부서장 | (실적건수/작업지시건수) ×100 | 매 주 | |
| | | | 생산계획 신뢰도 | 95% 이상 | 생산관리 부서장 | (생산실적수량/생산계획수량) ×100 | 매 주 | |
| 15 | RP-4200 공정관리 | 생산관리 부서장 | 인당 생산량 | 1,223천개 이상 | 생산 부서장 | (포장생산수량/생산부총인원) | 매 주 | |
| | | | 재공재고 회전율 | 1.5회전 이하 | 생산 부서장 | (단조생산수량/재고수량) | 매 주 | |

[그림 11-1] 성과목표 설정 (예)

하나의 프로세스마다 복수의 성과지표가 정해질 수 있고 프로세스 체계상의 프로세스도 수십 개 이상일 것이므로, 관리해야 할 성과지표는 무수히 많아진다. 일반적으로 처음 수립한 성과지표들은 (성과목표가 훌륭하게 설정된 것처럼 보여도) 성과목표의 적절성을 검증할 수 있는 기간이 어느 정도는 필요하며, 한 동안 어느 정도의 시행착오도 각오해야 한다.

일반적으로 전사 차원의 목표를 수립하면 이를 부문, 부서 차원까지 전개하는 것이 이제까지의 방법이었다. 그러나 프로세스 체계를 중심으로 하는 경우에는 일단 핵심프로세스를 중심으로 한 전사 차원의 목표를 수립하고, 이를 다시 하위 차원의 프로세스로 전개하여 프로세스책임자별로 목표를 전개한다. 우선순위를 고려하여 핵심성과지표KPI 위주로 정렬되도록 해야 한다.

### 측정계획 수립

이렇게 하여 프로세스별로 성과지표와 책임자, 그리고 목표수준이 설정되었으면 성과관리 체계의 골격은 완성된 것이다. 남은 일은 시스템을 운영하기 위한 구체적인 측정계획Measurement System을 완성하는 일이다. 측정된 데이터로 앞으로의 경향을 예측하려면 측정값이 통계적으로도 의미를 가질 수 있도록 해야 한다. 가능하다면 정규 분포를 따르는 데이터가 측정될 수 있도록 한다.

조직구성원 간의 의사소통과 혼란 방지를 위해서, 각 성과지표마다 다음 사항을 고려한 측정계획을 수립한다.

- 성과지표의 목적(또는 의도)
- 성과지표 산출에 필요한 데이터(측정해야 할 대상 데이터)
- 데이터 수집 방법
- 측정 주기 또는 빈도
- 데이터의 발생 위치 또는 출처(Data Source)
- 측정담당자
- 성과지표 계산식
- 측정 결과를 기록할 서식(기록지) 또는 그래프
- 필요한 경우 측정기기, 정상판정 범위(합부판정기준), 이상시 조치계획 등

참고로, 제품생산프로세스에서는 측정계획이란 공정의 각 단계에서 검사/시험되어야 할 공정변수와 제품특성들의 집합체이다. 이러한 사항들은 대부분 관리계획서Control Plan, QC공정도 등에 이미 정해놓았을 것이다. 제조프로세스(제조공정)의 성능을 평가하는 측정지표 중에는 데이터의 산포를 통계적으로 관리하는 방안이 보편화되어 있다. 공정능력지수(Cp/Cpk), 시그마 수준(Z Value) 등이 대표적으로 알려진 통계적인 지표들이다.

# 12
## 성과를 측정하고 분석하라

| 들어가기에 앞서 |

성과지표 측정은 프로세스의 성과를 개선하기 위한 첫걸음이다. 성과를 개선하기 위해 측정 결과를 주기적으로 분석한다. 측정의 대상 즉 분석하고 개선해야 할 대상은 무엇인가? 또, 분석의 결과를 다시 경영시스템과 프로세스에 어떻게 피드백하는가?
이 장에서는 프로세스의 성과를 향상하는 단계(3장)에 앞서, 측정된 결과를 어떻게 활용할 것인지 방향을 정하고자 한다.

## *1.* 프로세스 성과를 모니터링하라

"우리가 알지 못하는 것은 모르는 것이다. 그런데 설령 우리가 알고 있다고 해도 그것을 숫자로 표현할 수 없다면 우리는 그것에 대하여 정말로 잘 알고 있다고 할 수 없다. 우리가 그것에 대하여 잘 알고 있다고 할 수 없으면 우리는 그것을 관리할 수 없다. 우리가 그것을 관리할 수 없다면 우리는 그저 '우연의 여신'에게 우리의 운명을 맡길 수밖에 없다." We don't know what we don't know. If we can't express what we know in the form of numbers, we really don't know much about it. If we don't know much about it, we can't control it. If we can't control it, we are at the mercy of chance. — Mikel J. Harry

측정의 중요성에 대한 말이다. 측정을 하는 목적은 바로 개선이다. 성과를 측정할 수 없다면 나중에 개선되었는지도 객관적으로 판단할 수 없다. 단순히 '측정'하고자 하는 것이 아니라, '성과를 개선'하고자 하는 것이다.

또한 개선을 위해서라면, 측정된 결과는 분석되어야 한다. 무엇을 측정하고 분석해야 하는가? ISO 품질경영시스템 규격에서는 측정 및 모니터링의 대상을 다음과 같이 4가지로 규정하고 있다.(ISO 9001:2000 8.2항)

① 고객만족 Customer satisfaction
② 내부심사 Internal audit
③ 프로세스의 모니터링 및 측정 Measurement and monitoring of processes
④ 제품의 모니터링 및 측정 Measurement and monitoring of product

우선 '고객'이 프로세스에 얼마나 중요한지는 새삼 이야기를 다시 꺼내지 않아도 좋을 것이다. 고객의 인식을 측정하는 목적은 고객의 요구가 충족되고 있는지를 검증하기 위한 것으로, 고객만족도 조사를 통해서 측정할 수 있다.

두 번째 항목에서는 내부심사를 통해 '경영시스템의 효과성'을 측정하도록 하였다. 경영시스템은 상호 연계된 프로세스들로 구성되어 있으므로, 프로세스의 연계성에 문제가 없는지 검증되어야 하며, 그래서 조직이 계획된 결과를 달성하고 있는지 확인한다.

세 번째 항목은 프로세스의 능력을 검증하는 것인데, 프로세스의 효과성과 효율성을 나타내는 성과지표로 측정 가능하다.

네 번째 항목은 프로세스아웃풋인 제품 및 서비스 특성의 적합성을 검증하는 것으로 검사Inspection, 또는 시험Test 등으로 측정된다.

그런데 이러한 측정들은 모두 프로세스에서 기인된 것임에 주목할 필요가 있다. 프로세스의 성과를 측정하고 모니터링하는 것으로, 그러니까 성과지표로 관리하도록 요구하고 있는 것이다.

보통 관리자들이 주간회의나 월간회의 자료로 엑셀 등의 스프레드시트로 작성한 실적 데이터를 많이 볼 수 있다. 대개는(더러는 그렇지 않지만) 데이터 값만 표로 작성하고, 그래프를 함께 작성하지는 않는다. 어차피 엑셀 등의 컴퓨터 프로그램을 이용한다면 그래프를 함께 그리는 정도는 일도 아닌데, 왜 그렇게 하지 않을까? 다음은 현업에서 일어나고 있는 아쉬운 현상들이다.

- 측정된 데이터를 분석하라고 하면 분산분석(ANOVA), T-Test, p-Value 등 난이도 있는 통계분석 기법만을 떠올린다.
- 데이터를 작성하는 데에서 그치고, 데이터를 그래프로 적절하게 표현하지 않는다.
- 데이터를 그래프로 표현한다고 해도, 목적에 맞는 적절한 데이터 표현방법(그래프)을 사용할 줄 모른다.
- 목표 대비 실적을 관리하기보다는, 계획 대비 실적을 관리한다.
- 목표(선) 자체도 맨 끝에 일정한 수준(값)으로 제시되어 있어, 진행 중에는 목표와 비교한 달성 정도가 표시되지 않는다.
- 경쟁사의 지표를 함께 파악하려고 노력하지 않는다(혹시 입수된다고 해도 함께 관리하려고 하지 않는다).
- 측정 시점에서의 경향이 파악되지 않는다. 문제점이나 특이한 상황과 향후의 대책 등이 연결되지 않는다.

어떤 상황을 수치로 보는 것과 한눈에 파악하기 쉬운 그래프로 보는 것은 활용 효과 측면에서 상당한 차이가 있다. 특히 관리자에게 있어 이러한 관리 방법을 몸에 익히는 것은 아주 중요한 일이다. 생산 현장에만 '눈으로 보는 관리'를 강조할 일이 아니다.

일반적으로 성과지표를 정기적으로 측정하는 경우 일日, 주週, 월月, 분기
分期, 반기半期, 년年 등으로 주기를 설정한다. 이때 측정주기는 짧을수록 좋
은가, 아니면 긴 것이 좋은가? 성과지표의 측정에 소요되는 노력과 비용을
고려한다면 측정주기가 짧은 것보다는 긴 것이 더 나을 것이다. 실제로 실무
자들 중에는 성과 측정주기를 좀 더 길게 하면 안 되는지, 그러면 무슨 문제
가 있는지 묻는 이들이 많다. 그러나 성과 측정이 어렵거나 비용이 수반된다
고 해서 측정주기를 무작정 길게(예를들어 연 1회 등으로) 설정하게 되면 성과
의 경향(추이)을 파악하기가 쉽지 않을 뿐더러, 성과를 지표로 모니터링하려
는 의도 자체가 희석될 수도 있다.

성과는 어느 시점의 실적보다는 현재의 상황에서 어떤 조치가 필요한지와
향후 정해진 목표가 달성될 수 있을 것인지 예상될 수 있도록 하는 것이 더
중요하다. 그러므로 가능하면 추이를 알 수 있도록 해야 한다. 따라서, 측정
에 수반되는 노력이나 비용보다 측정에 따라 얻을 수 있는 효익이 더 크다면
측정주기는 보다 짧은 편이, 그리고 경향(추이)을 알 수 있도록 모니터링하
는 편이 더 낫다.

## 2. 경향과 추이를 분석하라

난이도 있는 통계분석 방법만을 생각하게 되는 이유 중에는 6시그마 경영
혁신의 영향도 있는 것 같다. 측정된 성과를 분석하는 데에 사용할 수 있는
정교하고 난이도 있는 통계기법이 이미 많이 보급되었다. 이들을 자유자재
로 활용할 수 있다면 더없이 훌륭한 분석이 가능할 것이다. 그러나 계속 이
야기하는 바와 같이, 대세를 이해하는 데에는 시간에 따른 성과의 경향을 보
는 것이 중요하며, 그런 것은 그래프 정도로도 쉽고 충분히 구현할 수 있다.

성과지표의 추이를 그래프로 작성할 때 흔히 막대 그래프로 표현하는 경

우가 많은데, 시간이 경과에 따른 흐름의 맥을 잡는 데는 꺾은선 그래프가 더 나은 표현수단임을 잊지 말아야 한다. 이행기간에 따른 실적이 누적되면, 성과를 통계적으로 분석할 수 있게 되고, 이로부터 다시 목표를 조정(피드백)할 수 있게 될 것이다.

성과지표의 추이를 그래프로 표현할 때는(특히 중요한 성과지표일수록) ①목표선과 ②실적(추이)선, 그리고 ③(동종업계 최고의) 경쟁사의 실적선, 이렇게 세 가지를 함께 비교하는 것이 좋다. 중장기적인 목표를 설정할 때에도 동종업계 최고 경쟁사의 수준 이상으로 도달할 수 있도록 정해야 한다. 업계 최고 경쟁사의 실적을 도저히 알 수 있는 방법이 없다면, 사내의 다른 훌륭한 프로세스 성과지표를 기준으로 하는 방법도 있다.

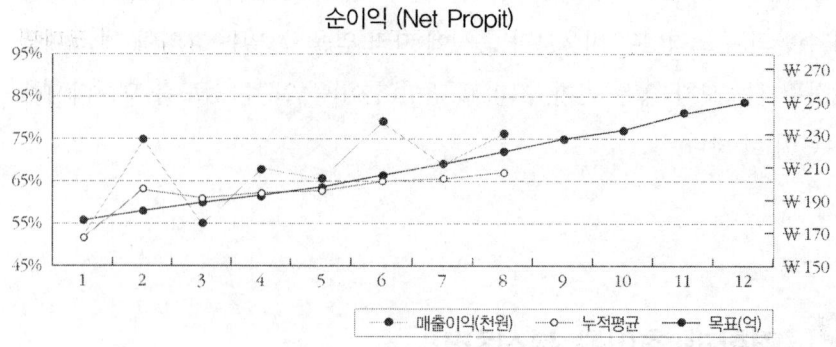

[그림 12-1] 성과지표 모니터링 - 추이그래프 (예)

# 3. 성과분석의 결과를 피드백하라

목표는 '움직이는' 것이다. 즉 목표수준은 변하지 않는 특정한 값이 아니라, 점차 향상되는 수치여야 한다. 의욕적인 성과지표에 대해서는 더욱 그렇다. 그러므로 필요하다면, 점차 상승하는 목표선이 제시되어야 할 것이다.

연말에 95%를 달성하려면 연초부터 일년 내내 95%가 목표가 아니라, 1/4분기에는 75%를 달성하고 2/4분기에는 80%를, 그러다가 연말에 이르러서는 95%를 달성하는 것으로 이동목표(중간목표)를 정해야 하는 것이다. 95%라는 정해진 값은 최종 시점에 도달되어야 할 수준일 뿐, 중간점검 시점에도 붙들고 있어야 하는 값은 아니다.

그래프는 다음의 관점에서 점검하고 평가한다.

- 실적이 상승하는가 아니면 하강하는가
- 목표 또는 업계 최고 경쟁사와의 차이가 점점 좁혀지고 있는가 아니면 점점 벌어지고 있는가

예를 들어 실적이 하강곡선을 나타내더라도 목표 경쟁사의 실적이 함께 내려가고 있거나, 반대로 실적이 상승곡선을 나타내더라도 목표 경쟁사의 실적 역시 올라가고 있다면 프로세스의 성과가 나빠지고 있다거나 반대로 좋아지고 있다고 속단할 수 없다.

실적이 하강곡선을 나타내면서 목표 경쟁사의 실적보다 더 급격히 내려가고 있거나, 실적이 상승곡선을 나타내고 있어도 목표 경쟁사의 실적이 급격한 상승세를 보이고 있다면 프로세스의 성과가 좋아지고 있다고 말할 수는 없는 것이다.

목표 미달시에는 원인이 규명되어야 하고, 보아 넘길 수 없는 정도로 차이

Gap를 보이고 있다면 개선 조치를 강구해야 한다. 실적이 목표를 훨씬 상회하고 있다고 해도 그냥 넘겨선 안 된다. 정말로 기대 이상의 성과를 낸 것인지, 아니면 애초에 목표를 너무 낮게 잡은 건지, 특수한 상황이 발생했는지 등, 무엇이 예측을 벗어나게 했는지 파악해야 한다.

연간 성과분석의 결과 핵심성과지표KPI를 바꾸거나 목표수준을 상향(또는 하향)시켜 조정해야 할 필요가 있을 것이다. 또는 성과관리 체계표상에서 관리해야 할 성과지표를 교체할 수도 있다(다른 성과지표로 대체). 만약 성과분석의 결과가 계획된 것보다 상당한 부분 미흡하다면, 프로세스 진단을 시작함으로써 프로세스의 개선에 착수하거나 아니면 처음부터 프로세스를 재설계할 수 있다. 물론 성과를 향상시켜야 하는 정도에 따라 프로세스 개선(혁신)의 정도도 달리해야 할 것이다.

# 3부

# 가치흐름의 혁신
## (부드럽고 빠른 흐름으로 업무성과 혁신하기)

2부에서는 가치를 부가시키는 흐름에 따라 업무 체계를 적절하게 정렬하는 방법을 설명했지만, 업무 체계를 훌륭하게 수립하는 것만으로 사업의 성과를 높이기에는 아직 부족하다. 가치의 흐름을 혁신해야 한다. 혁신革新이란 말을 한자어로 풀이하면 가죽을 벗겨 새로운 모습이 된다는 뜻으로, 그만한 고통을 감수해야 한다는 의미를 전제하고 있다. 달걀은 남이 깨면 달걀프라이 신세가 될 것이요, 자신 스스로의 힘으로 깰 때에야 비로소 병아리로 세상을 볼 수 있는 것이다. 이제부터는 프로세스를 활용하여 조직의 성과를 향상시키는 것이 주 관심사이므로, 가치부가의 흐름을 혁신하는 방법에 대해 집중하고자 한다. 우선 서로 연관된 활동 또는 공정들로 이루어진 '프로세스'를 선정하여 그 안에서의 가치흐름을 혁신하고(13장), 그 다음으로 서로 연관된 프로세스들로 이루어진 '경영시스템'에서 가치흐름을 혁신하는 방법을 살펴볼 것이다(14장). 그리고 끝으로 서로 연관된 구성원 기업들로 이루어진 '공급망' 내에서의 가치흐름을 혁신하는 방법을 생각해 보려고 한다(15장).

# I3

## 프로세스의 흐름을 혁신하라

| 들어가기에 앞서 |

이제부터는 프로세스 중심의 사고가 기업의 목표달성에 어떤 도움을 줄 수 있는지, 그리고 가치의 흐름을 동기화하면 어떻게 성과가 향상될 수 있는지를 살펴본다.

프로세스에서 성과를 혁신하고자 한다면 '활동'에 주의를 기울여야 한다. 먼저 프로세스에서 가치의 흐름이 정체되는 병목지점(제약이 되는 활동)을 찾아내고 이를 최대한으로 활용될 수 있도록 하는 방안을 마련한다. 동시에 프로세스의 다른 모든 활동들은 제약에 동기화시킨다. 제약을 최대로 활용하고 여기에 비제약을 종속시키면, 특별한 투자 없이도 프로세스의 성과는 향상된다. 만약 프로세스의 성과가 뚜렷이 향상되지 않는다면, 제약을 제대로 발견하지 못한 것이다.

후반부에서는 프로세스의 성과를 혁신하는 과정을 생산프로세스의 예를 들어 설명한다.

## *1.* 프로세스 중심의 사고는 어떻게 활용되는가

프로세스 중심의 사고는 프로세스의 성과를 향상시키는 데에 큰 힘을 발휘한다. 두 가지 측면에서 프로세스 중심의 사고를 적용하는 절차를 살펴보려고 한다. 하나는 프로세스 정의 개념을 환경경영Environmental Management에서 적용하는 절차와 다른 하나는 프로세스 성과와 프로세스 인자Process

Parameter 간의 관계를 적용한 6시그마Six Sigma의 문제해결 절차DMAIC 이다.

### 환경경영에서의 프로세스 중심의 사고 적용

앞서 언급했던 프로세스 모델을 다시 한번 살펴보자.

프로세스 모델을 구성하는 약자는 SIPOC였는데, 의도된 프로세스아웃풋(O)은 고객(C)이 원하는 산출가치였다. 그것이 얼마나 효과적이고 효율적으로 제공되고 있는지 측정하고자 성과지표를 마련했으며, 이렇게 하기 위해 적절한 물적자원과 적격한 인적자원이 필요했다. 그러나 한편으로는 프로세스에서 (부적합한 서비스를 포함한) 부적합품이라는 의도하지 않았던 아웃풋도 역시 산출되는데, 이는 원하지 않는 산출물이므로 '음(−)의 가치' 이다.

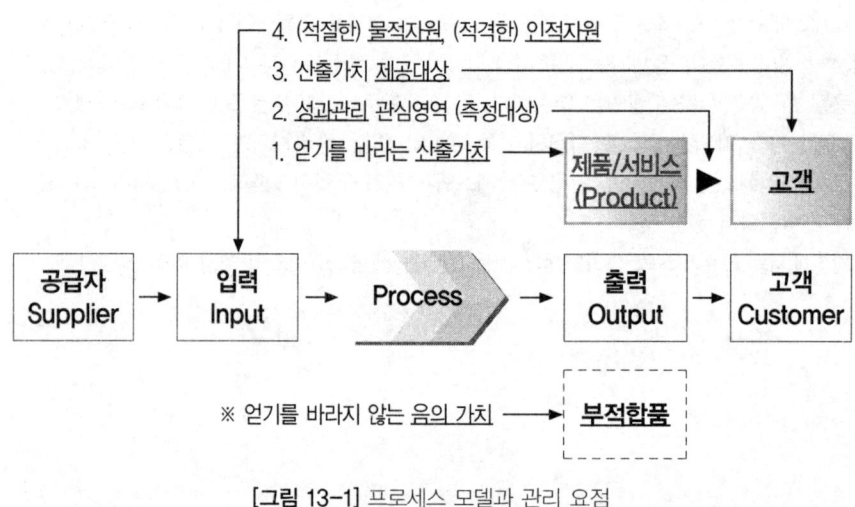

[그림 13-1] 프로세스 모델과 관리 요점

환경경영에서는 오염물질과 같은 원하지 않는 가치를 산출하는 프로세스를 가려내고, 이렇게 해서 밝혀진 프로세스의 성과(이를 환경성과라고 한다)를 개선하는 절차를 밟아 나아간다. 따라서 프로세스에서 산출되는 아웃풋을 제공받는 대상도 고객이 아닌 이해관계자가 되며 프로세스인풋은 자재나 정보가 아니라 천연자원과 에너지이다. 이때 성과지표는 오염물질(프로세스아웃풋)이 얼마나 이해관계자에게 제공되는지(영향을 미치는지) 뿐만이 아니라, 에너지 및 자원이 얼마나 소모되는지도 측정될 수 있도록 설정된다.

그러나 환경경영에서 언제나 프로세스의 음의 가치만 고려하는 것은 아니다. 예를 들어 환경친화적인 제품을 설계하고 생산하려는 노력과 활동은 '양(+)의 가치' 즉 원하는 가치를 산출하려는 프로세스라고 할 수 있는데, 대체로 기업에서 환경경영을 처음 도입할 때는 음의 가치를 중점적으로 보다가 점차 시간이 지나면 양의 가치(환경친화적인 제품/서비스) 산출에도 관심을 갖게 된다.

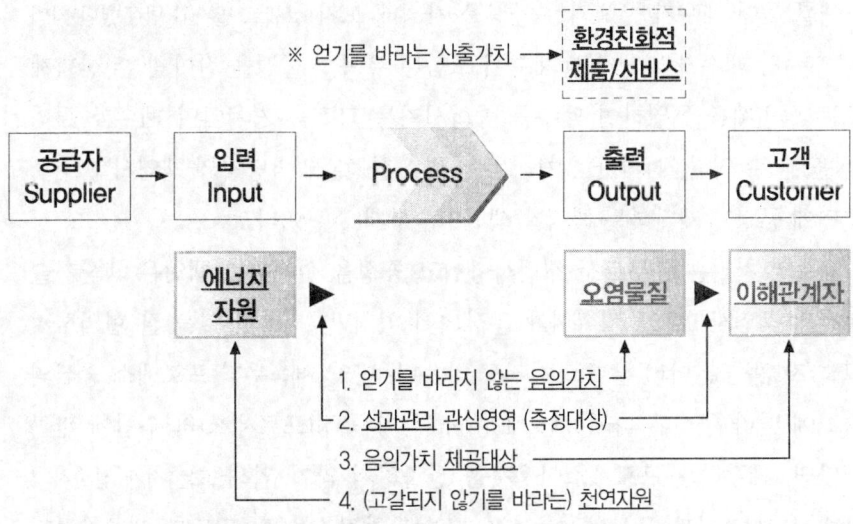

[그림 13-2] 환경경영에서의 프로세스 모델과 관리 요점

환경경영에서 프로세스아웃풋 즉 프로세스를 수행한 결과로 발생한 산출을 줄이려면 오염물질의 발생을 (1) 막거나 (2) 줄이거나 (3) 재사용하거나 (4) 재활용한다. 그런데 이러한 아웃풋 발생을 막거나 줄이는 개선방법은 다음 두 가지 접근방법으로 구분된다.

1. End of Pipe
2. Clean Technology

전자는 발생된 오염물질을 잘 처리하는 방안이고, 후자는 프로세스(과정)나 프로세스를 설계하는 단계에서부터 오염물질의 발생을 줄이는(없애는) 방안이다. 환경경영을 도입하는 기업에서는 예전에는 발생된 오염물질의 효율적인 처리에 치우쳐서 주로 원가절감 등의 개선을 이루곤 했지만(전자), 시간이 갈수록 이를 발생시키는 공정으로, 그리고 이렇게 되도록 공정을 설계하고 개발하는 단계로 옮아가고 있다(후자). 자연히 배출 규제를 신경쓰는 체제에서 제품이나 공정의 환경성을 생각하는 체제로 전환되고 있는 것이다. 이런 변화의 배경에 프로세스 중심의 사고방식이 기여하고 있다.

예를 들어 폐수가 발생되는 공장을 가정해 보자(실제로 필자가 방문했던 기업의 예이다). 폐수가 발생하면 폐수에 포함된 유독성 물질을 잡아낸 후 산화제 또는 환원제를 투입하여 폐수를 중화시키는 과정을 거쳐야만 폐수를 처리(배출)할 수 있다. 이러한 수처리는 총무부 환경관리담당자의 책임사항이다. 반면에 공정을 개발하는 책임은 생산기술부서 소관이다.

폐수의 처리는 총무부서 책임사항이고 공정을 설계하는 책임은 생산기술부서의 책임사항으로 명확하게 분장되어 있지만, 서로의 일을 잘 협의하려고 하지 않을 뿐더러 알려고 하지도 않는다. 만약 처음부터 프로세스 중심의 사고에 따라 구성된 다기능팀C.F.Team이 이 공정(프로세스)의 수립에 관여했다면, 폐수라는 프로세스아웃풋을 산출하지 않기 위해(또는 적게 산출하기 위해) 설계 초기부터 산화(또는 환원)처리를 하지 않아도 되도록 제조공정의 자재나 공법을 선정하려고 했을 것이다.

게다가 시간이 지날수록 프로세스(공정)에 투입되는 에너지는 줄이도록 규제가 강화되고 있으며(프로세스인풋), 제품에는 중금속 유해물질이 포함되지 않도록 규제가 강화되고 있다(프로세스아웃풋). 물론 이러한 규제는 기업의 선택사항이 아닌 사업의 전제조건이 되고 있는 추세다.

이처럼 환경경영이나 안전경영에서도, 프로세스 개선을 위해 프로세스 중심의 사고는 아웃풋(제품, 부산물)을 설계하거나 프로세스(공정)를 설계하는 단계에서부터 필요한 것이다. 다음에서 보듯 환경경영에서 환경영향평가 절

차는 프로세스를 분석하고 개선하는 접근방법과 다를 것이 없다. [23]

| 프로세스 구성요소 | (품질)경영 | 환경경영 |
|---|---|---|
| 인풋 | 자재, 정보 | 에너지, 천연자원 |
| 아웃풋 | 제품, 서비스<br>(부적합품) | 오염물질<br>(환경친화적 제품/공정) |
| 고객 | 고객 | 이해관계자 |
| 주요 성과지표 | 제품/서비스의<br>품질, 납기, 원가 | 에너지/천연자원 사용량<br>오염물질 배출 정도 |
| 주요 실패 | 고객불만 | 민원 |
| 우선 개선 대상 | 발생한 부적합 | 잠재적인 부적합 |
| 프로세스 중심 사고 | 프로세스 접근방식 | 환경영향평가 |

[표 13-1] 품질경영과 환경경영에서의 프로세스 분석, 개선

이제 환경경영(또는 안전경영)에서 프로세스 중심의 사고를 단계별로 적용하여, 환경영향평가(위험성평가)를 수행하고 환경성과를 개선하는 절차를 정리해 본다면 다음과 같을 것이다.

| 프로세스 중심사고의 적용 단계 | 환경경영에서의 개선 추진 단계 |
|---|---|
| 프로세스 도출(프로세스 체계 수립) | 평가대상 선정 |
| 프로세스맵핑(프로세스 표현) | 환경공정도 수립 |
| 프로세스 입출력 규명(프로세스 정의) | 환경측면 식별 |
| 프로세스아웃풋의 중요성 평가<br>(프로세스아웃풋) | 환경영향의 심각성 평가 |
| 프로세스 성과를 높이기 위한 핵심 발견<br>(핵심 활동) | 중요환경영향 도출, 등록 |
| 핵심성과지표 도출 및 목표수준 설정<br>(성과지표, 목표수준 설정) | 환경목표 및 세부목표 수립 |
| 성과 측정, 분석, 개선(지속적 개선) | 환경개선 추진계획 수립, 운영 |

[표 13-2] 환경경영에서의 프로세스 중심사고 적용 절차

---

23) 안전경영에서도 환경경영과 동일한 접근방법이 적용될 수 있다. 보건안전경영(Health & Safety Management)에서의 프로세스 분석방법을 위험성평가(HAZOP; 안전성평가)라고 하는데, 환경영향평가와 동일한 관점으로 이해할 수 있다.

### 프로세스 도출 – 평가대상 선정

환경영향평가의 대상이 될 프로세스를 선정한다. 제조프로세스(제조공정)는 물론이고, 구매프로세스나 주차장관리프로세스, 연구개발프로세스 등 음의 가치를 산출할 가능성이 있는 모든 프로세스가 분석대상 프로세스에 포함된다.

### 프로세스맵핑 – 환경공정도 수립

업무(작업)가 어떻게 이루어지는지를 활동을 포함하는 프로세스맵으로 표현한다. 환경경영에서는 이를 '환경공정도' 라고 부른다.

### 프로세스 입출력 규명 – 환경측면 식별

프로세스에 대한 인풋과 아웃풋은 물론, 경우에 따라서는 활동에 대한 인풋과 아웃풋까지도 구체적으로 규명한다. 여기에는 환경관련 물질과 자재, 제품도 포함된다. 이때의 프로세스인풋으로는 소모되는 에너지(유틸리티), 나무나 지하수 등의 천연자원, 제품제조를 위해 투입되는 원부자재 등을 고려하고, 프로세스아웃풋으로는 폐기물, 소음, 오폐수, 대기 오염물질 등이 파악될 것이다. 특히 들어온 것(인풋)과 나간 것(아웃풋)을 정량적으로 비교하기까지 한다.(이를 물질수지Mass Balance라고 한다.)

### 프로세스아웃풋의 중요성 평가 – 환경영향의 심각성 평가

현재 발생되었거나 잠재적으로 발생할 수 있을 '음의 가치' 의 크기를 측정한다. 환경영향의 심각성은 환경법규 및 요구사항 등을 기준으로 한다.

### 프로세스 성과를 높이기 위한 핵심 발견 – 중요환경영향 도출, 등록

부정적인 크기가 가장 큰 환경영향(= '중요환경영향' 이라고 한다)들이 무엇인지 도출해 낸다. 그리고, 중요환경영향을 야기한 활동(= '중요환경측면' 이라고 한다)들이 무엇인지도 함께 도출해 낸다(품질경영에서 비부가가치 활동을 도출하는 것과 비교할 수 있다). 이렇게 하면 환경경영에서 중요한 소수의 핵심프로세스와 활동이 선정되는 것이다.

### 핵심성과지표*KPI* 도출 및 목표수준 설정 - 환경목표 및 세부목표 수립

이제 무엇이 중요한지 알게 되었으므로, 최고경영자가 환경경영에 대한 의지(=환경방침)를 수립하여 조직은 물론 이해관계자들에게 공포한다. 프로세스에서 도출된 소수의 중요한 환경 성과지표에 대하여, 개선 후에 도달해야 할 목표수준을 결정한다.

### 성과 측정, 분석, 개선 - 환경개선추진계획 수립, 운영

목표 달성에 대한 기한과 이를 어떻게 이룰 것인지에 대한 책임과 구체적인 이행계획을 수립하여 전조직이 함께 운영한다.

이렇듯 환경경영에서도 프로세스 중심의 사고를 적용하는 자체만으로도 프로세스의 성과를 향상시키는 데에 큰 도움이 됨을 알 수 있다.

### 6시그마 문제해결 절차에서의 프로세스 중심의 사고 적용

다음으로, 프로세스의 성과를 개선하기 위한 프로세스 개선방법론으로 6시그마 경영혁신의 문제해결방법론인 D-M-A-I-C(Define-Measure-Analyze-Improvement-Control) 모델을 살펴보기로 하자.

| 구분 | 단계별 과제 | 주요 결과물 |
|---|---|---|
| 정의<br>DEFINE | 1. 개선의 기회 파악 | 개선의 기회 |
| | 2. 프로젝트팀 활동계획 | 팀 활동계획 |
| | 3. 프로세스맵핑 | 프로세스맵 |
| | 4. 고객요구정의 및 CTQ 도출 | CCR, CTQ |
| 측정<br>MEASURE | 5. 측정시스템 타당성 검토 | 측정시스템의 반복성 및 재현성 |
| | 6. 프로세스 수준파악 및<br>바람직한 모습 설정 | 프로세스의 현재 능력 (Z Value) |
| 분석<br>ANALYZE | 7. 가능한 변동원인 파악 | 변동원인(Xs) 후보 |
| | 8. 중요 변동원인의 규명 | 중요한 소수의 변동원인(Vital Few Xs) |
| 개선<br>IMPROVEMENT | 9. 개선안/최적조건 도출 및<br>성과확인 | 최적조건, 개선된 성과 |
| 유지관리<br>CONTROL | 10. 관리계획 표준화 | 개선된 프로세스맵, 프로세스 관리계획 |
| | 11. 프로젝트 평가 및 종료 | 프로젝트 수행완료서 |

[표 13-3] 6시그마의 문제해결 절차(DMAIC)

### 정의(D) : 프로세스를 맵핑하고 프로세스의 성과 Y가 어떤 과정을 거쳐 이루어지는지 확인한다

문제(개선과제)가 무엇인지 분명히 한 후 고객의 소리 등으로부터 CTQ를 선정한다. 그리고 프로세스맵핑을 통하여 문제가 어떤 활동단계를 거쳐 발생되는지를 확인한 후,

### 측정(M) : 프로세스의 성과 Y의 현재 수준을 파악한다

CTQ의 수준을 측정하는 방법(측정시스템)에 문제가 없는지 측정시스템을 확인한 후에 프로세스의 수준을 데이터(Z수준)로 측정하고,

### 분석(A) – 프로세스의 성과 Y에 영향을 주는 변수 X가 어떤 활동들에 숨어 있는지 확인하고 최적조건을 도출한다

통계적으로 유의한 수의 측정 데이터를 분석하여 중요한 원인이 무엇인지 확인함은 물론, 문제를 야기하는 원인이 어느 활동에 숨어 있는지도 통계적으로 가려낸다. 또한 프로세스의 성과(즉 제품 또는 서비스의 특성, Characteristic) Y(결과, Effect)와 프로세스 변수(Process Parameter) X(원인, Cause)와의 관계를 Y=f(Xs) 함수식으로 도출하여 최적의 Y값을 가지는 Xs의 조건(범위)를 계산해 낸다.

### 개선(I) – 최적의 프로세스 성과를 얻을 수 있는 현실적인 개선안을 마련하고 검증한다

통계적으로 구한 프로세스 변수Process Parameter의 최적조건(Xs값의 범위)을 현실 세계의 개선안으로 전환하여 이행해 보고, 문제가 감소되는지(성과 Y가 개선되었는지) 검증한다.

### 유지(C) – 개선된 프로세스의 성과를 유지, 관리한다

효과가 입증된 프로세스 변수를 표준화하고 담당자에게 교육하며, 현실

세계에서의 개선된 프로세스의 성과 Y가 지속되도록 유지관리 및 계속적으로 모니터링한다.

이러한 D-M-A-I-C 모델은 프로세스를 구축한 후 프로세스의 성과(Y)에 영향을 주는 원인(X)이 어느 활동Activity에 숨어 있는지를 데이터 측정에 의한 통계적기법[24]으로 찾아 개선하는 프로세스의 개선 절차로 볼 수 있다. 반복적인 데이터와 확률을 활용하므로 신뢰성이 높은 과학적인 방법이다.

---

| 참고 |  **6시그마를 추진하려면 통계적 기법을 잘 알아야 한다?**

간접분야, 서비스사업 분야의 기업 중에는 통계에 자신이 없다고 말하는 사람들이 많다. 그러나 6시그마 경영혁신을 추진할 때 반드시 통계적 기법만 사용되는 것은 아니며, 통계에만 치중하려고 해서도 안 된다.

비통계적 기법도 꽤 많이 활용되므로 사실 6시그마가 통계적 기법을 활용하는 프로세스 개선기법이란 생각은 편견에 가깝다. 프로세스의 성과를 개선하는 데에 있어 통계적 기법들은 측정된 데이터에 의미를 파악하기 위한 수단이지 목적이 될 수 없다. 그보다는 다기능팀C.F.Team의 협력적인 접근 노력과 체계적인 프로세스 중심 사고의 안목이 훨씬 중요하다는 점을 간과하지 않기 바란다.

---

우리는 6시그마 경영혁신에서 프로세스의 사고가 적용되는 방식에 관하여 다음과 같은 사실을 확인했다.

---

24) 통계적 기법은 프로세스의 성과 Y와 여기에 영향을 주는 원인 X가 어떤 관계가 있는지 그리고 어느 정도인지 등을 밝혀내는 데에 도움을 준다.

1. 프로세스 내에 숨어 있는 치명적인 소수의 활동들(Vital Few Xs)이 프로세스 성과(Y)에 큰 영향을 주고 있다.
2. 이 활동이 어디에 있고 어떤 활동인지를 알아내기 위해서 프로세스는 표현되어야 한다.

이제, 본격적으로 프로세스의 성과를 개선하기 위해서, 어떤 활동들에 집중해야 할지 생각해 보자.


# *2.* 활동에 포인트를 두고 프로세스의 부가가치를 높여라

프로세스의 성과가 프로세스 내에 포함된 특정 활동들에 의해 결정되므로, 우선 프로세스를 구성하는 가장 작은 범위인 활동의 부가가치 개선방법에 대해 살펴볼 것이다. 활동의 부가가치 개선방법은 운영프로세스나 지원프로세스 어디에나 적용될 수 있다. 프로세스 내에 포함된 활동들의 부가가치를 개선하면 프로세스의 성과도 개선될 것으로 기대할 수 있지 않을까?

### 두 가지 접근방법

이미 1장에서 정의한 대로 프로세스란 '가치를 부가하는 흐름Value Added Flow'임을 상기하기 바란다. 여기서 프로세스 안에 흐르는 가치value의 형태는 자재, 반제품, 제품, 재화 등 유형의 형태뿐만 아니라 서비스, 정보, 지식, 기술 등 무형의 형태일 수도 있다. 그리고 이렇게 부가된 가치의 결과가 프로세스아웃풋Process Output이며, 이를 산출하는 것이 프로세스의 목적이 된다고 정리했었다. 또한 자원의 능력은 무한하지 않으며, 프로세스는 아웃풋과 성과와 목표 등의 요소를 가지고 있고, 활동은 종속성을 가지고 연결되어 있다.

프로세스에서 성과를 개선하는 접근방법은 프로세스의 부정적인 측면을 약화시키거나, 또는 긍정적인 측면을 강화시키는 것이다.

### 활동의 낭비요소를 제거하는 방법 (프로세스의 부정적인 측면 약화방법)

기업 내에서 나타나는 현상(부정적 증거)으로는 재고 누적, 결품, 업무부하의 집중 또는 편중, 잔업, 업무(작업)대기 등이 있다. 주로 경영혁신기법은 TQM, 6시그마 경영혁신, PI, BPR, TPS, TPM 등을 도입(추진)하여 모든 곳에서의 정체, 대기, 비효율 또는 낭비를 찾아 줄이거나 원가를 절감한다.

### 활동의 가치요소를 부가하는 방법 (프로세스의 긍정적인 측면 강화방법)

동시공학, 제약경영TOC, 공급망관리SCM, 팀제(프로세스형 조직 구조) 등의 경영혁신 기법이 주로 이러한 성격을 띠며, 가치흐름상에서 병목을 활용 또는 해소(개선)하거나 스루풋을 제고한다. 기업 내에서 나타나는 현상(긍정적 증거)으로는 업무/작업 부하가 평준화되어 있고, 조직원이 프로세스 관련 정보를 공유하고 있어 의사소통이 비교적 신속하며, 팀 제도가 활성화되어 있는 경우 등이다.

## 활동의 낭비요소를 제거하는 방법

지속적인 개선의 대상은 프로세스 자체가 아니라 프로세스의 성과 Performance인데, 프로세스의 성과는 효과성effectiveness 측면과, 효율성 efficiency 측면으로 구분할 수 있다. 효과성은 '무엇을 얼마나 이루었는가' 로, 효율성은 '어떻게 이루었는가' 로 대표된다.

효과성이란, 계획된 결과를 달성한 정도를 뜻한다. 따라서 활동의 효과성 평가 측면에서는 프로세스아웃풋에 기여한 활동의 부가가치(의 크기)를 평가하는데, 이때 사용(투입)하는 자원의 양이나 종류는 고려하지 않는다. 이러한 효과성 지표의 예로는 판매금액, 진척도, 계약성사율, 수율 등을 들 수 있다.

반면 효율성에서는 결과를 얻는 데 사용된 자원을 고려하는데, 시간당 생산량, 인당 매출액, 투자회수율 등을 예로 들 수 있다. 이것은 프로세스에서 부가가치가 낮거나 무가치한 활동을 찾아내어, 이를 제거하거나 통합하여 프로세스의 가동(운영)효율을 높이기 위한 것이다.

활동에서 낭비요소를 줄이는 것은 주로 효율성 측면의 접근방법이다. 활동을 점검하는 요령으로 '아웃풋을 산출하는 데에 필요한 활동인가?', '그렇게 하여 산출된 아웃풋은 고객의 요구를 충족시키는가?' 등을 자문자답해 본다. 프로세스에서 각 활동이 차지하는 중요성이나 부가가치(즉 프로세스에서 가치를 산출하는 데에 각 활동이 어느 정도나 기여하는지의 정도)를 판단하는 것 이외에도, 각 활동에 대하여 다음과 같은 물음에 스스로 답해 봄으로써 비부가가치 활동(NVAA; Non value-added Activity) 파악을 기대할 수 있다.

- 대기, 이동 등 가치를 부가시키지 못하는 활동이 있는가?
- 재작업, 재검토 등 반복하여 수행되는 활동은 없는가?
- 재입력되는 활동이 있는가?
- 활동의 수행자는 활동의 중요도나 또는 활동의 난이도에 적격한가?
- 꼭 이 활동단계에서 결정을 내려야 하는가?
- 이 활동단계에서 검토(또는 승인)가 필요한가?
- 고객의 요구를 충족시키거나 운영의 효율을 높이는 목적 이외에 명확한 이유 없이 존재하는 활동이 있는가?

이 같은 관점으로 활동에서 낭비요소를 줄이기 위한 여러 가지 분석이 가능할 것이다.

1. 도요타생산체계에서는 과잉생산의 낭비, 대기의 낭비, 운반의 낭비, 가공의 낭비, 재고의 낭비, 동작의 낭비, 불량의 낭비를 신생산 7대 낭비로 규정하고 철저한 추방 대상으로 한다.
2. 부가가치를 창출하지 않는 활동으로 검사, 재확인, 검토, 재작업, 수리, 기록, 보고, 분석, 운반/이동, 대기, 분류, 확인, 저장 등이 있다.
3. 6시그마 경영혁신에서는 동일한 활동을 반복해서 수행하는 경우 부가가치를 감소시킨다는 뜻으로 '숨은 공장Hidden Factory'이라 하여, 우선 개선과제의 대상으로 삼는다.

## 활동의 가치요소를 부가하는 방법

활동의 부가가치를 개선하려면, 먼저 프로세스를 이루는 활동들을 분석해야 한다. 대표적인 효율성 분석기법인 가치부가시간 분석 절차를 살펴보자.

### 1단계 : 분석 준비상태 점검

프로세스맵의 각 활동들이 단계에 맞게 잘 수립되어 있어야 하므로, 활동시간 분석에 앞서 프로세스 정의 및 맵을 먼저 확인한다. 또한 프로세스의 수행자, 프로세스아웃풋과 고객이 올바로 정의되었는지도 확인한다. 만약 프로세스맵의 각 활동이 현업과 다르게 표현되어 있거나 분석하기에 적절하지 않은 형태로 되어 있다면, 단계별로 수행되는 활동부터 바로 잡아야 한다. 각 활동의 단계별로 시간을 측정할 체크시트도 준비한다.

### 2단계 : 활동시간 측정

신뢰성 있는 데이터를 확보하기 위하여 활동별로 활동시간을 반복 측정한다. 활동시간은 프로세스 입력을 받고 활동에 착수한 시점으로부터 다음 활동이 수행되기 시작하는 시점까지의 시간으로 한다. 또한 활동시간에는 활동을 수행한 시간 외에도 대기시간이나 이동시간이 모두 포함되는데 이중에 활동 수행자 별로 순수하게 활동을 수행하는 데 사용된 시간(활동수행시간)을 구분하여 측정해야 한다.

활동시간 = 활동수행시간 + 낭비시간
활동시간 : 입력을 받고 활동에 착수한 시점으로부터 다음 단계의 활동에
　　　　 착수하기 전까지의 시간
활동수행시간 : 순수하게 활동을 수행하는 데에 투입된 시간의 합
낭비시간 : 순수하게 활동을 수행한 시간이 아닌, 대기시간이나 이동시간의 합

### 3단계 : 활동별 부가가치시간 분석

측정된 활동시간으로부터 활동의 부가가치시간을 파악한다. 활동의 부가가치시간은 활동시간(대표값) 중에서 활동수행시간(대표값)이 차지하는 점유 시간이다. 여기서의 점유율 즉 활동수행시간을 활동시간으로 나눈 값을 부가가치시간율이라고 한다. 그러나, 프로세스나 수행되는 활동의 성격에 맞게 변형된 지표를 사용할 수도 있다.

부가가치시간율 = (활동수행시간 ÷ 활동시간) X 100%

활동시간의 총합계와 각 활동시간의 점유율로부터 활동에 소요된 자원의 소모량을 파악할 수 있다. 만약 프로세스에서 산출되는 아웃풋의 가치와 각 활동의 자원소모량을 각각 화폐 단위로 환산하여 대비할 수 있다면, 각 활동이 프로세스의 산출가치에 기여하는 비율을 알 수 있으므로 어느 단계의 활동에 중점을 두어야 할지, 또는 어느 단계의 활동에 개선을 집중해야 할지도 알 수 있게 될 것이다. 바꾸어 말하면 활동의 중요성에 따른 우선순위를 결정할 수 있게 되는 것이다.(한정된 자원을 어느 활동에 우선 투입해야 하는지 결정하고 활용하는 것이 활동기준원가관리(ABM)의 기본적인 개념이다.)

| C4-312 고객계정 신규 개설 | 활동 수행자 | 수행시간 | 경과시간 | 부가가치 시간율 |
|---|---|---|---|---|
| 1. 계정 개설 요청 접수 | 창구담당 | 2 | 200 | 1 % |
| 2. 정보수집 | 정보수집책임자 | 0.8 | 13.5 | 6 % |
| 3. 신청내용 결재(계정담당-담당이사) | 창구담당 / 이사 | 0.5 | 250 | 0 % |
| 4. 신청내용 회계책임자에게 전달 | 창구담당 | 0.1 | 10 | 1 % |
| 5. 회계정보 수집 | 신용평가 전문가 | 8 | 3200 | 0 % |
| 6. 신청내용 확정 | 담당이사 | 0.5 | 180 | 0 % |
| 7. 결재(회계담당-부서장-담당이사) | 담당 / 부서장 / 이사 | 0.5 | 380 | 0 % |
| 8. 신청내용 Key-In | 전산자료입력담당 | 0.3 | 50 | 1 % |
| 9. 계정 개설 | 창구담당 | 0.1 | 10 | 1 % |
| 10. 고객에 통지 | DM 담당(외주인원) | 0.2 | 13 | 2 % |
| 계 | | 13 | 4306.5 | 12 % |

[그림 13-3] 부가가치시간 분석 (Cycle Time Analysis) (예)

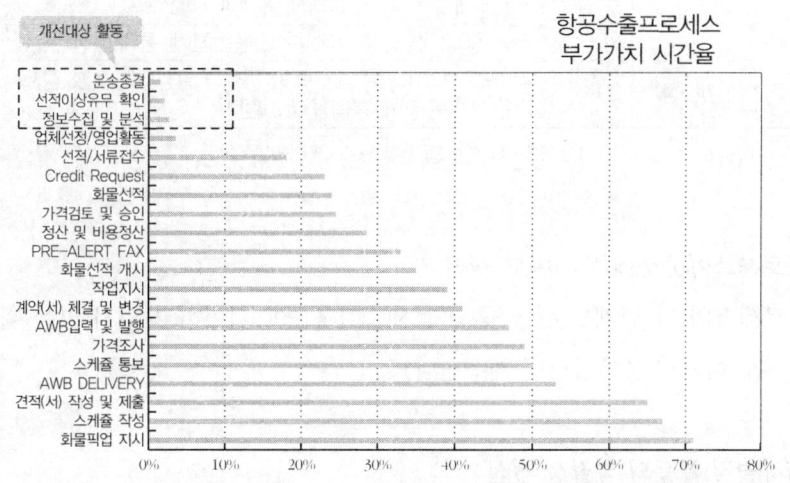

[그림 13-4] 활동의 부가가치 분석과 개선 적용 (항공수출프로세스의 예)

이렇게 분석한 결과는 활동의 부가가치시간을 개선하기 위해 활용한다. 즉 분석 결과를 근거로 하여 활동시간에서 순수하게 활동을 수행한 시간이 아닌, 대기시간이나 이동시간을 제거할 수 있는 방안을 찾는다. 결국 비부가 가치활동NVAA을 제거하거나, 프로세스에서 부가가치시간율이 낮거나 중요 도가 떨어지는 활동을 통폐합하는 것이다.

### 그 밖의 활동 개선방법

그밖에도 여러 가지 활동의 특성에 따라 프로세스를 개선에 착안할 수 있다.(이후 상세한 소개는 생략한다.)

| 활동의 특성 | 프로세스 개선방안 |
|---|---|
| 부가가치 기여도 | 프로세스의 부가가치를 높이는 데에 기여하지 못하는 활동(가치를 부가하는 데에 사용되는 시간이 적은 활동)은 대체, 통폐합, 개선한다. |
| 프로세스 산출 기여도 | 각 단계별 활동 중 프로세스의 결과물(Output) 획득과 직접적으로 관계가 없는 활동은 대체, 통폐합, 개선한다. |
| 환경(안전)영향에의 기여도 | 경영시스템 및 프로세스 전체의 환경 및/또는 안전에 미치는 영향이 심각한 활동은 대체, 통폐합, 개선한다. |
| 의사결정 활동 | 의사결정에 따른 책임, 권한이 적절하지 않은 활동은 대체, 통폐합, 개선한다. |
| 검증 활동 | 각 검증 단계에서, 의도된 산출물의 요구사항 검증에 적합하지 않은 검증 활동은 적절하게 축소, 대체, 통폐합, 개선한다. |
| 고객지향성 | 각 단계별 활동 중 고객지향적이지 않은 활동은 대체, 통폐합, 개선한다. |
| 잠재적 실패 가능성 | 활동을 실패함으로써 프로세스의 의도된 목적이 달성되지 못할 잠재적인 가능성이 큰 활동은 대체, 통폐합, 개선한다. |

[표 13-4] 활동의 낭비요소 개선방법

### 프로세스아웃풋에의 기여도 개선

프로세스의 각 단계별 활동 중 프로세스아웃풋에 기여하고 있지 않은 활동은 축소하거나 통폐합하여 개선한다.

### 의사결정 활동의 적절성 개선

의사결정을 수행하는 단계별 활동(=의사결정 활동)은 프로세스 수행속도 Cycle Time에도 영향을 미치므로, 검토, 승인 등 판단이나 결정이 필요한 활동을 대상으로 그 의미를 검토해 보면 유사한 판단이나 의사결정이 중복되는 것을 없앨 수 있고, 책임이 없는 인원에 의한 의사결정 활동을 가려낼 수도 있다.

### 고객지향성 개선

활동의 목적, 활동의 출력이 고객의 필요 및 기대 충족에 기여하는지의 여부를 판단한다. 단, 프로세스의 목적은 물론, 프로세스별로 고객의 필요와 기대를 사전에 정확히 파악하고 규정되어 있어야 가능하다.

### 잠재적인 실패 가능성 개선

프로세스 각 단계별 활동마다 실패할 가능성이 있는 형태를 규명하고 그로 인한 영향, 발생하는 원인, 현재의 관리능력을 고려하여 각 단계별 활동의 위험우선순위(RPN; Risk Priority Number)를 객관화시키는 방법이다. 특히 제조업에서는 제조공정을 설계하기 전에 공정을 분석하는 'Process FMEA'라는 기법이 이미 보편화되어 있다.

프로세스 각 단계별 활동에서 실패의 가능성이 예견되면 각각 영향의 심각도, 발생 가능성(또는 발생 빈도/주기), 실패에 대한 검출능력을 수치로 표시하고(예를 들어 각각 1에서 10까지), 이를 곱하여 나온 RPN(Risk Priority Number) 값을 비교하여 취약한(즉, 개선이 필요한) 활동을 사전에 가려내어 보완하려는 것이다.

### 검증 활동의 적합성 개선

프로세스 아웃풋의 품질을 관리하기 위한 요소로 수행하는 검증 활동은 한편으로는 프로세스의 수행속도에 영향을 미치는 요소로 작용한다. 그러므로 검증 활동이 프로세스가 의도한 바(프로세스의 목표)에 미치는 영향을 고려하여 결정되었는지, 프로세스의 실패를 검출하기에 시점이 너무 이르거나 또는 늦은 것은 아닌지, 검증 활동의 범위나 강도는 적절한지 등을 분석한다. 경험적으로는, ISO 등의 품질보증 요구사항에 따라 검증 활동이 필요 이상으로 설계된 제품생산프로세스를 자주 확인할 수 있었다.

### 프로세스 관리점 Control Point 개선

프로세스를 관리하기 위한 관리활동의 필요성과 효과를 분석한다. 각 단계별 활동에서 관리되고 있는 사항이 모두 프로세스가 의도하고 있는 차원에서

관리되어야 할 필요가 있는 사항인지, 프로세스의 목적을 놓고 검토한다.

## 활동이 연결되어 흐름을 만든다

최종가치를 창출하거나 가공하거나 전달하는 것이 운영프로세스가 존재해야 하는 이유이므로 프로세스의 효과성을 이야기할 때 프로세스에서 가치의 흐름성은 아무리 강조한다고 해도 충분하지 않다.

흐르는 물은 맑고 깨끗함을 유지할 수 있지만 흐르지 않는 물은 썩고 부패되어 물고기조차 살 수 없게 만든다. 구르는 돌에 이끼가 끼지 않고, 잘 유통되는 과일일수록 신선도를 유지할 수 있다. 한의에서는 건강을 유지하는 기본으로 '피'와 '기'의 흐름을 중요시한다. 피의 흐름이 막히면 만병의 원인이 된다. 나이가 들어 이 흐름이 느려지거나 간혹 막히기라도 한다면, 흐름을 되찾기 위해 급소를 찾아 침이나 뜸을 놓아야 한다. 더욱이 우리 몸에 피가 새는 곳이 있다는 것은 상상할 수도 없는 끔직한 일이다. 기업에서는 '돈'의 흐름이 무엇보다도 중요하다. 현금의 흐름이 나쁘다면 아무리 많은 계약을 맺었고, 시장점유율이나 판매량이 아무리 늘었다 하더라도, 결국은 문을 닫지 않을 수 없다. 소위 흑자도산을 당해 망하게 되는 것이다. 이처럼 경제, 정치, 의학, 문화, 식품, 과학 등을 가리지 않고 우리 생활 주변에서 '흐름'과 '순환'의 중요성은 어디에서나 나타난다.

입력을 출력으로 바꾸기까지의 가치흐름성이야 말로 프로세스 성과향상을 위한 숨겨진 열쇠다. 프로세스 수립 초기에 가치의 흐름에 따라 업무프로세스를 잘 수립했다고 하더라도, 시간이 흘러 사업이 확장되고 업무가 새로 생겨나고 통폐합되고 사라지며 조직의 규모가 비대해짐에 따라 업무프로세스 속에 흐르는 가치의 흐름은 많이 나빠지게 되어 조직은 여러 가지 성인병에 시달리게 된다.

우리의 업무 프로세스에도 침과 뜸이 필요하다. 우리의 업무도 주체할 수 없이 비대해지기 전에, 잃어버린 가치가 무엇인지 찾아 침을 놓고, 어디가 병목인지 찾아 뜸을 떠야 한다.

## 활동의 부가가치 향상에 앞서, 가치흐름상의 병목에 집중한다

그런데 한 가지, 활동의 부가가치 개선에 착수하기 전에 주의할 점이 있다. 일련된 가치흐름의 속성 중 하나는 병목 즉, 제약을 가진다는 점이다. 이말은 프로세스를 구성하는 여러 가지 활동들 중에서도 가장 흐름속도가 느린(흐름상의 처리능력이 작은) 활동이 전체 프로세스의 성과를 좌우한다는 뜻이다. 그러므로 어떤 특정한 활동을 개선하려고 하든, 단위 프로세스를 개선하려고 하든, 아니면 심지어 경영시스템을 개선하려고 하든, 가치흐름상의 병목 활동을 개선해야 한다.

이러한 이치는 생산 현장에 가보면 쉽게 살펴볼 수 있다. 병목공정의 앞공정을 개선하는 경우에 병목공정에는 오히려 재고가 많이 쌓이고 프로세스아웃풋은 늘어나지 않는다. 병목공정의 뒷공정을 개선한다고 해도 결과는 나아질 것이 없다. 병목공정을 통과한 자재만 받아 처리할 수 있기 때문이다. 이 두 가지 개선은 결국 공정에서 작업자의 여유시간만 늘릴 뿐, 가치창출에는 아무 도움이 되지 않는다. 자재를 미리 많이 확보해 두어야 하고 공정에도 재공재고가 쌓이니 상황이 오히려 나빠지는 것이다. 이제까지의 개선방법들은 대부분 이런 부분최적화 방법들이었다.

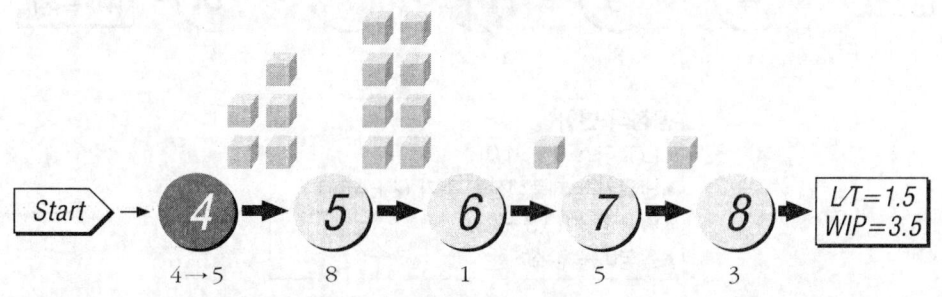

**공정의 변화**
- L/T 변화 없음
- 단위기간 제품생산량 변화 없음 (1 EA/hr)
- WIP 증가 (3.3→3.5)
- 운영비용 증가

※ 공정번호 밑의 숫자는 시간당 생산능력(수량)을 의미한다.

4번 공정에서 시간당 한 개를 더 생산 할 수 있도록 생산능력이 증가되었지만, 공정 전체의 성과는 나아지지 않는다.

**[그림 13-5]** 병목 전 공정 개선

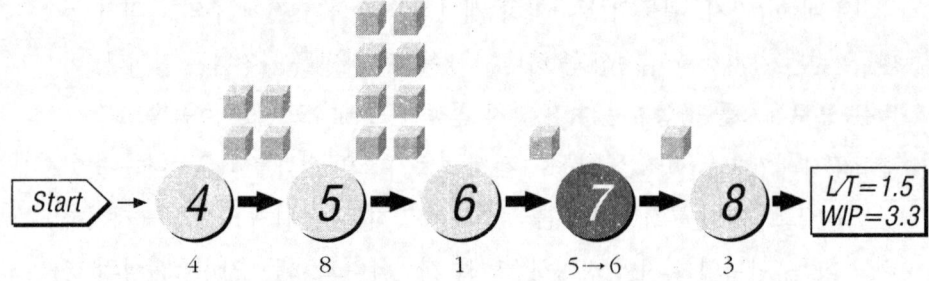

| Start | → | 4 | → | 5 | → | 6 | → | 7 | → | 8 | → | L/T=1.5 WIP=3.3 |

4     8     1     5→6     3

**공정의 변화**
- L/T 변화 없음
- 단위기간 제품생산량 변화 없음 (1 EA/hr)
- WIP 변화 없음
- 운영비용 변화 없음 (또는 소폭 증가)

7번 공정에서 시간당 한 개를 더 생산할 수 있도록 생산능력이 향상되었지만, 공정 전체의 성과는 역시 나아지지 않는다.

[그림 13-6] 병목 후 공정 개선

| Start | → | 4 | → | 5 | → | 6 | → | 7 | → | 8 | → | L/T=1.0 WIP=2.0 |

4     8     1→2     5     3

**공정의 변화**
- L/T 감소 (1.5→1.0)
- 단위기간 제품생산량 증가 (2 EA/hr)
- WIP 감소 (3.3→2.0)
- 운영비용 감소

병목 공정에서 시간당 한 개를 더 생산할 수 있게 되자 공정 전체의 생산능력도 곧바로 향상되었다.

[그림 13-7] 병목 공정 개선

위치에 따른 개선의 효과를 비교하면 왜 병목활동이 개선되어야 하는지 이해할 수 있다. 따라서, 프로세스 내의 여러 가지 활동 중에서도 가치흐름상에 병목이 되는 활동을 우선적으로 개선해야 한다. 만약 병목이 아닌 다른 곳을 개선하려고 하면 오히려 개악이 될 수도 있다. 제조공정이든 서비스프로세스이든, 가치의 흐름이라면 같은 논리가 적용되는 것이다.

### 목표 달성을 제한하는 제약이 있다

만약 어떤 기업이 목표가 무엇인지 올바로, 그리고 명확하게 결정하지 못한다면, 그들은 그들이 정말로 원하는 것을 얻을 수 없을 것이다. 조직이 도달해야 할 목표를 정한다는 것은, 역으로 조직 내에 목표 달성을 붙잡는 제한조건이 (분명히) 있음을 의미한다(이 제한조건을 제약이라고 부른다.).

문제는 업무 가운데 존재하는 이 제약이 무엇인지 알지 못하거나, 알아도 개선하려고 하지 않거나, 또는 무조건 없애려고 달려든다는 데에 있다. 어느 조직이나 제약이 없는 조직은 없다. 게다가 제약을 없애려고 하면 또 다른 제약이 나타나서, 제약은 절대로 없어지지 않는다.

그러나 다른 한편으로 무척 희망적인 것은, 분명히 존재하는 이 제약이 (대부분의 경우) 단 하나라는 점이다. 가장 큰 제약을 무너뜨리면 다음으로 큰 제약이 나오게 될 텐데, 이렇게 계속적으로 나타나는 제약을 없애 나아가는 것이 가장 수월하면서도 가장 확실한 지속적 개선방법론이다.

# 3. 제약을 최대한 이용하는 지속적 개선

제약을 제거하는 것이 아니라 최대한 활용하려는 이러한 절차[25]는 프로세스를 지속적으로 개선하는 데에 아주 훌륭하게 적용된다(이를 집중개선 5단계라고 한다).

---

25) Eliyahu M. Goldratt이 제안한 지속적 개선 절차(POOGI; Process of On-Going Improvement) 이다.

Step 1. 가치흐름에서의 제약을 찾아낸다. (가치흐름에서의 제약 발견)

Step 2. 제약을 최대한으로 활용할 방법을 결정한다. (제약의 최대 활용)

Step 3. 다른 모든 사항은 제약에 종속시켜 가치의 흐름을 동기화한다. (가치흐름의 동기화)

Step 4. 제약의 능력을 향상시킨다. (제약의 능력 강화)

Step 5. 제약이 해소되었으면(제약이 다른 곳으로 옮겨졌으면) 첫 단계부터 다시 반복한다. (반복)

잠시 후에 설명할 DBR(Drum-Buffer-Rope)방법론은 이러한 지속적 개선방법을 제품생산프로세스에 적용한 것이다. 집중개선 5단계는 운영프로세스뿐만 아니라, 지원프로세스에서도 적용된다(가치의 흐름으로 이루어져 있기만 한다면).

## *Step 1.* 가치흐름에서의 제약을 찾아낸다

제약은 목표를 달성하거나 현재보다 더 나은 성과를 제한하는 자원이나 요인을 가리킨다. 프로세스에서 제약을 명확히 파악하기 위해서는 먼저 프로세스의 목표를 명확히 하여야 한다. 제약을 먼저 찾아내야 하는 이유는 가장 약한 고리가 사슬 전체의 강도(프로세스 성과)를 결정하기 때문이다. 제약을 올바로 선택했다면, 제약의 개선을 통해 프로세스의 성과를 높일 수 있을 것이다.

기업은 영리를 목적으로 하는 단체이다. 이렇게 기업의 영원한 목표는 돈을 버는 것인데, 이를 위해 고객이 원하는 가치(고객가치. 즉 제품이나 서비스)를 생산하여 가능한 빠르게 많이 고객에게 제공해야 한다.

생산프로세스의 경우 공정에 자재가 투입되어 최종공정에 도달하기까지를 범위로 하므로, 이들 중에서 고객가치를 산출하는 흐름속도가 가장 낮은 공정이 제약이다.

제약은 공급능력이 시장의 수요보다 작은 자원(공정)에 있다. 그러니까 제약이 되는 공정을 따져 보려면, 일정기간에 대한 자원의 공급능력(즉 가동능력)과 시장의 수요를 비교해 보면 된다. 예를 들어 한 주간 동안 출하하기로 되어 있는 제품별 수량을 맞추기 위해 각 설비가 가동되어야 하는 부하시간을 계산해 보고, 정상 근무시간(가동시간)을 초과하는 설비가 어느 것인지 확인하는 것이다.

그러나 이렇게 계산해 보지 않더라도 실무자들의 경험이나 직관으로도 제약자원을 쉽게 판가름해 볼 수도 있다. 제약자원에서의 생산속도는 다른 자원보다는 느릴 것이므로, 작업이 밀려 어느 공정 앞에서 재공품이 쌓이게 되는지를 관찰해 보거나, 조립공정이라면 결품을 자주 발생시키는 자원이 어느 곳인지 살펴보면 된다. 늘 부하가 많이 걸려 쉬지 않고 가동되며, 관리감독자들의 독려도 잦고, 잔업도 자주 하게 되는 곳이 어느 곳인지 확인해도 될 것이다.

만약 제약자원을 잘못 찾았다고 하더라도 염려할 것은 없다. 제약자원을 잘못 찾았다 하더라도 성과는 여전히 실제의 제약자원에 의해 제한되고 있을 것이므로 상황은 달라질 것이 없으며, 올바른 제약자원이 곧 모습을 드러낼 것이다. 그것이 진짜 제약자원인지는, 설치한 제약자원버퍼[26]의 상태변화를 살펴도 판단할 수 있을 것이다.

한편 제약을 찾아내는 데서 만족하지 않고 적극적으로 선택할 수도 있는데, 무엇을 제약으로 선택하는가에 따라 그 후의 결과에 상당한 차이가 난다. 이 경우 능력이 부족한 복수의 자원 중에서 어느 것을 제약으로 선택하는가는 경영자의 전략적 의사결정의 문제라고 할 수 있다.

### *Step 2.* 제약을 최대한으로 활용할 방법을 결정한다

일단 제약이 어디 있는지 발견했다면, 다음은 그것을 최대로 활용할 수 있도록 일정을 계획한다. 제약자원에서 잃어버리거나 낭비되고 있는 시간은

---

26) 제약자원버퍼란 제약자원을 항상 최대한 가동시키기 위해서 여유시간을 포함한, 첫 공정에서 제약자원까지의 공정 리드타임이다.

곧 프로세스 전체의 성과를 잃어버리고 있는 것과 같으므로, 제약자원의 가동을 최대로 유지할 수 있도록 할 수 있는 모든 조치를 다해야 한다.

생산 현장에서 이렇게 하는 실천적인 방안으로는 제약이 되는 설비의 고장으로 인한 가동중단을 줄여서 제약자원이 쉬는 시간을 없애야 하고, 제약자원에 숙련된 작업요원을 배치하며, 제약자원이 불량자재를 가공하느라고 아까운 시간을 낭비하지 않도록 제약자원 앞에서 검사를 철저히 하는 방안 등이 있다.

또, 결품이나 설비 트러블 등 여러 가지 이유로 인해 제약자원에서 작업이 중단되면 그 시간만큼 생산량도 줄어들게 되므로, 제약자원(병목공정)이 작업을 멈추거나 대기하지 않도록 제약자원이 작업할 물량을 미리 확보해 놓아야 한다. 버퍼는 제약자원의 앞에서 언제 발생할지 모를 사고로부터 제약자원이 가동을 멈추지 않도록 보호(완충)하는 역할을 한다. 앞공정에서 문제가 발생하여 그것을 조치하기까지 3시간이 걸린다면 3시간 전에, 이틀이 걸린다면 이틀 전에 작업물량을 재고(재공)로 확보해 두면 될 것이다. 이렇듯 버퍼의 크기는 제약자원 앞공정의 변동성에 의존한다. 공정이 안정되어 있다면 버퍼의 크기가 그만큼 작아도 되는 것이다.

### Step 3. 다른 모든 사항은 제약에 종속시켜 가치흐름을 동기화한다

앞에서 제약이 프로세스 전체의 능력을 좌우하므로 관리의 초점을 제약에 맞추어 제약자원의 효율성을 최대한으로 높여야 함을 언급했다. 그렇다면 다른 자원들은 어떻게 해야 하는가?

다른 자원들은 비제약자원인데, 비제약자원은 능력이 시장의 수요보다 큰 자원을 말한다. 프로세스 내의 비제약자원은 제약자원에 비해 여유능력을 가지므로, 일단 제약자원에 대한 효율적인 작업계획이 수립되면 비 제약자원들도 이 계획에 맞춰 작업하도록 해야 한다. 이것은 모든 비제약자원들이 제약자원의 흐름에 동기화됨을 의미한다. 만약 비제약자원이 제약자원에 동기화되지 않으면, 제약자원이 쉬지 않고 작업하게 하는 데 차질을 빚을 것이다.

생산프로세스에서는 첫 공정에 여유가 있다고 해서 자재를 투입하는 것이 아니라, 제약자원의 생산일정에 맞추어서 자재를 투입한다. 자재를 투입하는 시점은 제약자원에서 자재를 사용(가공 또는 조립)해야 하는 시점보다 버퍼의 크기만큼 앞서야 한다

> 버퍼의 크기 = 자재가 투입 시점을 통과하여 제약자원에 이르기까지의 시간 + 불확실성(사고)에 대응할 만한 여유시간

### Step 4. 제약의 능력을 향상시킨다

위의 세 단계를 거치면 새로운 투자 없이도 프로세스의 산출량(생산량)은 늘어나게 된다. 이렇게 하여 가장 약한 고리가 완전히 활용된다고 확신할 수 있으면, 이제야 비로소 제약자원에 투자함으로써 제약자원의 능력을 강화하여 프로세스의 생산능력을 더욱 높인다. 이 시점에 이르러서야 비로소 자원에 대한 적극적인 투자 논의가 필요한 것이다.

### Step 5. 제약이 해소되었으면 첫 단계부터 다시 반복한다

위의 네 단계를 거치면 제약자원에 대한 능력이 향상되었을 것이므로 이제 그 자원은 더 이상 제약자원이 아니며, 여기에 이어서 새로운 제약자원이 나타날 것이다(제약이란 전체의 고리 중 상대적으로 가장 약한 고리에 해당하므로, 없어지는 것이 아니다). 모든 자원의 능력이 똑 같은 경우를 제외하면 제약자원이 없는 경우는 없다.

목표를 달성하고 성과를 지속적으로 개선하기 위해서는 첫 단계로 다시 돌아가 이 과정을 반복한다. 제약자원이 바뀌어 더 이상은 유효하지 않은 어제의 규칙은 버리고, 새로운 규칙을 마련해야 한다.

# 4. 생산프로세스의 성과를 개선하라

## 운영의 목표와 현장의 문제들

제품을 생산하는 프로세스에서 산출하려는 가치는 완제품이고, 프로세스 내에 흐르는 전달가치는 자재이므로 제조공정에서는 자재의 흐름이 중요하다(다시 말해서 생산프로세스에서의 가치흐름은 곧 자재의 흐름이다). 만약 생산프로세스에서 가치의 흐름이 좋지 않으면(즉 자재의 흐름이 막히거나 완만해지면) 어떤 일이 일어날까? 공장의 여기저기에 재공품이 쌓이고, 리드타임은 더 길어지게 될 것이다. 이제부터 왜 그렇게 되는지 설명하려고 한다.

제품을 생산하는 제조업이든 아니면 서비스를 제공하는 서비스업이든, 기본적인 운영목표는 동일하다. 첫째로는 제품 및 서비스를 제공키로 한 고객과의 약속을 제때에 지키는 것이고, 둘째는 경쟁 관계에 있는 동종 타사를 앞설 수 있을 정도로 리드타임(납기)이 충분히 짧아야 하며, 셋째는 품질과 가격에서 경쟁력이 있어야 한다. 이는 어느 기업이나 공통적으로 삼는 목표임에도 불구하고, 이를 달성하기는 만만치 않다. 왜 그럴까?

현장 관리자들에게 이 같은 운영상의 목표가 쉽게 달성되지 못하는 이유를 물어보면 대개 다음과 같은 답변을 들을 수 있다.

작업자가 결근했다.
공구를 찾는 데에 쓸데없이 시간을 허비했다.
갑자기 설비에 문제가 생겼다.
자재의 품질이 말이 아니다.
협력업체에서 자재를 제때 공급해 주지 못했다.
고객의 납품 재촉과 주문 변경으로 생산계획을 변경할 수밖에 없었다.
불용재고가 많다. (자재재고, 공정재고, 완제품재고)

결품 때문에 판매기회를 놓쳤다.

경쟁사에 비해 생산리드타임이 길며, 납기를 제때에 준수하지 못하는 경우가 잦다.

공정의 불량률이 높아졌다 등등.

모두 이유가 될만한 것들이며, 실제로 제품을 생산하는 기업에서 흔히 볼 수 있는 대표적인 문제들이다.

### 효율성 추구와 원가절감의 문제

그런데 가만히 살펴보면 위의 문제들은 현장에서 어쩔 수 없이 발생하는 문제와 해결 방안이 있는 문제로 나눌 수 있다. 전반부의 다섯 가지는 어느 정도 줄일 수는 있어도 사실상 피하기 어려운 '혼란'이며 어느 공장에서나 발생한다. 그러나 후반부의 다섯 가지는 현장의 갈등구조에서 빚어진 바람직하지 않은 '증상'들이다('갈등구조'라고 한 점에 주의하기 바란다). '증상'은 원인을 찾아 해결하면 사라질 수 있다.

관리자들은 자재의 흐름을 빠르게 하고 고객납기일을 맞추기 위해 노력하면서도, 동시에 낭비제거, 생산성향상, 원가절감에 매달리고 있다. 설비가동률, 인당 생산량, 원가절감액 같은 효율성 평가지표들이 관리자들로 하여금 낭비를 줄이고 공장의 생산효율을 높이도록 강요한다. 설비가동률을 높이기 위해 설비가 정지되는 시간을 줄이려고 준비교체시간을 줄이고 더 많은 자재를 가공하려고 하며, 인당 생산량을 높이기 위해 시간당 생산량이 큰 제품 생산을 선호하고, 원가절감 목표를 채우려고 부서별로 원가절감 목표를 할당한다.

그러나 바로 이런 효율성 평가지표들 때문에 관리자들은 딜레마에 빠진다. 이와 같은 부분최적화 지표들이 전체로서의 시스템에 악영향을 끼치는 것이다. 공장의 효율을 높이려다 보니 시간이 있을 때는 고객이 당장 필요로 하지 않는 제품까지도 예상해서 생산하게 된다. 시장에서 요구하는 것보다 더 많이 생산한다면, 독점기업이 아니고서야 재고가 쌓이는 것은 당연하지 않은가?

이렇게 하여 생긴 자재나 반제품들은 재공품 재고로 공정과 공정 사이에 놓이게 되거나, 제품이 되어 제품창고를 채우게 된다. 재고에 쌓여 머무르는 시간만큼 자재의 흐름이 느려지니 생산리드타임은 길어진다. 게다가 회사는 현금을 보유하는 대신 언제 현금이 될지 아무도 알 수 없는 제품을 쌓아 두고 보관관리까지 해야 한다. 그것도 은행에서 빌려온 남의 돈으로, 이자까지 물어 가면서!

더욱 더 부정적인 것은 당장 고객에게 납품해야 할 제품의 생산은 지연된다는 점이다. 생산효율을 높이기 위해서 당장 필요하지 않은 제품이 가공되는 동안, 고객이 주문한 한시가 급한 제품은 공정 중에서 대기할 수밖에 없다. 정시에 납품하지 못할 확률이 더 커지는 것이다. 한 손에 돈(대금)을 쥐고 자신의 필요를 채우려는 고객이, 원하는 제품을 제때에 납품 받지 못할 때 어떻게 행동하리라고 생각하는가? 독자가 고객이라면?

결론적으로 이야기하면 운영 현장에서 나타나는 바람직하지 않은 증상들의 원인은 작업의 효율을 높여야 한다는 생각과 고객의 납기를 준수해야 한다는 생각이 서로 상충하기 때문이다. 이것이 앞에서 이야기 한 '갈등구조'의 의미이다. 갈등의 결과로 나타나는 부정적인 가치흐름의 징후 중 하나가 당장은 불필요한 재고라는 점을 상기하기 바란다. 재고는 더욱 더 나쁜 결과를 초래하게 된다.

### 재고문제에 대한 해결 방안

재고수준이 높으면 생산의 흐름은 느려지고 리드타임은 길어지며, 결품이 발생되거나 고객의 납기를 맞추지 못하는 일이 잦아지게 된다. 고객의 납기를 보호하기 위해서는 다시 완제품 재고를 쌓아두게 되고, 그러면 다시 생산리드타임이 길어지는 악순환이 계속되게 된다. 따라서 제품생산프로세스에서 재고수준을 낮추고 자재의 흐름성을 좋게 하면 문제는 해결된다. 요는 재고수준도 낮으면서, 생산의 흐름도 빨라야 한다는 것이다.

재고문제와 납기문제를 모두 해결하는 방법은 프로세스를 이루는 각 공정에서 연결된 작업이 지체되지 않도록, 각 공정을 동기화하여 '리듬 있고 빠른 자재의 흐름'으로 만드는 것이다. 이런 생산방법을 동기화생산체제(Synchronous Manufacturing System)라고 한다. 동기화 생산이란 시장에서 제품이 팔리는 속도에 맞추어 자재의 흐름을 빠르고 원활하게 하는 생산체계를 말한다. 제품을 '만들어서 파는' 것이 아니고, '팔리는 만큼 만드는' 것이다. 생산라인의 속도를 가장 빠르거나 또는 가장 느린 공정의 속도에 맞추는 것이 아니라, 시장에서 제품이 팔려나가는 속도에 맞춤에 유의해야 한다.

뒤에서 이런 이유들을 다시 한 번 살펴보겠지만, 운영프로세스에서는 가치의 흐름을 얼마나 원활히 할 수 있는지 즉 물품(자재)이나 정보의 흐름을 얼마나 원활히 할 수 있는지가 최대의 관건이다. 제품생산프로세스에서는 이처럼 재고관리가 중요하므로, 재고수준(재고금액 또는 수량), 재고일수와 같은 재고관련 성과지표와 생산리드타임, 정시인도율과 같은 납기관련 성과지표를 중요한 성과지표로 꼽을 수 있는 것이다.

지원프로세스나 다른 운영프로세스처럼 자재나 제품이 아닌 '업무'를 처리하는 프로세스에서도 흐름성의 논리는 변함없이 적용된다. 부서가 나뉘어 책임 한계가 구분되면 새로운 양식을 사용하게 되고 결재단계가 추가되므로 정보(전달가치)의 흐름성은 나빠진다. 구매금액을 낮추기 위해 자재신청서를 모았다가 한번에 일괄처리하면 단가는 낮출 수 있겠지만 당장 필요하지 않은 자재를 들여와서 창고에 쌓아 두어야 한다. 이는 관리 비용을 높이고, 당장 필요할 때에도 기다려야 하는 문제를 발생시켜 가치의 흐름이 끊어지게 한다. 효율성은 높아지나 효과성은 나빠지는 것이다.

공장에서 재고의 문제는 중국음식점의 자장면과 같다. 밀가루를 자재로, 반제품(재공품)을 자장 소스나 면발로, 완제품을 다 만들어진 자장면으로 생각하면 된다. 다음 표가 이 두 가지가 같은 상황이라는 것을 말해 준다.

| 자재, 반제품, 완제품 재고 | 밀가루, 소스 및 면발, 자장면 |
| --- | --- |
| • 판매기회를 놓치지 않기 위해 완제품을 많이 생산해 둔다 | • 자장면을 미리 많이 만들어 둔다. |
| • 반제품을 많이 생산해 둔다. | • 자장 소스와 면발을 미리 많이 뽑아 둔다. |
| • 자재를 많이 확보해 둔다. | • 많은 밀가루를 사서 창고에 쌓아 둔다. |

[표 13-5] 제품과 자장면

아마도 이렇게 운영하는 중국음식점은 없을 것이다. 퉁퉁 불어터진 자장면을 먹고 싶어 하는 고객은 없기 때문이다. 언제 몇 명이나 들어올지 모르는 손님을 위해 맛없는 자장면을 많이 만들어 두기보다는, 모든 준비를 갖추어 놓은 상태에서 손님이 들어서기가 무섭게 주문량만큼의 쫄깃쫄깃하고 따끈한 자장면을 빠르게 만들어 제공할 수 있는 능력을 키워야 한다.

고객의 필요는 모르면서 우리 공장 생산성은 올려보겠다는 생각이, 자장면을 미리 많이 만들어 두려는 중국음식점과 무엇이 다른가? 한 번에 모아서 일했으니 인건비도 줄이고 전기료도 아끼고 밀가루 대량 구매로 할인도 받았지만, 쉰 내 나는 자장면으로 몇 백, 몇 천 배 이상의 손해를 볼지도 모르며, 다시 오지 않을 단골손님으로 계산할 수도 없는 타격을 입고 말지도 모른다.

이번에는 판매기회를 놓치지 않으려고 영업에서 쌓아 둔 재고, 할 일 없이 놀면 곤란하니까 공장에서 만들어 둔 재고가 기업의 경쟁력에 정말로 영향을 미칠 것인지 하나하나 짚어 보려고 한다.


# 5. 시장에서 경쟁력을 확보하는 여섯 가지 요소

치열한 경쟁에서 이길 수 있는 6가지의 핵심이 되는 쟁점이 있다.[27] 이를 품질Quality - 가격Cost - 납기Delivery의 3요소(Q-C-D)로 구분하면, 보다 나은 품질의 제품을 더 낮은 가격에 더 빨리 고객에게 제공하는 능력으로 압축할 수 있다.

다음 1, 2는 제품의 품질 측면, 3, 4는 가격 측면, 5, 6은 납기(고객대응 능력) 측면이다.

1. 더 좋은 품질
2. 더 우수한 기술 (개발능력, 신제품 출시)
3. 더 높은 마진 (더 낮은 원가)
4. 더 낮은 단위당 투자금액
5. 더 높은 납기준수율 (고객과의 약속이행 준수율)
6. 더 짧은 리드타임 (단납기)

그런데 이러한 경쟁력 요소들 대부분은 원가회계시스템에서 숫자로 표현되지 않아 기업에서는 그 중요성을 실감하지 못하고 있는 것이 사실이다. 이제 재고수준이 다른 두 공장을 비교함으로써, 경쟁력을 확보하는 여섯 요소에 미치는 재고의 영향을 살펴보자. 다음은 주어진 상황이다.

서로 경쟁 관계에 있는 두 공장 모두 동일한 제품을 생산하며, 5단계의 공정을 거쳐 완성되는 제품을 1,000개 수주한 것으로 가정한다. 다만 공장 1은 과다한 재고를 가진 공장이고, 공장 2는 그렇지 않은 공장이다.

| 공정순서 | #1공정 | #2공정 | #3공정 | #4공정 | #5공정 |
|---|---|---|---|---|---|
| 가공설비 | 설비 D | 설비 B | 설비 C | 설비 B | 설비 A |
| 가공시간 | 3/4시간(45분) | 1/10시간(6분) | 1시간(60분) | 1/10시간(6분) | 1/2시간(30분) |

1공장에서는 생산효율을 극대화하기 위하여 1,000개분을 한 배치Batch로 가공한 후, 다음 공정으로 진행한다.

---

27) Eliyahu M. Goldratt, The Race에 소개된 내용을 쉽게 요약하고 여기에 필자의 생각을 정리하였다.

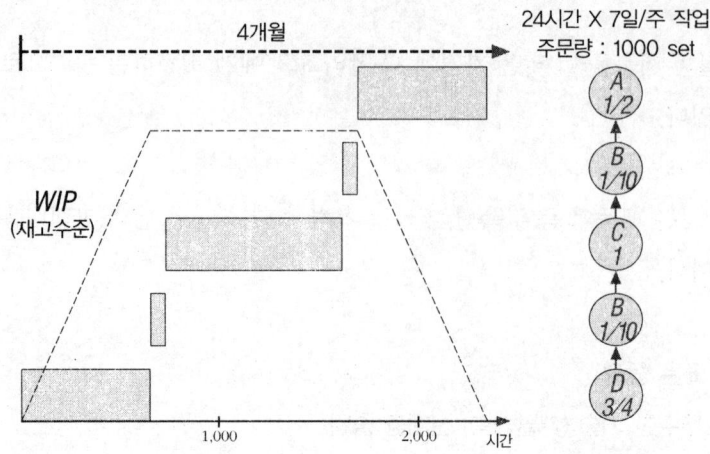

**[그림 13-8]** 과다 재고수준의 공장 (1공장)

2공장은 1공장과 두 가지 다른 요령으로 생산을 진행한다. 첫째는 배치를 나누어서 중복 진행한다. 따라서 여러 공정에서 동일한 주문이 동시에 작업되고 있다. 둘째, (첫 공정이 아닌) 가장 바쁜 C공정의 작업속도에 맞추어(C 공정이 바쁠 정도로만) 원자재를 투입하기로 했다.(그림 참조)

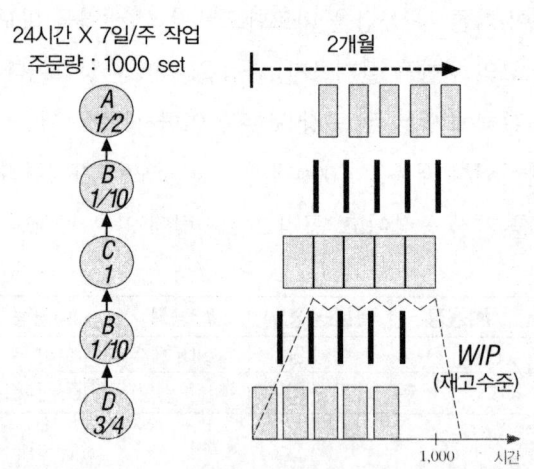

생산조건 변경 : 5개의 배치로 분할하여 이동
　　　　　　　　원자재는 가장 바쁜 C 공정의 작업속도에 맞추어 투입

**[그림 13-9]** 낮은 재고수준의 공장 (2공장)

이 두 가지의 변화만으로 2공장은 재공품 재고수준이 훨씬 감소되었으며, 가공시간Processing Time은 대략 반으로 짧아졌다. 이런 점이 매력적이기도 하지만, 재고수준이 경쟁력 확보의 여섯 요소에 미치는 영향을 살펴보는 것이 실질적인 과제이다.

### 재고수준과 품질

공정에서 불량이 발견되었을 때 관리자의 반응은 두 가지로 나타난다.

하나는 서둘러 대체 부품을 생산하도록 긴급지시를 내리는 것이다.

그러나 이런 상황에서는 불량에 대한 책임소재를 가리기 위한 공방이 벌어지기 쉬워 구성원 간에 피해의식이 발생하고, 결국 불량의 원인은 감추어지고 노출되지 않는다. 누가 불량을 냈느냐, 어쩌다 그랬냐, 작업반장은 도대체 뭘 하고 있었느냐, 등등. 불량원인에 따른 품질개선은 도저히 바랄 수 없는 상황이다. 보통 이런 공장에 가보면 공정에서 발견된 불량품도, 고객에게 접수된 클레임도 없다.

다른 한 가지 스타일은 시간이 걸리더라도 품질문제의 원인을 파악하는 것이다. 불량의 원인을 파악하면 공정의 결함을 찾아낼 수 있기 때문에 불량품을 무슨 값진 보석 다루듯이 한다. 불량은 곧 개선의 기회라고 믿고 철저히 없애 나아가므로, 공정은 지속적으로 개선되어 간다. 이런 공장에 가보면 공정에서 발견된 불량품이나 고객에게 접수된 클레임은 모두가 잘 보이는 곳에 전시되어 있다. 폐기되거나Scrap, 재작업되는Rework 제품에 대해서도 분석되고 있다.

다시 1공장과 2공장의 상황으로 되돌아가 보자. 최종공정에서 완성품 검사 중 첫 공정에서 품질문제가 발생했음을 알았다. 품질문제의 원인을 파악하여 공정(품질)을 개선하고자 한다.

### 1공장

1공장에서는 이미 두 달 전에 발생된 일이라서 무슨 원인으로 발생한 불량인지 추적하기가 아주 어렵다. 불량의 원인을 찾을 시간도 부족하다. 결함을 발견해도 원인이 발생한 공정을 발견할 기회가 없는 것이다. 주문에 대한 납기가 얼마 남지 않았기 때문에 당장 대체품을 만들지 않으면 안 되는 상황이다.

### 2공장

2공장에서는 최종공정에서 제품의 결함이 발견되어도 첫 공정에서는 아직 그 제품을 가공하고 있어 문제의 원인을 현장에서 바로 보고 파악할 수 있다. 관리자들이 서둘러 긴급히 처리해야 할 부담도 적다. 주문량 전체가 잘못되기 전에 현장에서 문제를 찾았고, 대체해야 할 부품의 수량도 많지 않다. 납기까지는 아직 시간이 충분하므로 잔업 등 별도의 긴급작업 없이도 가능하다

결국 재고수준이 높다면 고품질은 불가능할 것이라고 판단할 수 있다.

| 참고 | **재고수준과 품질**

자재의 흐름이 나쁘면 공정에서 결함이 자주 발생하며 납기는 모자라는데, 결품이 잦아지면 한쪽에 치워 둔 부적합품을 꺼내 특채처리하여 사용하게 될 가능성이 높아진다. 그렇게 하여 시장에 나간 제품이 고객불만을 높일 것은 불을 보듯 뻔하다.

실제로 자재의 흐름이 신속해지고 재고가 줄어들자 두 자리수 불량률이 300ppm으로 낮아진 경우도 있다. 이 공장에서 제품의 품질을 높이기 위해 별도로 노력한 것은 아무것도 없었다!

### 재고수준과 개발능력

설계변경의 목적은 제품을 개선시켜 경쟁자보다 우수한 제품을 만드는 데 있다. 만약 시장이 원하는 대로 가장 최신의 기능을 가장 먼저 제품에 장착할 수 있다면, 시장을 선점하고 경쟁력을 확보할 수 있을 것이다. 제품개발

부서와 마케팅부서는 이러한 결과를 얻기 위해 매년 시장을 연구하고 고객만족도를 조사하고 있다. 그렇다면 재고수준이 기술능력과 무슨 관계가 있다는 것인가?

어떤 주문에 대한 생산을 시작한 지 한 달 후, 첫 공정에 영향을 주는 설계변경이 발생했다.

### 1공장

1공장에서는 이미 첫 공정 작업을 끝낸 지 오래다. 따라서 이미 가공된 자재는 재작업하거나 폐기하거나 아니면 동일한 제품을 생산할 다음 차례까지(약 3개월 이후), 설계변경의 적용은 연기될 것이다. 사실 설계변경은 업무를 복잡하게 하는, 대응하기 귀찮은 일일 뿐이다. 이런 상황에서 고객만족도나 시장조사를 아무리 열심히 한들 무슨 소용이 있겠는가?

### 2공장

2공장에서는 주문의 일부는 아직 첫 공정에 투입되지도 않았으므로, 그 부분은 폐기나 재작업할 필요가 없다. 다음 작업분부터 설계변경을 적용하여 (개선되어) 우수해진 제품을 2주 내에 시장에 내어놓을 수 있다. 시장에서는 꽤 오랜 기간동안 경쟁자 없이 개선된 제품을 팔 수 있으며, 판매는 신장되고 시장점유율은 높아질 것이다. 제품의 수명이 점점 짧아지는 추세에 있기 때문에, 이러한 효과는 더욱 더 중요해지고 있다. 물론 영업에서 수행한 고객만족도나 시장조사 결과는 즉시 공정에 반영할 수 있다.

결국 재고수준이 높다면 자주 변화되는 시장요구에 대한 기술적 대응능력은 떨어질 것이라고 판단할 수 있다.

### 재고수준과 마진 (더 낮은 원가)

마진과 재고수준도 관계가 있을까? 머피의 법칙(일이 잘못될 가능성이 있을 때, 정말로 일이 잘못되어 버린다는 법칙)은 생산 현장에서도 잘 알려져 있다. 안전요소를 충분히 고려해 세운 생산계획도 머피 때문에 월말이면 흐트러지기가 일수다. 월말이면 2, 3일 동안에 보름치 작업이 한꺼번에 진행되기도 한다. 그러다 보면 계획에 없던 일을 하게 되어 잔업은 물론, 추가운임과 경비 등의 비용 추가는 피할 수 없게 되고, 결국 그만큼 마진은 줄어들게 된다.

회사의 영업부장이 영업 초기에 마진을 확보하여 고객과 3개월 납기의 계약을 체결하였다.

### 1공장

1공장에서는 가뜩이나 머피 때문에 잔업을 밥먹듯이 하고 있는 실정인데, 영업에서 또 무리한 작업을 진행한 것 같다. 좋지 않은 공장의 상황을 더욱 나쁘게 하는 것은, 영업부장이 공장의 생산리드타임이 평균 4개월임을 잘 알고 있으면서도 무리하게 3개월 납기를 약속했기 때문이다. 경쟁사가 제시하는 수준과 동일하게(경쟁사에 뒤지지 않기 위해 업계 평균수준으로) 제시한 납기라고는 하지만, 이 납기를 맞추려면 잔업은 물론이고, 휴일에도 나와서 계획에 없던 특근을 해야 한다. 계약시에 이런 노무비 할증과 특별운송비, 추가경비 등의 비용을 모두 다 고려했는지 모르겠지만, 그만큼 이익은 줄어들 것이다. 이런 일이 왜 하필 월말마다 몰리는지 이해할 수가 없다.

### 2공장

2공장에서는 재공재고WIP가 적어 생산리드타임은 경쟁사 평균보다 짧다. 사실 2개월 정도면 충분한 납기를 3개월로 계약했기 때문에 지금 당장 생산에 착수할 필요는 없다. 충분한 일정이 확보되니까 생산 도중에 머피가 발생한다고 해도 잔업은 필요 없다. 잔업 등 계획에 없던 일을 하지 않아도 되니까 수주시에 확보한 마진이 그대로 유지되고 있고, 따라서 영업부서에서는 경쟁 여건에 따라 가격을 낮출 수 있는 여유까지도 있다. 회사에서는 영업인력을 보강하거나 광고를 늘리거나 기술력을 높이는 데에 재투자하는 등 경

쟁력을 확보할 수 있다

결국 재고수준이 높다면 계획되지 않은 일(잔업 등)에 대응하기 위한 예상 외의 비용이 발생하므로 원가는 높아지고 마진은 줄어들 것이라고 판단할 수 있다.

---

**| 참고 | 공정재고와 잔업**

공정재고(WIP; Work In Process)가 많으면 생산리드타임도 그만큼 길어진다. 서로 비례하는 이 둘은, 실질적으로 같은 의미의 다른 표현이라고 할 수 있다. 일반적으로 재고를 잔업발생의 요인으로 여기지 않고 있으나, 사실 공정재고WIP는 잔업을 발생시키는 가장 주된 요인이다. 실제로 작업진척도에 따라 기성고가 지불되는 방위산업체에서는 재고수준이 높으며 다른 산업에 비해 (리드타임은 실고) 산업은 낳나.

---

### 재고수준과 단위당 투자액

월말마다 최종공정에 일시적인 과부하가 걸리는 상황은 보통 겪는 사항이다. 출하목표를 달성하기 위해, 매달 마지막 주에는 그 달 안에 생산해야 하는 제품이 모두 쏟아져 나와 마지막 공정에 몰리는 것을 종종 경험한다. 보통 최종공정은 공장의 평균 부하량보다 훨씬 큰 설비능력을 보유하고 있지만, 이를 제때에 처리하려면 아직도 기계를 더 들여와야 한다. 실제로 제조업의 경우, 총 투자액의 2/3가 재고와 설비에 투자되고 있다.

### 1공장

월말이 되어 최종공정에는 최대의 작업부하peak가 걸렸다. 최종공정의 이런 부하는 하필이면 해야 할 일이 가장 많을 때 걸린다. 연장근무(잔업)가 도움이 되긴 하지만 충분하진 않다. 보통 때에는 쉬고 있던 설비였지만, 남은 기간에 이만한 부하를 모두 수용할 정도로 충분하지는 않다. 최종공정은 여유능력이 있지만, 그럼에도 불구하고 현장에서는 계속 설비의 증설을 요구하고 있다. 제품 단위당 투자액이 높아 투자회수율ROI은 좋지 않은 편이다.

### 2공장

2공장에서는 최종공정의 부하도 이미 고르게 분산되어 있고, 잉여능력은 낮다. 월말이라 하더라도 추가적으로 설비를 구입할 필요성은 별로 없다. 제품 단위당 투자액도 낮아 투자회수율ROI은 좋은 편이다. 손익분기점이 상대적으로 더 낮으므로, 제품가격 결정에 융통성을 가질 수 있다.

결국 재고수준이 높다면 여분의 설비와 공간, 그리고 투자가 필요할 것이라고 판단할 수 있다.

### 재고수준과 납기준수율

일반적으로 고객의 긴급주문에 대한 대응능력을 높이려면 재고를 줄이기는커녕 늘려야 하는 것으로 알고 있다. 납기를 준수하지 못하는 원인으로는 믿을 수 없는 협력업체와, 마지막까지 계속 주문을 변경하는 변덕장이 고객을 손에 꼽는다. 그러면서 "믿을 수 있는 판매예측 정보를 준다면 납기를 확실히 맞춰 주겠다"고 장담하기까지 한다.

그러나, 판매량을 정확히 예측하는 진정한 해결책은 외부에 있다기보다 내부에 있다. 바로 공장의 재고수준이다.

재고수준이 납기에 어떻게 영향을 미치는지 이해하려면, 제품 판매 예측 정보의 신뢰성을 살펴보아야 한다.

동종업계 대부분의 회사가 두 달 내에 제품을 납품한다면, 고객은 일년 전에 제품을 미리 주문하지는 않을 것이다. 고객은 두 달 전에만 주문하면 된다. 설령 고객이 일년분 발주 계획을 통보해 놓았다고 하더라도, 최소한 두 달 전에는 주문수량과 납품일자를 가벼운 마음으로 변경할 수 있을 것이다.

이러한 이유 때문에, 고객이 제공하는 정확한 발주예측 정보는 짧은 리드타임을 갖는 경쟁자에 의해 결정된다. 재고수준이 높은 회사는 다른 경쟁사들보다 신뢰성이 떨어지는, 오래 전의 판매예측 정보로 생산에 착수할 수밖에 없다. 결국 신뢰성이 낮은 판매예측을 기초로 생산계획을 세우게 되므로, 뒤에 가서는 잘 맞지 않는 생산계획이 되는 것이다

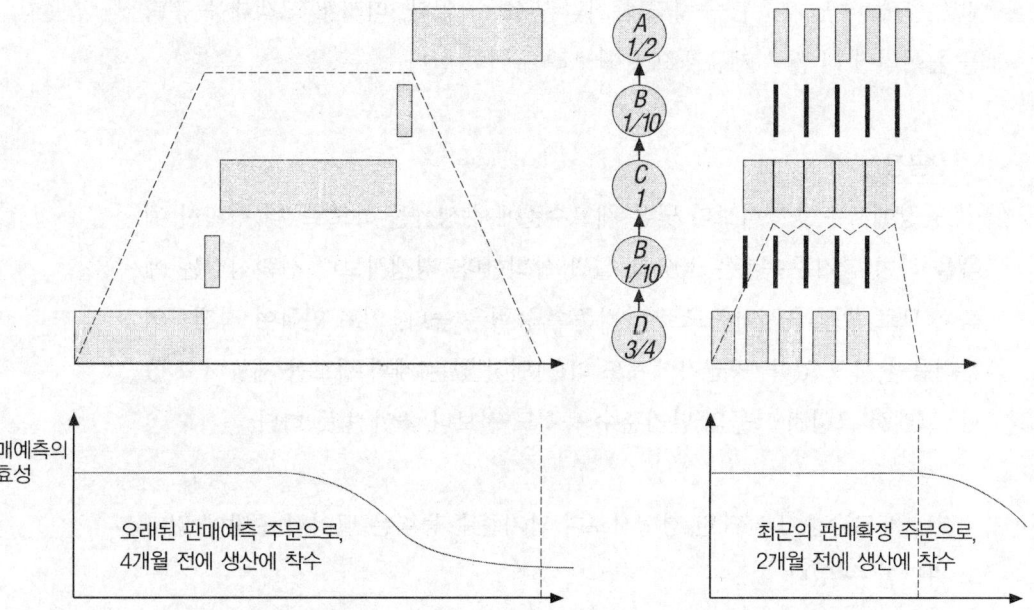

판매예측의 유효성

오래된 판매예측 주문으로, 4개월 전에 생산에 착수

최근의 판매확정 주문으로, 2개월 전에 생산에 착수

1공장에서는 판매예측 적중률이 낮아 불용재고가 발생하고 있으나, 2공장에서는 판매예측의 정중률이 높아 불용재고가 발생할 확률이 작다.

**[그림 13-10]** 재고수준과 판매예측의 유효성

다시 1공장과 2공장의 상황으로 되돌아가 보자. 고객이 제공하는 납품일정계획을 근거로, 판매계획과 생산계획, 출하계획 그리고 자재구매계획을 수립하였다.

### 1공장
1공장에서는 판매계획을 참조하여 생산계획을 수립하지만, 제대로 들어맞

는 법이 없다. 제품을 완성하거나 출하할 시기가 가까워지면 고객은 마음을 바꿔서, 결국은 장기 재고품으로 전락하는 경우가 간혹 발생한다. 생산계획도 자주 흔들려서 잘 맞지 않는다. 그러면 출하일정도 뒤바뀌어 혼란을 겪고, 발주해 놓은 자재도 지금 취소해 놓지 않으면 장기 불용자재로 남게 될 것이다. 협력업체에 제공하는 정보의 신뢰성도 낮을 수밖에 없다. 그래서 그런지, 그들의 납기준수 능력도 좀처럼 믿을 수 없다. 따라서 고객대응 능력을 높이려면 더 많은 제품재고를 확보해 두어야 한다.

### 2공장

2공장에서는 경쟁사보다 낮은 재고수준에서 생산을 하므로, 더 정확한 예측을 하여 납기준수율은 90%를 훨씬 상회한다. 경쟁사보다 신뢰성있는 예측 정보로 생산을 시작하므로 납기준수 능력은 높다. 이로 인하여 경쟁사의 부러움을 사고 있다. 공급자에게도 더 신뢰성 있는 계획 정보를 제공하고 있다. 그래서 그런지 그들의 납기준수 능력도 전보다 좋아진 듯 하다.

결국 재고수준이 높다면 경쟁사보다 납기준수 능력은 떨어질 수밖에 없다고 판단할 수 있다.

### 재고수준과 단납기

단납기가 가능하려면 더 많은 재고, 재공, 완제품 재고가 필요할 것으로 생각되기도 하지만, 이렇게 하면 악순환만 계속될 뿐이다. 재공재고는 생산 리드타임이 거울에 비추어진 모습이다. 이 둘은 실제로 같은 것이다. 재고수준과 리드타임이 비례하므로, 단납기가 가능하려면 재고수준도 낮아야 함은 분명하다.

자동차산업에서는 완성차 회사에 JIT 방식으로 부품을 공급하는 방법을 익히지 못하면 부품 공급업체로 남아 있을 수 없다. 리드타임을 단축하는 것이 기업의 생존과 직결되는 것이다. 어떤 회사는 경쟁사보다 훨씬 짧은 납기로 승부하여 시장점유율을 높여가는 것은 물론, 할증금premium까지 받아내기도 한다. 또 어떤 회사들은 생산리드타임을 충분히 줄임으로써, 계획생산Make-to-Stock 형태에서 수주생산Make-to-Order 형태로 전환할 수 있음을 실제로 입증하고 있다.

일반적으로 시장 수요에 차질을 빚지 않으려면, 생산리드타임의 1.5배 정도의 완제품 재고를 확보해 두어야 한다.

### 1공장

1공장에서는 4개월분의 재공재고를 보유하고 있다. 평균적인 리드타임도 약 4개월이 된다. 제품 수급에 차질을 빚지 않으려면 대략 6개월분의 완제품 재고를 가지고 있어야 한다.

### 2공장

2공장에서는 2개월분의 재공재고를 보유하고 있다. 평균적인 생산리드타임도 2개월이다. 2개월 안에 모든 것을 끝마칠 수 있으므로, 대략 3개월분의 완제품 재고를 가지고 있어야 한다.

결국 재고수준이 높다면 단납기는 힘들 것이라고 판단할 수 있다.

이제까지 살펴본 바를 종합해 보면, 재고는 판매와 밀접하게 연관되어 있으며, 품질, 납기, 원가에 상당한 영향을 미침은 물론, 경쟁력을 확보하는 핵심임을 알 수 있다. 보유하고 있는 재고가 많으면 많을수록 움직임이 둔해져 기업의 미래는 더욱 더 불확실할 것이며, 반대로 보유하고 있는 재고가 적으면 적을수록 기업은 보다 나은 미래를 보장받을 수 있을 것이다.

그렇다면, 왜 대부분의 공장들이 과감하게 재고수준을 낮추지 못하는 것일까? 다음과 같은 생각들 때문이다.

- 재고를 너무 줄이면 판매가 줄어 생산목표량이 떨어질 때 몇몇 공정들은 할 일이 없을 것이고, 따라서 운영경비만 쓸데없이 증가할 것이다. 이렇게 되면 생산량은 떨어지고 제품원가는 높아질 것이어서 단기적인 실적평가에서 나쁜 평가를 받게 될 것이다.
- 어느 수준 이상의 매출을 유지하면서 운영경비의 수준은 동결하고 재고는 줄일 수 있는 효과적인 방법을 모른다.
- '재고'는 불량이나 결품 같이 생산공정에서 발생하는 내부적인 혼란과, 고객의 변덕스런 주문 변경으로부터 오는 외부적인 혼란으로부터 생산을 보호하는 안전막이다.

그러나 이와 같은 걱정을 불식시키는 방법이 있다. 재고를 줄이고 자재의 흐름을 빠르고 부드럽게 하는 방안은 바로 '동기화생산체제Synchronized Manufacturing'다. 이제 두 가지의 대표적인 기법을 예로 들어 동기화생산체제가 어떤 것인지 설명하고자 한다.

# 6. 생산흐름을 동기화하라

제조 프로세스에서 관심을 갖는 중요한 성과지표로 품질수준과 재고의 수준, 그리고 제조리드타임을 들 수 있다. 자재가 공정에 머무르는 시간이 많을수록 잘못 처리될 기회도 많아지므로, 제품의 품질은 리드타임의 함수가 된다. 그런가 하면 공정 중에 재고가 많을수록 잘못 처리될 기회도 많아지는 것이므로, 제품의 품질은 재고수준의 함수라고도 말할 수 있다.

사실 리드타임과 재고수준은 서로 다른 성과지표가 아니다. 재고수준을 줄이면 리드타임도 줄어들고, 역으로 리드타임을 줄이면 재고수준도 줄어들게 되므로, 두 지표는 서로 같은 것이라고 할 수 있다. 그러나 어떻게 재고수준과 리드타임을 줄일 수 있는가?

재고수준과 리드타임을 동시에 줄일 수 있는 열쇠는 공정흐름을 동기화 Synchronization하는 것이다. 동기화생산체제는 생산속도(즉 자재가 흐르는 속도)를 시장에서 제품이 팔리는 속도에 맞추는 것임을 앞서 설명했다. 전체적으로 재고가 없고 빠르고 부드러운 공정흐름이 유지되도록 하는 것이다. 먼저, 동기화된 생산흐름으로 널리 알려진 도요타생산시스템TPS의 JIT(Just In Time)에 대해서 장단점을 살펴볼 것이다. 그리고 이어서, 자재흐름의 새로운 메카니즘인 DBR 방법론을 살펴보려고 한다.

## 프로세스의 동기화 방안(1) - JIT

도요다생산방식의 한 기법인 JIT는 재고수준을 낮추고 자재의 흐름을 동기화시키는 생산혁신기법으로 우리에게 잘 알려져 있다. 불필요한 제품을 만들어 재고를 쌓는 일이 없도록, 필요한 제품을 필요한 만큼 필요한 시기에 만드는 동기화생산 방식이다.

간판은 JIT 생산을 실현하기 위한 도구로, 보통 직사각형의 비닐 봉투에 들어있는 카드를 말한다. 간판은 크게 '인수간판'과 '제조간판'으로 구분되는데, 인수간판은 후속 공정이 인수해야 할 제품의 종류와 양을 명시한 것이고, 제조간판은 선행 공정이 생산해야 할 부품의 종류와 양을 명시한 것이다.

다음 그림은 인수간판을 보여 주고 있는데, 프레스 공정 C-3에 가서 샤프트를 인수해 와서 후속 공정인 부품가공 공정 M-6에 공급해주도록 부품 공급자에게 지시하고 있는 내용이다. 샤프트를 담은 부품용기에는 샤프트가 20개씩 들어 있으며, 이 간판은 발행된 12장의 간판 중 8번째 간판이라는 내용이 기록되어 있다. 따라서 샤프트 재고는 공정중에 240개(=12×20박스)로 유지되고 있다. 부품 공급자는 프레스 공정에서 이미 준비된 샤프트를 가져오면서 함께 놓여 있던 제조간판을 간판수거함에 넣어 두고 부품(샤프트)만 가지고 와서 인수간판과 함께 후속 공정인 가공공정에 넣어 준다. 프레스 공정의 작업자는 간판 수거함에 남겨진 제조간판을 꺼내 지시된 만큼의 샤프트를 생산하여 간판과 함께 다시 준비해 두게 된다.

| 저장소 | 7E315 | 선행공정 |
|---|---|---|
| 부품번호 | 25690S07 | 프레스 C-3 |
| 부품명 | 샤프트 | 후속공정 |
| 차종 | XT50BC | 부품가공 M-6 |

| 수용수 | 용기 | 발행번호 |
|---|---|---|
| 20 | B | 8/12 |

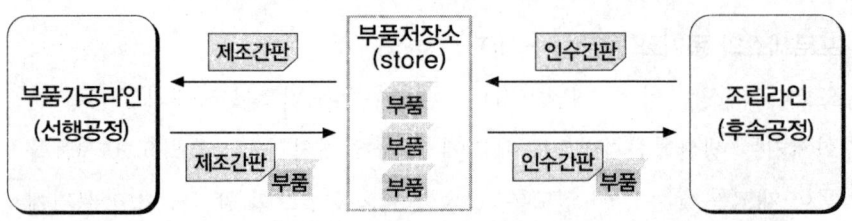

[그림 13-11] 간판의 흐름

제품 생산에 착수하라는 최초의 신호는 제품을 출하하는 공정에서 발생시킨다. 제품출하공정에서는 영업부서로부터 제품 출하지시를 접수하면 제품창고에 있는 제품을 출하하면서 출하분만큼의 인수간판을 조립공정으로 전달한다. 조립공정에서도 간판을 전달받으면 이를 조립작업지시로 보고, 해당하는 만큼(수량)의 제품을 조립하여 제품창고에 보충해 두고, 역시 이 만큼의 가공부품들을 가공해서 보충해 주도록 지시하는 간판을 가공공정에 보낸다. 가공공정도 같은 방식으로 가공이 이루어진 만큼의 간판을 구매부서에서 가져갈 수 있도록 모아 놓고, 구매부서 역시 전표를 수거해 와서 일정한 양(발주하기 위한 최소로트 크기)이 될 때까지 모았다가 발주하게 된다.

앞공정은 뒷공정에서 필요로 하는 만큼의 부품을 공급하기 위해 일정수량의 부품만 가공하여 공정 간에 설치된 일시저장소에 놓아 두고, 뒷공정에서는 일시저장소에 놓인 부품을 인수해 가면서 대신 가져가는 만큼의 수량이 적힌 간판을 간판수거함에 넣는다. 앞공정에서는 이 간판을 수거하는 즉시 간판에 적힌 만큼의 부품을 가공하여 다시 보충해 놓는다. 여기서 간판은 가공작업에 착수하여 일시저장소에 쌓아 두라는 작업지시서의 역할을 한다. 이처럼 JIT 시스템에서는 간판을 통해 제조공정 전체가 시장(고객)과 서로 연결되도록 하고, 불필요하게 제품을 만들어 두거나 자재를 가공해 두는 일을 하지 않음으로서 자재의 흐름을 순조롭게 하고 재고수준은 작게 유지할 수 있는 것이다.

컨베이어시스템[28]도 원자재를 투입할 때부터 완제품 생산에 이르기까지, 강제적이긴 하지만 각 공정을 서로 연결하여 공정의 흐름을 동기화시켜 놓은 생산방식이다. JIT 시스템이 시장의 수요에 따라 생산이 지시되는 당기기 방식Pull System이긴 하지만, 간판이라는 생산지시 규칙에 따라 최소의 재고수준(간판에 적힌 부품수량)을 유지하면서 각 공정을 유기적으로 연결해 놓은 동기화시스템이라는 점에서는 본질적으로는 컨베이어시스템과 같다고 할 수 있다.

그런데 간판방식은 다음과 같은 조건이 전제되어야만 한다. 만약 이러한 조건이 완전히 충족되지 않는다면, 비록 간판방식을 도입한다고 하더라도 JIT 생산은 실현되지 않는다.

- 생산량은 평준화될 것
- 다품종 소량을 위해 가공배치를 작게 할 수 있도록, 준비교체시간Setup Time은 충분히 작을 것
- 설비의 배치는 작업인원의 유연성과 작업의 연속성을 가질 수 있도록(가능하면 U자 형태로) 배치할 것
- 각 공정마다 표준재고를 가지고, 표준작업을 수행할 것
- 흐름을 유지할 수 있도록, 설비는 트러블을 일으키지 않을 것

---

28) 헨리 포드는 컨베이어시스템을 개발함으로써 동기화의 개념을 가장 먼저 생산에 적용했다

사실, 이러한 사항들은 앞서 이야기 했던 '혼란'을 줄이기 위한 방안들이다. 그러나 현실에서는 이 같은 혼란을 잠재우는 것이 결코 쉽지 않아, 공정에서는 여러 가지 이유로 트러블이 발생한다. 가령 갑작스러운 주문변경이나 치공구의 고장, 작업자의 결근, 공급자의 파업으로 인한 자재의 공급 중단 등 생산 현장에서의 혼란은 피할 수 없는 것이며, 어떻게 보면 늘 발생하는 자연스러운 것일 수도 있다.

무슨 이유가 되었든 간에 어느 한 공정이라도 멈추게 되면 프로세스의 종속성 때문에 전체 흐름은 중단될 수밖에 없다. 따라서 JIT시스템에서는 공정의 변동과 혼란을 줄이기 위해 설비보전에 총력을 기울인다. 그러나 혼란이 없는 공정은 대개 몇 년 이상의 상당한 기간 동안 노력하고 나서야 어렵게 안정될 수 있는 것이다.

### 프로세스의 동기화 방안(2) - DBR

이제, 재고를 낮추고 자재의 흐름을 동기화시키는 다른 생산방법인 DBR(Drum-Buffer-Rope)을 살펴본다. 어떻게 전체적으로 재고를 줄이면서도 빠르고 부드러운 자재의 흐름을 가능하게 하는지 살펴보기로 하자.

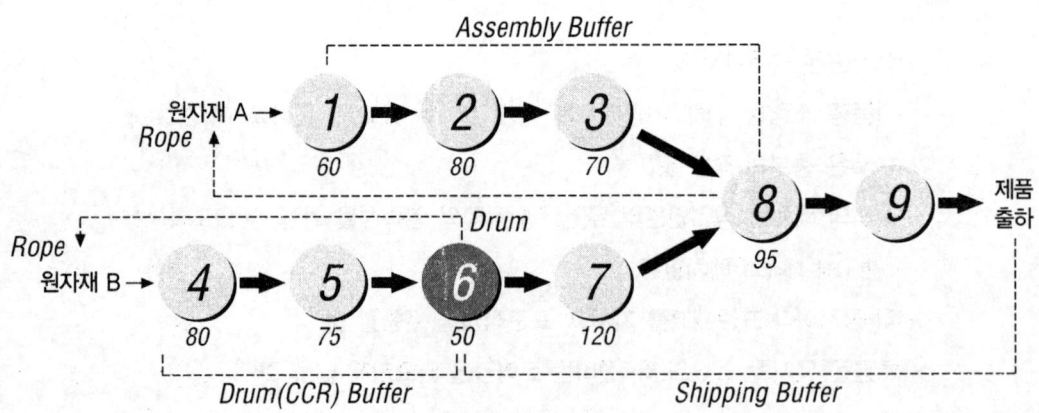

(※ 공정기호 아래의 숫자는 단위기간 동안의 공정의 능력을 나타낸다)

[그림 13-12] 드럼과 세 가지의 버퍼, 그리고 로프

### 드럼Drum

드럼은 병목이 되는 공정을 말한다.[29] 전체의 제조프로세스 중에서 부하가 많이 걸려서 가치흐름의 속도가 가장 낮은 공정이므로 최대한으로 가동되도록 해야 한다. 여기서 낭비되거나 잃어버린 시간은 그대로 프로세스 전체의 낭비와 손실이 될 것이다.

따라서 드럼에서의 작업에 최우선 순위를 두어 생산계획을 먼저 수립한다. 이것은 첫 공정에 투입하는 시점을 기준으로 생산계획을 수립하는 이제까지의 방법과는 분명히 다르다.

### 버퍼Buffer

앞서 언급한 바와 같이 생산 현장에서의 혼란을 완벽하게 피할 수는 없는 노릇이므로 공급자의 자재공급 지연, 고객의 주문 변경, 설비 고장, 작업자 실수 등 혼란이 발생하면 드럼(병목공정)도 별 수 없이 쉬어야 한다. 이때 드럼이 쉬는 것을 방지하고 최대한으로 가동되도록 보장하기 위해서(즉 혼란으로부터 드럼을 보호하기 위해서), 드럼 앞에는 언제라도 작업할 수 있을 정도의 재고가 필요한 데 그 크기는 예상되는 혼란을 수습하는 데에 걸리는 시간만큼이면 된다. 이것이 버퍼이다. 예상치 못한 사고에 대응하는 능력이 커질수록, 버퍼의 크기는 처음에 설정했던 것보다 작아져도 될 것이다.

드럼 이외에도 재고를 쌓아 두어야 하는 곳이 또 있다. 드럼을 떠난 가공품이 이후 제품이 되어 출하되기 전까지의 공정에서 발생할지도 모르는 혼란에 대비하기 위하여(즉 고객에게 제품을 인도하기로 한 약속일을 보장하기 위하여) 순수한 가공시간 이상의 여유가 필요한 데, 이러한 시간적인 길이를 출하버퍼라고 한다. 출하버퍼는 제품 출하약속을 보호하는 데 충분한 만큼, 즉 드

---

29) '병목(Bottleneck)' 외에도 '능력제약자원(CCR: Capacity Constraint Resource)' 이라는 용어가 사용되기도 한다. 그러나 서장의 수요를 충족시키지 못할 정도로 능력이 제약된 공정은 소수에 지나지 않는다(예들 들면 독점기업). 따라서, 흐름의 속도가 가장 느려서 전체 프로세스의 속도를 결정하는 자원(또는 공정)을, 북을 쳐서 속도를 조절하는 곳이라는 뜻에서 '드럼(Drum)' 이라고 한다.

럼 이후의 공정에서 발생한 혼란을 수습하는 데 걸리는 시간만큼이 확보된 생산 리드타임이라고 할 수 있다.

경우에 따라서는 조립버퍼라는 것이 필요할 수도 있는데, 드럼에서 가공된 부품이 다른 부품과 조립되어야 하는 경우, 당장 이 부품이 없어서 공정흐름이 멈추는 것을 방지하기 위한 버퍼다. 자재의 흐름이 합류하는 지점까지 자재가 이동하는 데 필요한 가공시간과 여유시간의 합이다. 그 외에도 전략적으로 설치하는 버퍼[30]가 더 있을 수 있지만, 상세한 설명은 피하고자 한다.

### 로프 *Rope*

공정에 자재를 투입하는 시점도 각각 다르다. 드럼의 작업일정(Drum Schedule이라고 한다)에 따라 자재를 투입하는 시점이 결정되기 때문이다. 자재를 투입하는 시점은 드럼의 작업일정에서, 투입된 자재가 드럼에 도착하는 데에 걸리는 시간만큼(즉 드럼버퍼의 시간길이만큼) 거슬러 올라간 시점이 될 것이다. 드럼과 첫 공정간의 시간 거리가 어느 정도 이상은 벌어지지 않도록 밧줄로 묶어 연결해 놓은 것과 같으므로 Rope라 한다.(첫 공정에 여유가 있으면 자재를 투입하는 기존의 방법과는 차이가 있음에 유의한다.) 로프를 설정한다는 것은 드럼의 가동속도와 일치된(동기화된) 속도로 첫 공정에 투입할 자재의 수량과 일정을 정한다는 의미이다.

JIT 시스템에서는 간판을 전달받지 못하면 작업을 하지 않지만, DBR 시스템에서는 자재를 전달받지 못하면 작업을 하지 않는다. 단지 앞공정에서 가공물량을 받으면 (선입선출을 지켜) 작업을 하는 원칙이므로, 가공물량이 대기할 만한 틈이 없어 신속한 흐름이 보장된다. 공정마다 최소의 재공품을 유지하는 JIT 시스템보다 훨씬 더 적은 재고로, 부드럽고 빠른 흐름을 유지할

---

30) 드럼버퍼와 출하버퍼, 그리고 조립버퍼는 혼란이 일어난 시간 동안 대응하기 위한 버퍼이므로 시간버퍼라고 한다. 반면에, 고객이 요구하는 리드타임보다 생산리드타임이 긴 경우 판매의 기회를 보호하기 위해 일정장소에 (보통은 조립 대기장소에 반가공품 상태로 두거나 또는 제품창고에 완제품 상태로) 재고를 두는데, 이를 재고버퍼라고 한다.

수 있다.

JIT가 불필요한 재고를 만들지 않으려고 각 공정마다 표준작업분만큼의 재고와 간판으로 공정간의 흐름을 동기화하려는 생산방식이라면, DBR은 병목이 되는 자원을 이용해서 자재의 흐름을 동기화하려는 생산방식이다. 기업에서 간판방식보다 더 쉽고 빠르게 적용할 수 있다.

결국 컨베이어시스템이나 JIT 시스템에서는 혼란이 발생하지 않도록 노력하면서 공정 간의 능력이 밸런스를 유지하도록 하는 반면, DBR 시스템에서는 혼란이 발생할 수 있음을 인정하면서 드럼을 혼란으로부터 보호함으로써 조직의 스루풋도 손상 받지 않도록 보호한다는 점에서 다른 동기화생산방식과 다르다. 다음은 JIT 와 DBR의 특징을 비교한 것이다.

| JIT | 구분 | TOC |
|---|---|---|
| 낭비요소 제거에 집중 | 중점관리 | 제약조건 활용에 집중 |
| 제약조건에 대한 인식 결여 | 제약에 대한 인식 | 제약조건 발견이 최우선 |
| 공정능력 평준화 (라인밸런스) | 공정능력관리 | 병목공정 최대 활용 및 개선 |
| 혼란의 완전 배제를 추구 | 혼란에 대한 인식 | 혼란은 현장의 기본 현상임을 인정 |
| 재고는 악의 근원 | 재고에 대한 인식 | 전략적 위치에 재고를 유지 |
| 평균적으로, 낮은 수준의 재고 유지 | 재고수준 | 전략적으로, 필요한 수준의 재고 유지 |
| 공정 중지 후 조치 (라인스톱) | 문제 발생시 대응 | 공정을 계속 진행하면서 조치 |
| 문제발생 크기 (사후 분석) | 개선 우선순위 | 버퍼 침투 빈도 (지속적 버퍼 모니터링) |
| 장기간, 많은 노력 | 적용에 필요한 시간과 노력 | 단기간, 비교적 적은 노력 |
| 전직원 | 참여 인원 | 소수의 핵심 인원 |
| 낭비제거/원가절감에의 상대적 기여도 | 개선효과에 대한 평가기준 | Throughput 증대에의 기여도 |

[표 13-6] JIT와 DBR의 비교

이렇게 DBR(Drum - Buffer - Rope)방법론은 제약조건을 가장 효율적으로 이용하도록, 그리고 비제약자원이 제약자원에 동기화되도록 설계된 규칙에 해당한다.

# 7. 버퍼를 모니터링하라

잠시 눈을 돌려 '개선'을 주제로 하는 경영혁신 방법론들을 상기해 보자. 앞에서 이미 몇 가지를 살펴보았지만, 정신을 차릴 수 없을 정도로 많은 개선기법이 몰려와 경영혁신의 필요성을 주장하고 있다. 이들의 내용이 무엇인지 미처 파악하기도 전에, 또 다른 경영혁신기법이 탄생하여 지금 이 순간에도 밀려오고 있다. 과연 어떤 기법을 적용해야 옳다는 말인가? 어떤 기법이 조직의 목표달성을 보장해 줄 것인가?

우리는 우리 주변에서 일어나는 문제 모두를 단번에 개선할 수는 없다는 것을 알고 있다. 그러기에는, 투입해야 할 노력에 비하여 우리가 가진 자원은 언제나 부족하기만 하다. 한편 이들 경영혁신기법들은 개선 가능한 것이라면 무엇이나 탐을 내 앞뒤사정 가리지 않고 달려들게 만든다. TQC가 그랬고, BPR이 그랬으며 6시그마라고 다를 바 없다. 그렇게 1년 동안 달성한 개선효과만 모두 더해도 아마 회사의 연간매출액을 뛰어 넘었을(?) 것이다. 이들 경영혁신과제들은 회사의 목표달성을 위한 급소가 어딘지 알려고 하지도, 초점을 맞추지도 않는다. 그저 주변에 개선할 수 있는 것이 있으면 뭐든지 개선과제로 등록한다.

그러나 중요한 것은 지금 당면해 있는 가장 시급한 개선과제 한 가지가 무엇인지 깨닫는 것이다. 물론 조직의 목표달성을 가로막는 것이어야 한다. 가장 시급한 과제 한 가지가 해결되면, 다음으로 시급한 과제가 수면 위로 떠오르도록 하는 방식이라면 더 할 나위가 없을 것이다. 다행스럽게도, 버퍼의 상황을 주시함으로써 이런 개선 우선순위에 대한 정보를 얻을 수 있다. 제조 현장에서 이러한 '지속적인 개선'을 어떻게 실현할 수 있는지, 좀 더 구체적으로 살펴보자.

### 버퍼를 관리하는 이유

앞에서 스루풋의 발목을 붙드는 제약자원(드럼)의 중요성에 대해서 살펴보았다. 드럼 앞에는 혼란(사고 등)의 충격으로부터 병목공정을 보호하도록 완충작용을 하는 재고를 쌓아 두어, 앞에서 무슨 사고(혼란)가 일어나더라도 드럼은 쉬지 않고 가동을 계속할 수 있도록 했다. 언젠가는 일어날 수밖에 없는 사고에 대비한 것이다.

시간이 지나면서 드럼은 대기중인 완충재고를 소모하고 선행 공정에서는 버퍼에 재고를 보충하므로, 버퍼 안의 재고는 선입선출을 유지하며 물 흐르듯 순환하게 된다. 이렇게 버퍼에 들어온 자재(재고)가 계속해서 순환한다는 개념은, 재고를 일정 수준 이상 확보하기만 하면 되는 통상의 안전재고 개념과는 다르다. 대기 중인 재고량은 버퍼에 들어와서 버퍼를 떠날 때까지(드럼에서 사용하기 시작할 때까지)의 시간이 일정하게 유지되므로 시간버퍼Time Buffer라고 부르며, 크기는 시간으로 나타낸다.(예를 들면 '버퍼의 크기는 4시간분이다' 고 말한다.)

버퍼에 머무를 시간이 예정되어 있으므로, 자재(재고)가 언제 드럼에 투입되어야 할지 예상할 수 있다. 더 중요한 것은, 지금 드럼 앞에 와 있지 못한 자재가 언제쯤 드럼을 멈추게 할지도 예상할 수 있다는 점이다. 대기장소에 와 있어야 할 자재가 비어 있는 경우 즉 대기장소에서 결품이 난 경우를 버퍼의 '구멍'이라고 한다. 버퍼에 발생한 구멍은 어느 선행 공정에서 변동(혼란)이 일어났음을 말해 주는 것인데, 일정기간 동안 이렇게 발생한 데이터(구멍을 발생시킨 공정명, 구멍의 시간 크기, 발생 빈도 등)로 사고가 일어난 지점과 원인 등 혼란(변동)의 요인에 대한 정보를 얻을 수 있어 해당 공정에서 발생하는 변동의 크기를 정량화할 수 있다. 이것은 한정된 자원과 노력을 투입해야 할 개선의 최우선 순위가 되는 공정을 알려주는 것으로, 아주 중요하다. 이런 경우의 버퍼는 사고에 대비하기 위한 것이 아니라, 지속적 개선의 대상을 파악하기 위한 것이다. 진정으로 개선해야 할 목표가 정해지는 이때야말로 우리가 알고 있는 혁신기법을 모두 다 동원해야 한다. 그러면 최소의 노력으로 최대의 효과를 거둘 수 있다.

이렇게 하여 사고가 일어나도 드럼은 멈추지 않으면서, 변동의 요인은 줄이거나 없애는 개선이 가능하다. 이것은 사고가 일어나면 라인을 스톱시키고 공정변동의 요인이 드러나게 하여 개선해 나아가는 도요타생산방식과 뚜렷이 대조된다.

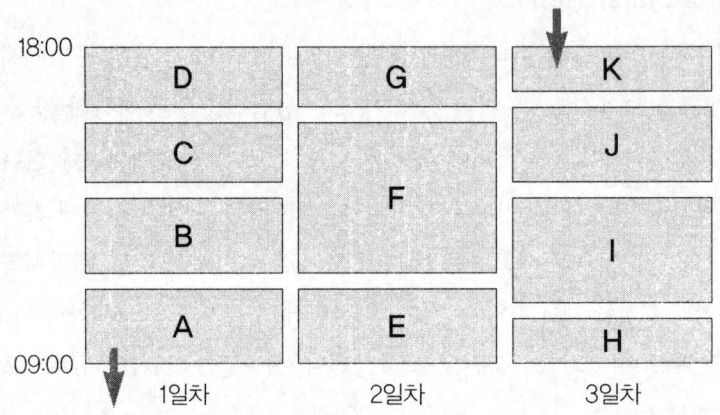

병목공정 앞에 3일분의 재고가 버퍼로 설치되었다. 병목공정은 자재를 A, B, C, … 순으로 사용해 나아갈 것이다.

[그림 13-13] 버퍼관리

이렇게 대응하여 혼란에 대응할 수 있는 면역력이 키워지면 공정은 개선되어 변동은 줄어들 것이며, 변동의 원인이 줄어든다면 이제는 버퍼의 크기를 약간 줄여도 문제가 되지 않을 것이다. 이렇게 재고를 적절히 관리하는 방법을 이해함으로써, 경쟁에서 이기는 데에 필요한 개선에 즉시 착수할 수 있다. 이것이 공장에서 지속적 개선을 가능하게 하는 버퍼관리의 요점이다. DBR 시스템에서 버퍼관리는 드럼의 일정계획만큼이나 중요하다. 결론적으로, 버퍼를 모니터링하는 궁극적인 목적은 다음과 같다.

- 지속적 개선의 대상 자원을 파악하기 위해서
- 위급상황에서도 적절히 대응하기 위해서 (위급상황에서도 스루풋을 보호하기 위해서)

- 미래에 제약조건이 어디에 위치할지를 예측하기 위해서
- 시스템의 안정성을 지속적으로 모니터링하기 위해서

## 버퍼 모니터링

공정에서 변동(혼란)은 항상 발생하고 있으므로, 우리가 계획했던 대로 일정 시간분의 재고(버퍼)가 언제나 100% 온전히 채워져 있을 것이라는 상황은 기대할 수 없다. 혼란의 영향으로 실제의 재고는 계획된 것보다는 작을 것이다. 그럼에도 불구하고 버퍼에 재고가 온전히 채워진 상황이거나 또는 오히려 계획보다 재고가 넘치는 상황이 된다면, 드럼의 능력에 비하여 버퍼의 크기를 너무 크게 설정했거나, 아니면 공정이 충분히 안정되어 변동이 작은 경우일 것이다. 이런 경우에는 재고량을 조금 줄여도 제품 생산량 즉 스루풋에 문제를 일으키지 않을 것이며, 실제로도 운영경비를 줄일 수 있다.

이와는 반대로 우리가 계획한 일정한 시간분의 재고(버퍼)가 보통 50%도 온전히 채워져 있지 않은 상태가 계속된다면 드럼의 능력에 비하여 버퍼의 크기를 너무 작게 설정한 것이거나, 변동의 크기가 너무 커서 드럼이 작업을 쉴 수도 있는 위험한 상태인 것이다.

두 경우 모두 바람직하지 않다. 이상적이라면 가공준비가 된 자재가 버퍼의 대략 1/3에서 2/3를 채우고 있어야 한다.[31] 또, 그렇게 되도록 버퍼를 관리해야 한다.

---

31) Goldratt은 버퍼를 세 영역으로 나누어 관리하는 방법을 제시한다. 먼저 소비될 처음 삼분의 일은 항상 온전히 채워지게 하고(Red Zone), 마지막 삼분의 일은 미처 도착하지 않아 비어 있으며(Green Zone), 가운데의 삼분의 일(Yellow Zone)은 두 상태의 중간 정도로 채워지는 패턴이 이상적이라고 설명하고 있다(The Race).

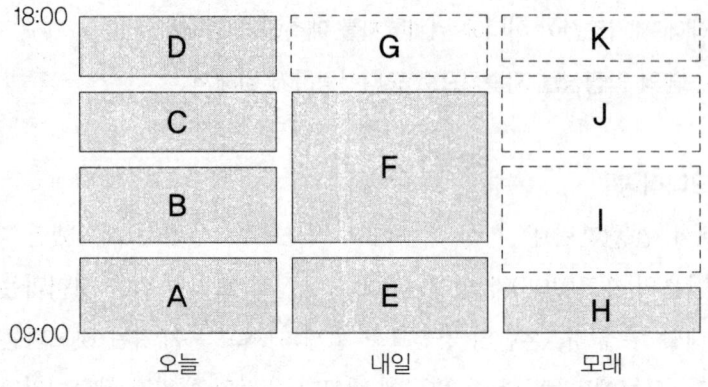

3일분의 재고 중 오늘 사용할 재고는 모두 채워졌으나, 내일 사용할 것 중 일부와 모레 사용할 것의 대부분은 아직 모습을 나타내지 않았다.

[그림 13-14] 대략 반을 채우고 있는 버퍼

버퍼에 자재재고가 반 이하로 줄어든다면, 그것은 공정에 변동이 과다하게 발생하고 있다는 신호다. 이 때부터는 버퍼에 구멍을 일으키고 있는 문제를 조치하기 위한 행동에 착수해야 한다. 대응할 수 있는 방법으로는 구멍을 야기하는 선행공정(또는 협력업체)을 도와 신속히 처리되도록 하거나, 드럼의 일정계획을 변경하는 것 등이 있다. 물론 어느 경우든 드럼이 작업을 멈추기 전에 이행해야 한다.

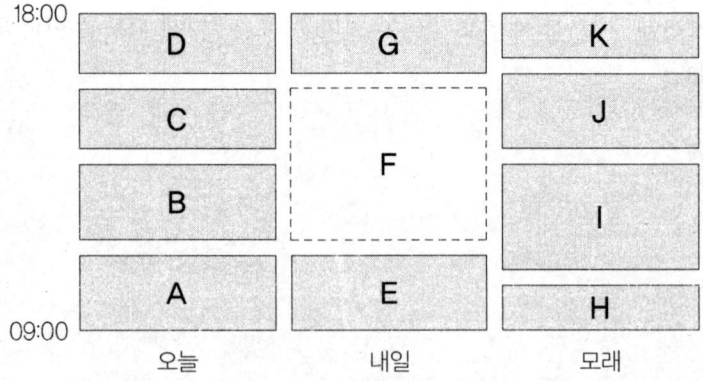

목표지점(드럼, 조립지점 또는 출하지점)에 있어야 할 부품 F가 하루 반이 지나서야 도착했다. 부품 F가 버퍼에 구멍을 낸 시간 즉 침투깊이는 12시간이다. 이때 버퍼의 침투깊이와 사유를 발생공정별로 기록해 둔다.

[그림 13-15] 버퍼침투 현황

버퍼 침투 현황을 분석하고 문제에 대응하기 위해서, 매일 아침 30분 이내의 작업준비회의를 시행한다. 이 회의는 버퍼의 현황과 문제, 그리고 대응조치를 위한 것인데 공장장(또는 생산책임자) 주도하에 드럼의 작업일정을 계획하는 생산관리담당, 자재를 투입해야 하는 자재관리담당, 현장의 직반장 등이 참여한다.

회의는 작업을 개시하기 전에 실시한다. 우선은 전날 업무종료시간에 체크한 그 날의 버퍼와 구멍을 검토한다. 그리고 구멍을 야기한 공정의 위치를 밝히고, 해결이 필요하면 이를 위한 조치계획과 책임을 할당한다.

생산관리담당자는 버퍼침투현황표를 매번 작성하고, 매주 한 번은 버퍼에 침투한 공정별로 침투 횟수(빈도)와 침투 시간(구멍을 낸 동안의 시간, 즉 침투깊이)의 통계를 그래프로 작성하여 관련 부서와 함께 공유한다.

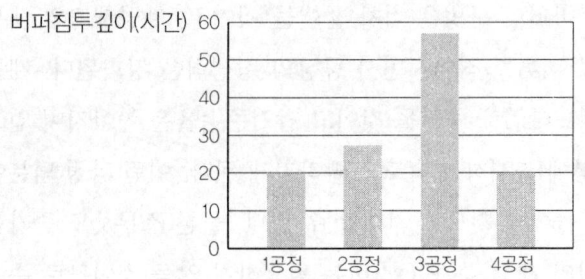

공정별로 버퍼침투깊이를 정기적으로 집계하여 개선의 우선순위를 정한다.

**[그림 13-16]** 버퍼침투현황 분석

버퍼에 구멍을 만드는 주범(혼란의 원천이 되는 공정)을 통계적으로 가려낼 수 있으므로, 자원을 늘려 준다든지 아니면 변동을 일으키는 원인을 해결한다든지 해서 혼란을 줄이는 일도 역시 가능하다. 혼란이 줄어들면 버퍼의 크기도 줄일 수 있을 것이고, 버퍼의 상태를 주시하여 공정의 변동을 감시하는 과정을 통해 개선 우선순위 가려내기를 반복해서 개선 과정을 지속적으로 이룰 수 있다.

## 버퍼 구멍에 대한 분석

구멍이 생긴 버퍼에 대해서 우리가 알 수 있는 것은 구멍의 크기(드럼에서 몇 시간분의 작업량인지)와, 드럼에 도달할 때(영향을 미치기 시작할 때)까지의 남은 시간이다. 조금 더 관찰해 보면 이런 구멍을 어느 공정(설비)에서 일으키고 있는지(혼란 원천의 위치), 왜 늦어지고 있으며, 무슨 조치가 필요할 것인지도 알 수 있다.

이러한 정보를 이용해서 각 구멍의 혼란요인을 계량화할 수 있으며, 혼란을 일으킨 공정(또는 협력업체)별로 집계할 수 있다. 집계된 결과로 개선 우선순위 목록을 만들 수 있으며, 가장 큰 혼란 통계수치를 갖는 공정이 모든 노력을 집중해야 할 최우선 순위의 개선대상공정이 될 것이다(비록 그곳이 협력업체일지라도)! 중요한 소수가 문제의 대부분을 차지한다는 80:20 법칙(파레토법칙)에 따라, 공장은 상당한 이득을 얻게 될 것이다.

반복적인 노력으로 버퍼의 구멍은 점차 줄어들 것이고, 재공재고의 대부분이 버퍼에 있으므로 버퍼가 작아지면서 공장의 경쟁력은 강화된다. 재공재고가 줄었으므로 리드타임도 줄어들 것이고 납기준수율은 높아지며 업그레이드 된 제품을 시장에 출시하는 속도도 빨라지게 된다. 이런 과정 덕분에 시장에서의 점유율도 늘어날 것으로 기대할 수 있다. 물론 스루풋도 증가할 것이며 여기에 추가적인 재고 증가나 경비는 필요하지 않을 것이므로 순이익, 투자회수율, 수익성 등의 주요 지표는 모두 호전될 것이다.

# 14

# 경영시스템의 흐름을 혁신하라

| 들어가기에 앞서 |

이제 한 프로세스의 차원을 떠나 경영시스템 차원으로 관점을 바꾸어 보자. 조직 내에는 서로 연관된 여러 개의 프로세스가 연결되어 경영시스템을 이루고 있고, 경영시스템의 성과는 곧 조직의 성과다. 따라서 경영시스템 내에서 고객가치를 전달하는 업무흐름의 속도가 가장 느린 프로세스가 결국 조직의 성과를 좌우할 것이다. 여러 프로세스늘이 전후관계를 가지고 연결되어 경영시스템을 구성한다는 점을 고려하면, 최대의 사업성과를 거두기 위해서는 핵심프로세스를 중심으로 모든 업무(프로세스)를 정렬해야 한다.
그런 후에도 핵심프로세스의 역량을 극대화시킬 필요가 있다면, 프로세스 재설계를 고려할 수 있을 것이다.

## 1. 무엇이 핵심인가

### 경영시스템에서의 집중개선 5단계

프로세스 내에서 프로세스의 성과를 높이기 위한 관심은 가장 취약한 고리(활동)를 최대한 활용하고 강화하는 것이었다. 경영시스템 내에서는 고객가치를 전달하는 업무의 흐름 중 흐름의 속도가 가장 느린 프로세스가 결국 조직의 성과를 좌우하는 핵심프로세스가 될 것이다. 또한 제약의 논리에 따라 핵심프로세스에서 허용된 가치의 흐름만큼이 경영시스템의 성과로 나타날 것이다.

그러나 현실적으로는 부서 간 업무의 대립과 단절, 성과지표 간의 충돌 등으로 조직의 성과는 핵심프로세스에서의 가치흐름 속도만큼도 제대로 거두지 못하고 있다. 그러므로 핵심프로세스를 중심축으로 하여 운영프로세스들을 먼저 정렬하고, 이어서 지원프로세스들도 정렬해야 경영시스템의 성과(즉 사업의 성과)도 향상시킬 수 있다. 이제 다른 모든 프로세스들도 핵심프로세스에 보조를 맞추도록 하는 새로운 규칙을 정하고 이행해야 한다.

여기에 만족하지 않고 사업의 성과를 더욱 극적으로 향상시키려면 핵심프로세스 중심으로 성과지표를 재정렬하여 부서 간, 지표 간의 충돌을 없애고, 조직을 프로세스에 맞는 형태로 전환하며, 프로세스를 지원하는 인프라를 갖추고, 프로세스에 정보기술을 접목(구현)하는 방안 등을 고려해야 한다.

이렇게, 경영시스템의 성과를 향상시키는 방법은 앞서 설명했던 집중개선 5단계를 경영시스템에 적용하는 것으로도 설명할 수 있다.

| 단계 | 단계별 적용 |
|---|---|
| 1. 발견 | 가치흐름의 병목이 되는 핵심프로세스를 찾는다 |
| 2. 활용 | 핵심프로세스의 능력이 최대한 낭비되지 않도록 한다 |
| 3. 종속 | 핵심프로세스를 중심으로 다른 운영프로세스와 지원프로세스를 정렬한다 |
| 4. 향상 | 핵심프로세스를 혁신(재설계)한다 |
| 5. 반복 | 가치흐름상의 병목이 이동하는지 모니터링한다 |

[표 14-1] 경영시스템에서의 집중개선 5단계의 적용

① 발견단계는 가치흐름상에서 병목이 되는 핵심프로세스를 찾는 것이며,

② 활용단계는 핵심프로세스의 능력이 낭비되지 않고 최대한 발휘되도록 기능(부문)을 초월하여 우선순위를 두는 것이고,

③ 종속단계는 핵심이 되는 프로세스를 중심으로 다른 모든 운영프로세스

와 지원프로세스를 정렬하는 것이며,

④ 향상단계는 필요한 투자를 하여 핵심프로세스의 능력이 한 단계 업그레이드되도록 재설계하는 것이다.

⑤ 반복단계는 가치흐름상 병목이 다른 프로세스로 옮겨졌는지 확인하여 다시 새로운 병목(프로세스)을 발견하는 단계로 연결하는 것이다.

## 가치흐름상의 병목지점이 핵심이다

경영시스템에 포함되는 수많은 운영프로세스들 중에서 정작 가치흐름의 병목이 되는 단 하나의 프로세스를 찾는 것이 그렇게 쉬운 일은 아니다. 동일한 업종의 기업들 간에도 병목이 되는 업무(프로세스)는 다를 수 있으며, 그나마 시장의 상황이나 시간의 흐름에 따라 병목이 달라지기도 한다.

고객가치의 흐름은 운영프로세스의 속성이므로, 핵심프로세스는 고객가치에 직접적으로 영향을 주는 운영프로세스 가운데에서 발견될 것이다. 제조업에서 운영프로세스는 다음과 같이 큰 다섯 개의 Mega Process로 이루어진다(5대 운영프로세스라고 한다).

① 영업프로세스 – 고객의 주문요구사항을 출력한다.
② 연구개발프로세스 – 조직이 제품을 생산, 조달, 검증할 수 있는 형태로 제품정보를 출력한다.
③ 조달프로세스 – 제품 생산에 필요한 원부자재 및 외주품을 출력한다.
④ 제품생산프로세스 – 고객이 요구한 제품을 출력(생산)한다.
⑤ 물류(보관/출하)프로세스 – 생산된 제품을 고객에게 인도한다.

어느 것이나 가치를 전달하는 흐름을 가지고 있다. 그러면 이중에서 가치전달Value Delivery의 핵심이 되는 프로세스는 어느 것인가?

제조업체에서는 일반적으로 가치흐름상의 병목이 제품생산흐름(즉 공정) 안에서 일어난다. 가치흐름상 설비 고장, 작업인원의 결손, 품질문제, 자재

결품 등 제품 제조상 여러 가지 혼란이 끊임없이 발생하여 물리적인 병목이 일어나고 있는 것이다(어느 한 단위공정이나 설비에서 병목이 일어난다). 제품생산 프로세스에서 원활한 가치흐름에 자주 실패하는 데에는, 다른 프로세스들이 인적자원에 의해 가치의 흐름이 (유연성 있게) 통제되는 반면에 제품생산프로세스는 자재나 설비 등 물리적인 자원에의 의존성이 높은 데에도 이유가 있다. 제품생산프로세스는 고객이 요구한 내용을 현실화시키는 것이 중요한 데다가, 프로세스를 제대로 관리하지 못하면 가치흐름 상태가 나빠져서 곧바로 재고가 쌓이고 더러는 진부화되어 나중에 등급변경이나 폐기처리를 하지 않으면 안 되는 경우가 자주 발생하기도 한다.

따라서 지금부터는 일단 제품생산프로세스가 병목이라고(즉 핵심프로세스라고) 가정하고, 이를 중심으로 경영시스템의 가치흐름을 개선하는 방법을 언급하기로 한다. 하지만 기업의 여건에 따라서는 물류프로세스나 제품을 설계하는 연구개발프로세스 등 다른 운영프로세스가 핵심프로세스일 수도 있음에 주의한다. 참고로, 다른 운영프로세스들이 핵심프로세스가 되는 경우에 대해서는 뒤에서 설명할 것이다.

| 참고 | **기업 내 가치흐름의 병목**

제조업체라고 해도 경우에 따라 다른 프로세스가 핵심프로세스일 수 있으므로 조직 내의 가치흐름을 유심히 따져 보아야 한다. 기업을 운영하는 정책이 어떤지에 따라, 그리고 기업이 처한 환경에 따라 상황은 얼마든지 달라진다.

필자가 방문했던 기업 중 T사는 원가절감과 운영자금의 통제를 중요시하여 자재구매부서가 생산본부가 아닌 관리본부에 속해 있었다. 자재구매부서와 생산부서와의 의사소통이 원활하지 못해서 제조 현장에서는 리드미컬한 작업이 종종 끊어지기 일쑤였다. 생산흐름과 동기화되지 못한 조달프로세스가 가치흐름상의 병목이었다. 그런가하면 J사는 비교적 안정된 제조공정을 유지하고 있었는데, 오히려 연구개발 인력이 턱없이 부족했다. 산간지역이었기 때문에 전문적인 연구개발 인력을 꾸준히 유지하는 일이 쉽지 않았다. 때문에 제품설계수준(제품개발능력)은 동종업계 경쟁사들에 비해 턱없이 낮았는데, 이 때문에 늘 주문형 제품수주에 어려움을 겪고 있었다. J사는 연구개발프로세스가 조직의 가치흐름을 막고 있었다.

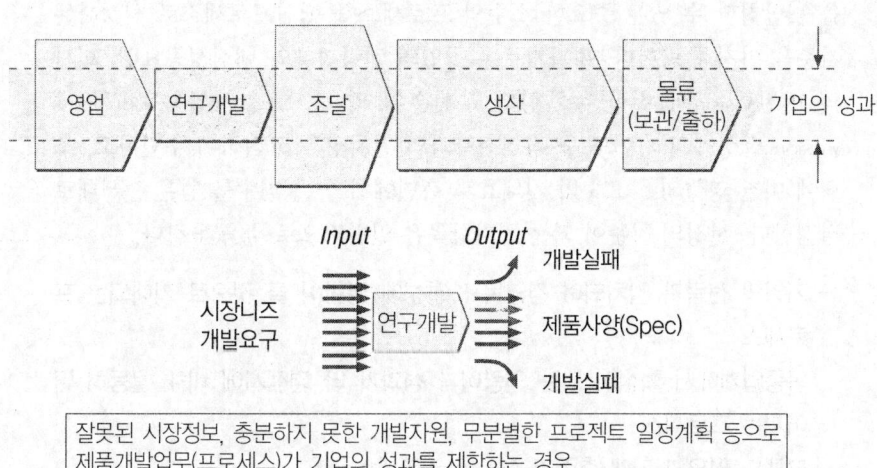

[그림 14-1] 경영시스템에서 가치흐름의 병목과 기업의 성과와의 관계 (연구개발프로세스의 예)

한편 프로세스리엔지니어링BPR에서는 프로세스의 전략적 접근을 가장 중요하게 여긴다. 그래서 전략적으로 중요하다고 생각되는 프로세스를 핵심 프로세스로 선정한다. 또한 핵심프로세스는 효과를 극대화시키기 위해 반드시 프로세스를 재설계하는 과정을 거친다.

| 참고 | BPR에서 핵심프로세스를 선정하는 방법

여기서 잠깐 이해를 돕기 위하여, 프로세스혁신기법인 BPR에서는 어떤 기준을 가지고 핵심프로세스를 선정하는지 살펴볼 필요가 있을 것 같다. BPR에서는 핵심프로세스를 선정하기 위해 임원진들과의 워크숍이나 인터뷰를 수행하는 단계를 거친다. 경영시스템에 포함되어 있는 수많은 프로세

스들을 모두 다 혁신(재설계)할 수는 없으므로, 경영환경 분석결과를 고려하여 도출한 경영전략을 중심으로 기업의 모든 자원과 역량을 단기간에 집중하여 투입해야 할 상위 차원의 몇몇 프로세스(보통 3~5개 정도)를 선정한다.

프로세스에서 산출되는 가치나 중요성이 모두 다르므로 회사의 핵심역량을 뒷받침할 수 있는 중요한 소수의 프로세스를 핵심프로세스로 선정하는 기준을 먼저 수립한다. 평가기준은 기업의 전략과제와 핵심성공요인, 회사의 비전Vision과 전략 수행상의 우선순위 및 중요도, 사업목표Business Mission 달성에의 기여도 등 경영전략과의 일치성을 고려하여 수립하고, 조직에 미칠 영향의 중요도와 기대효과 측면에서 높은 점수를 얻은 순서대로 결정한다. 선정의 기준이 되는 평가항목은 일반적으로 다음과 같다.

- 기업의 전략과 일치되며 경영목표 달성에 영향이 클 것으로 기대되는 프로세스
- 동종업계에서 핵심이 되는 역량이나 성과가 타 경쟁사에 비해 월등히 떨어지는 프로세스
- 고객의 필요와 기대 충족이 절실한 프로세스
- 비교적 순차적인 처리 단계가 길고, 확인과 조정이 많은 조직을 거치는 프로세스
- 문제의 해결이 비교적 용이하고 성공할 가능성이 높은 프로세스
- 문제가 뚜렷이 드러나고 책임이 애매한 활동이 중복되는 영역이 많은 프로세스
- 수행할 때 특별조직 또는 임시조직이 많이 발생되거나 동원되는 프로세스
- 투자 대비 높은 수준의 성과를 기대할 수 있는 프로세스

평가점수에 따라 핵심프로세스를 선정하므로 지원프로세스가 선정되는 경우도 있다. 핵심프로세스가 선정되면 혁신 대상 프로세스와 그 범위에 대한 최고경영진의 확고한 추진의지를 모든 임직원에게 공포한다.

뒤에서 설명되겠지만 이러한 핵심프로세스 선정기준은, 수익 극대화의 장애(병목)요인을 핵심프로세스로 삼는 것은 아님에 유의할 필요가 있다.

# 2. 운영프로세스를 동기화하라

## 조직의 목표 달성은 프로세스 연계성의 함수다

조직은 경영목표를 달성하기 위해 경영시스템을 구축하며, 경영시스템은 운영프로세스와 지원프로세스로 구성된다. 프로세스 간의 연계가 얼마나 잘 이루어지느냐에 따라 고객가치 전달흐름에 영향을 미치고, 그래서 조직의 성과목표 달성이 좌우된다.

경영시스템에 수없이 많은 프로세스들이 포함되어 있으므로 프로세스들의 성과목표가 많고 전후관계도 복잡하게 얽혀 있는데 비하여, 조직 차원의 성과목표는 간단하다. 조직의 목표는 다음 세 가지를 기본으로 하여, 현재는 물론 장래에도 계속해서 돈을 버는 것이다.

1. 순이익을 늘린다.
2. 투자회수율을 높인다.
3. 현금흐름을 좋게 한다.

기업이 돈을 벌고 있는지는 순이익, 투자회수율, 그리고 현금흐름에 대한 재무적 평가지표를 측정하면 알 수 있다. 만약 어떤 프로세스에 조치를 취해서 이 세 가지가 동시에 증대된다면, 그것은 올바른 조치를 한 것이다. 그러므로 이 세 가지 성과지표와 프로세스들이 논리적으로 어떻게 연결되어 있는가가 관건이다. 다시 말하면 가치흐름상에서 조직의 경영성과에 영향을 주는 것이 핵심프로세스이므로, 조직의 모든 프로세스들이 한 방향의 목표(조직의 목표)를 향하여 핵심프로세스를 중심축으로 하여 얼마나 질서 있게 정렬되어 있는가가 중요하다는 뜻이다. 조직의 목표 달성은 프로세스 연계성의 함수이다.

## 핵심프로세스를 개선(혁신)한다

조직의 성과를 최대한으로 끌어올리기 위해서는(그리고 조직의 목표 달성을 확실하게 보장하기 위해서는) 가치흐름상 병목이 되는 프로세스(핵심프로세스)를 중심으로 기업의 모든 프로세스를 정렬해야 한다. 여기서 다음과 같은 의문이 들 수도 있다.

'병목 프로세스가 아니더라도 함께 개선(또는 혁신)하면 좋지 않을까?'

이 질문에 답하기에 앞서, 완성차 업체와 각 지역대리점에 자동차부품을 제조, 공급하는 D사의 사례를 들어보기로 한다.

## 어느 자동차부품 업체의 제품 진부화문제 개선 사례 (어떤 BPR 프로젝트)

D사는 제품 진부화로 장기재고품의 재작업과 선별, 폐기가 많아 낭비가 큰 상황이었다. 게다가 공장은 영업에서 요구하는 납기와 수량에 제대로 대응하지 못하고 있었다. 회사는 문제 해결을 위해 프로세스 재설계BPR 프로젝트를 추진하기로 하였다. 생산프로세스(프레스가공공정 및 열처리공정)와 재고관리프로세스가 핵심프로세스로 선정되었고 프로세스를 재설계하게 되었다.

혁신추진팀은 주문 – 자재구매 – 소재가공 – 조립생산 – 창고보관 – 판매 등 주문으로부터 시작하여 제품이 출하되기까지의 모든 과정에서 자재, 반제품, 완제품 등 재고가 발생하는 상황을 검토했다. 그 결과로 생산프로세스에서는 부족한 생산능력을 끌어올리기로 했고, 재고관리프로세스에서는 진부화 제품 발생 방지를 목표로 각 품목의 제품재고를 더 적게 보유하기로 방향을 결정한 후 보유재고 감축을 추진하였다.

프레스가공공정과 열처리공정은 생산능력이 부족했으므로, 그 앞에는 항상 가공을 기다리는 재공재고가 쌓여 있었다. 공장장은 프레스가공공정과 열처리공정의 부족한 생산능력을 높이기 위해 설비를 구입하도록 지시했다. 오래지않아 프레스가공공정과 열처리공정은 곧 정상화되었고, 처리속도도 빨라져서 두 공정 앞에 쌓이던 재고도 줄어들게 되었다.

두 공정의 잔업시간도 줄어들었다. 단위기간 동안의 제품생산수량(생산성)도 향상되었고, 생산원가도 전에 비해 훨씬 낮아졌다. 6개월 간의 프로세스 혁신 결과 완제품 재고금액은 착수 당시의 재고금액보다 무려 22%나 감소되었다. 이 프로젝트는 재고절감으로 4억 원을 절감하고 멋지게 성공한 것으로 막을 내렸고, 혁신추진팀원들은 대표이사로부터 연내 승진의 약속까지 받을 수 있었다.

그러나 웬일인지 전에 비해 제품재고와 반제품재고가 다시 늘어나기 시작했다. 고객의 납기에 맞추지 못하는 일도 전보다 더 잦아졌다. 공정능력이 늘어나자 생산공정에는 여유가 생겼고, 현장 직원들을 그냥 놀려 둘 수 없었던 공장장은 당장 출하할 필요가 없는 제품이라도 미리 생산해 두도록 지시했다. 새로 들여온 열처리설비는 이제는 여유가 생겼지만 값비싼 설비를 멈춰 둘 수도 없어 당장 불필요한 부품도 큰 로트로 가공했다. 그러다보니 생산량이 적은 고객의 주문은 자주 뒤로 밀렸고, 본사의 영업직원들은 현장반장들에게 찾아와 자신들의 주문을 지급으로 처리해 줄 것을 반 협박식으로 요구해야 했다.

각 지역의 대리점에서는 수급이 불안해진 제품을 미리 확보해 두기 위해 더 많은 재고를 영업사원에게 주문하고, 영업사원들은 여기에 자신의 예상치를 더해 공장에 생산을 요구했다. 대리점으로부터의 가주문假注文 때문에 생산공정은 늘 바빴다. 잔업도 다시 늘어나기 시작했다. 열처리 속도를 높이기 위해 열처리 가공배치의 크기Batch size가 전보다 더 커졌고, 그럴수록 재고금액은 늘어났다. 납기를 맞추지 못하는 주문도 함께 늘어났다. 확정된 주문량은 생산능력에 미치지 못했지만, 공장엔 언제나 확정되지 않은 영업부로부터의 가주문으로 가득 찼다. 실제 시장의 수요보다 훨씬 부풀려진 생산계획으로 공장에는 큰 부하가 걸리게 되고, 이것은 형편없는 납품성과로 이어졌다. 이에 따라 대리점에는 지난번의 예상주문으로 인한 불용재고가 늘어났음에도 불구하고 필요한 제품재고는 고갈되어 전보다 더 많은 가주문을 영업부서에 보내게 되고… 이런 악순환이 계속되었다.

회계년도가 바뀌고 나서 영업부에서 혁신을 추진한 6개월 간의 실적을 집계한 결과는 놀라웠다. 대리점 주문에 대한 납품실적은 형편없었다. 영업부의 조사 결과, 제품의 품절로 인한 매출기회 손실비용은 6개월 동안 무려 33억 원에 달했다. 6개월간 무려 3억 원 이상의 영업이익을 날려 버린 것이었다. 무엇이 문제였을까?

가치흐름상의 문제는 생산이 아니라, 확정된 주문을 납품하지 못하는 영업이었다. 제약이 시장에 있었으므로(공장의 생산능력보다 시장의 주문이 적었으므로) 사실은 영업프로세스가 핵심프로세스가 되어야만 했다. 그러나 이 회사는 공정능력이 충분한 생산프로세스 개선에 온 힘을 기울였고, 그나마도 정작 확정된 주문품목 대신 대량의 가주문 생산에 우선순위를 두었다. 그 결과는 수많은 공정의 혼란과 매출기회의 손실로 이어졌다. 나중에 안 일이었지만 제품생산원가가 내려간 것은 불필요하게 만들어낸 많은 재고가 간접비를 흡수해 버렸기 때문이었다.

이전의 질문으로 다시 돌아가 보자. 서로 연결된 여러 프로세스에서 핵심(가치흐름상의 병목)이 아닌 프로세스를 개선하는 것은 조직에 도움을 주지 못한다. 오히려 문제를 왜곡하여 병목이 되는 핵심프로세스에 부담을 가중시키고 조직의 전체적인 성과를 감소시킬 수 있는 위험이 있음을 명심해야 한다. 가치흐름상 병목이 되는 지점은 한 곳이다. 이 프로세스에 모든 개선의 노력을 집중해야 할 것이다. 만약 핵심프로세스에서 전달되는 가치의 흐름성을 개선한다면, 개선된 만큼이 그대로 기업 전체의 성과향상으로 나타날 것이다.

### 운영프로세스를 핵심프로세스에 동기화(정렬)시킨다

그러면 핵심프로세스와 다른 운영프로세스 간의 흐름을 어떻게 동기화[32]

---

32) 프로세스들이 상호 정렬(Alignment)된 후에, 다른 프로세스들이 핵심프로세스에 종속될 때 비로소 '동기화(Synchronize)'가 가능하다.

할 것인가? 고객으로부터 요구사항을 입력받는 것으로부터 시작하여 제품/
서비스를 고객에게 인도하기까지, 가치흐름을 담당하는 5대 운영프로세스
를 중심으로 살펴보자.

고객가치의 전달과정을 수행하는 이들 운영프로세스들은 다음과 같이 서
로 간의 연결로 흐름을 이루고 있다.

| 프로세스 | 주관부서 | 프로세스 간의 연계성 (입력과 출력, 후속 프로세스) |
|---|---|---|
| 주문처리 | 영업 | • 고객으로부터 요구사항을 입력받아서 정리된 고객주문정보를 연구개발 또는 제품생산프로세스에 출력(전달)한다 |
| 연구개발 | R&D | • 고객 또는 시장의 필요와 기대를 조직이 생산 가능한 제품정보로 바꾸어 제품생산 또는 조달, 외주프로세스 등에 전달한다 |
| 조달(구매) | 자재 | • 제품 생산에 필요한 원부자재, 외주가공 등의 소요청을 입력받아 자재 및 가공품을 제품생산프로세스에 전달한다 |
| 제품생산 | 생산 | • 주문처리 또는 연구개발프로세스로부터 주문정보 또는 제품정보를 입력받아 완제품을 물류프로세스에 출력(전달)한다. |
| 물류(출하) | 물류 | • 생산프로세스로부터 완제품을 입력받아 고객에게 출력(전달)한다. |

[표 14-2] 5대 운영프로세스의 연계성

제시된 프로세스들은 고객가치의 흐름에 따라 순서대로 연결되어 있다.
기업에서 가치의 흐름은 프로세스로 연결되어 있고, 사업의 성과는 이 프로
세스들 간의 연계성(종속관계)에 관련된 문제임을 이해할 수 있다.

그러나 이들 각 프로세스의 주관부서는 모두 다르다. 기능마다 추구하는
성과지표가 다르므로, 프로세스들은 저마다 다른 것을 추구하게 되고, 그래
서 가치의 흐름은 원활하지 않게 된다. 다음 그림이 이런 상황을 나타내고
있다. 기능별로 끊어지는 이런 흐름으로는 조직의 성공적인 목표 달성은 요
원할 것이라는 것도 짐작할 수 있다.

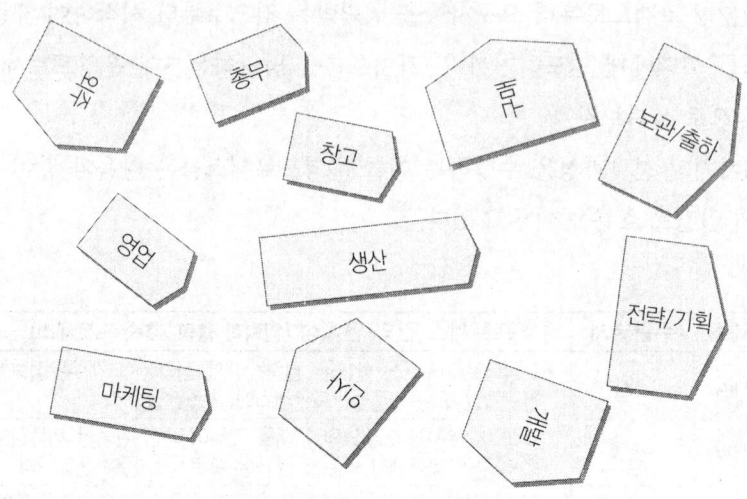

[그림 14-2] 정렬되지 않은 프로세스들

다음 그림은 가치의 흐름이 원활한 상황을 나타내고 있다. 이 상태에서는 우선순위가 명확하여 성과지표 간의 충돌은 일어나지 않는다. 각 프로세스들은 동등한 입장이 아니라, 핵심프로세스를 중심으로(그림에서는 생산프로세스) 다른 프로세스들이 정렬한 상황이다. 맨 처음 프로세스가 고객으로부터 지시(요구사항)를 받고 출발하여 다음 주자에게 바통 넘겨주기를 반복하다가, 맨 나중에는 최종가치(제품/서비스)라는 바통을 고객에게 전달하고 끝나는 이어달리기(계주)와 같다.

### 운영프로세스의 동기화(정렬) 요령

BPR과 같은 이제까지의 프로세스 혁신 노력에서는 가치의 원활한 흐름 관점에서보다는, 프로세스의 사이클타임 단축에 노력을 집중했다. 또한 몇몇 중요한 프로세스들을 경영혁신의 대상으로 삼았지만 이와 연관된 다른 프로세스들을 여기에 정렬하는(중요 프로세스에 동기화하는) 것까지는 주의를 기울이지 못했다. 그러나 앞서 살펴본 대로, 경영시스템이란 프로세스들의 유기적인 연계성으로 이루어지는 것이다. 따라서 고객가치의 흐름 중에서가장 취약한 프로세스를 핵심프로세스로 정하고, 여기에 다른 운영프로세스들을 동기화시켜야 할 것이다.

여기서는 핵심프로세스를 생산프로세스라고 가정하고, 프로세스 체계상에 존재하는 다른 운영프로세스들이 어떻게 핵심프로세스를 지원하도록 할 것인지에 대해 몇 가지 주요한 성공요인을 언급하려고 한다.

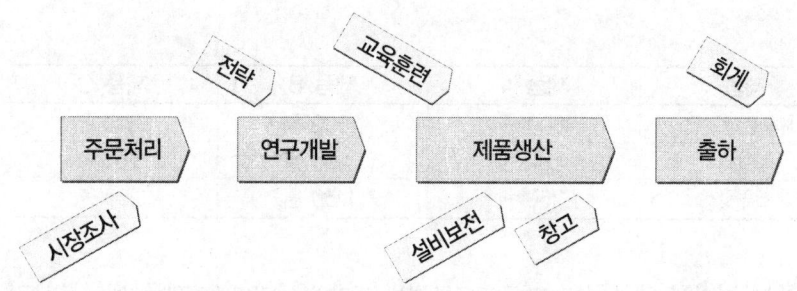

운영프로세스들이 가치흐름을 이루고 있고, 이를 중심으로 지원프로세스들이 정렬되어 있다.
[그림 14-3] 정렬된 프로세스들

### 판매촉진프로세스

이제까지 영업부문에서는 공장의 생산능력이나 고객만족도와는 관계없이 매출액이나 마진이 더 큰 제품을 선호하는 마케팅 정책을 펴왔다. 제한된 자원으로 최대의 이익을 만들려는 회사의 목표에 일치되도록 하기 위해서는, 판매 대상 제품은 전체적인 스루풋에 기여하는 공헌도에 따라 평가되어야 한다.

영업이익이 다른 세 가지 제품 A, B, C가 있다고 하자. 각각의 제조원가를 계산하여 영업이익이 얼마나 되는지 계산했다.

| 제품 | | 제품 A | 제품 B | 제품 C |
|---|---|---|---|---|
| 제품 판매가격 | | 1800 원 | 2500 원 | 1800 원 |
| 제조원가 | 자재비 | 650 원 | 950 원 | 550 원 |
| | 인건비 | 150 원 | 100 원 | 100 원 |
| | 제조간접비 | 300 원 | 250 원 | 250 원 |
| | 계 | 1100 원 | 1300 원 | 900 원 |
| 영업이익 | | 700 원 | 1200 원 | 900 원 |

제품별 영업이익을 보면 제품 B가 가장 높고, 그 다음이 제품 C이고, 제품 A는 이익에 기여하는 공헌도가 가장 낮다.(다른 조건이 동일하다면) 판매전략도 이 순서대로 수립되어야 하고, 이제까지도 그렇게 해왔다. 그러나 과연 이대로 좋은 것인가?

　　그렇지 않다. 병목공정을 거치는 제품과 그렇지 않은 제품은 스루풋에 기여하는 공헌도가 달라서, 영업전략은 바뀌어야 한다. 다시 다음 표를 보자.

| 제품 | 제품 A | 제품 B | 제품 C |
|---|---|---|---|
| 제품 판매가격 | 1800 원 | 2500 원 | 1800 원 |
| 자재비 | 650 원 | 950 원 | 550 원 |
| 스루풋 | 1150 원 | 1450 원 | 1250 원 |

　　제품별 원가를 왜곡하지 않도록, 고정비(인건비, 간접비)는 제품에 배부하지 않고 순수변동비(자재비)만 고려하여 제품별 스루풋을 산출한 것이다. (인건비를 고정비로 본 것은, 작업자가 일한 만큼 인건비를 지불하는 구조가 아니기 때문이다. 그날 작업(생산)할 물량을 일찍 마치고 여유시간이 되었다고 인건비를 적게 지출할 수 있는 것은 아니다.) 이러한 고정비 성격의 운영비용들은 제품 단위의 판매와는 직접적으로 관계되지 않으므로, 그저 총 스루풋 합계에서 한꺼번에 빼 주면 이익을 얻을 수 있다.

| 제품 | 제품 A | 제품 B | 제품 C |
|---|---|---|---|
| 병목공정 작업시간 | 0 분 | 50분 | 25분 |
| 병목공정 작업시간당 스루풋 | (관계없음) | 29원/분 | 50원/분 |

　　스루풋에 그대로 반영되는 병목공정(제약자원)의 능력은 한정되므로, 이를 고려해 보면 기존의 수익성과는 완전히 다른 결과를 얻는다. 이익에 기여하는 공헌도는 제품 A − 제품 C − 제품 B의 순이 되며, 제품 B는 이익률이 가장 낮다.

제품A는 병목공정을 거치지 않는 제품이다. 잉여능력이 충분하므로 수주할수록 이익을 남기는 제품이다. 적극적인 영업(마케팅)을 필요로 하는 대상이다.

제품B는 병목공정에서 가공(작업)되는 시간에 비해 스루풋이 낮은 제품이다. 좀처럼 이익을 늘리기 어려운 제품이므로 수주의 우선순위가 낮다. 판매정책에 있어서도 가격인상의 우선 후보가 될 수 있다.

반면에 제품C는 병목공정 소비시간 대비 스루풋이 높은 제품이다. 이익이 늘어나는 속도가 높은 제품이므로, 적극적인 영업(마케팅)을 필요로 하는 대상이다.

이러한 분석결과에 따라, 어느 제품의 판매를 강조하고 어느 제품의 판매를 억제해야 하는지 진실을 알게 된다. 판매촉진프로세스에서는 병목공정을 거치지 않는 품목들이나, 병목공정 소비시간 대비 스루풋 공헌도가 높은 제품들을 더 많이 팔도록 영업직원들을 독려할 일이다.

제품A나 제품C는 일시적으로 가격을 내려서라도 판매를 적극적으로 촉진해야 할 필요가 있다. 단, 이러한 판매촉진은 시장수요가 떨어지는 시기(비수기)에 활용하여야 할 것이며, 영구적인 가격인하가 되어서도 안 된다.

경영시스템에서 핵심프로세스가 생산프로세스라면, 영업(판매촉진)프로세스는 생산프로세스의 능력을 우선적으로 고려하여야 한다.

### 긴급주문처리프로세스

장기불용제품은 요구하는 고객이 없는 제품 즉, 현금화 가능성이 아주 낮은 제품으로, 결품만큼이나 기업운영에 암적인 요소다. 장기불용제품은 은행에서 차용해 온 현금을 붙잡아 놓을 뿐 아니라, 관리/유지비용을 끝도 없이 소모하면서 쉽사리 폐기할 수도 없다. 따라서 장기불용제품은 자산이라기 보다, 오히려 부채로서 간주한다.

장기불용제품은 보통 고객의 주문 예상forecast을 잘못한 채로 제품을 생산했던지, 고객이 주문을 변경하여 발생한다.

필자는 전자제품을 생산하는 어느 한 회사에서 장기불용제품의 목록과 함께 이것이 발생한 이유를 파악해 보도록 했던 적이 있었다. 그런데 그 때 놀랐던 것은, 장기불용제품이 생기게 된 원인의 75%가 고객으로부터의 긴급주문이나 주문변경 때문이었다는 결과를 확인하고 나서였다. 더더욱 한심했던 것은, 고객이 요구하지도 않은 주문을 만들어 일부러 생산부서에 전달하고 불용제품이 되기를 바라던 이상한(?) 영업담당자도 있었다는 사실이다. 이 영업담당자는 매 6개월마다 생산본부에서 불용제품을 값싸게 처분하는 것을 역으로 이용하여 선주문해 놓고, 처분 시기를 노리는 방법으로 차익(영업이익)을 올리곤 했다. 그는 그렇게 하는 것이 자신이 판매실적을 올리는 비결이라고 은근히 자랑하기까지 했다.

기업에서 긴급주문이 발생하는 것은 피할 수 없는 현실이다. 또한 영업담당자는 영업담당자대로 고객의 주문변경 요구나 긴급납기 요구를 무시할 수 없을 것이다. 그러나 기업의 목표가 돈을 버는 것이 분명하다면, 그 핵심이 되는 제품생산프로세스에 긴급주문처리프로세스도 보조를 맞추어야만(동기화되어야만) 한다. 그렇다면 긴급주문처리프로세스는 어떻게 개선되어야 할까?

우선 영업책임자는 고객으로부터 주문을 접수할 때 고객과 협의하여 반드시 제품의 납품 요구일을 확정해야 한다.(물론 이때 생산계획부서에서 발행한 '표준품 납기기준표'가 기준이 되어야 할 것이다.) 회사에서 수용한 출하일의 변경도 약속일 변경으로 취급된다. 고객으로부터 요구된 납기가 없는 주문이 간혹 있지만, 그렇게 되면 생산 우선순위를 정할 수 없을 뿐더러, 고객대응능력(정시출하율, OTD)을 평가(계산)할 수도 없다.

생산계획부서에서는 현재의 생산일정, 리드타임, 그리고 제시 가능한 약속일을 영업부서에 매일 제공해야 한다. 만약 고객의 요구사항이 변경된다면, 남아 있는 드럼의 일정으로 이를 소화해낼 수 있는지 검토하여야 한다. 생산에 착수되었고 자재의 발주서도 이미 발행되었다면 구매부서 및 생산부서 담당자에게 확인해서 수량을 변경하거나 또는 취소할 수 있는지 반드시 가능성을 확인해야 한다.

변경된 주문을 소화해낼 수 있다면 작업을 추가 또는 삽입할 수 있어서 다행이지만, 그래도 드럼 일정이 부족하다면 고객과 협의하여 현실성 있는 약속일로 변경하거나, 아니면 잔업으로 작업능력을 늘리거나, 다른 작업과 순서를 바꾸어야 한다.

긴급주문 또는 주문변경을 취급하는 프로세스에서 개선의 요점은, 병목공정(드럼)의 가용한 생산일정과 비교하여 현실성 있는 출하일정 계획으로 고객대응능력을 높이는 것이다.

### 연구개발프로세스

연구개발프로세스는 고객의 제품개발 의뢰를 받는 경우 운영프로세스로 간주된다.(시장조사의 결과로 시장에서 선호하는 제품을 정책적으로 개발하는 경우도 있는데, 이때에는 지원프로세스로 간주하는 것이 더 타당할 것이다.) 연구개발프로세스는 제품개발에 관한 고객이나 시장의 요구를 조직이 구매하거나 생산할 수 있는 제품정보로 바꾸어 후속 프로세스(생산, 조달, 외주 등)에 전달하는 프로세스다.

일반적으로 프로젝트의 성공여부는 예산초과 여부(비용), 일정준수 여부(납기), 그리고 결과물에 대한 고객의 만족 여부(품질)를 가지고 평가하므로, 이 프로세스는 프로젝트 소요 비용, 프로젝트 수행 기간, 그리고 프로젝트 결과에 대한 고객의 만족 여부(품질) 등의 성과지표로 모니터링한다. 이 중에서 프로젝트 일정준수가 가장 중요한 성과지표가 되는데, 그 이유는 프로젝트 예산의 초과는 일정준수와 밀접한 관계를 갖고 있으며, 결과물의 품질 역시 일정을 준수하지 못하면 의미가 크게 줄기 때문이다.

그러나 연구개발은 프로세스라기보다는 프로젝트 성격이어서, 논하려는 초점이 다르므로 여기서는 더 이상 언급하지 않기로 한다.

### 자재발주프로세스

자재관리와는 달리 자재구매(조달)는 일반적으로 운영프로세스로 간주한다. 생산의 병목자원은 자재가 부족하여 쉬는 일은 없어야 한다. 또한 병목자원이 부적합한 자재를 가공하느라 귀중한 시간을 낭비하도록 허용해서도 안 된다.

만약 시장에서의 제품 수요의 경향을 알 수 있는 경우라면 계획생산Make to Stock이 필요한 표준품목을 정할 수 있을 것이다. 그리고 계획생산하에서 버퍼관리와 연관하여, 표준품목을 보다 짧은 리드타임으로 생산할 수 있도록 반제품 재고를 쌓아 둘 위치와 수량을 전략적으로 설정할 수 있다. 재고는 운영비용을 발생시키고 현금흐름과 투자회수율을 나쁘게 하기도 하지만, 필요할 때 없어서(결품으로) 매출을 일으키지 못하는 상황을 피할 수 있을 정도로는 확보, 유지되어야 한다.

재고유지품목은 자재의 중요도에 따라 A, B, C로 나누고, 자재 재고가 자동으로 보충(재발주)되도록 프로세스를 개선한다.

A품목은 재고가 없으면 고객대응에 심각한 영향을 끼치거나 최소단위 구매에 상당한 투자가 필요한 품목으로, 재고량은 매주마다 확인한다. 발주에서 입고까지의 리드타임이 2주 이상일 때도 여기에 포함시킨다.

B품목은 발주에서 입고까지의 리드타임이 1주 이상인 품목이며 재고량은 매월마다 확인한다.

C품목은 발주에서 입고까지의 리드타임이 1주 이내며, 구매금액이 소액인 품목으로 재고량은 매분기마다 확인한다.(여기서 발주에서 입고까지의 리드타임을 2주, 1주 등으로 구분한 것은 상대적인 기준이다. 기업의 현황에 맞게 적용할 필요가 있다.)

창고관리담당자 또는 자재구매담당자는 재고유지품목에 대하여 재발주점 및 재발주 수량을 모니터링하고, 매분기마다 분석한 결과를 평가하여 재고량이 위험수준에 머무르는 경향을 파악하고, 이를 근거로 안전재고량의 수준을 조정하거나 주문빈도를 조정하거나 품목을 다시 조정한다. 만약 재고유지품목이 아닌 경우는 현업에서 필요로 하는 양 또는 최소발주량만큼을 필요한 시점에 발주한다.

불용재고는 불용품이 되자마자 좋은 가격을 받을 수 있을 때 즉시 처분한다.

### 창고관리프로세스(자재 보관 및 불출관리)

자재를 생산라인에 무계획적으로 투입시키면 병목공정의 계획적인 작업 우선순위에 혼란을 일으키게 된다. 이제까지는 첫 공정에 여유가 있는지의 여부가 공정에 자재를 투입하는 기준이 되어 왔다. 즉 '공정에 여유능력이 있고 자재가 없으면' 자재를 투입해 왔다. 이렇게 해 왔던 근본적인 이유는 자원의 효율성을 높이기 위해서였다.

그러나 병목공정을 최대한으로 활용하기 위해서 공정에 자재를 투입하는 일은 엄격히 통제되어야 하며, 이것은 일정 계획을 지키는 것만큼이나 중요하다. 특히 많은 비제약자원을 거느린 공정일수록 더욱 그렇다.

DBR 시스템에서는 생산공정을 병목공정(드럼)에 동기화해서 자재를 투입하고, 선입선출(먼저 들어온 자재를 먼저 처리하는 것)을 지키는 아주 간단한 규치을 적용하는 것으로 충분하다.

한편, 작업순서 대로 자재를 투입한다고 해도 너무 많은 자재가 한꺼번에 투입되면 드럼에서의 작업 우선순위와는 다르게 상대적으로 빠른 경로의 반제품이 드럼에 도착할 수 있으므로 드럼에서 작업을 선택해야 하는 경우가 생긴다. 이때 드럼에서 어떤 작업을 먼저 할 것인지 올바로 판단하지 못하면 우선순위 적용시스템은 무너지고, 공정은 또다시 혼란에 빠지게 되는 것이다.

자재불출 프로세스에서는 병목공정의 작업일정을 고려한 자재투입 원칙을 철저히 지켜야 한다.

## 3. 지원프로세스를 동기화하라

종속관계를 갖는 활동들을 정렬하여 프로세스를 동기화하는 것과 마찬가지로, 종속관계를 갖는 프로세스들을 정렬하여 경영시스템을 동기화할 수 있다. 영업(주문처리) – 연구개발 – 자재조달 – 제품생산 – 보관 및 출하로 이어지는 프로세스의 연결이 가치흐름의 주류主流였다면, 이와 관련된 다른 프로세스들 역시 여기에 집중하여 지원사격을 해야 한다. 기업의 모든 프로세스가 동일한 방향을 추구한다면 벡터의 원리에 의하여 경영시스템의 시너지 효과는 증폭될 것이다.

기업의 경영시스템은 5대 운영프로세스 외에도 마케팅, 설비보전, 교육훈련, 기획처럼 이들을 지원하는 지원프로세스까지 고려되어야 비로소 이익창출이라는 하나의 목표 아래 통합되고, 동기화되는 것이다.

경영시스템 내에서 모든 프로세스를 동기화(정렬)하기 위하여, 이제 기업에서 주요한 몇몇 지원프로세스를 살펴본다.

주요 지원프로세스의 예는 다음과 같다.[33] 괄호 안은 일반적인 주관부서이다.

- 고객인식조사프로세스 (영업부서)
- 설비보전프로세스 (생산기술)
- 전략개발프로세스 (기획부서)
- 설비투자프로세스 (기획부서)
- 성과관리프로세스 (기획부서)
- 교육훈련프로세스 (인사/총무부서)
- 내부심사프로세스 (품질관리부서)
- 인사관리프로세스 (인사/총무부서)
- 정보화운영프로세스 (전산부서)

---

33) 수입검사나 제품검사는 제품생산프로세스 내에서 이루어지는 활동(공정)으로, 별도의 독립된 프로세스로 구분하지 않는 것이 바람직하다.

### 고객인식조사프로세스 (시장조사프로세스)

고객인식 조사 결과가 사업전략 입안시의 중요한 입력자료임에도 불구하고, 대부분의 기업에서는 이것이 무시되고 있다. 고객만족도 조사가 실시되고 있는 경우에도 (ISO 9001 같은 품질경영 인증규격의 요구사항 때문에) 다분히 형식적이며, 고객만족도 조사를 수행하는 이유는 분명하지 않았다. 아마도 진정으로 고객이 '우리의 제품과 서비스를 어떻게 인식하는지', '무엇을 기대하는지' 등을 분명히 알고자 하는 순수한 동기에서 출발하지 않는 것 같다. 그것을 알아서 어디에 활용하려고 하는지도 분명하지 않았다.(7장 참조)

이렇게 하여 얻는 결과 역시 기대할 것이 없었다. 현재 우리 회사가 경쟁사보다 잘하고 있다는 자위를 얻거나, 아니면 현재 동종업계에서 2등이라거나, 또는 제품가격이 높다는 고객의 인식이 고객만족도 조사의 결과로 얻는 것의 전부다. 그러나 이런 결과는 기업에 별 도움을 주지 못한다.

고객인식조사프로세스는 경영시스템을 기획하고 사업전략에 반영해야 할 고객의 인식을 산출해야(얻어야) 한다. 그것이 이 프로세스의 목적이자 의도된 아웃풋이기 때문이다.

고객이 인식하는 가치를 찾아 내었다면 이 가치를 얻는 과정(가치흐름)과, 흐름의 병목이 되는 곳을 분명히 하는 데에 큰 도움이 될 수 있을 것이다.


### 판매전략수립프로세스

마케팅은 제약조건이 오늘 어디에 있으며 내일은 어디로 이동할 것인지를 예측해야 한다. 그 이유는 일정한 시간 동안 조직이 벌어들이는 이익은 병목(제약)의 크기에 따라 좌우되기 때문이다. 병목을 늘리면 돈을 벌어들이는 속도를 늘릴 수 있다. 그러나 병목의 크기를 늘릴 수 없다면 제품의 구성을 바꿈으로써, 보다 나은 성과를 얻을 수 있다. 따라서, 마케팅 계획 수립시 고려해야 할 요인 중 하나는 제약에 걸리고 있는 부하 상황이다. 세 가지의 상황을 고려할 수 있다.

① 제약자원을 소비하지 않는 제품은 어떻게든 판매를 촉진한다.

판매정책(마케팅정책)의 방향은 제약자원을 최소한으로 사용하면서도 최대의 수익(현금)을 창출하는 것이다. 시간당 수익에 최대로 기여하는 제품들의 수요를 자극하거나, 반대로 시간당 수익에 최소로 기여하는 제품들의 수요를 억제하는 것이다. 만약 제약자원의 능력을 사용하지 않는 제품/서비스라면, 돈을 버는 데 (말 그대로) 아무런 제한이 되지 않으므로 판매촉진 최우선 순위가 된다.

② 만약 생산공정의 제약자원이 충분히 활용되지 않고 있는 상황이라면 다음과 같은 마케팅/판매 정책을 편다.

– 수요를 자극하도록 판매를 촉진한다.

– (선택적으로, 단기적으로) 가격을 인하한다.

③ 만약 생산공정의 제약자원이 충분히 활용되고 있는 상황이라면 다음과 같은 마케팅/판매 정책을 편다.

– 한정된 제약자원의 능력으로 이익률이 높은 제품은 놓아 두고 이익이 낮은 제품을 생산하도록 지켜봐서는 안 된다. 따라서 조직에 더 많은 이익을 확보하는 제품이(고객에게 더 많은 가치를 주는 제품이) 생산되도록 제품믹스를 조정한다. ('판매촉진프로세스'를 참조하라)

– 선택적으로 수주한다. 특정 품목의 가격을 인상하여 시장의 제품주문을 유도할 수도 있다.


간혹 외주작업비용이 내부에서의 생산원가보다 낮아서 내부에서 작업할 수 있는 물량을 외주로 돌리는 경우가 있는데, 제약자원이 충분히 이용되지 않고 있는 상황에서 제약자원의 작업물량을 아웃소싱(외주)하는 것은 어리석은 짓이다. 아무것도 하지 않아도 운영비용은 지출된다. (생산원가에는 간접비가 배부되어 있어 판단을 흐리게 한다. 생산원가가 높아 외주작업으로 처리한다고 해서 원가에 포함되어 있던 간접비가 절약되는가? 작업자에게서 급여를 깎을 수 있는가?)

한정된 자원을 최대로 활용하여 최대의 이익을 확보하는 제품을 수주하는

것 즉, 투자회수율이 가장 높은 제품을 고객이 구매하도록 하는 것이 최상의
영업정책이다.

### 투자관리프로세스

신규 투자관리프로세스에서 고려하여야 할 가장 우선적인 포인트는 투자
회수율(ROI; Return on investment)이다. (이 프로세스에서 관리해야 할 유일한 성과
지표 역시 투자회수율이다.)

사업이 계속 성장하도록 돕기 위해서는 사업의 목표가 되는 시장이 어떻
게 변천하고 있는지, 사업의 대상이 되는 실체가 누구로 바뀌고 있는지 계속
모니터링해야 한다. 우리회사에서 자본투자는 어디에 집중되고 있는가?

시장에서 사업이 성장할 수 있는 여지가 충분히 남아 있을 때, 기업이 현
재 보유하고 있는 현금은 새로운 시장과 신기술을 적용한 설비에 투자할 수
있도록 하여 사업이 성장할 수 있는 기회를 줄 것이다. 만약 현금이 부족하
다면, 새로운 제품이나 시장, 새로운 기술을 위한 기회를 잃어 기업의 성장
에 나쁜 영향을 미칠 수도 있다. 그러므로 투자회수율을 최대화하려는 노력
은 그것이 무엇이 되었든, 그 돈을 꼭 사용해야 하는 곳 이외에는 투입되지
않도록 하는 데에 초점을 맞추어야 할 것이다. 투자해서 회수할 수 있는 기
간이 짧으면 짧을수록 매력적인 투자조건이 될 것이다.

그런데 다행히도 투자한 만큼 반드시 성장이 보장되는 설비자원이, 그것
도 즉시 현금으로의 회수를 시작할 수 있고, 또 그것이 무엇인지 당장 알 수
있는 시설자원이 있다. 무엇이겠는가?

그것이 바로 '병목이 되는 공정(제약자원)'인 것이다. 그것이 설비가 되었
든 사람이 되었든, 병목이 해소되는 만큼 이익으로 회수될 것이다.

반대의 논리도 성립한다. 병목이 되지 않는 어느 곳 어느 공정이라도, 투자
해서는 안 된다. 투자한 만큼 회수가 보장되지 않기 때문이다. 은행에서 어렵
게 빌려온 현금을 병목자원이 아닌 곳에 투자하는 것은 미련한 것이다.

### 설비보전프로세스

이제까지는 생산과 관련된 모든 설비의 종합효율을 높이는 데에 관심이 집중되었다. 공정설비의 효율적인 운영을 위해 설비가동율과 같은 효율성 지표로 프로세스 성과를 관리해왔다. 더군다나 TPS(Toyoda Production System; 도요타생산시스템) 등의 영향으로 생산의 유연성을 높이는 것을 선호하므로 공정에는 자연히 전용설비보다는 공용설비가 늘어났을 것이다.

그러나 관리를 필요로 하는 설비의 수에 비해 보전부서의 인원은 턱없이 부족한 것이 공장의 현실이다 보니 모든 설비를 전문적으로 관리maintenance 한다는 것이 만만치가 않다. 그래서 'My machine제도' 처럼 공정작업자가 직접 자신의 설비를 책임지도록 한다거나, 아니면 적어도 일상점검의 수준을 높여서 생산부서 스스로 설비를 어느 정도는 유지/보전할 수 있도록 이제까지는 요구되었다.

이렇게 하는 것이 잘못된 것이라고 말하려는가? 아니다. 생산부서 스스로 설비의 보전을 어느 정도는 담당할 수 있도록 능력을 키우는 것은 바람직한 것이다. 앞으로도 계속해서, 설비보전부서가 좀 더 어렵고 전문적인 보전활동에 집중하도록 해야 한다.

단지, 회사가 목표로 하고 있는 스루풋 향상에 직접적으로 기여하는 것은 병목공정이므로, 병목자원에 대한 효율을 높이는 것이 우선되어야 한다는 점을 충분히 고려해야 한다. 그것은 제약자원의 이용도를 높이고 가용시간을 늘리는 것이다. 제약자원에서 가동시간을 늘린 바로 그만큼, 스루풋도 올라가게 될 것이다.

설비보전프로세스는 병목공정에 초점을 맞추어야 한다. 보전활동의 성과도 이렇게 평가할 수 있도록, 지표와 목표를 바꾼다.

### 교육훈련프로세스 (또는 인사관리프로세스)

병목공정은 속도가 나지 않고 비교적 난이도가 높은 작업일 경우가 많다. 난이한 작업성과 열악한 근무환경 때문에 작업자들이 서로 근무하기를 기피

한다면, 작업자는 자주 바뀌고 이직률은 높아 공정을 관리하기도 어려울 것이다. 회사로서는 높은 숙련도를 필요로 하며 능률이 나지 않고 운영비용은 비교적 많이 발생시키는 공정이므로, 외주공정으로 분사시키려고 생각했었을 수도 있다.

이런 상황에서 병목공정 작업자의 급여수준마저 다른 공정보다 적다면 공정의 작업성과는 보잘 것 없을 것이고, 병목공정의 이러한 사정 때문에 회사 차원의 납기준수율과 스루풋은 제한받게 될 것이다. 급여수준으로 보나, 직무기술에 대한 이해도로 보나, 또는 근무의욕으로 보나 병목공정이 최고 수준의 여건이 되어야 한다. 그래서 병목공정의 직무기술이나 기능이 스루풋 향상의 발목을 잡지 못하도록 해야 한다.

병목공정에 훌륭하게 교육훈련되고 동기 부여된 최고의 숙련된 인적자원을 배치하여 왕성한 활동을 보인다면, 사업성과의 큰 향상을 기대해도 좋을 것이다. 이런 측면에서 이직률과 숙련도를 인적자원 관련 프로세스에서 관리해야 할 성과지표에 포함시킨다.

한편, 인원의 유연성을 위해 다능공화 훈련도 지속적으로 실시한다.


# *4.* 핵심프로세스를 업그레이드하라 [34)]

핵심프로세스를 중심으로 한 운영프로세스와 지원프로세스의 정렬만으로도 조직은 상당한 성과개선을 이룰 것이지만, 조직의 성과향상 속도가 어느 정도 한계를 보인다면 핵심이 되는 프로세스의 능력을 더욱 확대할 필요가 있을 것이다. 프로세스 혁신(재설계)은 집중개선의 네 번째 단계인 '향상'에

---

34) 기업에서 프로세스 혁신(재설계)까지 추진해야 하는 것으로 오해하지는 않기를 바란다. 대부분의 기업에서는 이제까지 살펴본 개선절차만 따라도 상당한 성과개선을 이룰 수 있을 것이다. 프로세스 재설계는 기업의 가치흐름 중 가장 문제가 되는 프로세스에 상당한 투자를 해서라도 그 능력을 향상시키고자 할 경우에 국한한다.

해당한다.

　당연한 것이겠지만, 재설계 대상이 되는 핵심프로세스는 가치흐름의 속도가 가장 늦은 프로세스여야 한다. 고객으로의 가치흐름 과정 중 가장 핵심이 되는 프로세스만을 고려하는 것이다. 이것이 그저 전산과 데이터베이스를 적용할 수 있는 프로세스 여러 개를 한꺼번에 혁신하려 했던 이제까지의 프로세스 재설계BPR나 프로세스 혁신PI 접근방법과 차이가 나는 부분이다.

　프로세스 혁신이 지속적 개선과 어떤 차이를 가지고 있는지는 다음과 같이 요약된다.

| 지속적(점진적) 개선 | 구분 | 프로세스 혁신 |
|---|---|---|
| 프로세스, 활동 및 자원 | 변화의 대상 | 조직, 인프라, 프로세스, 정보기술 |
| 조금씩 여러 번, 지속적으로 | 접근방식 | 단번에, 획기적으로 |
| 보다 나은 성과 | 달성 목표 | 바라는 성과 (경쟁자를 압도하는 성과) |
| 기존의 프로세스를 변경 | 개념 차이 | 전혀 새로운 프로세스를 설계 |

**[표 14-3]** 지속적 개선과 프로세스 혁신의 차이

　프로세스 혁신 방법론은 점진적인 개선 방법론과 달리 상당한 노력과 투자가 수반되어야 하며, 있는 것을 조금씩 지속적으로 개선해 나아가려는 것이 아니라 창조에 가까운 프로세스 재정의로 단번에 획기적인 만회를 노리는 것이다. 이에 도전한 기업들은 위기가 닥치고 기업을 회생시켜야 하는 등 경쟁 상황에서 살아남아야 한다고 판단될 때, 상황이 절박할 때, 정보기술을 동원하여 몇몇 중요한 프로세스의 재설계를 추진했다.

　그러나 유감스럽게도 프로세스 혁신에 성공한 기업은 그렇게 많지 않다. 오히려 역효과가 보고된 사례도 있다. 프로세스 혁신에 대한 열풍은 한때는 뜨거웠지만, 어떻게 보면 지나가는 소나기와도 같았다. 지금까지 보고된 효과나 성공사례를 고려해 볼 때 BPR, PI와 같이 한때 유행하던 프로세스 혁신기법들은 성공을 거뒀다고 하기에는 무리가 있다. 그렇다면 BPR 또는 PI를 추진한 기업들이 만족할 만한 결과를 거두지 못한 이유를 어떻게 이해해

야 하는가?

프로세스 그 자체의 혁신보다는 정보기술에 너무 많이 치중했다. 자신들의 업무임에도 불구하고 정보기술에 대해 거론되기 시작하면 외부의 전문적인 작업 영역이라고 단정 짓고는, 적극적으로 참여하려 하지 않았다. 게다가 재정적인 투자(추진비용) 역시 만만치 않은 것이었다. 또한 회사 내의 주요 인원들이 복수의 프로세스 혁신 프로젝트에 일정 기간 이상 매달려야 했으므로, 기업에서 느끼는 부담이 큰 건 당연했다.

그러나 필자가 정말로 중요하게 생각하는 이유 한 가지가 더 있다. 그것은 기술적이거나 재정적인 문제도, 프로세스 혁신을 추진하는 과정에서 겪는 어려움도 아니다. 정말 핵심이 되는 단 하나의 프로세스에 초점을 맞춘 것이 아니라, 몇몇 주요 프로세스들을 다같이 혁신하려고 하는 시도 그 자체이다. 재설계 결과로 혁신된 프로세스들에서 가치의 흐름이 다른 프로세스들과 협력적─보완적으로 잘 연계되어 균형을 맞춘다면 다행이겠으나, 불행하게도 프로세스들 간에(또는 팀 간에) 가치흐름의 우선순위가 대립하는 현상이 발생한다면 어떤 일이 발생할 것 같은가? 프로세스 각각은 혁신적으로 훌륭하게 재설계될 수 있을지는 몰라도 그들의 종합체인 경영시스템은 기형이 될 것이 분명하지 않은가? 아마도 이러한 점이 충분하게 고려되지 않았을 것이다.

중요한 업무라 하여 여러 프로세스들을 다같이 혁신해야만 경영성과가 올라가는 것은 아니다. 그렇게 할 필요가 없다. 가치흐름에 병목이 되는 프로세스에 집중하면 된다. 이러한 관점에서, 이제까지의 방법보다 한 단계 진보된 접근방식으로 핵심프로세스 재설계에 접근해 보자. 다음과 같은 원칙을 적용할 것이다.

**첫째, 경영시스템에서 가치의 흐름이 가장 느린 프로세스(핵심프로세스)를 집중적으로 개선하는 데에 초점을 둔다.**

가치흐름상에서 병목이 아닌 프로세스를 재설계하여 능력을 높이는 것은 도움이 되지 않는다. 인적, 물적, 재정적 자원을 비병목 프로세스에 우선적으로 할당하는 오류를 범하게 되거나, 또는 비병목 프로세스의 성과지표를 강화하여 병목인 프로세스에 보다 많은 부담을 줄 수도 있음을 알아야 한다.

또, 혁신이니 개선이니 구분하는 용어를 구태여 따질 필요도 없다. 오로지 제약 즉 병목이 일어나는 프로세스의 개선에만 집중할 뿐이다. 한 제약을 없애면 또 다른 제약이 발생한다. 제약은 없앨 수 있는 것이 아니다. 제약은 항상 존재한다. 우리가 잘 인식하지 않거나 이용하지 못할 뿐이다. 계속적으로 변천되고 달라지는 제약을 개선하면 그것이 지속적 개선이요, 혁신인 것이다.

**둘째, 프로세스와 함께 연결된 인프라, 조직, 정보기술, 조직원의 문화까지도 함께 변경해야 한다.**

프로세스를 재설계하여 그대로 이행된다면 문제가 없겠으나, 사실 프로세스만 바꾸어서는 아무 변화도 일어나지 않는다.

조직의 경영시스템은 조직과 조직의 문화와 업무(프로세스)와 사람들의 업무분장(책임과 권한)과 조직구성원(인적자원)과 인프라(기반구조) 그리고 정보기술 등이 복잡하게 얽혀 구성되어 있다. 따라서 재설계된 프로세스를 적절하게 이행하려면 이에 관련된 사항들을 모두 다 바꾸어 줘야 한다.

최근 정보기술의 발달은 정말 눈부실 정도여서, 매일 새로운 기술들이 개발되는 것 같이 느껴질 정도이다. 새롭게 개발된 어떤 기술들이 새로 설계된 프로세스를 지원해 줄 수 있는지 확인하여 보아야 한다. 프로세스를 최적의 조건으로 수행하려면 기능 중심의 기존 조직도 여기에 맞도록 변경되어야 할 것이다. 그러면 업무분장도 달라질 것이고, 조직은 제품이나 서비스의 종류 또는 고객에 따라 구성되는 팀의 형태로 전환될 수 있을 것이다.

무엇보다 중요한 것은 조직원의 생각을 바꾸는 것이다. 어떻게 해서라도 기업 내 다른 모든 것을 바꿀 수 있겠지만, 사람을 바꾸는 문제는 정말 쉽지 않다. 아니, 바꿀 수 없다고 보아야 한다. 사람을 바꿀 수 없으므로 그들의 생각을 바꾸어야 하는데, 그것이 말처럼 쉽지 않은 것이다.

　　셋째, 프로세스 능력 강화의 결과로 가치흐름의 병목이 바뀌는지(즉 핵심프로세스를 변경해야 하는지) 모니터링한다.

　　프로세스가 재설계되어 능력이 강화되면, 더 이상은 가치흐름상의 병목이 일어나지 않을 수도 있다. 가치흐름상의 병목이 바뀌지 않았다면 이제까지의 프로세스 운영 규칙은 그대로 적용될 것이나, 병목이 다른 프로세스로 옮겨 갔다면 이제는 핵심프로세스를 다른 프로세스로 전환해야 할 차례이다. 이 경우 지금까지의 핵심프로세스의 능력을 최대한 활용하기 위해서 이를 중심으로 제정한 규칙과, 다른 프로세스를 종속시키기 위해 만든 규칙은 모두 바꾸어야 한다. (집중개선의 다섯 번째 단계인 '반복' 에 해당한다)

　　핵심프로세스 업그레이드는 다음과 같은 여섯 단계를 거쳐 추진한다.

### 1단계 - 재설계 방향 설정 (Planning)

| 수행과제 | 아웃풋 |
| --- | --- |
| • 가치흐름 상의 병목을 확인한다.<br>• 재설계하려는 프로세스의 범위, 목표 및 수행계획을 수립한다.<br>• 사업환경과 고객/시장의 니즈 및 기대 분석을 통하여 전략적 방향을 설정한다. | • 핵심프로세스<br>• 프로세스의 범위, 목표 및 수행계획<br>• 사업환경 및 목표고객의 니즈 분석결과<br>• 전략적 방향 |

### 2단계 - 현재프로세스의 이해 (As-Is Process Analysis)

| 수행과제 | 아웃풋 |
| --- | --- |
| • 핵심프로세스에 대한 고객의 소리, 현재의 성과, 주요 문제, 이슈를 파악하여 프로세스의 현재 상태(As Is Process)를 이해한다. | • 핵심프로세스의 현재 상태 |

### 3단계 – 프로세스 비전 수립 (Process Visioning)

| 수행과제 | 아웃풋 |
|---|---|
| • 베스트프랙티스를 벤치마킹하여 바람직한 프로세스의 모습을 형상화한다.<br>• 프로세스 영역별로 비전을 어떻게 달성해 나갈지에 대한 주제별 과제(혁신테마)를 도출한다.<br>• 혁신테마를 조합하여 최상위 수준의 프로세스 비전을 설계한다.<br>• 도달해야 할 성과별 목표수준을 의욕적으로 설정한다. | • 프로세스의 바람직한 모습<br>• 프로세스 비전 및 혁신테마<br>• 프로세스 성과목표 |

### 4단계 – 프로세스 재설계 (Process Redesign)

| 수행과제 | 아웃풋 |
|---|---|
| • 프로세스의 바람직한 모습과 현재 수준(As Is Process)과의 차이(Gap)를 파악한다.<br>• 파악된 문제점들로부터 극복해야 할 장애요인을 명확히 한다.<br>• 핵심장애요인에 대한 해결제안 아이디어(Breakthrough Idea)를 개발, 도출, 평가, 선정한다.<br>• 해결제안에 따른 실천과제를 구체화한다.<br>• 새로운(To–Be) 프로세스를 재설계한다. (프로세스 정의 및 표현) | • 베스트프랙티스와의 차이(Gap)<br>• 극복해야 할 장애요인<br>• 핵심장애요인에 대한 해결 아이디어 (Breakthrough Idea)<br>• 새로운 프로세스에 대한 정의 및 표현 |

### 5단계 – 정보기술 구현 및 조직전환 (Reorganization & IT Implementation)

| 수행과제 | 아웃풋 |
|---|---|
| • 새로운 업무수행 방식을 강력히 지원할 수 있도록 과제별로 재구축 및 구현(실현)계획을 수립한다.<br>• 재설계된 프로세스에 적절하도록 조직구조를 전환하고 조직원을 교육한다.<br>• 필요한 인프라(infrastructure)를 확보한다.<br>• 프로세스에 적절한 정보기술을 적용한다. | • 조직구조, 인프라, 정보기술 등에 의해 강력히 지원되는 프로세스 |

### 6단계 – 변화관리 (Change Management)

| 수행과제 | 아웃풋 |
|---|---|
| • 변화관리를 계획하고 수행한다.<br>• 새로운 평가지표로 프로세스의 성과를 평가 및 모니터링한다.<br>• 새로운 프로세스에 대한 이해를 높이고 이행을 지원하기 위해 이를 수행하는 전직원을 대상으로 교육을 진행한다.<br>• 조직 내 변화에 따른 저항을 줄이거나 없애고, 조직원으로부터 변화에 대한 수용과 적극적인 지지를 이끌어 낸다. | • 새로운 환경에 대한 조직원의 지원과 변화에의 적응 |

# 5. 1단계: 재설계 방향 설정

## 프로젝트 팀 구성 및 프로젝트 계획 수립

핵심프로세스를 혁신하기 위해 업무분석과 프로세스 모델을 이해하는 인력을 중심으로 팀을 구성하고, 역할을 분담한다. 일반적으로 프로젝트팀은 총책임을 맡는 총괄관리자, 프로젝트 수행을 총체적으로 관리할 프로젝트관리자(Project Manager : PM), 업무영역별로 이에 대한 광범위한 지식이 충분한 업무분석담당자(Project Leader : PL) 및 팀원(Team Member)으로 구성한다. 이때 총괄관리자는 대표이사 또는 기획/혁신담당 임원으로 선임하는 것이 무난하다.

프로젝트팀은 기업환경 분석 후, 프로젝트의 범위 및 목표를 세우고 프로젝트 세부 계획을 수립한다. 여기서는 프로젝트가 거쳐야 할 주요 단계와 단계별로 달성되어야 할 주요 아웃풋을 정의하고, 최종 목표와 방향을 구체적으로 제시해야 한다. 또한 각 진행단계에 따른 점검 포인트가 무엇인지 알 수 있도록 한다.

## 사업환경 파악

프로젝트팀은 주요 인원(Key person)과의 인터뷰를 통하여 전반적인 회사의 대내외적인 비즈니스 환경을 파악해야 한다. 일반적으로 인터뷰는 조직문화, 경영원칙, 절차와 조직 구조상의 문제점을 파악하고 비즈니스의 관점을 이해하는 데에 상당히 효과적이어서, 거시적인 분석을 위해서는 필수적이다. 경영 및 사업환경에 대한 정보를 수집할 때는 CEO 및 임원 등 경영진을 중심으로 인터뷰를 진행하고, 프로세스에 대한 현실적인 아이디어 수집이 중요할 때는 프로세스 수행과 관련된 여러 부서의 실무책임자들을 대상으로 인터뷰를 진행한다.

가능하다면 사업환경에 대한 폭을 넓히기 위하여 인터뷰 외에도 다음과 같은 정보출처도 동시에 참조할 수 있다(기업의 외부환경분석에 대한 세부 사항은 6장 참조).

- 마케팅부서의 사업동향 보고
- 연찬회, 협회, 동종업계 교류회, 포럼
- 선진사례 발표자료 (Best Practices)
- 정부간행물, 경제연구소 등에서 발행된 산업동향 연구보고서
- 산업 전문가, 컨설턴트 등과 같은 외부전문가
- 경쟁사의 재무회계보고서 (Annual Financial Reports)
- 업체 방문과 제품 검토 등의 직접적인 관찰

인터뷰를 통하여 시장에서의 위치(경쟁사 대비 강약점, 주요고객, 주력제품, 기술력, 공급업체의 능력 등)와 사업 전망을 파악한 후, 운영, 조직, 정보기술(정보시스템) 및 인프라의 4가지 영역별로 주요 이슈를 정리한다.

| 영역 | 주요사항 |
|---|---|
| 운영 (Operation) | • 관행, 프로세스, 경영시스템, 활동, 고객니즈, 직원의견, 작업지침, 변화수용 능력 등 |
| 조직 (Organization) | • 프로세스 수행에 관여하는 조직구조, 직책(책임과 역할), 인적자원 요구사항, 인센티브, 제도 등 |
| 정보기술 (IT) | • 프로세스 수행에 사용되거나 관련되는 정보기술, 네트워크, 데이터베이스 등 |
| 인프라 (Infrastructure) | • 시설, 및 설비, Layout, 업무환경 등의 주요 기반구조 요소 |

인터뷰는 기업의 경영환경을 파악하는 경우뿐만 아니라, 다양한 경영층으로부터 조직의 문제에 대한 다양한 관점을 수렴하거나 논쟁적인 주제에 대한 토론에 효과적인 기법이다. 게다가 변화를 주도하는 추진팀(프로젝트팀)과 인터뷰 대상자 간에 교감을 형성할 수 있다는 이점도 있다. 그러나 인터뷰 대상자의 답변에 개개인의 이해관계나 선입견이 작용할 수도 있어 종종 솔직하지 않은 답변도 나올 수 있다는 점을 예상해야 한다.

### 가치사슬 관점에서의 고객 니즈 및 기대사항 분석

프로세스가 산출하는 제품과 서비스가 고객에게 효과적으로 창출, 가공, 전달되고 있는지 판단하기 위하여 조직구성원 및 고객으로부터 의견을 수렴하고 프로세스의 재설계 방향을 도출한다.

조직구성원으로부터는 향후의 변화를 수용할 능력이 있는지를 조사하고 판단하는데, 조직구조, 인사제도, 노무관계, 조직문화 등에 대한 조직원의 평가의견을 수집한다. 고객으로부터는 고객의 필요와 기대를 충족시키고 있는지를 판단한다. 고객의 의견은 다음과 같은 질문에 스스로 답할 수 있는 정도이면 된다.(여러 경로로 접수된 고객의 소리voc를 분석한다.)

- 납기delivery, 가용성availability, 품질, 비용에 대한 고객(시장)의 니즈(필요)와 기대는 어떤 것인가?(고객의 기대는 무엇인가?, 그들은 어떤 제품/서비스를 제공받기를 바라는가?)
- 가치흐름의 결과로 회사가 (계속해서) 고객의 필요나 기대를 충족시키고 있는가?

고객가치를 다른 경쟁업체에서도 제공하므로(또는 제공하게 됨에 따라) 고객의 기대수준이 이전보다 향상되었음을 깨닫게 될 수도 있다. 그리고 고객가치를 산출하는 가치흐름의 과정에서(고객의 필요와 기대를 충족시키는 과정에서) 핵심프로세스가 어떻게 관여되는지, 어느 부분이 중요한지를 재확인한다.


# 6. 2단계: 현재프로세스의 이해

현재(As-Is)프로세스를 분석하는 목적은 변화의 기회를 탐색하는 것이다. 프로세스를 개선하기 위해서 현재 수행중인 프로세스에 대한 정확한 이해와 개선점을 도출하는 것이 중요하다. 프로세스 운영의 문제점을 기존의 내부적인 관점에서 벗어나서 고객의 관점에서 판단하여 현재프로세스의 능력을 분석하고, 비즈니스 전반적으로 이해할 수 있도록 한다.

바람직한 모습(To Be)을 그리기 전에 프로세스의 현재(As Is) 상태부터 먼저 파악하는데, 위로 상위수준 프로세스와 아래로 하위수준 프로세스를 먼저 확인한 후에 프로세스의 고객과 프로세스의 결과물에 초점을 두되, 현재 수행되는 프로세스맵에 표현된 주요 단계별 업무활동에 맞추어, 다음 사항들을 확인한다.

- 프로세스 운영목표 및 현재의 성과
- 프로세스의 주요 이슈
- 프로세스 실패요인 또는 향상의 기회
- 이제까지의 프로세스 성공요인
- 활동의 가치부가성
- 본사와 사업을 이행하는 현업부서 간의 연계성(인터페이스)
- 프로세스책임자의 위상과 지원 역량
- 변화에 대한 임직원의 견해
- 프로세스를 수행하는 임직원의 의지, 사기, 역량, 변화를 위한 준비 정도

그 외에 인적자원 및 물적자원은 적절한지, 프로세스 입력을 제공하는 공급업체에 문제는 없는지, 그래서 프로세스의 전반적인 성과로 연계되고 있는지 등을 확인한다. 그리고 프로세스의 문제점뿐만 아니라, 문제의 원인과 영향, 개선 기회를 한눈에 파악하기 쉽도록 정리한다.

프로세스의 성과를 평가하는 것도 중요한데, 과거실적을 조사하는 것만으로는 충분치 않다. 파레토 분석, 사이클 타임 분석, 부가가치활동 분석, 초기수율 등으로 현재프로세스의 성과를 수집하여 분석한다. 그리고 다음 단계로 넘어가기 전에 조사된 결과에 대하여 관련 조직과 의견의 일치를 보아야

한다.

현재프로세스를 분석하는 데에 너무 많은 시간을 보내면 추진 분위기가 흐려질 수 있으므로, 가능하면 빠른 속도로 진행한다.

# 7. 3단계: 프로세스 비전 수립

이제 현재의 프로세스가 궁극적으로 지향하는 바람직한 모습과 어떤 차이 Gap가 있는지 이해하여야 한다. 이러한 차이를 이해함으로써 프로세스의 비전을 수립하고 극복해야 할 장애요인을 도출하여, 도달해야 할 프로세스의 청사진(To-Be Process)을 설정할 수 있을 것이다. 다음과 같은 과정을 거친다.

- 베스트프랙티스Best Practice, 벤치마킹Bench Marking 등을 통해 바람직한 모습과의 차이를 파악한다.
- 프로세스 비전을 수립한다.(Process Visioning)
- 도달해야 할 의욕적인 목표를 설정한다.

**프로세스 벤치마킹** Bench Marking

베스트프랙티스에 대한 벤치마킹을 통해 프로세스의 바람직한 모습과 현재프로세스의 모습을 비교해서 차이를 정리한다. 국내외를 막론하고 동종업계 최고의 베스트프랙티스를 가능하면 직접 방문하여 눈으로 보고 배운다. 발견된 차이와 프로세스 문제점 등은 To-Be 프로세스를 모델링하는 데에 사용한다.

벤치마킹은 이미 다른 기업에서 성공해서 시행하고 있는 방법 중 좋은 점만을 배워 기업에 적용하는 것이기 때문에, 시간을 줄여 훨씬 빠른 속도로, 자사에 맞는 방법을 개발할 수 있다는 이점이 있다. 처음부터 시행착오를 겪어가며 성공하는 방법을 터득하는 것도 나름대로의 의미가 있지만, 이미 좋은 결과를 내고 있는 프로세스를 배워서 조금 더 낫게 개발하는 것이 아무래도 유리하다.

한편 프로세스를 벤치마킹하는 것이므로 반드시 동종업계 최고의 기업을 배워야 할 필요는 없다. 가령 프로세스의 납기관리에 관심이 있다면 피자가게의 관리방식을 연구해도 좋은 것이다. 아무리 세계 최고의 기업이라 하더라도 반드시 다른 회사로부터 배울 것이 있다. 단, 왜 그와 같은 절차로 관리하게 되었는지 그 배경은 반드시 이해해야 한다.

벤치마킹은 주고받는 것Give & Take이다. 우리의 좋은 점을 상대에게 알려 주어야 우리도 상대방으로부터 필요한 것을 얻을 수 있다. 그러기 위해서는 우리 쪽의 프로세스를 미리 정리해 두어야 하는데, 이 과정에서도 프로세스에 대한 이해도를 높이고 도입해야 할 필요성이 있는 문제나 장애요인을 분명히 해 둘 수 있다.

### 프로세스 비전 수립 Process Visioning

베스트프랙티스 벤치마킹을 통해서 얻은 결과를 참조하여 우리가 지향해야 할 프로세스의 바람직한 모습을 구체화시켜야 한다. 우선 워크숍 등을 통하여 프로세스의 각 영역별로 달성해야 할 과제를 하나하나 확정해야 하는데, 이를 혁신테마Vision Theme라고 한다. 혁신테마는 어떻게How to 할 것인지가 아니라 무엇을What 할 것인지에 초점을 둔 것으로, 운영측면Process / Practice, 조직측면Organization / People, 정보기술측면Information Technology, IT, 인프라측면Infrastructure의 각 분야별로 프로세스가 목표를 이룬 후의 이미지를 도출한다. 다음 4가지 질문에 스스로 답함으로써 혁신테마를 도출할 수 있다.

- 고객에게 필요한 가치를 효과적으로 제공하기 위하여 미래의 프로세스 운영형태는 어떤 모습이어야 하는가?(프로세스는 목표고객의 잠재적인 필요와 기대에 부응하는 가치 즉 품질, 서비스, 비용, 시간 등을 제공할 수 있어야 한다.)
- 고쳐져야 할 사내 관행은 무엇인가?
- 프로세스를 수행하는 데에 최적의 조직은 어떻게 구성되어야 할 것인가? 프로세스를 수행하는 각 인원은 어느 정도의 자질을 보유해야 하는가?
- 프로세스의 의사소통을 향상시키기 위해서 정보기술IT이 요구되는가? 요구된다면 어느 부분에 적용될 수 있는가?
- 프로세스 운영에 필요한 인프라에는 무엇이 있는가?

각 테마별로 조직이 제공할 수 있는 청사진을 밝혀야 한다. 이렇게 하여 도출된 혁신테마 각각에 대한 중요도와 우선순위를 결정하고, 이를 종합하여 프로세스 비전을 완성한다. 이 비전은 조직의 중장기 목표와 일치되도록 수립되어야 한다.

이렇게 하여 수립된 프로세스 비전은 비전기술서Vision Statement 형태로 표현하여 전조직이 공유한다.

---

**영업프로세스의 비전기술서 (예)**

우리는 고객이 주문한 제품을 최단시간의 리드타임으로 제공하기 위하여 고객 요구사항을 실시간으로 파악, 충족할 수 있는 의사결정시스템을 구축한다. 또한 주문생산시스템으로의 전환을 위하여 생산시스템을 시장수요와 동기화하고, 재고를 획기적으로 감축함으로써 자재와 정보의 신속한 흐름을 주도한다.

---

좋은 비전기술서는 다음 3가지를 갖추어야 한다.

첫째, 조직이 나아갈 방향에 맞추어 프로세스의 운영방향을 올바로 제시해야 하고,

둘째, 모든 조직원에게 변화에 대한 이유와 필요성에 대하여 충분히 이해시키고 참여하도록 동기를 부여해야 하며,

셋째, 모든 조직원과 비전을 공유하여 현재에 안주하려는 습성에 변화를 꾀해야 한다.

좋은 프로세스 비전은 만드는 것도 중요하지만 이해관계를 갖는 인원들과의 의사소통은 더욱 중요하다. 따라서 프로세스 비전이 완성되면 전조직원 간의 합의가 필요하며, 최고경영자가 비전기술서를 선포하고 전조직원이 함께 공유한다.

### 도달목표 설정

이제 새로운 프로세스의 혁신테마별로 가까운 장래에 성취해야 할 성과가 어느 정도인지를 측정할 수 있는 성과지표로 설정한다. 경쟁자나 관련업계에서 뿐 아니라, 관련분야 베스트프랙티스 벤치마킹 결과를 참조한다. 이러한 목표수준은 도달해야 할 의지를 표명해야지, 기업의 현재 지원여력이나 능력 수준을 고려해서는 안 된다.(도달목표가 경쟁자의 성과보다 앞서야 함은 두말할 필요도 없다.) 목표 달성을 위한 적절한 동기 부여 방안도 뒤따라야 한다.

# 8. 4단계: 프로세스 재설계

도달해야 할 프로세스의 비전과 목표가 설정되었으므로 프로세스의 바람직한 모습을 구체화한다. 먼저 발생된 격차를 효과적으로 극복할 수 있는 방안을 찾아야 하므로 프로세스에서 문제를 야기하거나 불합리하게 만드는 핵심적인 장애요인을 발견하고, 이러한 장애요인의 근저에 숨어 있는 관습적으로 이어져 내려온 관행과 규칙들을 도출하여 새로운 사업규칙Business Rule으로 개발하고 대체하는 과정을 거친다. 장애요인을 깨는 아이디어는 재설계시에 반영한다.

## 장애요인 도출

베스트프랙티스에 대한 벤치마킹을 통하여, 프로세스 현재 수준과의 차이는 분명해졌다. 여기서 차이란, 프로세스 비전 즉 프로세스가 궁극적으로 도달해야 하는 바람직한 미래의 모습과, 현재의 프로세스가 산출하는 결과와의 격차다. 이제는 극복해야 할 차이와 이 차이를 야기하는 장애요인을 밝혀, 이를 타개할 수 있는 방안을 마련해야 한다.

그런데 어떤 목표에도 영향을 미치지 않는 문제점은 지금 다룰 필요가 없다. 예를 들어, 어느 조직원이 자재 재고수량의 변동 상황을 실시간으로 파악할 수 없다고 문제점을 제기한 경우, 우선 이러한 문제로 인해 영향을 받는 목표를 밝혀내야 한다. 만일 이에 해당되는 목표가 전혀 없다면 그것은 해결해야 할 진정한 문제가 아니다.

또, 원인이 불분명한 문제점은 해결할 수 없다. 보통 문제를 야기하는 근저에는 기존의 규칙rule, 관념, 문화, 정책과 같은 무형적인 장애요인이 숨어 있다. 유형적인 장애요인에 비하여 이러한 무형적인 장애요인에 의해 야기되는 문제가 전체의 80% 이상을 차지하는 것으로 알려져 있다. 그러므로 표면에 드러난 많은 문제(증상)를 해결하려고 쫓아다닐 것이 아니라, 원인을 제공하는 한, 두 가지의 핵심 원인을 캐내어야 한다.

장애요인을 캐내려면 원인-결과분석(Cause & Effect Analysis), 5 Why 기법, 사고프로세스Thinking Process[35] 등과 같이 현상과 근본이 되는 원인과의 관계를 묻는 질문을 반복해야 한다. 만약 장애요인을 캐내지 못한다면, 현재 나타난 문제는 없앤다 하더라도 비슷한 유형의 또 다른 문제가 다시 발생하게 될 것이다. 장애요인 역시 찾지 못하는 경우에는, 진짜 문제는 건드리지도 못하고 잘못되지 않은 요인을 건드려 상황을 더욱 나쁘게 할 수도 있다.

파악된 프로세스 장애요인 역시 운영, 조직, 정보기술(정보시스템) 및 인

---

35) 논리를 전개하여 방침상의 제약조건을 해결하는 데에 활용되는 TOC(제약경영)의 도구로, 강력한 효과를 낸다.

프라의 네 가지 영역으로 구분하여 프로세스 혁신테마를 수립할 때에 반영한다.

### 기존 규칙 파괴 (아이디어 도출)

프로세스의 제한조건과 장애요인을 극복하기 위하여 기존의 관념과 규칙을 파괴하는 새로운 아이디어(해결방안)를 발상하고 구체화한다.

차이Gap분석의 결과와 핵심적인 장애요인을 효과적으로 극복하려면 점진적이고 부분적인 접근으로는 어려우므로, 보다 과감하고 급진적인 아이디어를 획득하여 이를 해결방안으로 구체화하는 방법이 필요하다. 이를 위해 사내 각 부문에서 관련 프로세스 운영과 관련된 현업의 실무책임자를 모집하여 자유롭고 과감한 발상이 가능한 여건이 조성된 사외의 격리된 장소에서 기존 규칙을 파괴(Breakthrough, Rule Breaking)하는 워크숍을 수행할 필요가 있다. 가능하다면 사외 전문가도 참여시킨다. 여기서는 프로세스 재설계에 필요한 해결방안의 골격을 도출하는 것이 주목적이며, 아이디어 생성을 위해 참여자들은 기존(As-Is) 프로세스맵, 기존의 정보시스템 솔루션의 처리능력, 조직도와 프로세스 비전, 프로세스의 주요 문제점/이슈, 베스트프랙티스, 참조 모델 등 가용한 모든 자료를 참조할 수 있어야 한다.

워크숍에서는 먼저 차이분석Gap Analyze을 통해 핵심적인 장애요인을 명확히 하고, 이를 중심으로 기존의 틀과 규칙을 파괴하는 혁신적인 해결아이디어Breakthrough Idea를 대량으로 얻은 다음, 이를 다듬고 구체화하여 현실적으로 실천 가능한 해결방안(실천과제)을 도출하는 순서로 진행한다. 이 과정에서 활용할 수 있는 방법론으로 사고프로세스Thinking Process를 활용할 것을 추천한다. 사고프로세스는 무형의 장애요인을 찾아내는 논리적이고 체계적인 접근방법일 뿐만 아니라, 해결방안까지 도출하고 전개하는 데에도 훌륭한 방법론이다.

여러 가지 증상(문제)을 일으키는 핵심요인은 단 몇 가지로 압축된다. 찾는 것이 쉽지 않아서 그렇지 극소수의 핵심요인만 찾아 다스릴 수 있으면,

여러 가지 문제를 동시에 해결할 수 있는 것이다.

---

예를 들어 어떤 사람에게 자꾸만 되풀이되는 건강상의 문제들을 가정해 보기로 하자. 이 사람의 건강상의 문제란 자주 소화가 안되고, 간혹은 설사도 하며, 복통과 변비를 겪는 것이다. 그런가 하면 감기에 잘 걸리며, 직장에서는 오전에 찾아오는 졸음을 도저히 이기지 못한다.

오랜 노력 덕분에 잦은 설사의 원인이 약해진 장과 기름진 음식을 좋아하는 식습관임이 밝혀졌다. 늦게까지 일하다가 허기진 상태에서 회식자리에 끼어 폭식을 하게 되는 것도 위장에 부담을 주었다. 장이 약해진 이유 중 중요한 것으로는 운동량 부족이 첫 번째로 꼽혔다. 움직임이 적은 직장에서 대부분의 시간을 보내기 때문이었다. 따라서 문제를 야기하는 근본적인 원인은 운동을 하지 않는 습관, 즉 개인적인 생활방침에 있다.

한편 오전에 찾아오는 졸음을 도저히 이기지 못하는 문제에 대한 원인은 충분한 숙면이 늘 부족한 상태인데다가 기력이 쇠해진 때문이었는데, 이 역시 시간을 내어서라도 운동을 하지 않는 개인적인 생활방침이 원인으로 판명되었다. 그밖에 소화가 안 되는 문제, 감기에 잘 걸리는 문제, 변비 문제 등도 이런 방식으로 분석해 보면 '일부러라도 시간을 내어서 운동을 하지 않는 개인적인 생활방침'이 여러 가지 문제를 일으키는 근본적인 장애요인인 것으로 귀결되었다. 따라서 이 사람에게는, 시간을 쪼개서라도 운동을 하는 습관을 갖는 것이 이 모든 문제의 해결책이 될 것이다.

다행히 이 사람과 같은 경우에는 핵심적인 장애요인을 직관적으로 알아낼 수 있었다. 복잡하게 분석까지 하지 않아도 된다. 하지만 기업에서의 상황은 이와 같이 쉽지는 않아서, 여러 가지 문제들을 일으키는 핵심적인 장애요인을 직관적으로 파악하기가 곤란하다.(그것이 쉬웠다면 기업의 많은 문제들은 이미 해결되었을 것이고, 더 이상 반복되거나 재발하지도 않았을 것이다.) 그래서 보다 체계적으로 핵심요인을 도출하는 분석기법이 필요한 것이다.

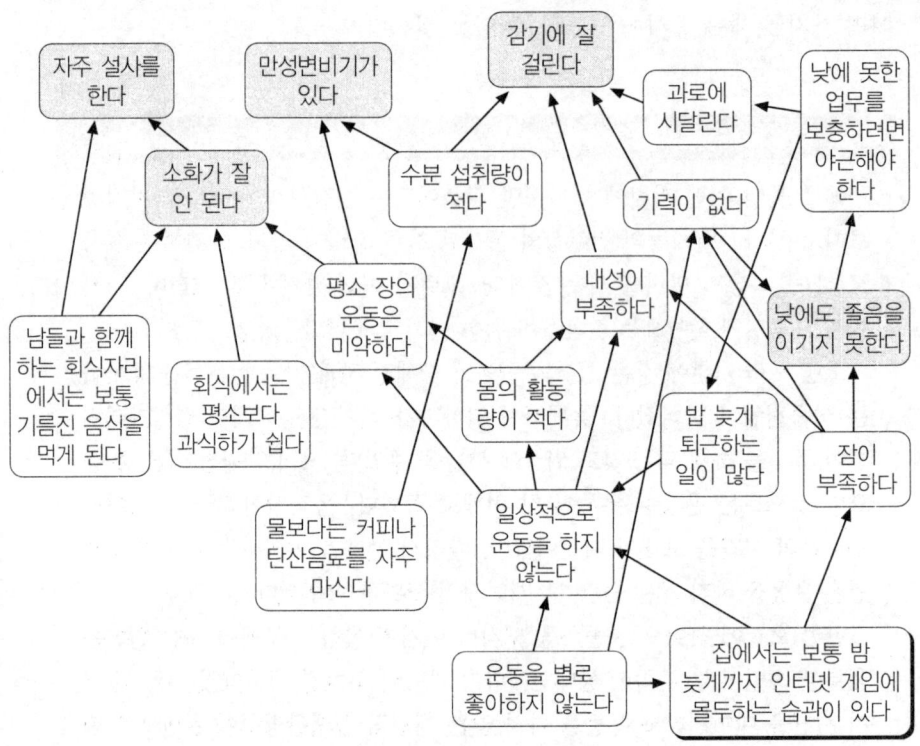

[그림 14-4] 여러 가지 문제의 연결구조와 문제의 근원

유사성이 많은 아이디어를 그룹핑Grouping해서 프로세스에서 실행 가능한 아이디어를 선별할 수도 있을 것이다. 여러 가지 방법으로, 실현 가능성이 높은 유망한 아이디어 목록을 도출한다. 장애요인에 대한 해결제안 아이디어들을 개발한 후에는, 이행을 위해 관련부문 간(이해관계자 간)에 조정을 거쳐야 한다. 또한 이들을 실천하기 위해, 잠재적인 리스크와 기회도 함께 밝혀내야 한다. 잠재적인 리스크를 효과적으로 분석하기 위해 실패영향분석 기법이 사용될 수 있을 것이다.

그렇게 해서 장애요인에 대한 타개방안을 수립하고, 구체적인 개선목표도 정리한다. 목표 달성에 도움이 되는 정보기술IT 지원방안도 검토한다.

한편 아이디어 도출 과정 중에 별다른 제한없이 즉시 실천 가능한 아이디

어(즉 실천 아이디어)가 나올 수도 있다. 만약 어떤 아이디어가 즉시 구현가능
하다면, 기다리거나 망설일 필요 없이 즉시 개선에 착수한다.

핵심적인 장애요인을 돌파할 해결방안이 제안되고 구현될 경우 그 내용은
관련 프로세스의 내용과 절차에도 영향을 미치게 되므로, 그 영향의 정도를
사전에 파악하여 현재프로세스를 수정해야 한다.

## To-Be 프로세스 정의 및 표현

상세화된 해결제안의 내용 중 해당 프로세스에 반영되어야 할 것을 토대
로 관련 프로세스 정의를 수정하거나, 관련된 프로세스맵을 수정한다. 다음
순서에 따라, 해결제안 아이디어를 반영한 To-Be 프로세스를 정의하고 표
현한다. 프로세스별로 결정된 단계별 활동들이 상호 유기적인 관계를 갖도
록 배열하여, 프로세스를 문서화(표현)한다. (구체적인 프로세스 정의와 표현에 대
해서는 9장과 10장을 참고하라.)

### 첫째, 목표 고객을 정의한다.

목표로 하는 고객(또는 시장)이 누군지가 명확하지 않다면 프로세스가 존재
해야 하는 이유도 분명하지 않은 것이다.

또한 다음 단계인 프로세스아웃풋 정의를 위해서, 고객의 요구사항도 함
께 고려해야 한다.

### 둘째, 프로세스아웃풋을 정의한다.

(프로세스에서) 목표고객에게 어떤 가치를 제공해야 할지를 규정한다.

아웃풋을 목표 고객보다 앞서서 정의하지 않는 이유는, 프로세스에서 산
출하는 아웃풋을 고객에게 제공하는 것이 아니라 고객이 원하는 가치를 프
로세스에서 산출하기 위해서이다. 이것은 마치 우리의 제품생산이 프로덕트
아웃Product Out이 아닌 마켓 인Market In의 사고방식이어야 하는 것과 같은
이치다.

| 고객이 원하는 가치를 산출 | 프로세스에서 산출한 아웃풋을 고객에게 제공 |
|---|---|
| 아웃풋을 산출하기 위해 어떤 업무(프로세스)가 필요한가 | 우리의 업무(프로세스)에서 어떤 아웃풋을 산출해야 하는가 |
| Market In | Product Out |
| 팔리는 만큼 생산 | 생산한 만큼 판매 |
| Pull 방식 | Push 방식 |
| 주로 주문생산방식 (Make to Order) | 주로 계획생산방식 (Make to Stock) |
| 린(Lean) 생산, 동기화 생산 | Lot 생산 |

[표 14-4] 프로덕트 아웃(Product Out) vs 마켓 인(Market In)


### 셋째, 성과지표를 재확인한다.

고객에게 가치(아웃풋)를 얼마나 잘 제공하는지가 가장 우선적인 프로세스 성과 평가의 관점이므로, 고객과 아웃풋이 정의되면 성과지표를 정의할 수 있다. 그러나 주요한 성과지표는 이미 앞 단계에서(테마별로 목표를 정할 때) 수립했다.

또한 성과지표에 대하여 어떤 주기(빈도)로 측정할 것인지, 측정책임자는 누구인지, 성과지표를 산출하는 계산식은 무엇인지 등을 결정한 성과측정 계획도 수립한다.


### 넷째, 활동을 정의한다.

프로세스의 구체적인 내용이 무엇인지 즉, 프로세스(업무수행 절차)가 어떤 활동단계Activity들로 이루어야 하는지를 결정하는 것이다.

여기서 활동은 창작업무, 작업 등의 이행활동일 수도 있고, 검토, 점검, 확인 등의 검증활동일 수도 있을 것이다. 그러나 처음부터 검증활동을 성급하게 포함시키려고 하기보다는, 우선은 이행활동을 먼저 결정하고 이에 따라 검증요건을 확립한 후에, 필요한 검증활동을 적절하게 삽입하는 것이 보다 바람직하다.

효율적인 업무처리방식이 되기 위하여, 프로세스는 될 수 있는 대로 비부가가치 활동을 제거한 활동들로만 이루어져야 한다.

### 다섯째, 각 활동의 아웃풋을 정의한다.

각 활동별로 원하는 산출결과를 결정한다(프로세스의 아웃풋이 아니다). 이때 각 활동단계별로 산출되는 아웃풋이 두 가지 이상 되지 않도록 설계하는 것이 바람직하다.


# 9. 5단계: 정보기술 구현 및 조직전환

### 정보기술 구현 (프로세스에 정보기술을 탑재하다)

이제까지 도출한 아이디어들을 구체적인 청사진으로 변환하려면 실무수행 절차와 새로운 프로세스 및 조직운영에 적합한 정보기술을 적용시켜야 할 것이다. 최근의 정보기술의 발달은 기업이 꿈꾸는 성공적인 변신을 가능하게 한다. 새로운 프로세스를 정보시스템에서 구현할 수 있도록 솔루션을 개발할 수 있을 것이다. 정보시스템 역시 새로운 프로세스 운영에 적합한 형태로 구축하여 각종 데이터와 정보를 공유하고 표준화할 수 있어야 한다.

정보기술을 구현하는 절차는 크게 정보기술 요구사항을 설계하는 단계와, 정보화 계획을 수립하는 단계, 그리고 실행하는 단계로 구분된다.(이 책의 목적에 비추어, 세부적인 설명은 피하고자 한다.)

1. 정보기술 요구사항 설계
   - 프로세스의 미래모습(To Be Process) 구상 중 도출되었던 혁신테마 가운데, 정보기술을 이용해야 할 요구사항을 식별한다.
2. 정보화 계획 및 실행
   - 정보구조 정의 : 업무기능과 엔터티의 상관관계를 분석하여 정보구조를

정의한다.

- 시스템구조 정의 : 개발시스템 단위 및 분석 단위를 결정한다.
- 기술요소 정의 : 업무시스템을 지원하기 위한 기술요소 또는 대안을 탐색한다.
- 정보관리조직 정의 : 정보를 처리(실행), 책임(주관), 활용할 조직을 규정한다.

3. 정보화 전환(실행)

- 정보화 전환계획(실행계획)을 이행함으로써 프로세스에 정보기술을 구현한다.

참고로 기업에서 도입하는 ERP는 위의 단계 중 세 번째 단계가 거의 대부분을 차지한다.(ERP를 도입하는 절차는 4장 참조)

ERP를 도입한다는 것은 관련업계의 선진 프로세스(즉, 베스트프랙티스)를 정보화한 패키지를 도입한다는 뜻이다. 도입비용의 문제 등으로 BPR 컨설팅은 누락된 채로 이미 정보화된 선진 프로세스 패키지를 기존의 업무(프로세스)에 덮어씌우는 것이므로, 현실적으로 프로세스를 재설계하는 과정은 생략되어 버린다.(이에 대해서는 5장을 참조하라)

정보기술을 구현하는 단계에 이르면 경영진과 프로젝트팀에 의해 이루어지던 이제까지의 추진방식과는 다르게 '무엇what' 보다는 '어떻게how'가 중요해지며, 문제를 분석하고 도출하는 능력보다는 솔루션을 구현하는 능력(정보화 능력)이 있는 인원으로 프로젝트 참여 구성원이 바뀔 것이다. 성공적인 솔루션 도입을 위하여 경영시스템과 핵심프로세스가 요구하는 솔루션이 무엇인지, 그에 대한 기대효과는 어느 정도인지 조사하고, 정보시스템 요구사항을 결정한다. 또 솔루션 공급업체를 평가, 선정하고, 선정된 솔루션 공급업체와의 협의 결과를 토대로 솔루션 도입을 위한 추진방법 및 일정을 계획하여 추진한다.

정보화 추진시 유의할 점을 다시 상기하기 바란다. 할 수 있는 건 무엇이든 정보화하려는 생각을 경계해야 한다. 정보화로 핵심프로세스의 기술적인 한계가 해소되지 않는다면, 아무 짝에도 쓸모가 없다.

로마는 하루아침에 이루어지지 않았다라는 말이 있다. 성공적인 솔루션 도입을 통하여 성과혁신의 효과를 극대화하는 것이 목표이므로, 주요 단계와 구현의 우선순위를 정하여 하나씩 이루어 나가야 한다.

### 조직전환 (프로세스 중심으로 조직을 전환하라)

조직의 사업수행은 프로세스뿐만이 아니라, 사람People, 조직Organization, 절차Procedure, 관행Practice, 인프라Infrastructure, 조직문화Behaviour, 그리고 정보기술IT 등으로 구성된 복합체complex entity의 유기적인 상호작용의 결과임을 이해해야 한다. 이들 각각은 독립적으로 변화될 수 있는 것이 아니다. (프로세스만 재설계한다고 해서 시장 경쟁구도에서 선두가 되지는 않는다. 프로세스와 관련되어 유기적으로 얽혀 있는 이러한 요소들에 대한 변화도 함께 추진해야 한다.) 재설계된 프로세스의 이행을 강력히 지원하기 위해서, 여기에 필요한 프로세스조직 구성, 인프라 확보, 정보시스템 구현도 동시에 수반되는 큰 변화를 꾀해야 한다.

조직의 성과를 극대화하려면 조직구성의 문제를 간과해서는 안 된다. 새로운 프로세스의 성과는 조직 체계 구성과도 밀접한 관계가 있다. 이제부터 왜 그런지 설명하려고 한다.

### 프로세스조직이란 무엇인가

원래 경영이란 다른 사람들을 움직여 이익을 내는 게임과도 같다. 만약 구성원 스스로가 고객에게 전달되는 가치에 책임을 갖도록 조직을 구성한다면 조직의 경영성과는 분명히 향상될 수 있다. 그렇다면 우리의 조직구조는 성과향상에 충분한 형태일까?

대부분의 기업은 부, 과, 반 등 전문기능으로 나누어진 조직으로 구성되어 있다. 고객(또는 시장)이 달라도 여기에 대응하는 영업기능의 인원들은 영업부에 모여 있다. 구매부는 자재 구매만을 전문으로 하는 사람들이 모여 있고, 생산기술부는 각 공정의 금형이나 설비를 유지보수하는 사람들만 모여 있다. 생산공정 역시 프레스반, 세척반, 도장반, 열처리반, 조립반 등 설비의 종류별로 기능화된 인력으로 편성되어 있다. 이런 조직형태를 기능조직Functional Organization이라고 한다. 기능조직이란 같은 기능을 하는 인원을 한 곳에 모아 놓은 조직을 말한다. 그러다 보니 유사한 기능끼리 묶어 이들을 대표하는 부서장이 있고, 그 위에는 감독자가 필요하다. 그래서 조직도는 위로 올라갈수록 수가 적어지는 피라미드형태를 이룬다. 이런 조직에서는 부서별 업무효율성이 좋고 책임이 분명하게 나누어지는 장점이 있다. 그러나 프로세스 수행에는 적절하지 않다는 치명적인 결함도 안고 있다.

한때 프로세스 리엔지니어링의 바람이 불면서 프로세스조직인 팀이 유행처럼 번지던 때가 있었다. 그 여파로 많은 기업에서 '부部', '과課'가 '팀'으로 바뀌었고, 지금도 어느 회사에서나 '~팀'으로 부서 이름을 정하는 것이 당연한 것처럼 되어 버렸다. 그러나 이것은 조직 구조는 그대로 두고 조직 이름만 팀으로 바꾼 것으로, 마이클 해머가 제시한 프로세스조직을 이해하지 못한 것이며, 그저 부나 과의 이름을 다른 이름으로 바꾸어 부르는 것에 지나지 않는다.

미션 임파서블[36]의 5인조 비밀요원팀(IMF팀)이야말로 제대로 된 '팀'이다. 천재적인 두뇌와 첨단 장비로 무장된 이들은 전략을 짜고 지령을 전달하는 팀장 외에도 변장전문가, 경보해제전문가, 여성전문요원, 첩보수집분석전문가 등 임무수행에 필요한 전문가들로 드림팀을 구성하고 있다. 단순 반복적으로 해결해야 할 임무가 많다고, 또 업무를 전문적이고 효율적으로 하는 것이 우선이라고 하여 이들을 전략기획부, 변장부, 경보해제부, 여성부, 첩보분석부 등에 각각 소속시킨다면 어떨까? 생각만 해도 웃음이 나오지 않는가?

---

36) 최첨단의 첩보무기와 보이지 않는 전쟁터(제5전선)에서 활약하는 첩보원들의 활약상을 스릴 넘치게 그린 영화. TV에서는 '돌아온 제5전선'이란 제목으로 방송된 적이 있다.

전문부서로 각각 나누어진 이들에게 과연 절대절명의 임무를 안심하고 맡길 수 있을까?

원래 팀[37]이란 같은 기능을 갖는 인원끼리 모인 것이 아니라, 가치흐름상의 각기 다른 역할(기능)을 맡은 인원들이 모인 조직이다. 팀은 프로세스 수행에 적절한 조직형태로, 프로세스의 성과를 향상시키는 데에도 최적이다.

안타깝게도 매우 많은 기업은 무늬만 팀인 기능조직을 가지고 있다. 프로세스에 의한 경영성과 향상은 프로세스조직에서 기대할 수 있는 것이다. 프로세스조직을 구성하는 이유나 개념은 이해하지도 못하면서 이름만 팀으로 바꾼다면, 호박에 줄을 그어 수박을 만들려는 것과 뭐가 다른가?

기능조직에서는 고객으로의 가치흐름보다는 부서업무의 효율화가 먼저다. 조직을 이렇게 분야별로 나누어 편성하는 이유는 업무를 효율적으로 수행할 수 있기 때문이다. 기능조직에서는 고객의 만족도에 따라 성과가 평가되는 것이 아니라, 부서업무의 효율, 생산성, 원가절감에 따라 성과가 평가된다. 비관적인 것은, 이러한 성과지표 중 일부가 각 부서의 효율을 높이도록 설계되는 과정에서 조직 전체의 가치의 흐름과 많은 곳에서 충돌된다는 점이다.

각 기능은 전문부서 단위로 나누어져서 제각기 일한다. 제품이든 서비스든 고객이 주문한 것을 제공하려면 이를 설계하고 제작하고 납품하는 프로세스가 수행되어야 하는데, 그러려면 분야별로 쪼개져 있는 각각의 조직들을 거쳐야 한다. 당연히 고객으로의 가치흐름은 느려지고, 매번 같은 업무만 수행하는 각 기능은 시간이 갈수록 매너리즘에 빠지게 된다.

프로세스의 가치흐름을 따라서 업무가 이루어지도록 하는 가장 이상적인 방법은, 가치흐름에 속한 업무를 수행하는 업무집단들을 하나로 묶는 조직 구성방법이다. 바로 이것이 프로세스조직이다.

---

37) 팀 형태의 조직에 대한 경험과 사례는 마이클 해머의 'Reengineering the Corporation'에 소개되어 있다.

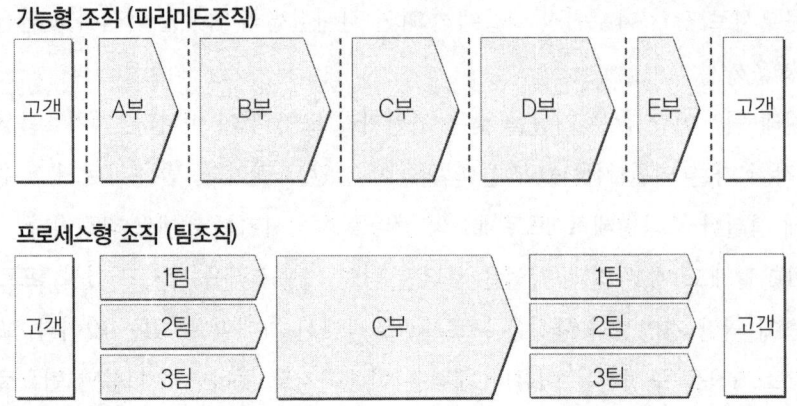

기능형 조직 (피라미드조직)

| 고객 | A부 | B부 | C부 | D부 | E부 | 고객 |

프로세스형 조직 (팀조직)

| 고객 | 1팀 2팀 3팀 | C부 | 1팀 2팀 3팀 | 고객 |

[그림 14-5] 기능조직과 프로세스조직

프로세스조직은 기능조직과는 반대되는 개념이다. 이것은 마치 프로세스의 속성이 기능에 반대되는Cross-functional 것과 같다. 기능조직에서는 같은 기능을 가진 사람들만 모여 있지만, 프로세스조직인 팀에서는 서로 다른 기능을 가진 사람들이 한 팀에 모여 있다.

기능조직에서는 업무수행에 필요한 모든 사람들이 각 부서 단위에 모여 있어서, 고객가치흐름이 통과하는 각 부서에서 최선을 다하면 조직은 충분한 성과를 거둘 수 있다고 생각한다. 그러나 기능중심의 조직구조는 부서 간의 의사소통이라는 근본적인 문제를 안고 있다. 부서 간의 이해관계가 엇갈려 의견조정이 수월하지 않거나, 다음 부서로 변경사항이 즉시 전달되지 않아 결국 고객에게 전달되는 가치인 제품이나 서비스에 하자가 생길 가능성이 확대된다.

하나의 팀이 1개의 제품을 만드는 동안, 여러 기능이 모인 조직에서는 한꺼번에 여러 개의 제품을 만들어 낸다. 얼른 보면 서로 다를 게 없는 것처럼 보이기도 한다. 그러나 중요한 차이는 내부의 효율을 우선적으로 중시하느냐, 아니면 고객의 가치를 우선적으로 중시하느냐에 있다.

과거 공급자 중심의 시대는 대량생산의 시대였으므로 고객의 요구보다는 조직의 효율이 중요했었다. 그러던 것이 이제는 고객의 개성과 기호가 다양해지고 그나마 시간에 따라 고객의 변덕은 심해서, 같은 제품을 여러 개 만들어 재고로 쌓아 두면 언제 현금이 될지 아무도 장담할 수 없게 되었다. 고객의 요구는 시간에 따라 달라지므로, 이제 고객가치란 '천편일률적인 제품(서비스)'이 아니라, '(필요로 하는)때에 제공하는 맞춤제품(서비스)'이 된 것이다. 물론 여기서 품질은 기본이다.

프로세스가 무엇인지 알고 있는 고객이 기능별로 조직된 회사 구조와 업무 처리방식을 미리 알았다면, 처음부터 이 회사에 주문을 맡기지 않을 것이다. 업무가 처리되는 프로세스만 상상해도 업무처리 결과가 어떻게 될지는 금방 예상할 수 있기 때문이다. 그러나 프로세스 개념이 없는 사람이라면 조직이나 업무처리방식을 아무리 들여다봐도 왜 이 회사 제품이 잘못될 것인지를 깨닫지 못한다. 구입해서 사용해 보고 난 후에야 비로소 이게 아니라는 것을 깨닫고 곧 후회하게 될 것이다.

이렇게 공급자가 효율성에 매달려야 할 이유가 이미 물 건너간 지 오래되었는데도 아직도 내부의 효율에 목숨을 건다면, 그리고 고객이 제공받는 가치를 경시한다면, 기업은 사회에서 퇴출당할 수밖에 없다. 이것이 고객 중심 조직으로, 프로세스 중심 조직으로 변화해야 하는 중요한 한 가지 이유이다.

팀으로 운영되면 인력은 줄어들고 조직원 간의 의사소통과 프로세스의 결과(아웃풋의 품질, 리드타임, 시간당 생산량, 스루풋)는 향상되어 고객에게 보다 나은 제품이나 서비스를 제공할 수 있게 된다.

### 프로세스조직은 어떤 이점을 갖는가

기능조직에 비해 프로세스조직을 운영해서 얻을 수 있는 이점은 다음과 같이 요약될 수 있다.

■ 프로세스 체계 정립
복수의 팀에서 유사한 프로세스가 새로이 발생하겠지만, 회사 전체적으로는 여러 개로 쪼개졌던 프로세스가 몇 개의 프로세스를 중심으로 통합된다. 프로세스가 통합되는 과정에서 조직도 자연스럽게 핵심프로세스 중심으로 재구성된다. 목적이 분명하지 않은 지원프로세스는 자연스럽게 사라지고, 부서 책임자만을 위한 비서식 업무도 상당부분 없어지며, 팀원 간의 자발적인 협력업무로 불필요한 관리(행정)업무가 줄어드는 효과도 볼 수 있다.

■ 제품(서비스)의 품질 향상, 고객의 만족도 향상
팀이 고객에게 전달한 최종가치에 대해 팀원 전원이 공동으로 연대책임을 진다. 제품(서비스)에 대한 품질과 고객만족도는 전보다 분명히 향상된다.

■ 원활한 의사소통(팀워크)
팀은 프로세스 측면에서 의사소통에 최적이므로 팀미팅 등 조직 내에서 의사소통이 활발해진다. 문제가 발생하면 팀원 전체가 모여 상호보완적으로 서로의 지혜를 나누고 발전시켜서 완전하게 대응한다. 부서간에 활용되던 양식이 대폭 줄어드는 것은 물론, 대부분의 업무에 대해서 결재단계가 줄어들어 의사결정이 신속해지는 것은 두말할 필요도 없다. 조직원들은 팀 내에서 빨라진 업무처리속도(가치흐름의 속도)를 인식할 수 있으며, 서로 돕는 다기능화가 촉진된다.

■ 프로세스의 경쟁력 강화
복수의 팀이 구성되어 팀 간 경쟁도 유발된다. 선의의 경쟁은 팀을 강하게 만드는 최선의 보약이다. 따라서 팀 내의 불필요한 비부가가치 활동은 자연히 줄어들게 되고, 프로세스 처리시간Processing Time은 짧아지며, 프로세스 운영이 최적의 상태로 안정되어 부적합은 줄어들고 품질은 향상되며 시장에서의 경쟁력도 높아진다.

■ 업무에 대한 지식 축적 및 활용

기능조직과 달리 팀은 의사소통에 최적 형태이므로, 기능 간에 지식을 교환하는 장이 만들어져서 서로 배우게 된다. 그러므로 프로세스에 대한 정보가 팀 구성원에 의해 자발적으로 수집, 축적되고, 지식으로 가공되며, 활용된다.

## ■ 멀티플레이어의 등장

성공적인 의사소통은 다기능화를 촉진시켜서 팀원 간의 협력이 강화되므로 멀티플레이어(제조공정이라면 다능공)가 자연스럽게 등장한다. 팀 구성원의 전문가적인 능력과 자질도 향상되며, 불필요한 관리업무가 줄어들고, 팀원 간의 협조로 회사 전체적으로 인원은 여유가 생기고 인적자원 활용의 유연성은 증가한다.

## ■ 고객대응능력

세분화된 고객과 시장에 각 팀도 전문적으로 대응하므로, 고객대응능력은 보다 더 강화된다. 팀 책임자 및 팀원들의 능력은 날이 갈수록 좋아져서 업무수행 결과도 향상된다. 기능조직에서 일하면 조직원의 능력은 함께 퇴화되지만, 팀에서 일하면 역량이 함께 강화된다.

## ■ 가치흐름의 속도

기능조직에서는 같은 일을 하는 사람들끼리 모여 있어 월말 월초 등에는 업무량이 몰리거나 줄어들면 필연적으로 대기시간이 발생할 수밖에 없다. 때문에 가치흐름의 속도는 늦어진다. 또, 각 부서의 업무 효율성이 우선이고 고객가치흐름에 관심을 가지는 조직원은 눈 씻고 찾아볼래야 찾을 수가 없다. 그러니 역시 가치흐름의 속도는 늦어질 수밖에 없다. 한편 당연한 결과이겠지만, 프로세스조직에서는 프로세스 내에서의 가치의 흐름이 전보다 훨씬 더 빨라지게 된다.

## ■ 명확한 책임소재와 조직의 유연성 확대

과거 조각조각 나누어진 기능에서는 프로세스(일 전체)를 끝까지 책임지는 사람도, 고객에게 전달되는 최종가치에 책임을 지는 사람도 없었다. 업무에 대한 전체적인 설계 없이 조각조각 부서로 나누니까 부서와 부서 사이에 벽이 생기고, 생색이 나지 않는 일은 서로 미루어 아무도 하지 않으려고 했다. 이런 업무는 나중에는 곪아 터져서 결국 경영자가 역정을 내기에 이르고, 그제야 마지못한 각 부서장들이 모여 대책을 논의하는 이른바 '회의'를 하게 된다. 그러나 회의의 결과가 명확하게 협의되는 경우는 별로 없다. 회의는 대부분 회의적(?)이다. 대부분 '다음 언제까지 누군가 이러이러한 조사를 해서 다시 모이기로 하자'가 회의의 결론이다. 그러나 그뿐, 그 후에는 흐지부지되고 마는 경우가 얼마나 많았는가.

단일책임제는 책임경영의 기본이다. 경영자가 갖던 책임과 권한은 이제 각 팀장에게 대폭적으로 위임된다. 프로세스의 결과물은 실명제로 산출되므로 전에는 책임소재가 불분명하던 문제가 이제는 발생 즉시 해당 팀이 가려지고, 팀에서는 자발적으로 문제의 원인을 파악하고, 개선한다. 팀 내에서 각 기능간 업무 구분의 경계는 분명하지 않지만, 이로 인해 해당 팀 구성원들은 전보다 오히려 더 협력적이다.

### ■ 성과평가 체계의 일체화 및 중점 지향

성과는 개인이 아닌 팀의 연대책임이다. 개인별 성과지표는 사라지므로 성과평가지표는 전반적으로 줄어든다. 핵심적인 소수의 성과지표로 조직의 방향과 목표는 하나로 뚜렷해진다. 더 고무적인 것은, 이제는 부서 간에 서로 상충하던 성과지표들이 찾기 힘들어진다는 점이다.

### 어떻게 프로세스 조직으로 전환하는가

팀이 바람직하다는 것은 알았지만, 아직 남은 과제는 기능별로 나누어진 조직을 어떻게 프로세스조직으로 전환할 수 있는가 하는 것이다. 현재의 기능조직을 프로세스조직인 팀으로 개편하는 일은 기존의 관습과 사고를 버려야 되는 일이라서 그렇게 만만한 일은 아니다. 조직구조를 개편할 때는 다음 사항을 고려해야 한다.

- 가치를 부가하는 데에 기여하지 않는 업무는 가능한 폐지하여, 업무부하가 감소되도록 한다. 이것은 단순히 프로세스로 표현되지 않는 업무를 구별함으로써 쉽게 찾을 수 있다. 프로세스에서 표현되지 않는다면 목적이 없거나, 프로세스로써는 가치가 없는 개인적인 업무일 것이기 때문이다.
- 기업 내부적인 효율화보다는, 시장과 고객이 필요로 하는 가치(기대와 필요) 흐름에 적합한 형태로 편제한다.
- 수직적인(상하 간의) 의사전달이 감소되도록, 평평하고 납작한 조직구조가 되도록 한다.
- 부서 간의 연계점이 적어져서 업무처리속도가 향상되도록 편성한다.
- 업무지침과 보고 체계가 팀장 중심으로 이루어지도록 한다.
- 성과관리 체계와 연결시키되 개개인이 아닌 팀별로 평가가 가능해지도록 한다.

개인별로 성과를 평가하는 것은 팀으로서의 결속을 방해하고 부분최적화를 조장하여 조직의 성과를 저해할 수 있다. 개인별 평가 체계를 도입할 때는 팀으로서의 연대책임을 와해시키지 않도록 평가지표 선정에 신중을 기해야 한다.

프로세스에 포함되어야 할 활동과 기능이 결정되었다면, 그리고 프로세스 조직 구성에 대한 경영진의 의지가 분명하다면, 이제 프로세스에 맞도록(고객 가치 흐름에 적합하도록) 다음과 같은 원칙에 따라 조직구조 전환에 착수한다.

- 가능하다면 고객으로부터 요구사항을 접수하여 고객이 원하는 가치를 제공하기까지를 모두 수행(담당)할 수 있도록 팀을 구성한다. 따라서 팀은 각

기능 부서의 실무담당자(책임자)로 구성된다.

■ 팀은 (이행활동이든 검증활동이든) 해당 활동을 수행할 능력(적격성)이 충분해야 한다.

■ 가능하다면 복수의 팀으로 구성하여 내부 경쟁을 유도하는 것이 바람직하다.

새롭게 재설계된 프로세스에 맞추어 프로세스조직으로 전환하는 절차는 다음과 같다.

첫째, 우선 고객과 시장을 특성에 따라 몇 개의 집단으로 적절히 분류한다.

둘째, 각 고객 집단별로 (고객을 가장 잘 만족시키는) 최종가치(아웃풋)를 결정하고 특성(스펙)을 명확히 한다.

셋째, 최종가치를 창출하는 과정(단계별 활동)과 참여조직(수행자)을 파악하여 하나의 프로세스를 이루도록 한다.

이때 단계별 활동은 종속관계를 따져서 순서대로 나열해야 한다. 외주협력업체를 포함하여, 영업 – 설계 – 생산 – 물류 – A/S, 회계처리에 이르기까지의 모든 기능의 업무가 포함되어야 한다. 이 과정에서 조직편제에 따른 불필요한 양식 활용과 조직구성 상의 허점을 찾아낼 수 있다.

넷째, 이 프로세스에 포함된 모든 기능을 포함하도록, 몇 개의 팀으로 구성한다.

팀은 하나의 최종가치Final Output가 나오기까지의 여러 기능을 묶어 책임을 질 수 있도록 조직하여야 한다.

다섯째, 팀장을 선임하고 팀의 책임을 정의한다. 팀장은 가능하면 프로세스책임자Process owner가 되도록 한다.

조직이 팀 중심으로 재구성되었으므로 새로운 프로세스맵과 함께 책임과 권한도 새롭게 정의(문서화)해야 한다.

**여섯째, 프로세스와 조직 재설계에 따라 성과지표도 새롭게 정의한다.**

중요한 것은 기능에 따른 성과지표가 아닌 프로세스에 따른 성과지표여야 할 것과, 이것이 팀의 목표로 설정될 수 있도록 해야 한다는 점이다.

그 외에 성과목표 달성을 위한 동기부여 방안으로 평가 및 보상제도를 새 조직구조와 조화되도록 재정비할 필요가 있다. 물론 조직 재설계시 불필요한 갈등을 피하기 위해, 조직구성 원칙에 대한 조직원의 동의가 선행되어야 한다. 또한 새로운 형태의 조직과 업무(프로세스)에 대한 이해를 위하여, 조직 구성원 사전교육은 필수적이다.

### 인프라 확보 (제도, 환경, 기반구조를 확보하라)

프로세스 자체가 아무리 훌륭하게 설계되었다고 할지라도 이를 운영하는 방법이나 성과보상제도, 업무환경 등의 인프라가 따라주지 못한다면 기업 전체적으로 최대의 가치를 제공하지 못한다. 새로운 프로세스를 충분히 지원하도록 한 방향으로 잘 고안된 프로세스조직, 새로운 업무수행 방식, 기반구조, 정보시스템 간의 조합을 얻어야 한다.

프로세스에 필요한 인프라 역시 프로세스를 정의하는 단계에서 프로세스를 구성하는 요소로 구분된다(9장 참조). 인프라는 프로세스 구성요소 중 자원의 영역이 확대된 것으로 이해할 수 있다. 인프라를 확보하거나 재구성할 때는 프로세스의 성과 유지 및 지속, 인적 – 물적 자원 간의 상호작용, 연관 관계 등을 고려하여, 다음과 같은 영역에서 요구되는 사항을 파악한다.

■ 새로운 장비, 솔루션(S/W) 및 정보기기, 사무기기

- 작업환경 (조명, 온습도, 공조, 정전기 등)
- 업무/작업 공간 재배치
- 정보통신 환경, 보관시설, 운반도구 등

　프로세스의 각 활동단계별로 요구되는 물적자원이 필요한지 확인하여 목록을 수립하고, 새로운 프로세스에서의 가치흐름이 최대화될 수 있도록 관련된 자원을 갖춘다. 새롭게 자원을 갖추려면 투자가 필요할 것이다. 사무실이나 설비의 레이아웃을 변경하여 비슷한 업무를 하는 사람들 간의 위치를 재설정하고, 관련 임직원을 재그룹핑하거나, 공정흐름을 바꾸거나, 공급망 네트워크를 합리화(개편)하거나, 판매–물류거점 정책을 바꾸는 것도 프로세스의 성과를 극대화하기 위해서 인프라를 확보하거나 재구성하는 예이다. 한편 물리적인 사항 외에도, 다음과 같이 정책이나 제도와 관련된 사항도 정비해야 한다.

- 새로운 직무 및 책임분장
- 상벌, 포상 등 동기부여 제도
- 새로운 성과측정방법 및 인센티브
- 복리후생, 교육훈련시스템

# 10. 6단계: 변화관리

　이제 적절한 변화관리를 통하여 새로운 프로세스를 조직에 적용하는 일만 남았다. 그러나 바로 이 시점이, 가장 넘기 힘든 큰 산을 앞에 둔 시점이다. 사실 바람직하지 않은 증세와 그 원인이 밝혀졌다고 해서, 이제까지의 단점과 폐단을 없애는 아이디어가 나왔다고 해서, 그리고 획기적인 해결방안과 그것이 최적의 해법임까지 모두 알게 되었다고 해서 조직이 금방 변화되는 것은 아니다. 혁신을 추진하는 데 가장 큰 장애는 바로 변화에 대한 조직구성원들의 저항이다. 변화에 대한 저항이 만만치 않은 것이다.

새로운 프로세스와 함께 모든 환경을 바꿀 수 있지만, 단 한 가지 바꿀 수 없는 것이 바로 사람이다. 바꿀 수 없으므로 변화시킬 수밖에 없다. 하지만 기존의 조직원이 자신이 가지고 누리던 대부분을 버리고, 낯선 새로운 프로세스와 결합하고 싶어 하겠는가? 조직구성원이 새로운 변화에 (일시적이나마) 적응하지 못하거나, 오히려 저항하는 것은 당연하다고 여겨야 한다. 이러한 저항과 부적응의 기간을 최소화하고 단기간에 프로세스를 정착시키기 위해서, 무엇을 해야 할 것인가?

변화를 주도하는 조직Change Agent은 회사 내에서 신바람 나고, 조직에서 주인공이 된 듯하고, 핵심인원으로 여겨지겠지만, 변화의 대상자들은 변화 후의 모습이 어떻게 바뀔지 모르므로 불안하고, 이런 불만을 쉽사리 입 밖에 내지도 않으려고 할 것이며, 심한 경우 위협을 느끼기까지 한다. 만약 현업 조직이 변화의 방관자로 남는다면, 프로세스 혁신은 그것으로 실패한 것이다. 따라서 변화는 현업이 주도해야지, 추진 조직이 전면에 나서서 지휘하는 상황이 되지 않도록 해야 한다.

조직이 변화에 저항하는 요소에는 혼란, 불확실성, 당혹감, 자신감 결여, 권력 이동, 기득권 상실 등이 있다.

- 혼란 – 변화의 주도자는 신나지만 변화의 대상은 위협을 느낀다. 이렇게 혁신 주도자와 현업 간에 갈등을 빚다가 서로 상대방에 흠집을 내는 분위기로 전락한다.
- 불확실성 – 변화 후 자신의 상황이 불확실하므로 현재의 상황에 집착하려고 한다. 변화에 대한 의사결정이 늦어지고, 위험은 회피하려는 경향을 보인다.
- 당혹감 – 미래 변화에 대한 준비가 부족하므로 시간끌기와, 총론에는 찬

성하나 각론에서는 반대하는 태도를 보인다.

■ 자신감 결여 – 새로운 상황에 잘 적응할 수 있을지에 대해 두려움이 앞선
   다. 이전보다 더욱 소극적인 성향이 된다.

■ 권력 이동 – 새로운 변화로 승자와 패자가 갈리면서 권력 이동이 수반된
   다. 이는 조직 내에서 새로운 줄서기와 갈등 구조를 겪는다.

■ 기득권 상실 – 새로운 변화로 과거의 기득권을 상실한다. 따라서 자기방
   어적 경향이 나타나고, 집단 이기주의를 내세워 변화에 저항하기도 한다.

아래 그림은 변화 전, 후의 업무효율을 나타낸 그래프인데, 변화관리에 실패
하든 성공하든 변화의 초기에는 효율이 상당히 떨어지는 기간이 존재하게 된
다. 혹자는 가운데 잘록하게 들어간 이 부분을 '절망의 계곡' 이라고 부른다.

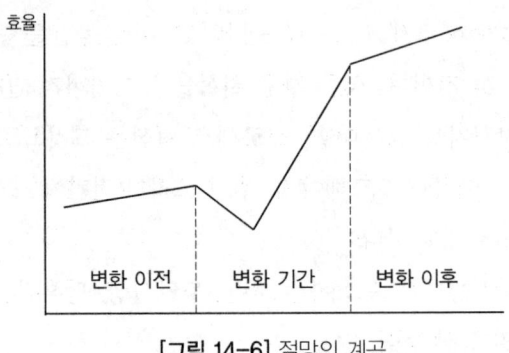

[그림 14-6] 절망의 계곡

그러므로 새로운 프로세스 설계가 완료되면 효과적인 변화관리를 위해 이
를 전담하는 별도의 조직을 구성하고 운영하는 것이 바람직하다. 대기업에
서는 PI팀, ERP팀, 조직혁신팀 등으로, 변화관리를 위한 조직을 별도 구성하
는 것이 일반적이지만, 대기업이 아닌 경우에는 인력이 충분하지 못하여 어
려움이 예상되므로 외부 전문가의 도움을 받아서라도 조직을 구성하는 것이
바람직하다.

변화를 위한 계획을 전환계획이라고 하는데, 실현 가능한 단계별 실행계획을 올바른 순서대로 설정하여 수행해야 한다. 이러한 실행계획(방안)은 현업으로부터 의견을 수렴하거나, 워크숍을 수행하는 등의 경로를 통해 구체적으로 수립해야 한다.

변화에 대한 성공요소는 다음 네 가지로 요약된다.

A – 조직구성원의 인식, 공감대 형성을 위한 의사소통
B – 최고경영자의 강력한 추진력
C – 변화에 대한 신념과 확신
D – 체계적인 방법론 적용

변화관리를 수행할 때 A 요소가 누락되면 조직구성원이 방관하게 되고, B 요소가 누락되면 조직은 혼란을 겪으며, C 요소가 누락되면 조직은 회의에 빠지게 되고, D 요소가 누락되면 조직은 좌절을 겪게 된다. 아울러 조직이 성공적인 변화를 이끌기 위해서는 다음과 같은 원칙을 준수해야 한다.

- 조직에 새로운 성과관리 체계가 정착되기까지가 변화관리의 범위이다. 따라서 변화를 효과적으로 이루기 위해서 변화를 이룩한 정도에 따라 성과를 평가하고 보상해야 한다.
- 변화는 조직문화와 운영 규칙, 관리, 기술의 모든 부분에 걸쳐 동시에 이루어져야 한다.
- 변화관리는 일상적으로, 지속적으로 이루어져야 한다. 갑작스런 변화는 조직의 저항을 유발하고, 너무 느슨하면 흐지부지되기 쉽다.
- 현재 상태로 그대로 머무는 것이 오히려 더 위험하다는 것을 조직원이 인식하도록 한다.
- 변화를 위한 꾸준한 교육이 필요하다. 교육은 변화에 따른 두려움을 없애

는 데 상당히 유효한 수단이다. 외부 전문기관을 활용하여 꾸준히 위탁교육을 실시하거나, 전문가를 초빙하여 사내 교육프로그램을 운영하는 것도 방법이다.

■ 변화를 이끄는 사람에게는 그에 상응하는 보상이 따라야 한다. 그래야 전 직원이 변화의 중요성을 인식하게 된다.

■ 변화는 처음부터 생활화될 때까지 최고경영자가 주도해야 한다. 최고경영자의 관심이 일회성으로 끝나면 직원들도 변화를 일회성으로 생각하게 된다. 경영자는 직원들과 만나는 자리에서 일관되게, 변화의 중요성을 강조해야 한다.

### 저항의 6계층

그렇다면 조직이 변화에 저항하는 이유를 알면 도움이 되지 않을까? 어떤 문제에 대한 해결방안이 제시될 때 조직구성원이 저항하는 모습과 이유를 관찰하면 다음과 같은 단계를 거침을 알 수 있다. 하나를 없애면 다음 단계의 저항에 부딪히게 되므로, 양파껍질과 같다고 하는 뜻에서 '저항의 계층 The Layers of Resistance' 이라고 불린다. 저항을 무너뜨리기 위해서 단계를 건너뛰어서는 절대로 안 된다.

첫째 계층 – 여태껏 잘 해 왔는데 뭐가 문제란 말인가? (나는 그 문제에 공감하지 않는다)

둘째 계층 – 그것은 문제를 해결하는 방안이 아니다. (나는 그 해결방안에 동의하지 않는다)

셋째 계층 – 해결방안대로 한다고 해서 바라는 결과를 얻을 수 있겠는가? (그 해결방안으로는 문제가 해결되지 않는다)

넷째 계층 – 그렇게 하면 이것이 잘못될 수 있다. (그렇게 할 때 이런 부작용이 있다)

다섯째 계층 – 우리도 이미 다 해 보았다. (그것은 좋은 방안이지만, 여기서

는 안 통한다)

여섯째 계층 – 그렇다 하더라도 내가 앞장서야 하는 거라면 싫다. (동료의 협조가 불안하다)

### 첫째 계층 – 문제[38]에 대해 동의하지 않음.

기존의 프로세스를 왜 꼭 바꿔야 하는지, 왜 그것을 문제 삼는지에 대해 강한 의문(또는 불만)을 제기한다. 문제를 해결하기 위해서는 더 많은 자원이 있어야 한다고 하며 핑계를 대기도 하고, 문제가 자신들의 통제영역 밖이라고 말하기도 한다. 만약 누군가가 문제에 대해 동의하지 않는다면, 그는 해결방안 역시 부인할 것이다.

### 둘째 계층 – 해결방안의 방향에 대해 동의하지 않음.

문제에 대해 의견이 일치했다고 하더라도, 그것을 해결하는 방안에 대해서는 의견이 다른 경우가 자주 있다. 기존의 프로세스에 문제가 있었음은 인정하지만, 그렇다고 새로운 프로세스에 동의하지는 않는 것이다. 그들은 그렇게 해서는 안 될 것이라고 말한다.

### 셋째 계층 – 해결방안이 바람직한 결과를 가져올 것이라는 점에 대해 동의하지 않음.

해결방안의 방향에는 동의했다고 하더라도, 해결방안이 조직이 원하는 결과를 가져올 것이라고 믿지는 않는다. 즉 새로운 프로세스로 조직의 성과목표가 달성될 것이라고는 생각하지 않는다. 조직이 원하는 결과를 만들어 줄 것인지에 대해 신뢰하지 못하므로, 그들은 해결방안을 별로 탐탁하게 여기지 않는다.

---

38) 여기서 문제란, 여러 가지 바람직하지 않은 증상의 원인이 되는 핵심문제(Core Problem, Root Cause) 또는 갈등 상황(Core Conflict)을 의미한다.

**넷째 계층 – 해결방안 추진에 아무런 부작용도 없을 것이라는 점에 대해 동의하지 않음.**

해결방안이 원하는 결과를 맺을 것이라는 것에 대해서는 부정하지 않지만, 해결방안 대로 실행하면 (처음보다 더 나빠지지는 않더라도) 잘못되는 다른 것이 있다고 말한다. 새로운 프로세스로 더 나아질 수는 있겠지만 다른 것을 희생하지 않으면 안 될 것이라고 주장하는 것이다. 새로운 변화에 따라 발생할 수 있는 다른 부작용을 제시하는 것이다.

**다섯째 계층 – 해결방안이 실행 가능하다는 것에 대해 동의하지 않음.**

해결방안을 수행하려면 곧 장벽에 부딪힐 것이라고 말한다. 사람들이 생각을 바꾸지 않을 것이라고 한다거나, 이행과 정착에 오랜 세월이 걸릴 것이라고 하거나, 새로운 프로세스를 이행하려면 많은 자원이 필요하다는 이유를 댈 수도 있다. 이것은 해결방안이 원하는 결과를 얻게 될 것이고 어떠한 부작용도 없을 것이라는 생각과는 또 다른 것이다. 전에 이미 해 봤지만 안 되더라는 식으로 말하기도 한다.

**여섯째 계층 – 해결방안 추진에 대한 확신이 없음.**

모든 것이 옳다고 해도, 해결방안을 이행하는 데에 자신이 앞장설 수는 없다고 말한다. 다른 사람들이 어떻게 반응할지 두려운 것이다. 심지어 해결방안을 계획하고 기안하는 데에 함께 동참했지만, 행동으로 옮기기는 주저한다. 옳은 것을 구분할 수 있다는 것과, 그것을 받아들인다는 것은 다른 것이다.

### 저항을 극복하는 여섯 단계

조직구성원들이 변화에 저항하기 위해 여섯 겹으로 방어막을 쳤다면, 어느 누구도 이 방어체계를 부술 수 있을 것 같지 않다. 열쇠는 그들 자신에게 있다. 조직구성원 스스로가 이 방어막을 하나씩 풀도록 해야 한다. 스무고개를 넘듯, 한 단계를 해결하고서 그 다음 단계로 가야 한다. 조직구성원 중에서도 중요한 역할이 기대되는 사람들이(특히 조직 내의 핵심적인 각 협력자들이) 새로운 제안을 받아들이도록 만들어야 한다. 그들의 동의와 후원을 얻어야 한다. 그들이 변화를 받아들일 수 있도록 하려면, 그들이 해결방안 진행 과정을 명확히 인식하고 공감하도록 해야 한다. 해결방안을 추진하는 과정에서 조직구성원들이 변화관리 방안을 자체적으로 마련하도록 하는 것이 좋을 것이다. 이렇게 하는 방법으로 수용(Buy-In)의 6단계라고 부르는, 저항의 극복 과정이 있다.

첫째, 핵심문제에 대한 인식을 같이한다.
둘째, 해결방안의 방향에 대한 인식을 같이한다.
셋째, 해결방안이 조직이 바라는 결과를 얻게 할 것이라는 확신을 갖게 한다.
넷째, 어떤 부작용도 일어나지 않을 것이라는 확신을 갖게 한다.
다섯째, 이행계획에 대해 동의하게 한다.
여섯째, 핵심적인 협력자들이 확신을 갖고 추진(이행)하게 한다.

### 첫째 단계 – 핵심문제에 대한 의견의 일치

조직구성원들이 문제해결의 필요성에 대해 인식하기도 전에 해결방안을 납득시키려고 노력하는 추진조직을 자주 볼 수 있다(기존 프로세스에서 야기되는 문제와 그 심각성도 이해시키지 못한 채로, 새로운 장밋빛 프로세스부터 꺼내려고 한다). 이렇게 하면 변화에 대한 동기부여에 실패하는 것이다. 좋지 않은 증상을 발생시키는 문제가 어디에서부터 시작되고 있고, 그것을 해결하는 것이 왜 중요하며, 어떤 딜레마로 인해 이러한 증상들이 나타나는 것인지, 또 조직원들에게 어떤 영향을 미치는지부터 먼저 설명해 주지 않는다면, 누가 해결방안에 지지해 주겠는가?

현재 나타나고 있는 여러 증상의 원인이 되는 핵심문제(딜레마)에 대해서, 조직구성원 모두가 동일하게 인식해야 한다. 이렇게 하기 위해서는 나타난 여러 가지 증상들과, 이를 결과로 하는 원인들을 원인-결과 관계로 연결해 나가야 한다. 조직원들과 이러한 연결관계에 대해 동참해서 함께 검토해 봄으로써, 그들도 증상들의 원인이 되는 핵심문제(근본원인 즉, 딜레마)에 도달해야 할 것이다. 조직원들과 변화에 대한 의사소통에 성공하기를 바란다면, 바람직하지 않은 증상의 원천(즉, 근본원인)에 대해 먼저 의견의 일치를 보아야 한다. 그것은 곧 해결방안을 어디서 찾아야 할지를 모든 사람들에게 분명히 전달하는 것이다.

### 둘째 단계 – 해결방안의 방향에 대한 의견의 일치

사람들이 늘 시달리던 핵심문제를 왜 아직도 해결하지 못하고 있는지, 왜 딜레마에서 벗어나지 못하고 있는지를 이해하고 난 후에야 비로소 조직의 기존 관념과 규칙을 파괴하는 새로운 프로세스 아이디어(해결방안)를 발상하고 구체화할 수 있을 것이다. 딜레마에서 벗어날 수 있는 가능성에 대해 알게 되면, 그리고 그것을 어디에서 찾을 수 있는지 깨닫게 되면, 사람들은 많은 자발적인 아이디어를 내게 될 것이다.

### 셋째 단계 – 해결방안이 조직이 원하는 결과를 가져올 것이라는 점에 대한 의견의 일치

사람들이 내놓은 아이디어들로 새로운 바람직한 결과를 내는 프로세스(To Be Process)의 운영요소가 모두 갖추어지는 것은 아니다. 추가적으로 필요할 다른 요소와, 이들이 (원인-결과 관계에 따라) 어떤 연결 관계를 거쳐서 좋지 않았던 증상이 해소될 것이며, 결국은 바람직한 결과를 산출할 수 있을 것인지도 분명히 이해되어야 한다. 이러한 그림을 그려서 원하는 결과를 얻을 수 있음을 예상할 수 있다면, 이제 해결방안을 실행할 만한 추진력도 얻을 수 있다.

### 넷째 단계 – 어떠한 해로운 부작용도 일어나지 않을 것이란 점에 대한 의견의 일치

새로운 프로세스에 대한 아이디어를 조직 내에 검토하게 하면 부정적인 의견들이 많이 나올 것이다. 조직원들의 직관은 새로운 프로세스가 가진 잠재적인 '위험'이나 '부작용'이 무엇인지 통찰하게 하는 기회이다. 따라서 이러한 부정적인 의견들은 부담이 아닌, 해결방안을 더 단단하게 만들 수 있는 좋은 기회로 이용되어야 한다. 여기서의 포인트는, 핵심 협력자들에게 이 의견들을 상세하게 검토하고 다듬게 해서 해결방안에 대한 소유의식과 강한 애착심을 갖게 만드는 것이다.

### 다섯째 단계 - 전환계획(변화 이행계획)에 대한 의견의 일치

해결방안이 훌륭하게 수립되고 더군다나 검증까지 되었음에도 불구하고 이를 성공적으로 적용할 수 있을지 확신하지 못한다는 것은, 해결방안 그 자체가 아니라 해결방안을 이행하는 데에 있어 선결되어야 할 과제가 있다는 것을 의미한다. 이러한 선결과제가 무시된다면, 변화 이행(전개)도 중간 중간 끊길 것이다. 따라서 핵심적인 협력자들로부터 변화 추진 과정에서 해결되어야 할 선결과제를 수렴하여 목록을 마련하고, 각 단계별 과제를 해결하는 이정표를 개발해야 한다. 다시 말해서, 핵심적인 역할을 할 협력자들의 노력을 순차적으로 전개하는, 현실적인 세부 이행계획을 준비하는 것이다.

### 여섯째 단계 - 핵심 협력자들이 확신을 갖고 변화를 이행할 수 있도록 하는 의견의 일치

여기서는 조직구성원의 참여를 이끌어 내는 변화 주도자(Change Agent, 프로젝트 리더)의 역할이 필요하다. 즉 단발성으로 끝나지 않는다는 확신을 줄 수 있는 최고경영자의 공약과 변화의 중요성에 대한 관심 표명이 필수적이다. 또한 변화관리의 원칙에서 이미 언급한 대로, 변화에 따른 두려움을 없애기 위한 꾸준한 교육과, 모든 조직원이 변화의 중요성을 인식하도록 하기 위해 변화를 수행하고 이끄는 데에 따른 보상이 필요하다.

변화란 그냥 받아들일 수 있는(accept) 것이 아니라, 대가를 지불해야 얻을 수 있는(buy-in) 것이다.

# 15

# 공급망의 흐름을 혁신하라

| 들어가기에 앞서 |

일반적으로 공급망관리(SCM)에서는 제품을 만들기까지의 제조물류보다는 완성된 제품을 취급하는 유통물류를 다룬다. 가치의 흐름을 혁신하여 얻을 수 있는 공급망의 개선의 기회 중 70% 이상이, 기업 외부에 존재한다. 기업간의 제품 판매와 유통이 문제가 많은 만큼 유통망에서 발생하는 중복과 낭비도 많다. 유통업체는 외국으로부터 상품을 수입해서 판매하는 브랜드 업체일 수도 있고, 제조업체의 물류센터나 대형창고 또는 대리점일 수도 있다. 또, 소매업체는 소비자(최종고객)에게 제품을 판매하기 위해 상품을 진열해 놓은 매장으로 판매점, 체인점, 소매점, 백화점, 양판점 등일 것이다. 공급망의 구성원 중에서 소비자 쪽으로 갈수록 그 힘이 커지지만, 반드시 그런 것만도 아니다. 대형 유통업체가 중소 제조업체보다 힘이 세고, 제조업체는 영업점에 대해 압력을 행사하기도 한다.

이제 공급망에서 일어나고 있는 현상을 좀 더 자세히 살펴봄으로써 가치흐름의 부정적인 증상들이 어디에서 주로 발생하고 있는지, 공급망의 가치흐름을 어떻게 혁신할 수 있는지 실마리를 찾아보자.

# *1.* 지금, 공급망에서 어떤 일들이 일어나고 있는가

## 공급망에서의 물류흐름

### *판매점의 고민*

더 많은 고객을 유치하기 위해 매장에 상품을 진열해 놓은 판매점(소매업체, 영업점)들은 어떤 고민을 하고 있을까?

가면 갈수록 상품의 수명은 점점 짧아지고, 기호에 따라 종류도 다양해진다. 따라서 상품을 다양하게 갖춰 놓지 않으면 판매기회를 놓치기가 일쑤다.

그런가 하면 제품 재고가 부족해서 찾아온 손님을 돌려보내야 하는 아쉬운 경우도 있다. 재고가 충분하지 않아서 결품으로 판매기회를 놓치는 것이다. 특정 품목이 잘 팔리는 것 같아 재고를 좀 더 많이 갖다 놓으면 소비자는 변덕을 부려서 그 상품은 곧 진부화된다. 진부화된 상품을 마냥 가지고 있으면 자금 압박을 받게 되므로 빨리 처분해야 한다. 진부화된 상품을 처분하기 위해서는 할인행사가 필요하다. 염가판매, 기획판매 등의 그럴 듯한 이름을 붙여 보지만 할인행사가 많아지면 싸구려를 좋아하는 고객들은 꼬이는 반면 고부가가치를 찾는 고객들이 보는 눈길은 곱지 못하다. 이런 할인은 정기적인 행사로 해야 할만큼 고객들의 기호는 심하게 바뀐다. 그나마도 유효기간이 정해진 상품들은 일정기간 내에 팔지 못하면 폐기해야 하며, 반품을 받아주지 않는 제조업체(또는 유통업체)도 있다. 상품 재고가 많아지면 재고를 유지하는 데 들어가는 비용은 그만큼 늘어나고, 반대로 이익은 줄어든다. 할인행사를 하는 경우에도 제품 마진과 영업이익은 줄어든다.

그러니까 제품을 주문하기 전에 잘 팔릴 것인지 신중하게 고민해야 하고, 그것도 일정한 물량이 돼야 주문을 받아 준다. 더 많은 할인을 받기 위해서, 또 운송비를 낮추기 위해서라도 주문을 모아 두었다가 한 번에 많은 양을 주문해야 한다. 제조업체로부터 공급받기까지는 상당한 시간이 소요되므로,

시장의 수요를 미리 예측하여 몇 개월 전에 주문할 수밖에 없다.

다음 달이면 또 신제품이 출시된다는 광고에 스트레스가 쌓인다. 신제품이 출시되기 전에 진부화된 제품의 재고정체를 빨리 해소해야 한다.

이러한 모든 문제가 일어나는 원인은 무엇인가? 그것은 판매점에 상품(재고)이 정체하기 때문이다. 그렇다면 또 다시 한 가지 의문점이 든다. 판매점에서는 왜 그렇게 많은 재고를 유지하고 있는가? 그러면서도 한편으로는 재고가 없어서 스스로 찾아온 손님들을 왜 날마다 돌려보내고만 있는가?

사실, 영업매장에 재고가 정체되는 원인은 제조업체와 유통업체(물류센터)의 물류정책과 관련이 있다.

### 원인을 만들어 내는 제조업체/유통업체의 물류정책 (제조업체/유통업체)

제조업체/유통업체는 어떤 물류정책을 견지하고 있는가?

우선 제품 주문에 따른 운송비는 판매점이 부담하게 한다(이건 기본이다). 그리고 판매점의 주문량에 따라 할인을 제공한다. 물품을 많이 판매하기 위해서 당근을 주는 이런 조치는 당연한 것이다. 회사 내부적으로는 재고를 줄여서 제조원가의 부담으로부터 벗어나려고 노력한다. 그 일환으로 가능하면 재고를 유통업체나 판매점에 밀어내려고 한다. 만약 판매점이 재고 물품을 받지 않으려고 버틴다면, 가격을 인상하거나 독점판매권을 내놓게 한다.

고객/시장의 수요는 다양하게 일어나고 있지만, 판매점들은 일부 인기품목에 한정하여 수요보다 많이 주문하려고 한다. 인기품목이 아니라고 생산을 하지 않을 수는 없으므로, 일부의 주문에 대해서는 언제까지 공급해 줄 수 있다고 확답을 해 줄 수 없는 입장이다. 주문량이 모이지 않으면 결국 생산을 포기해야 하는 품목도 있을 수 있다.

또 한편으로는 신제품을 개발하고, 시장에 유통시켜 활로를 찾으려고 한다. 그러나 개발된 신제품 중에서 시장에서 히트를 치는 경우는 상당히 드물다. 신제품 개발이란 것이 역시 만만치는 않은 것 같다.

이런 상황이라면 상기와 같은 판매점의 대응방법은 어쩔 수 없는 것이 아닌가?

### 공급망 전반의 물류흐름

살펴본 것과 같이 소매업체, 유통업체, 제조업체는 서로의 이익을 보호하기 위하여 제품 재고를 서로 밀어내려고 싸우고 있다. 힘있는 회사가 다른 회사에 일방적인 압력을 가하는 상태가 되겠지만, 이러한 힘겨루기로 인해 공급망 전반에는 다음과 같은 바람직하지 않은 현상들이 나타난다.

- 각 매장에는 많은 재고가 머무르고, 고객은 매장에서 원하는 제품을 찾을 수 없다.
- 한 매장에서 품절된 제품이 다른 매장에는 많이 쌓여 있다. 공급망은 판매기회를 잃거나, 판매를 위해서 긴급 운송비를 들여야 한다.
- 공급망에는 잉여재고가 가득 찬다. 특히 시장에서 인기 없는 제품은 공급망 내에 가득 쌓인다.
- 공급망 전체에 늘어난 재고부담은 공급망 구성원 모두에게 부담을 준다. 가장 많은 재고를 가진 곳이 가장 심각한 결과를 맞는다. (판매점은 지급능력을 잃게 되고, 유통업체는 손실을 입으며, 제조업체는 자금운영의 어려움을 겪게 된다.) 따라서 더 나은 조건으로 더 적은 재고를 유지하려고 서로 줄다리기한다.
- 제조업체는 더 과감한 조건을 내세우며 유통업체(물류센터)나 소매업체로 재고를 밀어내므로 제조업체나 물류센터에서보다 판매점의 재고수준은 상대적으로 높아진다.
- 재고의 대부분을 판매점에 밀어낸 결과로 제조업체는 시장의 변화추세에 둔감해진다(시장의 변화추세 대응에 걸리는 시간은 길어진다). 이렇게 하여 공급망에서 신제품의 출시는 더 느려진다.
- 매장의 진부화 재고는 할인판매하여 처분해야 한다. 이는 고객에게 부정적인 공급망의 이미지를 남긴다.

- 진부화 재고 소진을 위한 판촉행사로 공급망 내의 신제품 시장은 고갈된다.
- 상품의 흐름은 정체되고 따라서 신제품 개발 주기, 유통 속도는 느려질 수밖에 없다.
- 신제품 개발, 유통의 속도가 느려져서 경쟁 공급망에 뒤처진다.

공급망 구성원 간의 재고 밀어내기의 결과로 공급망 전반에 걸친 가치흐름은 정체되고, 공급망에서의 가치흐름의 붕괴와 정체는 결국 다른 공급망과의 경쟁관계에서 지는 결과가 되고, 더 나쁘게 된다면 공급망이 와해되는 상황을 부를 수도 있는 것이다.

공급망의 이러한 문제는 최종고객의 수요와 무관하게 다음 고리로 밀어내는(PUSH) 관행 때문이다. 공급망의 이런 관행은 특히 휴대전화, 자동차, 컴퓨터, 의류, 운동용품, 가전기기, 가방, 화장품 시장 등에서 쉽게 발견할 수 있다.

### 공급망의 문제

만약 공급망에서 재고가 가치흐름에 그렇게 나쁜 것이라면, 왜 그리고 어디서 그렇게 많은 재고가 생기는 걸까?

공급망의 각 구성원들은 일단 재고가 많이 있어야 판매기회를 놓치지 않을 것이라고 막연히 생각하는 경향이 있다. 많은 재고가 있어야 한다고 생각하는 여러 가지 이유가 있지만, 주된 이유는 다음과 같은 것들이다.

- 시장의 수요를 정확히 예측하기 어렵다
- 공급자를 신뢰할 수 없다
- 재고 보충기간이 길다
- 구매, 생산 및 물류부서가 영업부서에서 수립한 판매계획을 신뢰하지 못한다

공급망에서 발생하는 바람직하지 않은 현상은 비단 과다한 재고에 그치는 것이 아니다. 정리하면, 공급망에서 나타나는 대표적인 문제를 다음과 같이 요약할 수 있다.

1. 매장에는 고객이 찾는 물품이 없어 공급망은 판매기회를 상실한다.
2. 공급망의 재고는 진부화된다.
3. 채찍효과Bullwhip Effect라고 부르는 수요 정보의 왜곡 현상이 공급망을 더욱 곤란한 상황에 빠뜨린다.

### 판매기회 상실

판매기회를 상실하는 이유의 대부분은 매장의 결품으로 인한 것이다. 미국의 한 고급 백화점에서는 매장을 방문했던 고객 중 원하는 상품을 구입하지 못하고 돌아가는 사람이 무려 77%에 달하는 것으로 조사되었다. 매상의 2배에 가까운 판매기회를 상실하고 있음이 밝혀진 것이다.

납기를 확약해 줄 수 없어 주문을 받지 못하는 경우도 많다. 고품질과 저가격으로 시장에서 경쟁우위를 가진 모 건설자재 업체는 일찍부터 글로벌화된 생산을 해 왔다. 그런데 언제부턴가 입찰에 실패하는 경우가 늘어나기 시작했다. 조사해 본 결과 그 이유가 '정확한 납기를 바로 답해 줄 수 없기 때문' 이라는 것을 알았다. 공장의 책임자는 해당 품목의 재고를 미리 확보하지 않는다면 제품의 종류가 수천 종에 이르고 있어 정확한 납기를 확약할 수 없다는 입장이었다. 그러면서, 경쟁 업체는 어떻게 납기를 약속할 수 있는지 모르겠다고 했다.

반면, 낮은 품질 때문에 판매기회를 상실한 경우는 많지 않았다. 이는 제품의 품질확보는 경쟁을 위한 매력적인 요소가 아니라 기본적인 요소이며, 시장의 경쟁자들도 이미 어느 정도의 품질 확보는 이루고 있음을 뜻한다.

### 진부화 재고

중국 공장에서 생산하고 유럽 및 미국 시장에 판매하는 한 가전업체에서는 POS 정보가 EDI로 상세하게 송신된다. 미국에서는 각각의 제품별 판매 동향이 파악된다. 판매 피크를 지난 것으로 판단되는 제품은 생산량을 줄이도록 중국의 생산공장에 통보한다. 그러나 중국측에서는 매년 연간 생산계획에 따라 생산하고 있고 판매가 일시 정지되었다는 이유만으로 간단히 생산계획을 변경할 수는 없다고 주장한다. 본사에서는 약속한 매출은 어떻게든 달성하라고 한다. 판매목표를 달성하지 못하는 것은 영업의 노력이 부족하기 때문이라고 한다. 진부화 재고는 누구의 책임인가?

### 채찍효과 *Bullwhip Effect*

공급망에서 나타나는 악영향 중 하나로 채찍효과가 있다. 시장에서 소비자의 작은 수요는 소매점, 도매점, 생산자로 거슬러 올라가면서 수요의 변동폭이 증폭되는데, 채찍효과란 이처럼 공급망 하류에서의 작은 수요의 변화가 마치 채찍을 휘두르면 파장이 계속적으로 커지는 것처럼 상류에서는 과장된 발주 정보로 전달되는 현상이다. 이러한 정보의 왜곡현상은 생산과 유통의 여러 단계에서 단계별 수요 정보가 공유되지 못함으로 발생한다.

다음 그림은 식품에 있어 채찍효과의 실제 관측 사례이다. 소매점의 실제 판매동향에 커다란 변동은 없지만 이것이 도매점, 제조사, 원자재 공급자에게로 전달되어 수요 변동의 폭이 확대되어 가는 것을 볼 수 있다. 공급망의 하류기업에서 재고가 부족하다고 판단하는 경우 가능한 한 재고를 많이 확보하기 위해서 실제로 필요한 양보다 더 많은 수량을 발주하는 경향이 있는데 이 때문에 수요가 왜곡된다.

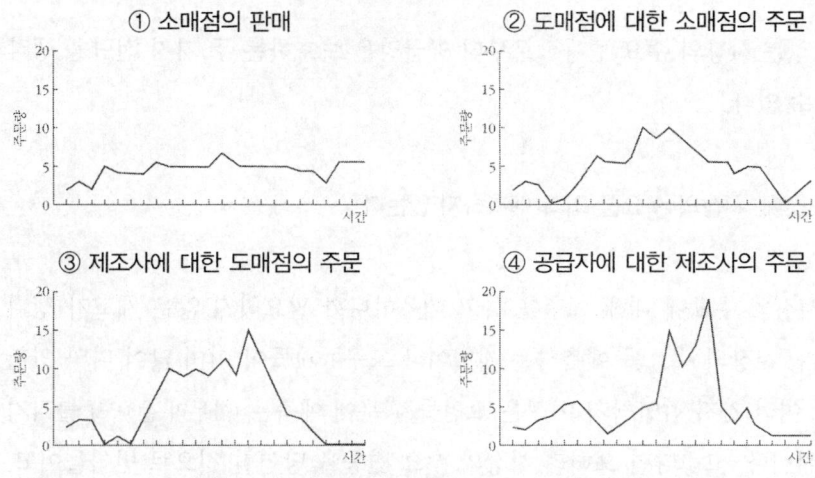

**공급체인 내 각 객체들의 시간에 따른 주문량의 변화**
소비자로부터 시작된 변화가 소매점, 도매점, 제조업체를 거치면서 부풀려진다.

[그림 15-1] 채찍효과

# 2. 공급망에서 가치흐름의 목표

공급망에서 일어나고 있는 바람직하지 않은 상황들을 고려할 때, 공급망 전체의 목표는 명확해진다. 즉,

(1) 재고를 낮춤으로써 낭비되고 있는 물류비용을 대폭 절감하고,
(2) 상품의 흐름 스피드를 높임으로써 경쟁상황에서 살아남는 공급망이 되며,
(3) 시장의 수요에 적절히 대응함으로써 품질과 고객의 만족도를 높이고 신제품 개발기간을 단축하는 등 고객대응 수준을 높이며,
(4) 구매 의도가 발생한 매장에서 고객에게 결품 없이 대응하는 것이다.

공급망 전체적인 관점에서 이와 같은 목표를 달성하기 위해서는, 예측할

수 없는 시장의 수요 변동으로부터 공급망을 보호하는 두 가지 전략을 생각할 수 있다.

**첫째, 시장의 수요를 미리 예측하지 않는다.**

시장의 수요에 대해 예측을 하고 대응하니까 필요하지 않은 재고가 생겨난다. 시장의 수요를 예측하는 기법이나 도구Tool들이 이미 많이 나와 있지만, 여러 가지 감안하기 어려운 요인들 때문에 예측은 (아무리 잘해도) 틀리기 마련이다. 그렇다면 오히려 시장의 수요 변동을 당연한 것으로 받아들이고, 다만 시장에서 생긴 실제의 수요 변동만큼 따라가는 태도를 취한다면 어떨까? 공급망의 특정 위치에 어느 정도의 재고를 정해서 유지하되, 시장에서 실제로 변동이 생긴 만큼만 재고량을 계속 보충하는 것이다.

**둘째, 재고는 적절히 대응할 수 있는 확률이 더 높은 곳에 둔다.**

수요 변동에 더 잘 대응할 수 있는 확률이 높은 위치에 재고를 두는 것이다. 어느 품목이 어느 곳에서 판매될지 알 수 없는 상황이라면, 판매점보다는 유통업체(물류창고)에, 물류창고보다는 제조업체의 제품창고에 재고를 준비시켜 두는 것이 수요 변동에 더 유리하게 대응할 수 있다.

이러한 두 가지 공급망 보호전략은 다음과 같은 사항이 전제되어야 한다.

- 구성원 간의 연대와 신뢰
- 구성원 간에 제품의 흐름과 관련된 정보의 공유
- 구성원 간의 접점에서 일어나고 있는 프로세스의 재구축
- 필요한 경우 공급망의 가치흐름에 맞도록 제품을 재설계

# 3. 공급망관리 (Supply Chain Management)

## 공급망관리의 출현

기업은 경영의 효율화와 경쟁력 강화를 위해 시장의 요구를 충족시킬 수 있는 방법을 끊임없이 찾게 되었고, 개별 기업만의 힘으로는 치열한 경쟁에서 한 걸음 앞설 수 없다는 것을 깨닫게 되었다. 지금까지 시장에서의 경쟁이 개별 경쟁업체 간의 경쟁이었다면 향후에는 유통경로상에 연결되어 있는 업체군群(공급망) 간의 경쟁으로 확대될 것이다.

이에 따라 기업들은 마케팅, 생산, 재무 등 기업 내부의 기능통합 노력과 더불어 대외적으로는 탁월한 경쟁 자원을 확보하기 위해 상품공급 채널상의 파트너와의 제휴를 적극적으로 추진하게 되었다. 즉, 기업경영의 패러다임이 전통적인 거래중심에서 기업 간 제휴와 공급채널의 프로세스 최적화를 통한 경쟁우위 확보 중심으로 바뀌고 있으며, 이러한 전략이 구체화된 경영관리 패러다임이 공급망관리(SCM : Supply chain Management)다. 완벽한 공급망 구축과 차별화가 기업 경쟁력을 좌우하는 중요한 전략 수단의 하나로 대두되고 있어, 국내의 많은 기업들도 여기에 상당한 노력을 기울이고 있다.

한편 공급망관리SCM는 적용되는 산업별로 그 표현을 달리하고 있다. 의류업계에서는 QR(Quick Response)이라고 하고, 식품업계에서는 ECR(Efficient Consumer Response)이라고 하며, 의약품업계에서는 EHCR(Efficient Healthcare Consumer Response) 신선식품 부문에서는 EFR(Efficient Foodservice Response) 등으로 불리고 있다. 나아가 JIT(Just In Time)을 자동차제조 분야의 SCM으로 구분하기도 한다.

## JIT (Just In Time)

2차대전 후 도산의 늪을 벗어나지 못하던 일본의 도요타자동차회사가 당시 세계 제일의 자동차회사인 미국의 GM 타도를 목표로 창안한 기법이다.

다품종 소량 혼류생산으로 생산공정의 유연성을 높였으며, 리드타임 감소, 납기단축, 재고감소, 생산성 향상, 불량감소를 가능하게 했다. 완성차 회사가 자동차부품을 생산하는 협력업체와 EDI(Electronic Data Interchange, 전자문서교환시스템)로 연결하여 자동차 부품의 재고비용과 구매와 관련된 비용을 줄이기 위해 시발한 것으로 알려지고 있다. 크라이슬러의 사례를 살펴보자.

크라이슬러는 약 2만 7천 종의 부품 중 30%만 자체 생산하고 나머지 70%는 협력업체로부터 공급받고 있었다. JIT를 도입하기 전에는 공장에서 부품재고를 매일 확인한 후 재고 부족이 확인되면 해당 협력업체에 주문을 보내는 형식으로 재고를 확보하였다. 재고 부족으로 조립라인이 중단될 경우 그 피해는 크기 때문에 공장에는 항상 여유재고를 준비해 두었다. 여유재고는 협력업체로부터 부품 공급이 지연되거나 납품 받은 부품이 불량일 경우 조립공장의 라인이 중단되지 않도록 하기 위한 것이었다. 협력업체의 경우에도 크라이슬러로부터 주문을 받는 경우 신속하게 부품을 공급하기 위해 인도재고를 별도로 보유하였다. 이러한 여유재고와 인도재고는 크라이슬러와 협력업체에 많은 재고비용을 부담시킴으로써 생산비의 증가요인으로 작용하게 되었다.

크라이슬러는 1984년부터 JIT체계로 전환하게 된다. 이전까지 협력업체가 크라이슬러의 주문에 따라 부품을 공급해 오던 것과 다르게, 협력업체는 크라이슬러의 조립생산계획에 따라 부품을 공급하게 된다. 이를 위해 크라이슬러는 상세한 자동차 조립계획을 협력업체에 EDI로 제공한다. EDI를 통해서 공급할 부품의 내역과 물량 등 협력업체와 크라이슬러와의 조정 업무가 이루어짐에 따라 가장 두드러지게 나타난 효과는 재고비용의 감소와 납기단축이었다.

### QR (Quick Response)

미국 내에 아시아로부터 수입된 저가 수입의류가 급증하여 내수시장은 경쟁력을 잃게 되고 근로자가 실직하는 등 사회적으로 문제가 되자 미국의류

제조업협회는 1984년 미 행정부의 재정지원으로 의류제품 제조 및 판매과정의 시간을 단축하여 경쟁력을 강화하는 전략으로 QR을 개발하여 의류업계에 전파하게 된다. 소비자의 요구에 맞는 상품을 소비자가 원하는 시점에 제공하기 위해서 사내의 업무프로세스를 하나하나 재검토하여 비효율적이고 불필요하다고 생각되는 프로세스를 제거하는 경영전략적 차원으로 받아들여져 기업의 리엔지니어링 개념으로까지 발전하였다.

QR은 EDI를 통해 물류와 관련한 전표나 수작업 일체를 물류정보시스템과 통과형 물류센터Cross Docking 등으로 일관화하여 생산자에서 소비자에 이르는 물류의 전과정을 대폭 단축했다. QR은 생산, 판매, 물류 부문 등 특정 부문 뿐만 아니라 사내외 전공정에 걸쳐 시행되지 않으면 실현될 수 없는 것이다.

한국섬유산업연합회는 QR 도입으로 다음과 같은 주요한 기대효과를 예상하고 있다.

- 소비자 수요 분석에 의한 빠른 상품 회전력으로 시장변화에 신속히 대응할 수 있다.
- 할인판매의 빈도가 감소되어 소비자 만족도와 제품의 질은 향상된다.
- 수요 – 공급의 균형으로 유통망이 개선된다.
- 적정 수요 예측에 의한 생산으로 재고감소 및 재고회전율을 향상시킬 수 있다.
- 시장 및 상품정보의 전자적 교환으로 인력의 낭비와 대기시간의 낭비를 제거할 수 있다.
- 원사로부터 매장까지의 유통 소요시간이 대폭적으로(1/3) 단축 가능하다.
- 기업들은 수익률 증가로 QR 도입 이전과 비교하여 매출이 증가하며, 소비자들은 적정한 가격으로 구매하여 고객만족을 추구할 수 있다.
- 제품의 가격 경쟁력 확대로 외국산 의류와의 경쟁력에서 우위를 추구할 수 있다.

## ECR (Efficient Consumer Response)

1980년대 미국의 슈퍼마켓 유통업은 월마트, 프라이스클럽 같은 저가전략의 대형할인매장에게 시장을 위협 당하게 됨에 따라, 시장 재탈환을 위해 경쟁력을 높여야 하는 절실한 과제를 안게 되었다. 미국 슈퍼마켓 유통업은 제품의 집중도가 높아 단일 제품에 대해 3~4개의 생산업체가 50% 이상의 시장을 점유하고 있었고, 지역의 집중도도 높아 상위 3개의 슈퍼마켓 체인이 특정 지역에서 70% 이상의 시장을 점유하고 있었다. 따라서 미국의 슈퍼마켓 유통체인의 경쟁력 제고는 기업 간 수직적인 흡수 통합보다는 현재의 산업구조를 유지하면서 기업 간 업무의 재정립이나 효율화를 통해 채널의 생산성을 높이는 것이 현실적인 방법이었다. 이러한 과정에서 제안된 것이 식품 잡화 분야의 SCM 격인 ECR이다.

ECR(Efficient Consumer Response)이란 최종소비자의 만족에 초점을 둔 공급망 효율극대화 모델로서, 제품의 제조단계에서부터 도매. 소매에 이르기까지 전과정을 일관된 흐름으로 보아 연관 기업들이 공동참여를 통해 경영효율을 개선하는 효율적 고객대응 기법이다. ECR체계에서는 제조회사와 판매회사가 공동으로 상품개발이나 판매촉진 전략을 펼 수 있다.

일반적으로 유통체인들은 일정한 시간 간격으로 생산업체에 물품을 주문하고 공급받은 물품을 물류창고에 보관하면서, 필요한 경우에 물품을 체인 상점에 공급하는 방식을 사용해 왔다. 따라서 주문제품의 종류와 수량은 유통체인 경영자의 임의대로 이루어졌으며, 생산업체는 이 주문에 근거하여 생산계획을 조정하고 물품을 공급하는 것이 일반적이었다.

ECR 체계에서 유통체인은 주문 대신 각 제품의 일일 판매량과 재고정보를 EDI를 통해 생산업체와 공유한다. 판매시점POS 정보를 받은 생산업체는 제품 공급량과 공급시기를 결정한다. 그리고 재고상황을 점검해 별도 주문 없이도 적절한 시점에 납품한다. 슈퍼마켓 체인은 제품 공급에 대한 의사결정을 생산업체에게 완전히 위임하게 되므로 ECR은 기존의 주문공급 체계와는 다르다. 이러한 지속적인 물품공급 체계를 강조하는 ECR을 특히

CRP(Continuous Replenishment Process)라고 부르기도 한다.

| 구분 | 일반적인 주문공급 체계 | ECR |
|---|---|---|
| 정보내용 | 주문정보<br>(품목, 주문량) | 판매정보, 재고정보<br>(당일 판매량/재고량/재고 부족량) |
| 전송빈도 | 매주 | 매일 |
| 전송정보 형태 | 문서 (Hardcopy) | 전자정보 (비문서) |
| 전송도구 | 팩시밀리 | EDI |
| 전송 오류 | 정보 오류가 빈번<br>(여유재고 유지) | 고품질 데이터통신<br>(여유재고 제거) |
| 재고관리 책임 | 유통체인 | 생산업체<br>(Vendor Managed Inventory) |
| 가격정책 | 고저가격정책 | 상시저가정책<br>(Everyday Low Cost Pricing) |

[표 15-1] 일반 주문공급 체계 vs ECR

ECR 도구로는 상품에 부착된 바코드를 판독하여 판매데이터를 자동으로 보내는 컴퓨터자동발주CAO, EANCOM 표준 전자문서를 근간으로 정보를 공유하는 전자문서교환, 공급자가 보낸 상품을 물류센터 도착 즉시 점포별로 분류하여 트럭에 적재–운송하는 통과형 물류센터Cross Docking, 상품을 그룹 수준으로 관리하는 카테고리관리, 공급업자와 소매업자와의 정보공유로서 상품의 흐름을 통제/관리하는 연속적제품보충CRP, 매장의 진열 순서를 고려하여 납품을 준비하는 배송상품 순서 선정 등이 있다. 물론 이러한 도구들은 서로 밀접하게 연관된다. 예를 들어 연속적제품보충이 가능하려면 EDI와 CAO뿐만 아니라 카테고리에 의한 상품관리 기법이 필요하다.

### 공급망관리 기법 SCM tools

네트워크와 정보기술의 발달로 공급망의 전략과 기법(도구)들은 현재에도 발전을 거듭하고 있다. 대표적인 공급망관리 도구들을 살펴본다. 각 기법에 대한 세부적인 내용은 이미 소개된 여러 문헌과 출간된 서적을 참고하기 바란다.

| 관리영역 | 솔루션(공급망 관리기법) |
|---|---|
| 상호이익을 창출하기 위한, 다른 기업과의 Win-Win 협력 (Supply Network Strategy) | 공급자재고관리 |
| 전체 공급망을 고려한 설계 (Design for SCM) | 전략적지연 |
| 수요의 불확실성과 채찍효과 최소화 (Supply and Demand Balancing) | Accurate Response |
| 물류비용절감 및 효율극대화를 위한 물류체계 최적화 (Logistics Network) | 통과형물류센터, 혼적, Merge-In-Transit |

[표 15-2] 공급망을 관리하기 위한 기법들

| 참고 | **공급망관리 기법들 (SCM TOOLS)**

### 공급자 재고관리 *(Vendor Managed Inventory, VMI)*

공급자에 의한 효율적인 재고보충 프로그램. 고객사에서 재고정보를 공급사에 제공하고 공급사가 주도적으로 보충계획을 수립, 발주, 재고관리한다.

3M사가 P&G사에 일회용 기저귀용 접착테이프를 공급하다가, P&G사가 일일 재고데이터와 예상 소요량을 3M사에 제공하고 양사가 적정 재고수준에 합의한 후로는 3M사가 주문 발행, 선적 등을 수행한 예가 유명하다. 한국에서는 제품을 고객사에 가져다 놓고 수시로 사용하며 사용시에만 결재해주어, 공급사에는 별 유익이 없이 운영이 변형되기도 하였다.

### 전략적지연 *Postponement*

제품의 Customization Point를 가급적 고객과 가까운 쪽으로 늦추어 수행하는 전략이다. HP사의 프린터 전원공급장치Power Supply 사례가 유명하다. 프린터에 내장된 전원공급장치는 각 나라마다의 전력에 따라야 했으므로, 그만큼 제품의 종류가 세분화되어 유통상의 재고 문제가 골칫거리였다. 이 문제는 프린터와 전원공급장치를 분리함으로써 간단히 해결되었다. 나라마다의 프린터가 다를 필요가 없어졌다. 현재는 자유전원공급장치Free Voltage Adapter마저 보편화되어, 상당한 공용화가 이루어졌다.

### 통과형 물류센터 *Cross Docking*

물류창고에서의 입고와 분배를 동기화하여 보관(저장), 피킹 등의 단계를 생략, 물류를 단순화시키는 방법이다. 입고도크로 입고되는 제품들은 분류되자마자 재포장 등을 거쳐 출하도크의 트럭에 적재되고 목표지로 출고된다. 단, 물류센터의 입장에서는 고객의 주문정보와 제품의 입고정보가 모두 가용해야 하고, 입고시각이 지켜질 수 있어야 하며, 분류작업장과 분류설비가 필요하다. 주로 고회전 품목에 적합하며, 이를 통해 재고의 획기적인 감축이 가능하여 물류센터의 필요성을 상당 부분 줄일 수 있다.

### 기능 간 통합 *JIT-2*

JIT가 공급사의 일방적인 희생을 강요하는 것에 반해, JIT-2는 고객사와 공급사가 하나의 가상기업이 되어 주문-공급 등의 중복 업무와 비능률을 제거하여 업무처리 속도를 단축하고 비용을 절감한다. 정보 공유가 전제되어야 한다.

BOSE사의 구매/물류담당이사 Dixon이 공급사인 G&F의 직원을 상근하도록 제안한 예가 있다. 이 직원은 BOSE사의 직원으로 대우받으며 고객사에 상주하여 근무하면서 전산망을 통해 제품의 구매/발주를 수행하며 권한을 행사하였다. 이로 인해 BOSE사에는 9개 공급사로부터 12명이 상주하게 되었으며 구매직원이 불필요하게 되고, 제품개발에 동시공학을 적용할 수 있게 되었으며, 재고는 1일분 이하로 감축되고 구매데이터의 오류나 운송 불확실성이 상당부분 제거되었다.

신뢰할 수 있는 공급사들과 먼저 수행하는 것이 요령이다. 한편 고객사의 기밀이 악용되거나 누설될 수 있으므로, 정기적인 감사를 실시하는 등의 제도적 장치가 필요하다. 또한 공급사의 경쟁력이 떨어지면 언제든지 교체할 수 있도록 장치를 마련해 두어야 한다.

### 혼적 *Consolidation*

소품종 대량운송을 다품종 소량운송이 가능하도록 한 것으로, Pooling을 통해 규모의 경제를 극대화하여 불확실성에 대응하는 방법이다.

### e-Fulfillment 센터화

전통적인 창고기능에서 탈피하여 구성품 어셈블리를 고객의 요구에 맞도록 간단한 제품조립, Kitting, 가공, 라벨링, Packaging, 검사, 수리, S/W 설치, 기타 고객서비스를 수행하는 등 고부가가치를 추가적으로 수행하도록 하는 방법이다.

### Accurate Response

시장변화데이터를 추적하여 수요예측 기간을 최소화하고, 예측의 정확도를 향상시키는 방법이다.

### Merge-In-Transit

Merge Center를 이용, 수송거리를 최소화시키는 방법이다.

### 공동 수배송

수송은 기업간, 대량, 소품종, 장거리, 단일 목적지로, 배송은 대 고객, 소량, 다품종, 단거리, 복수의 목적지로 운영하는 방법이다. 뒤에서 혼적으로 여러 회사의 다품종 소량의 품목 운송이 가능하도록 한 가구회사의 사례를 참조하라.

## 공급망관리의 기대효과

공급망관리를 통하여 기대할 수 있는 것은 유통체인의 비용감소, 재고감소와 생산성의 향상으로 인한 재무부담의 감소 등이다. 뿐만아니라 품절이 감소되며, 소비자와 소비자 니즈에 대한 지식이 확대되고, 소비자 충성도는 증대될 수 있다. 공급자와 소매업자 사이의 관계가 증진되면서 거래 관행도 개선된다. 결국 이러한 이점들은 공급망의 경쟁력으로 이어져 최종소비자에게 돌아가는 이점은 더욱 더 증가하게 된다. 최종소비자는 구매조건이 나아지며, 상품 선택의 폭이 넓어지고, 늘 새롭고 신선한 상품을 구매할 수 있게 된다. 다음은 공급망 관리 도구들을 활용하여 효과가 기대되는 사항들이다.

판매이익, 평당 마진 및 상품회전율 증대
창고 및 점포 주문의 자동화

품절의 감소

분산 창고에 의한 물류

파손율의 감소

재고감소

제조/재고/수송의 최적화

반송(회차)/공급자 재고/과다 저장의 감소

신제품 출시 실패율 감소

제품 평가의 신뢰성 증대

## 성공적인 공급망관리를 시작하기 위하여

사업의 초점이 회사 차원에서 공급망 전체로 옮겨짐에 따라 적지 않은 변화가 수반될 수 있다. 프로세스의 혁신, 인적자원의 재배치, 인프라를 위한 투자 등이 필요할 것이므로, 최고 경영진의 주도적인 관심과 지원이 보장되지 않으면 성공하기를 바라지 말 일이다.

SCM 성공의 관건은 관련 기업 간의 상호 연대와 신뢰라고 할 수 있다. 이러한 연대의식으로의 인식전환이 가장 어려운 부분이다. 이를 위한 교육 프로그램이 필요하며 과업평가를 위한 새로운 시스템도 필요하다. 무엇보다도 경영진 스스로가 이러한 변화에 순응해 가는 모습을 말뿐만 아니라 몸으로, 행동으로 보여 주지 않으면 변화에 성공하지 못할 수도 있다.

우선은 인접한 호의적인 고리와 파트너십을 갖고 시작하는 것이 바람직하다. 재고감소, 서비스 향상 등의 가시적 결과물들은 시행 수개월 이내에 경험할 수 있다. 첫 단계가 성공적으로 이행된다면 파트너와의 신뢰적인 분위기 조성이 한결 쉬워지게 될 것이다.

또 한 가지, 시장의 수요를 예측하려고 하지는 말 일이다. Accurate Response와 같은 SCM 도구들은 시장의 수요 변화 예측의 정확도를 높이려는 기법들이지만, 발생하지도 않은 앞날의 수요를 예측하려고 하기보다는 발생한 수요를 보충해 나아가는 편이 훨씬 낫다. 이러한 보충공급 방식의 이점과 적용 요령을 이제부터 살펴볼 것이다.

# 4. 새로운 물류방식

앞서 공급망에서의 가치흐름의 목표로 다시 돌아가보자(p368). 두 가지 정책으로 정리했었다.

1. 시장의 수요를 미리 예측하지 않는다.
2. 재고는 적절히 대응할 수 있는 확률이 더 높은 곳에 둔다.

이제 공급망에서 이 두 가지 정책을 어떻게 실천해야 할지 생각해 보자. 올바른 시점에, 올바른 장소에, 올바른 재고를 유지하기 위해서는 다음과 같은 두 가지 질문에 답해야 한다.

1. 재고는 어디에 어느 정도 두는 것이 이상적인가?
2. 제조업체 – 물류센터, 물류센터 – 판매점 사이에 재고를 공급하는 올바른 물류방법은 무엇인가?

### 재고를 어디에 어느 정도 둘 것인가

시장을 예측하여 생산하거나 공급하는 것은 어리석은 짓이다. 시장에서 발생하는 수요의 데이터를 보면 지역에 따라 크게 다르며, 어느 한 지역만 보더라도 판매현황은 날마다 크게 변동한다. 이러한 시장수요의 변동은 최종고객의 취향이 바뀜으로 인한 것인데, 이 때문에 제품은 시간이 지날수록 다양해질 수밖에 없다. 게다가 최종고객의 기호 변화가 일어나는 시점과 공급망에서 대응하는 시점 간에는 시간적인 간격이 있다. 시장 수요의 변동에 잘 대응하기 위해서 예측시스템을 도입한다고 하더라도 그 효과는 미미해서 투자한 재화와 노력에 비하면 실망적이다.

그러므로 재고는 예측 대상 범위가 넓어 적중 가능성이 가장 큰 위치에 모아 두기로 한다. 예측 대상 범위가 넓을수록 예측의 신뢰성이 높아진다는 의미는, 예를 들면 어느 한 품목이 오늘 어느 점포에서 팔릴지 자신 있게 말할 수는 없지만 전국적으로는 매일 10대 정도 팔린다고는 말할 수 있는 것이다. 이런 제품이 한 품목도 아니고 여러 품목이므로 개별 점포보다는 도시로, 도시보다는 지역으로, 지역보다는 전국으로 대상의 범위가 확장될수록 수요예측의 신뢰성은 높아질 수밖에 없다. 따라서 판매점포보다는 물류센터의 대형창고에, 물류센터의 대형창고보다는 제조업체의 제품창고에 더 많은 재고를 모아 두는 것이 시장의 수요 변동에 훨씬 더 효과적으로 대응할 수 있는 방법이다.

| 참고 | **과도한 판매예측이 제조업체에 미치는 영향**

필자는 대리점으로부터의 가수요假需要로 골머리를 썩고 있던 자동차부품회사를 방문한 적이 있다. 공장은 수많은 재고로 몸살을 앓고 있었고, 진부화품은 공장 창고의 여기저기를 가득 메우고 있었으며, 잔업은 끊일 줄 모르는 기업이었다. 어렵지 않게 곧 밝혀졌지만, 대리점으로부터의 판매예측이 원인이었다.

판매예측을 반영하여 생산계획을 수립하는 경우에는 과도한 예측이 있는지 주의해서 확인해 보아야 한다. 공급망의 각 고리들은 불확실성에 대처하기 위해서, 순차적인 판매예측을 반복해가며 예측 값을 부풀려 놓는다(채찍효과).

소매점에서는 다음 연도의 판매 예상 품목 및 수량을 예측해서 대리점에 전달하고, 대리점은 이를 취합하여 제조업체의 영업사원에게 제시한다. 영업사원은 판매예측의 정확성이나 재고량에 의해 평가받는 것이 아니라 매출에 의해서 평가되므로, 창고가 비어서는 안 된다고 주장한다. 이렇게 각 단계마다의 불확실성에 대처하려다 보니 결국 실제의 생산소요보다 커져서, 생산 자원들은 과부하될 가능성이 커지고 그러면 설비나 인원고용에 투자가 뒤따르지 않을 수 없게 된다.

주문의 문제는 생산의 우선순위를 왜곡시켜서, 고객이 요구한 진짜 주문과 재고보충용 생산지시를 구분할 수 없게 만들어 버린다. 공장의 자원이 과부하되면 일부 주문이 지연되는 것은 의심할 바가 없다. 그러면 생산설비들은 주문량을 늘려서 대응해야 하며, 지연된 주문을 처리하느라고 계획에 없던 잔업과 외주처리가 넘치게 된다.

생산계획을 수립하는 담당자는 실제로 고객에게 납품해야 할 주문과 그렇지 않은 것을 구분할 수 있어야 한다. 그래야만 어떤 자원의 능력을 늘리거나 줄이기 위한 투자에 지혜롭게 대처할 수 있다.

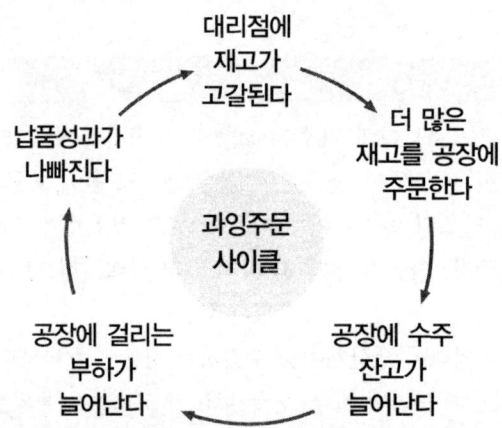

과잉주문은 공장의 부하를 필요보다 높이고, 이로 인해 납기지연건은 더 늘어난다. 따라서 대리점은 제품을 제 때에 공급받을 수 없고, 그래서 시장규모보다 많은 주문을 넣는 악순환이 계속된다.

[그림 15-2] 과잉주문의 악순환

### 재고를 공급하는 올바른 물류방법은 무엇인가

시장의 수요를 예측하지 않고 시장에서 발생한 사실을 근거로 제품을 보충하는 방식으로 발상을 바꾸기도 한다. 공급망 내에서 수요예측을 근거로 소비자 쪽으로 밀어내는 것이 아니라, 단기간 판매된 실적에 따라 개별품목을 보충하는 제도로 전환하는 것이다(즉, 제품 공급방식을 Push System에서 Pull System으로 전환한다).

### 기존의 재고보충시스템과 새로운 재고보충시스템

재고를 보충하는 기존의 방법중 대표적인 것은 최대최소발주시스템이다. 이것은 품목별로 '안전재고' 라고 부르는 재고수준과 더 이상 부족해서는 곤란할 최소재고수준을 발주수준으로 정해두고, 발주수준에 도달하면 정해진 수량을 발주하는 방법이다. 일정한 수준이 될 때까지 기다려서 일정한 수량을 발주하므로, 비정기-정량 발주시스템이다.(여기서 발주량 Q는 최대재고수준과 최소재고수준의 차이로, 항상 일정하다.)

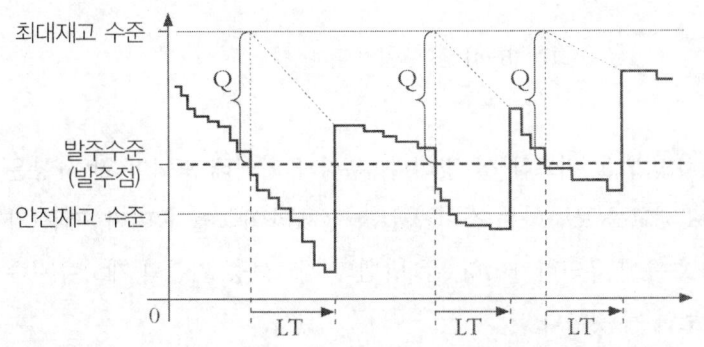

재고가 발주수준에 도달하면 정해진 양(Q)만큼 발주한다.

[그림 15-3] 비정기정량 발주시스템

이에 반해 새로운 보충시스템은 단순히 지난 기간 동안 판매된 품목별 수량을 집계하여 통보(발주)하는 것이다. 다음 기간까지의 수요를 예측하느라

고심할 필요도 없고 복잡한 것도 없다. 시장의 수요변화를 감지할 수 있을 정도로 비교적 짧은 기간을 정해서 그 기간 동안의 시장의 실제 수요 발생량에 따라 발주하므로 정기-변량 발주시스템이다.

재고보충기간이 줄어들어 흐름이 안정되는 것은 물론(이제 곧 볼 것이다), 유지해야 할 재고수준도 대폭 줄어들고 진부화품(소위 불용재고라고 하는) 역시 상당히 줄어든다.

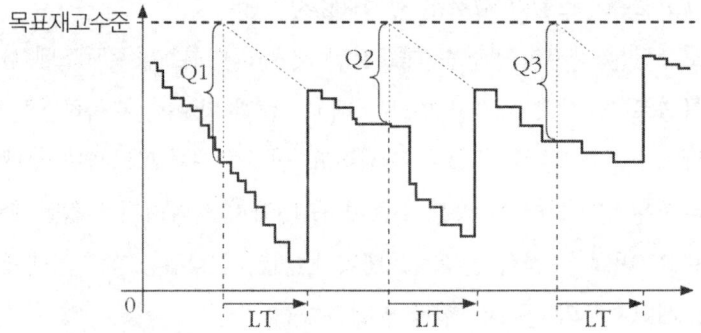

목표재고수준을 정해두고, 정기적으로 여기서 차이나는 양만큼 즉 해당기간 동안의 사용량만큼 발주한다.

[그림 15-4] 정기변량 발주시스템

이제 두 가지 방법을 비교해 볼 것이다. 우리가 확인해 보아야 할 사항은 어떤 방법으로 재고를 보충하는 것이 공급망 전체의 재고를 줄이며, 제품(가치)의 원활한 흐름에 유리한가이다. 두 방법의 재고보충 기간과 재고유지수준을 비교해 보면 될 것이다.

### 재고보충 기간 계산
매장에서 제품이 판매된 시점으로부터 재고를 보충하는 데 필요한 시간은 다음과 같은 세 가지 리드타임의 합이다.

재고보충기간 = 발주리드타임 + 생산리드타임 + 운송리드타임

여기서 발주리드타임은 매장에서 제품을 판매한 후로부터 주문하기까지의 시간을, 생산리드타임은 제조업체에서 주문을 접수한 후 완제품을 창고에 채워두기까지의 시간을, 운송리드타임은 제조업체/유통업체의 창고에서 매장에 제품을 보충해 주기까지의 시간을 각각 뜻한다. 발주리드타임은 매장에 의해, 생산리드타임은 제조업체에 의해, 운송리드타임은 제조업체 및/또는 유통업체에 의해서 각각 결정된다.

예를 들어 어느 매장이 모든 품목별로 3개월분의 재고를 보유하고 있다고 가정해 보자. 제품의 품목수가 많다면 그만큼 상당한 양의 재고를 유지해야 할 것이다.

품목별로 발주수준에 도달하면 정해진 양(최대수준까지 채우는 수량)을 주문하는 기존의 주문방법을 사용하면 재고를 보충하는 간격은 다음과 같이 된다.

재고보충기간(1) = 발주리드타임(2~3개월) + 생산리드타임(1주) + 운송리드타임

새로운 보충시스템을 사용한다면 단순히 지난주에 판매된 품목별 수량을 제조업체/유통업체에 통보(주문)하기만 하면 된다. 단, 3개월 간의 판매실적(수요)이 어떤 추이를 보이고 있는지를 봐가며 가끔씩 재고유지 수준을 조정할 필요는 있다.

재고보충기간(2) = 발주리드타임(1주) + 생산리드타임(0) + 운송리드타임(기존과 동일)

훨씬 더 짧은 리드타임으로 더 적은 양을 보충하는 새로운 방법이 재고보충기간은 물론, 이 기간 동안 대비해야 할 재고수준도 대폭 줄여 주는 것을

알 수 있다. 물론 그만큼 재고 유지비용도 줄어들고(재고 유지비용은 보통 재고 금액의 약 20~25%를 차지한다), 시장의 수요변동에도 민감하게 대응할 수 있다. 큰 파동을 치며 몰려오는 파도보다는 시냇물 같은 잔잔한 흐름이, 오다가 끊겼다가를 반복하는 흐름보다는 한결같이 지속적인 흐름이 더 나음을 보여주는 가치흐름의 단순한 원리가 적용된 것에 불과하다.

새로운 방법은 운송비용이 많이 늘어날 것 같지만, 실은 대략 같은 수준으로 유지된다. 예를 들어 10개 품목을 3개월분인 50set 씩 출하하는 것과, 50개 품목을 3주분인 10set 씩 출하하는 것을 생각해 보라.

이제까지의 결과로 공급망의 각 고리별로 유지해야 할 재고수준이 어느 정도이어야 하는지, 각각 정리해 보자.

제조업체(공장창고) : 완제품재고를 보충하는 생산리드타임에 해당하는 재고
+유통업체의 수요변동을 감당하기 위한 재고
유통업체(물류센터) : 제조업체의 운송리드타임에 해당하는 재고 + 소매업체의 수요변동을 감당하기 위한 재고
소매업체(판매점) : 유통업체의 운송리드타임에 해당하는 재고 + 단기간의 시장수요변동을 감당하기 위한 재고

새로운 물류공급방식으로 얻게 되는 이점은 다음과 같다. 공급망 전반의 물류흐름 문제가 해소됨을 알 수 있다.

- 시장의 기호변화(시장수요의 불확실성)를 훨씬 더 빠르게 감지하고, 대응할 수 있다.
- 공급망 내에서 유지되던 총 재고는 반 이상 줄어든다. 게다가 진부화품 재고는 감소하고 잉여재고를 할인처리해야 할 필요성도 감소한다.
- 길게 계속되던 인기 품목의 품절은 상당히 줄거나 거의 없어진다.
- 제조업체의 시장 출시 리드타임은 상당히 짧아졌다.
- 고객대응수준은 높아진다.

- 근본적으로 판매예측은 불필요하다(어떤 품목이 얼마나 판매될지 고민하지 않는다. 짧은 기간의 반복적인 판매실적을 기준으로 자동으로 결정된다).

- 버퍼를 모니터링하면 재고수준을 지속적으로 낮출 수 있다.

- 제조업체는 과잉재고 감소로 발생한 매장의 공간에 훨씬 더 다양한 제품을 진열할 수 있다.

- 제품의 다양성은 판매량을 증가하게 만든다(매출 및 이익 증가).

- 제품의 다양성, 제품의 신선도, 고객대응 능력 증가 등으로 고객만족도는 증가한다.

- 이제 매장 진열대에 진열된 제품은 신제품이다(식품 등 유효기간이 있는 제품인 경우에는 특히 유리하다).

- 신제품 시장이 보호된다.

- 제조업체, 유통업체, 판매점의 업무는 크게 단순화된다.

- 운송비용은 대략 이전과 같은 수준으로 유지된다.

- 공급망의 총 재고 유지비용이 주는 것은 물론 창고 간, 매장 간의 운송비용, 반품 처리비용, 진부화품 처리비용 등 전반적인 경비도 극적으로 감소한다.

- 품절 기간 동안 더 빠르게 보충하므로 구매자가 경쟁 제품을 구매하지 않아도 되도록 한다.

다음의 도표는 기존의 물류방식과 새로운 물류방식을 간단하게 비교한 것이다.

| 기존의 물류공급방식 | 비교항목 | 새로운 물류공급방식 |
|---|---|---|
| 잠재적인 시장수요를 예측 | 공급량 산출 | 실제로 발생하는 시장수요를 보충 |
| 밀어내기 방식 (Push) | 공급방식 | 끌어당기기 방식 (Pull) |
| 한정된 품목수가 대량으로 이동 모아서 단번에 이동 | 공급품목 및 공급량 구성 | 다양한 품목수가 소량으로 이동 나누어서 자주 이동 |
| 비정기 정량 주문 (최대최소주문시스템) | 주문방식 | 정기 변량 주문 (보충시스템) |

[표 15-3] 물류방식 비교표

## 공급망에서의 집중개선 5단계

앞서 설명했던 집중개선 5단계에 의한 지속적 개선을 공급망의 가치흐름에도 적용할 수 있을까? 물론이다. 집중개선 5단계는 다음과 같이 적용된다.

**발견**  공급망 전체에서 가치흐름의 병목은 공급망 내부가 아니라 공급망의 끝에서 공급망이 상품을 최종고객에게 판매할 때 일어난다. 상품을 구매하기 위해 영업매장을 찾은 가망고객Prospective Customer이 원하는 상품을 발견 할 수 없어 발길을 돌리면, 공급망은 가망고객에게 판매할 수 있는 기회 하나를 낭비하게 되는 것이다.

**활용**  제약을 활용한다는 것은 상품의 판매기회를 늘리는 것 즉 공급망에서 가망고객이 비고객으로 낭비되는 상황을 줄이는 것을 의미한다. 예를 들어 매장을 방문한 가망고객이 찾는 상품이 품절되어 판매하지 못한 상품이 공급망의 다른 매장에는 있다면, 공급망은 고객에게 가치를 제공할 기회를 잃은 것이다(즉 고객으로의 가치흐름에 실패한 것이다). 따라서, 이런 기회손실을 줄이기 위하여 공급망에 다음 방식을 적용한다.

– 후보충방식(Pull 방식)을 적용한다

– 예측의 신뢰도가 높은 위치(구성원)에 대부분의 재고를 유지한다

**종속**  공급망의 각 구성원은 최종고객에의 판매가 자신들의 필요보다 우선한다는 점을 합의하고 받아들여야 한다. 이는 공급망의 각 고리가 위의 1, 2단계에 대하여 동의한다는 것과, 상품 재고 공급방식을 판매점의 판매 위주로 수행할 의지가 있음을 의미한다.

**향상**  신규지역으로  진출하여 공급망을 확대한다.

**반복**  제약이 공급망의 내부로 들어오면 핵심고리를 중심으로 집중개선 5단계를 반복한다.

# 5. 공급망 구성원의 정렬과 정렬 상태 평가

## *공급망에서의 가치흐름*

공급망에서 가치흐름의 형태는 기업 간에 유통되는 상품의 흐름이다. 만약 공급망에서 가치흐름이 최종적으로 가치를 사용하는 고객에 이르기까지 무사히 흐른다면, 즉 공급망이 최종사용고객에게 상품을 성공적으로 전달한다면 공급망에서의 가치흐름은 원활하다고 판단할 수 있다.

한 기업이 시장에서 성공하느냐 아니냐는, 기업 스스로의 의지와 노력 이외에 소속된 공급망 내의 다른 구성원(기업)들에 의해서도 결정된다. 일련의 기업들이 연결된 공급망에서 상품의 흐름이 좋으면, 남의 덕도 볼 수 있는 것이다.

최종고객이 상품을 구매하지 않았다면, 비록 공급망 내 각 구성원 간의 가치흐름은 완료되었다고 해도 공급망에서의 가치흐름은 아직 끝나지 않은 것이다. 한 기업으로서는 연결된 다음 기업에 상품을 판매하는 것이 자연스런 것이지만, 공급망의 관점에서도 바람직한 가치의 흐름이라고 장담할 수는 없다. 만약 소비자인 최종고객이 상품을 아직 구매하지 않았다면, 공급망의 상황은 여전히 좋지 않은 것이다. 왜냐하면 상품은 아직 공급망에 정체되어 있고 공급망 내의 재고 문제는 여전히 해결되지 않았기 때문이다.

공급망 내에 재고가 쌓이게 되면 공급망 내에서의 가치의 흐름도 느려지게 되므로, 상품을 판매한 기업의 입장에서도 향후에는 판매속도가 떨어지는 상황을 맞아야 함을 의미한다. 공급망 내의 상품의 흐름은 곧 현금의 흐름과 같다. 그렇다면 공급망 내 재고문제의 해결방안은 무엇인가?

공급망 내에서 가치가 원활하게 흐를 수 있도록, 개개 기업이 아닌 공급망 전체적인 관점에서 조치를 취하는 것이 문제해결의 실마리를 제공할 수 있을 것이다. 해결방안의 한 가지는 공급망을 가치흐름의 관점에서 바라보고, 가치흐름이 원활해지도록 공급망 내의 모든 참여기업들을 최종고객의 구매를 중심으로 정렬하는(종속시키는) 것이다.

공급망 상에서 각 구성원은 이해관계를 가지고 있다. 그러나 각 구성원은 자신의 이해관계에 앞서, 공급망 내에서의 가치흐름 상태를 우선적으로 연대책임져야 한다. 왜냐하면 공급망의 상태가 건강하지 못하면(구매자에게의 상품공급흐름이 좋지 못하면) 공급망은 경쟁관계에 있는 다른 공급망에게 뒤질 것이고, 경쟁에서 뒤지는 공급망은 얼마 가지 못하고 와해될 수 있기 때문이다. 따라서 우선, 자신의 건강상태보다 공급망의 건강상태(공급망에서의 최적의 가치흐름 상태)를 우선적으로 고려한다는 것에 각 구성원이 신뢰를 가지고 합의(수용)해야 한다.

### 공급망 내에서 정체된 재고

앞서 보아왔듯이 공급망에서 부정적인 가치흐름은 상품 재고의 정체인데, 이것은 공급망 전체에 부담을 주어 공급망 내에 다음과 같은 부정적인 결과들이 발생하게 한다.

과다한 진부화품 발생
과다한 운송비용 발생
시장의 수요변화에 대하여 너무 긴 대응 시간 (긴 신상품 개발 기간)

최종사용자가 공급망으로부터 재고 상품을 구매하였다면 문제가 되지 않지만, 시장의 변화를 정확히 예측하는 것은 처음부터 무리한 일이기 때문에 공급망은 항상 진부화 재고를 안고 있을 수밖에 없다. 게다가 앞서 살펴보았던 것처럼(13장 참고), 상품재고가 진부화되면 다시 현금화하기가 곤란하고, 따라서 기업에 현금흐름의 압력을 가하는 등 여러 가지 바람직하지 않은 일들은 계속된다.

따라서 공급망 내의 각 기업들은 재고를 서로 상대에게 떠넘기고(밀어내고) 현금을 확보하려고 노력한다. 대개는 힘의 논리가 적용되어 공급을 받는 기업이 공급하는 기업에게 재고를 유지하도록 무언의 압력(영향력)을 행사하며, 이 과정에서 기업 간에 갈등도 겪게 된다. 한 구성원이 자신의 욕심 때문에 자신의 재고를 다른 구성원에게 밀어내면 공급망에는 재고가 쌓이게 되고, 가치의 흐름은 곧 정체될 것이다. 공급망 구성원 전체의 성과를 손상시키는 것은 물론, 스스로의 목을 조이는 결과를 가져오는 것이다.

최종고객(구매자)이 상품의 가용성/품질에 만족하지 않아도 공급망은 역시 손상을 입는다.

### 공급망의 가치흐름상태를 평가하는 두 가지 성과지표

공급망 내에서 가치의 흐름 상태로써 공급망의 가치흐름 상태를 평가할 수 있다. 만약 이 평가 결과에 따라 각 구성원의 책임소재를 가린다면, 각 구성원은 자신의 건강상태보다는 공급망의 건강상태(스루풋)에 우선순위를 둘 것이다

똑같은 논리로 공급망 내의 한 기업이 공급망 내의 다른 여러 기업들에게 피해를 줄 수도 있다. 연결된 여러 기업들에서 상품의 흐름이 모두 다 좋아도, 그 중 한 기업에서의 업무처리가 불안하여 상품의 순환이 원활하지 못하면 공급망 전체의 이익을 날려버릴 수 있는 것이다. 불행하게도 이러한 부분최적화 사고방식은 한 기업의 행동이 공급망 전체 내에서 어떤 문제를 일으키고 있는지 좀처럼 알 수 없도록 만든다. 기업들 역시 이를 알고 싶어하지도, 또 찾아내려 하지도 않는다.

최종고객(구매자)이 구매하지 않았다면, 한 회사가 다음 회사에 상품을 판매했다고 해서 공급망에서 가치흐름이 좋아진 것은 아니다. 그러므로 한 회사가 공급망 내에서 건전한 일원인지를 평가하려면, 그 회사의 재무상태로 평가해서는 안 되고 공급망 구성원의 관점에서 전체의 가치흐름을 평가해야 한다.

가치흐름의 관점에서 공급망의 구성원들이 정렬되도록 하는데 유용한 두 개의 측정지표가 있다. 하나는 공급망과 최종고객 사이의 가치흐름(공급망이

최종고객에게 고객가치를 얼마나 잘 전달하고 있는가)을 평가하는 것이고, 또 하나는 공급망 구성원 간의 가치흐름(공급망 내에서 가치의 흐름이 원활하게 흐르는가)을 평가하는 것이다.

전자는 음의 획득가치를 측정하는 '판매지연손실액'이고, 후자는 음의 흐름가치를 측정하는 '과다재고보유액'이다. 두 가지 모두 공급망의 부정적인 가치흐름을 재화가치로 평가하는 지표인데, 시간적인 요소도 고려한다는 특징을 가지고 있다.

- 판매지연손실액 : 상품 판매기회를 손실한 기간 동안의 가치(금액)
  = 고객주문 중의 스루풋 X 지연기간
- 과다재고보유액 : 상품이 공급망 내에 과다하게 머무른 기간 동안의 가치 (금액)
  = 재고금액 X 재고 보유기간

### ■ *판매지연손실액* [39]

고객과 약속한 상품공급 시간을 지키지 못하면 향후 그 고객을 잃을 수도 있다. 물론 납기지연을 참고 기다리는 고객도 있겠지만, 참는 것도 어느 정도 이상은 아닐 것이다. 고객의 입장에서는 필요한 때에 맞추어 상품이 제공되지 않는다면 상품의 가치는 떨어진다고 인식하기 때문이다.

이처럼 판매지연손실액은 공급망이 최종고객에게 상품을 제때에 공급하지 못한 가치의 크기를 나타낸다. 만약 100만 원짜리 최종고객의 주문을 사흘간 지연시켰다면 판매지연손실액은 300만원·일(100만원 × 3일)이 된다. [40] 최종고객의 주문 중에서 한 품목이라도 누락되는 경우, 공급망이 고객의 필요를 채우지 못한 것을 인정해서 전체 주문의 스루풋으로 계산한다.

---

39) Throughput Dollar Days (TDD)
40) 원칙적으로는 판매비가 아닌, 판매비에서 자재비를 뺀 금액 즉 스루풋을 계산해야 한다. 그러나 계산이 용이하도록, 대략적으로 판매비를 적용한다고 해도 평가지표를 적용하는 의미는 손상되지 않을 것 같다.

판매지연손실액을 공급망의 성과지표로 삼으면 개별 기업 관점에서가 아닌, 공급망 전체의 관점에서 가장 시급한 우선순위가 무엇인지가 명백해진다. 공급망 구성원들의 공동목표는 판매지연손실액을 낮추어 영Zero으로 만드는 것이다(즉 모든 주문의 납기를 품절없이, 지연하지 않고 납품하는 것이 목표다).

판매지연손실액은 상품이 품절되어 주문을 받지 못했거나, 주문을 받았더라도 인도가 지연되었거나, 인도한 후에라도 품질불량 등으로 반품되었을 때에 발생한다. 그러므로 구성원들은 스루풋이 큰 주문일수록 납기를 준수하려고 하게 된다. 또한 판매지연손실액에는 품질문제로 인한 고객의 반품도 포함되므로, 귀책 사유에 책임이 있는 구성원은 품절이 장기화되지 않도록 품질문제 개선조치가 오래 걸리지 않도록 노력할 것이다.

이제 공급망이 최종고객에게 가치를 원활하게 제공했는가를 모니터링한다. 판매지연손실액과 귀책 구성원을 공급망의 모든 구성원에게 보고서로 밝히고, 각 구성원이 원인을 제공한 만큼 책임지도록 한다. 그러나 공급망의 각 구성원에게, 고객의 주문을 충족시키기 위해서 지금 무엇이 가장 시급한지를 올바로 판단하게 하는 것이 이 평가지표의 목적이다.

### ■ 과다재고보유액 [41]

일반적으로 사용하는 평가지표로 '재고(보유)금액'이나 '재고(보유)일수'가 있지만, 과다재고보유액의 관점은 공급망 내의 가치흐름이 원활한지를 모니터링하는 것이다. 공급망 내에 유지되고 있는 모든 재고의 양을 머무른 시간과 함께 측정한다. 예를들어 100만 원 상당의 재고를 6일간 창고에 머무르게 하면 600만 원·일(100만원 × 6일)이 된다. (공급망 내에 존재하는 재고의 형태가 부품이든 어셈블리이든 제품이든, 모두 자재비를 기준으로 계산한다. [42])

---

41) Inventory Dollar Days (IDD)
42) 이때 간접비 등의 부가가치는 배부하지 않고 직접변동비(예를 들어 자재비)만 배부한다. 재고에 간접비가 배부되면 재고를 많이 만들어 둘수록 재무제표상에는 제품원가가 내려가게 되는 모순된 결과를 낳게 되고, 조직원들이 잘못된 판단과 행동을 하도록 유도한다.

따라서 공급망 내에서 가치의 흐름이 나쁠수록 과다재고보유액은 높아진다(기업 내에서도 프로세스의 가치흐름이 나쁠수록 재고금액이 높다).

과다재고보유액을 공급망의 성과지표로 삼으면 공급망에서 상품의 흐름이 빨라지게 된다. 또한 개별 기업의 이해관계에서 떠나 공급망 전체의 관점에서 최적의 재고를 운영하기 위해서는 과연 어느 곳이 재고를 쌓아 둘 적절한 위치인지 고민하게 되므로, 공급망 내에서 올바른 양의 재고가 올바른 위치에서 유지되도록 유통체계를 조정하게 된다.

이 지표의 목적은 공급망 내 각 구성원들의 재고를 모으고 통합하여, 공급망 전체의 재고수준이 최소화되도록 하는 것이다. 어느 정도의 재고는 공급망을 수요변동으로부터 보호하는 데에 필수적이므로 재고의 합이 영ZERO이 되도록 하기는 어렵다. 다만 재고량과 보유시간이 최저수준이 되도록 목표를 정한다.

공급망의 구성원들이 이 평가지표를 사용한다면 공급망의 재고수준은 적절한 상태가 될 것이며, 그것은 (이제까지 살펴보았듯이) 제조업체에는 많이, 유통업체는 적게, 소매업체에는 가장 적게 재고를 보유하는 상태가 될 것이다.

이제 각 구성원들은 판매지연손실액을 줄이기 위해서 일부러 재고를 확보해 놓으려고 할 수도 있다. 그러나 과다재고보유액을 성과지표로 함께 적용하면 이러한 편법 운영을 막을 수 있다. 이제 공급망의 목표는 주문금액이 큰 주문일수록 판매지연손실액이 발생하지 않도록 하면서도, 과다재고보유액은 줄이는 것이다.

한편 낭비를 줄이는 것보다 부가가치를 늘리는 것이 더 중요하므로 먼저 판매지연손실액을 줄이고, 그 후에 과다재고보유액을 줄이도록 한다. 이 두 지표는 공급망에서 뿐만 아니라, 기업 내 각 기능(부서) 간에도 활용할 수 있다.

# 6. 공급망에서의 마케팅

이제부터는 공급망에서 우리 회사를 중심으로 서로 인접한 두 기업 간의 관계로 범위를 좁히려고 한다. 공급망 내에서 인접한 두 기업 간의 이해관계를 잘 살펴보면 서로의 이익을 늘릴 수 있는 기회가 있다. 이러한 기회를 마케팅의 관점에서 이해해 보자. 편의상 우리 회사는 제품을 제조하는 회사이고, 상류 쪽으로는 부품을 공급하는 협력회사가, 하류 쪽으로는 제품을 판매하는 판매점들(고객사)이 연결되어 있다고 가정한다. 가치흐름의 상류쪽으로 본다면 협력업체와의 문제이고, 하류쪽으로 본다면 고객사와의 문제가 된다. (고객사가 판매점이건 대기업이건 시장의 소비자 개인이건 모두 마찬가지이다.)

협력업체와 관련해서는 자재의 수급이 원활하지 못한 경우 문제가 되고, 고객/시장과 관련해서는 제품의 판매가 원활하지 못할 때 문제가 된다. 상류나 하류 어느 쪽이건 만약 우리가 이들의 문제를 해결할 수 있다면, 우리에게는 곧 가치창출의 기회가 될 것이다. 이것이 마케팅의 관점이다. 이제부터 우리 회사와 같이 한 공급망에 속해 있으면서 가치흐름에 문제를 가진 회사(고객 또는 협력업체)를 간단히 '외부고리' 라고 부르기로 한다.

가치흐름상의 병목이 조직의 밖에 있는 경우를 '외부제약' 이라고 한다. 외부의 제약은 가치흐름의 방향에 따라 하나는 고객사(시장)로, 다른 하나는 공급자(협력업체)로 나누어진다. 만약 영업이 미진하다면 시장이 제약인 상황이고, 이때는 시장에 대해서 우리 회사의 제품을 더 많이 구매하도록 (아니면 더 높은 가격을 지불하도록) 제안할 필요가 있을 것이다. 반대로 자재공급이 원활하지 않거나, 품질 등의 문제로 우리 회사의 생산일정 계획에 차질이 빚어지고 있다면 협력업체가 제약인 상황이다. 이때는 해당 자원의 가용도 Availability를 높일 수 있도록 협력업체에 제안해야 할 것이다.

두 경우 모두 다 외부에서 원인을 제공하지만 우리 회사에 직접 피해를 주고 있으므로, 그들을 탓하고 앉아 있을 수만은 없다.

| 가치흐름상의 제약 | 목표 | 해야할 일 |
|---|---|---|
| 시장 | 우리 회사의 제품을 더 많이 구매하거나 또는 더 높은 가격을 지불하게 한다 | • 구매자의 문제를 해결하는 (거절할 수 없는) 가치를 개발, 제안 |
| 우리 회사 (내부) | 제품 생산 및 물류의 속도를 동기화한다 | • 경영시스템 중 핵심프로세스의 가치흐름 개선 |
| 협력업체 | 해당 자원의 가용도Availability를 높인다 | • 공급자의 문제를 해결하는(거절할 수 없는) 가치를 개발, 제안<br>• 공급자와 Win-Win 관계 구축<br>• 다양한 공급원 마련 |

[표 15-4] 가치흐름상의 제약과 목표

외부고리(우리 조직과 인접한 기업)의 문제를 해결하여 공급망의 원활한 가치흐름에도 기여하고, 회사의 이익도 증진시킬 수 있는 방법이 있다. 많은 투자가 필요하지도 않다. 외부고리의 문제를 해결하는 것이므로 해당기업으로서는 받아들일 수밖에 없는데, 소위 '거부할 수 없는 제안(Unrefusable Offer, URO)' 또는 '마피아오퍼Mafia Offer' 라고 부르는 마케팅 방법론이다.

## 가치창출의 기회

### 두 고리 간의 딜레마와 가치창출의 기회

마케팅이라고 하면 사람들은 영업을 지원하거나, 광고나 홍보를 하거나, 판매관련 교육을 하거나, 판촉행사를 벌이거나, 판촉물이나 홍보물을 개발하는 것 등을 떠올리기 쉽다. 그러나 마케팅이란 그런 것이 아니다.

오징어잡이 배를 본 일이 있는가? 한밤중에 바다 한가운데로 나아가 불을 환하게 밝히고 오징어를 끌어 모은다. 오징어는 밝은 불빛을 좋아해서 집어등의 밝기가 밝을수록 오징어가 많이 모여들어 떼를 이룬다. 마케팅도 이와 같다. 이처럼 가망고객Prospect을 많이 불러 모으거나 상품에 관심이 있는 가망고객들이 많이 모여 있는 곳으로 가야 한다. 반면 그물로 오징어를 잡아 올리는 것은 영업(판매) 행위이다. 만약 오징어가 떼를 이루어 많이 모여 있는 곳이 아니라면, 계약건수(또는 수주건수)가 적다고 해서 영업책임자들을 탓

할 일이 아니다.

그렇다면 우리 배의 불빛에 이끌려 온 오징어(가망고객)가 시장에 충분하지 않은 이유는 무엇인가? 오징어들은 왜 불빛을 따라 왔다가 실망하고 돌아갔는가? 우리 상품에 관심이 있어서 와 보았지만 실망하고 돌아간 오징어들은 다시는 오지 않는다는 사실을 생각해 보았는가?

제품을 생산하는 대로 시장에 공급된다면 가치흐름상 아무 문제가 없다. 그러나 이것은 독점기업에서나 누릴 수 있는 상황이다. 만약 만들어진 제품이 시장에 팔리기 전에 제품창고에 어느 정도 이상 쌓여 있어야 한다면 가치흐름은 정체되고 있는 것이다. 이것은 계약이나 주문이 부족한 경우인데, 90% 이상의 기업들은 이 같은 상황에 놓여 있다. 시장에서 '가망고객'이 '고객'이 되지 못하고, '비고객'이 되고 있다는 신호로, 영업에 문제가 있음을 알려 주는 것이다.[43]

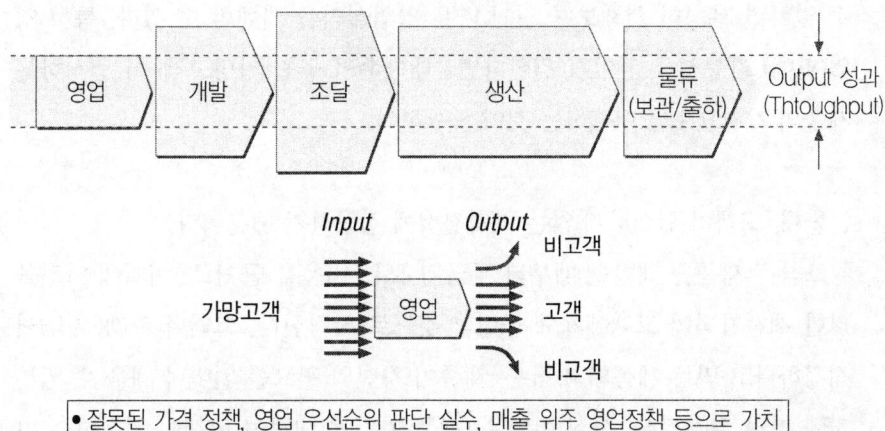

• 잘못된 가격 정책, 영업 우선순위 판단 실수, 매출 위주 영업정책 등으로 가치 흐름의 성과가 제한되는 경우

[그림 15-5] 마케팅/영업프로세스가 제약인 가치흐름

---

43) 가망고객은 예비고객이라고도 하며, 아직 상품을 구매하지는 않았지만, 향후 구매 가능성이 높은 상태의 잠재고객을 말한다. 7장 '고객의 발전단계'를 참조한다.

### 가망고객을 놓치는 이유

많은 회사들이 그들에게 관심을 보이거나 그들을 찾아온 가망고객의 발길을 돌리게 만드는 이유는 무엇인가? 여러 가지 이유가 있겠지만 적어도 두 가지 포인트는 간과해서는 안 될 것 같다.

첫째, 조직은 고객(시장)이 정말로 중요하게 여기는 것들을 제대로 이해하지 못하기 때문이다.

대부분의 기업은 그들이 고객에게 제공하는 상품의 품질과 기능이 고객에게 중요할 것이라고 생각하여 제품의 특성에 초점을 맞춘다. 그래서 신제품, 신기술, 새로운 제품의 기능향상 등에 집착한다. 반면 고객은 제품의 품질과 기능은 기본적으로 제공받는 것이며, 이것이 자신의 사업에 문제가 되지 않기만을 바랄 뿐 별로 관심이 없다. 제품과 관련된 고객의 고민은 다른 데에 있다. 그들의 고민이 무엇인지 이해할 수 있다면, 그리고 그것을 해결해 줄 수 있다면 분명히 현재보다 훨씬 나은 영업실적을 기대할 수 있다. 특히 영업(판매) 가능성을 높이기 원한다면 '대다수의 놓친 가망고객'이 인식하는 제품의 가치요소를 이해하는 것이 중요하다.

둘째, 고객이 인식하지 않는 가격결정에 집착하기 때문이다.

조직은 제품을 개발할 때부터 투입된 모든 비용을 근거로, 여기에 마진을 더한 제품가격이 고객에게도 공정할 것으로 착각한다. 그러나 고객(시장)이 적정하다고 믿는 제품의 가격은, 제품이 자신의 필요를 얼마나 채울 수 있는지에 따라 결정된다. 사실 기업은, 제품 가치에 대하여 고객이 인식하는 가치만큼만 누릴 수 있다. 게다가 제품의 가치를 단 하나의 가격으로 확정하여 제시하므로, 다양한 고객마다의 필요 충족을 포기해 버리는 것과 다름이 없다.

이러한 관점들을 고려하여, 마케팅 방안을 생각해 보기로 한다.

## 상품에 대한 고객의 인식가치를 높여라

### 파워게임의 딜레마

공급망 내의 각 구성원은 자사의 이익극대화에 모든 노력을 다한다. 그래서 공급망 내에서 이해관계를 가지고 인접한 두 기업은 자신의 문제를 서로 상대방에 전가하려고 하며, 자사의 이익 확보에 상당한 시간과 자금과 에너지를 쏟아 붓는다. 자사의 비용지출은 최대한 줄이면서도, 비용이 발생하거나 위험을 부담해야 하는 일은 어떻게든 상대방에게 떠넘기려고 한다. (예를 들어 Just In Time은 완성차업체에게는 창고를 운영하지 않아도 되는(최소의 재고로 운영 가능한) 더할 나위 없이 매력적인 생산제도이나, 협력업체들에게는 완성차 조립 라인이 정지되지 않도록 하기 위해 많은 재고부담을 안고 운송비까지도 과다하게 부담해야 하는 제도이다. 대기업에서 중소 협력업체들을 평가한 후 등급을 분류하는 제도를 마련하여 대금결제조건을 무리하게 조정하거나, 품질개선의 차원을 넘는 무검사 제도를 마련하여 협력업체로 하여금 협정된 검사수준을 넘는 철저한 검사를 하도록 강요하는 일은 일상에서도 많이 볼 수 있다.) 그러나 비용절감을 위해 기울인 이러한 모든 노력에 비하여 그 효과는 미미할 뿐더러, 어느 한 쪽이 많이 취하면 다른 한쪽은 분명히 손실을 입게 된다.

여기 부품을 조립하여 제품을 생산하는 어느 제조업체가 있다. 공급망의 가치흐름이 정체되는 현상이 부품을 공급하는 협력업체에서 자주 발생한다고 가정하자. (이런 문제로 협력업체는 재정적으로 힘든 상황을 맞이하겠지만) 부품 공급부족이 결국은 이 회사의 가치창출흐름을 막고 있으므로, 협력업체의 문제는 사실상 이 회사의 문제이다. 이 문제에 대한 책임을 협력업체에게 미루고 몰아세워도 이렇다 할 개선효과는 기대하기 어렵다. 이 회사가 협력업체의 문제를 자신의 문제가 아니라하여 외면한다면, 현재보다 더 많은 이익을 창출할 수 있는 길은 없을 것이다.

고객에게도 마찬가지이다. 고객은 자신의 창고에 쌓아 놓은 많은 부품(우리 조직에게는 제품)으로 재정적인 압박을 받고 있다. 그들이 많은 재고를 갖게 된 이유 중에는, 우리 조직의 공급 신뢰성이 문제가 되었을 것이다. 그러나 이러한 고객의 문제 역시 우리 조직의 문제가 아니라하여 외면한다면, 현재보다 더 많은 이익을 창출할 수 있는 길은 없을 것이다.

　그들에게는 분명히 반복되는 고질적인 문제가 있다(어느 고리에나 있다). 만약 우리가 이 고객이나 협력업체의 문제를 해결할 수 있는 제안을 한다면, 고객(협력업체)은 그 제안을 더 큰 가치로 인식할 수밖에 없다. 고객(협력업체)의 많은 문제를, 그것도 단 번에 해결하려면 그들이 안고 있는 핵심 딜레마를 찾아내야 한다. 대부분의 고객(협력업체)은 자신의 근원적인 문제를 모르고 있으며, 이것이 바로 그들이 우리에게 문제를 전가하는 이유다. 그들이 계속 반복되는 문제를 해결하지 못하는 이유는, 문제를 해결하면 조직에 결정적으로 중요한 다른 것을 잃는다고 생각하기 때문이다. 그들에게는, 핵심 딜레마를 찾아낼 수 있는 길이 필요하다.

　중요한 것은, 공급망의 각 구성원이 서로 자신의 비용은 줄이고 이익은 많이 챙기려고 할수록 공급망의 가치흐름은 나빠져서 공급망 전체의 상태를 악화시키게 된다는 것이다. 최종소비자야 제품을 구매하든 말든, 제품을 다음 고리에 넘겨서 재고부담은 덜고 매출은 올리려고 한다. 만약 인접한 고리 간의 비용전가와 대립에 소비되는 시간과 비용의 낭비를 줄일 수 있다면, 공급망 전반적인 이익은 분명히 증가할 것이다.

　이렇게 공급망의 각 구성원은 자사의 순이익을 보호하기 위해서 비용과 위험을 다른 고리에 전가해야 하는 입장이다. 그런가 하면 공급망을 살려야 회사도 보호되므로, 공급망에서 최종고객에게 이르는 제품의 흐름을 원활히 하기 위해서 다른 고리들로부터 더 많은 비용과 위험을 수용해야 하는 입장이 되기도 한다. 즉 공급망의 각 구성원은 비용과 위험을 다른 고리에 전가해야 할 것이냐 말 것이냐 하는 두 가지 상반된 딜레마에 빠진 것이다.

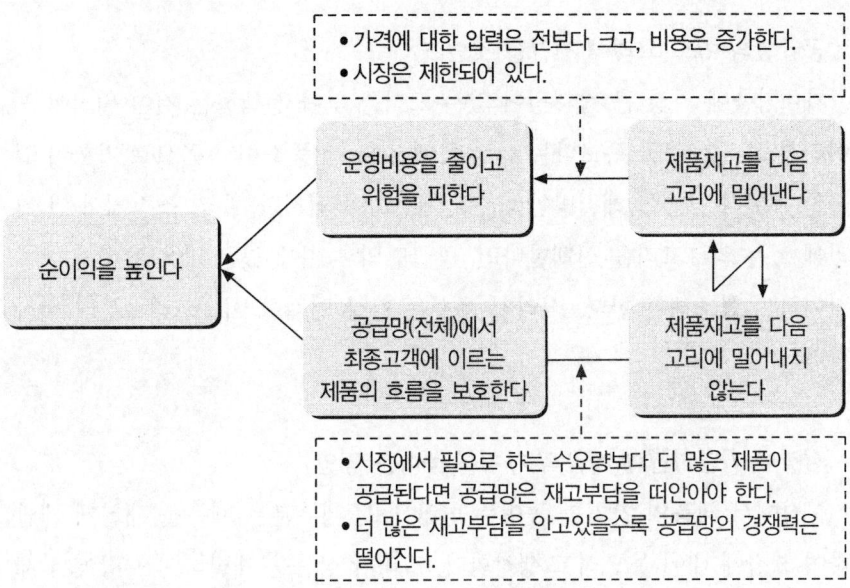

[그림 15-6] 공급망 구성원의 딜레마

## 만약 외부고리의 문제를 해결할 수 있다면…

만약 한 조직이 인접한 외부고리(고객 또는 협력업체)의 문제를 해결한다면, 외부고리(고객 또는 협력업체)는 더 이상 자신의 문제를 조직에 전가하지 않게 될 것이다. 조직은 더 많은 판매기회를 창출하는 새로운 기회를 얻게 될 것이며, 고객(또는 협력업체)은 더 이상 싼 가격을 경쟁요소로 내세우지 않게 될 것이다. 물론 가격 가지고 트집을 잡는 일도 줄어들 것이다.

외부고리의 고민(문제)을 해결하는 방안(제안)은 상품가치에 대한 구매자의 인식을 극적으로 높여서 구매자가 가격 민감성에서 멀어지도록 유도하고, 가격만으로 경쟁해야 하는 압력(가격인하의 압력)을 제거한다. 결국 한 회사가 인접한 외부고리(고객 또는 협력업체)의 문제를 해결한다면, 공급자와 구매자 양 조직의 순이익에 긍정적인 영향을 주면서도 동시에 구매자(고객)에게는 더 많은 제품을 사거나 더 높은 가격을 지불하도록 하고, 협력업체에게는 자재를 더 많이 또는 보다 원활하게 납품(제공)할 수 있도록 (자원의 가용성을 높일 수 있도록) 만들 것이다.

### 공급망의 어느 고리에 제안할 것인가?

가치창출에 가장 큰 잠재성이 있는 고리를 찾아 선택하는 것이 원칙이다. 이러한 고리는 공급 쪽보다는 시장 쪽에 많다. 최종소비자 쪽으로 가까이 접근할수록 더 강력한 해결방안(더 큰 잠재수요)이 되지만, 우리 조직에서 먼 거리에 있는 외부고리를 선택한다면, 공급망의 사이에 있는 많은 고리가 함께 참여하여 협조해야 한다. 따라서 우선은 가장 인접한 이웃고리로부터 시작한다.

### 시장에서 단기간에 제품의 가치를 높이는 방안

시장에서 제품의 가치를 높이는 방안으로, 대부분은 제품을 새롭게 개발하여 시장에 내어 놓으려고 생각한다. 그러나 상품을 개발하여 시장에서 제품의 가치를 올리는 것이 그렇게 만만한 일은 아니다. 일반적으로 새로운 상품을 개발하여 시장에 내어 놓는 일은 실제의 투자에 비하면 성공할 확률이 작다. 또한 적지 않은 개발기간이 소요되므로 단기간에 큰 효과를 기대할 수도 없다. 그렇다면 시장에서 단기간에 제품의 가치를 높일 수는 없을까?

그런 방법이 있다. 물리적인 제품 자체가 아닌, 제품 주변의 것을 바꾸는 것이다. 그러면 단기간에 큰 효과를 기대할 수 있으며 투자도 별로 필요하지 않다. 단 변화에 따르는 용기와 합의는 전제되어야 한다.

여러분이 이번에 노트북 컴퓨터를 새로 장만하게 되었다고 가정해 보자. 내일 시간을 내서 용산에 나가 보려고 한다. 노트북의 무게나 화면의 크기, 화소, 배터리 기동시간, 프로세스의 속도, 메모리의 용량 등 노트북 사용자의 주목을 끌 만한 수많은 선택요소들이 존재한다. 그러나 이런 요소들은 대부분의 메이커에서 일반적으로 제공하는 (별로 중요하지 않은) 요소들이다. 원하는 조건을 설정해 놓고 인터넷으로 검색해 보면 선택 가능한 몇 회사의 제품만이 남을 것이다. 정작 노트북 구매의사 결정에 중요한 순간은 지금부터다. 이미 조건에 맞는 선택사양을 갖춘 제품이 복수로 존재하므로, 이제부터는 이 제품들을 구매할 때의 조건들을 따져 보기 시작한다.

구매하기 전에 보증기간이나 A/S 편리성을 따져 보는 것은 기본이다. 용산에서의 저렴한 가격에 신용구매까지 가능하다면 높은 점수를 주는 사람이 있는가 하면 마일리지나 할부조건에 관심을 보이는 구매자도 있을 것이다. 그런가 하면 노트북 가격에 비하면 정말 몇 푼 안 되는 덤으로 끼워 주는 몇 가지 프로그램이나 멋진 가방에 애착을 보이는 구매자도 있다. 아마도 필자의 경우라면 기존 노트북을 좋은 조건으로 보상해 준다면 골치 아프게 구 제품 처분에 발품을 팔지 않아도 되므로 높은 구매 우선순위를 줄 것이다.

속사정이 이쯤 되는데도, 일류 가전메이커 대리점의 영업담당은 자사 제품의 특징과 강점만 늘어놓는 데에 열을 올릴 뿐, 고객의 필요나 기대(예를 들면 구 제품 처분과 같은)에는 관심조차 보이지 않는다.(필자는 구 제품 처리에 대해 실제로 물어 본 일이 있는데, 한마디로 잘라 거절해서 창피만 당한 경험이 있다.)

새로 개발된 신제품이어야만 상품의 가치가 올라가는 것은 아니다. 시장의 요구가 다양해짐에 따라 상품의 사양도 날로 다양해지므로, (제품의 요소가 아닌) 비제품 가치요소를 중요하게 고려해야 한다.

비제품 가치요소로 고객이 인식하는 가치를 높이는 방법 중에 하나는, 고객의 고민(문제)을 해결해 주는 것이다. 고객의 문제를 해결하는 정도가 곧바로 고객의 가치가 된다. 단, 경쟁업체가 따라하지 못할 방식으로 한다.(경쟁을 위하여 판매가격을 낮추는 방법은 좋은 방법이 아니다. 영업에 실패하면 회사는 그대로 손실을 입게 되고, 성공한다고 하더라도 경쟁업체가 곧 모방할 수 있기 때문이다.)

앞(새로운 고객인식 조사방법)에서, 고객의 현장에서 일어나는 바람직하지 않은 현상들 조사에 대해 언급했다. 이 데이터들을 이용하면 다음과 같은 7단계를 거쳐 고객에게 놓여 있는 딜레마를 해결할 수 있는 방안을 모색할 수 있다.

### 외부고리의 문제를 확인하고 해결하는 절차

외부고리의 문제를 확인하고 해결방안을 제안하는 마케팅 절차는 다음과 같은 일곱 단계로 이루어진다.

■ Step 1. 공급망 중 가치창출에 가장 잠재성이 큰 고리를 선정한다.

공급망(시장)의 제약을 분석하고 공급망에서 어떤 고리를 취급할 것인지, 해결하고자 하는 문제의 범위는 어떻게 할 것인지 결정한다. 가치창출에 잠재성이 큰 고리는 아마도 최종소비자 쪽에 가까이 있을 것이지만, 우리 조직에 인접한 외부고리를 선정하는 것이 무난할 것이다.

■ Step 2. 해당기업(외부고리)의 문제를 조사하고, 수집한다.

우리의 제품/서비스와 관련이 있어 보이는 외부고리의 문제를 조사, 수집하고, 주요한 몇 개의 문제들로 압축하여 정리한다. 이때 기업 외부에 대해 분석해야 하므로 가능한 많은 정보를 수집하는 것이 도움이 되며, 외부고리 조직의 관리자/실무자와 직접 만나서 면담을 하는 것이 가장 좋은 방법이다. 조사된 문제들은 반드시 해당기업(외부고리)의 입장에서 표현되어야 하며, 동시에 우리 조직의 제안과 관련된 것이어야 한다.

■ Step 3. 외부고리의 핵심갈등(딜레마, Core Conflict)을 탐색한다.

외부고리의 주요 문제들을 발생시키고 있는 핵심갈등Core Conflict을 찾아낸다.[44] 핵심대립을 발견한다면 고리의 양쪽에 상당한 가치를 줄 수 있다.

이제 문제점들을 인과관계에 따라 연결하면 현재문제구조도[45]를 얻을 수 있는데, 핵심갈등과 여러 가지 문제들이 인과관계에 따라 연결되는지 확인함으로써 핵심갈등이 여러 가지 문제를 일으키고 있음을 검증할 수 있다.

■ Step 4. 핵심갈등을 해결하기 위한 우리 조직의 정책Policy, 성과지표

---

44) 핵심갈등을 찾아내는 방법으로는 3-Cloud Processing과 Generic Cloud가 사용된다.
45) Current Reality Tree (CRT)

Measurement, 관행(행위, Behavior)을 도출한다.

외부고리의 핵심갈등을 불러 일으키는 데에 숨어 있는 우리 조직의 방침이나 평가지표, 행동 등을 찾아낸다. 이러한 관점을 얻기 위해서는 외부고리의 입장에서 우리 조직을 '비난' 하는 것이 중요하다.

외부고리(고객이나 협력업체)의 딜레마(핵심갈등)를 유발시키고 있는 원인이 우리 조직에 있으므로, 우리가 기존의 태도를 바꾸면 외부고리의 핵심갈등상황이 해소되고, 이로써 외부고리의 문제점들도 일거에 모두 해소될 수 있는 것이다.

■ Step 5. 우리 조직이 외부고리에 제공할 수 있는 제안을 수립한다.

외부고리의 핵심갈등을 해결하기 위해 우리 조직이 내부적으로 어떤 변화를 해야 할지(우리 조직에서 바꾸어야 하는 것이 무엇인지) 결정한다. 즉 핵심갈등을 해소하기 위해 우리 조직이 제공할 수 있는 제안Offer을 수립한다.[46] 이때 발생할 수 있는 부작용에 대해서도 사전에 고려하여, 필요한 해결방안을 추가한다.

이 제안으로 외부고리의 문제들이 모두 해소되는지도 확인하는 것이 제안수립의 마지막 단계다. 완벽한 제안이 되도록 하기 위해 우리 조직의 제안을 검증하는 것이다.

우리조직의 경쟁자는 외부고리의 딜레마를 해결해야 할 필요성과 우리 조직에서 도출한 해결방안을 좀처럼 이해할 수 없으므로, 모방하기는 쉽지 않다.

■ Step 6. 제안을 집행할 계획을 수립한다.

제안 집행을 방해하는 장애를 도출하여 이를 감안한 집행계획을 수립한다. 여기에는 장애목록과 이를 타개할 단계별 중간목표, 세부 이행방

---

46) Generic Cloud(GC)로부터 가정을 노출시켜 해결방안(Injection, 주입)을 도출한다.

안 등이 포함된다.

■ Step 7. 외부고리와 우리 조직 모두에게 제안을 수용하도록 한다.

외부고리와 우리 조직 모두에게 제안을 수용하도록 한다. 외부고리에게는 자신들의 문제를 해결하는 제안이므로 받아들이는 데에 큰 문제가 없을 것이지만, 우리 조직에게는 방침(정책)이나 평가방법이나 지표, 행동요령을 바꾸는 것을 의미하므로, 변화에 따른 저항이 예상된다. 수용 Buy-In의 6단계 프로세스를 철저히 따라야 한다. 성공적인 변화관리 절차는 14장(10. '후원과 지지를 이끌어내라')을 참조하라.

### 외부고리의 갈등을 일으키는 자사의 요인들

외부고리 갈등을 일으키는 우리 조직의 요인들은 다음과 같이 자문해 봄으로써 쉽게 찾을 수 있을 것이다. 이제껏 우리 스스로가 합리적이라고 생각해왔던 것들을 상대방의 입장이 되어 일단 부정해 보는 것이다.

"우리가 이제까지 외부고리에 대응해 왔던 방법은 아마 합리적이지 않을 것이다. 왜냐하면… 일 것이기 때문이다"

대개 다음과 같은 요인들이 외부고리의 갈등을 유도하고 있을 것이다.

- 판매 (영업)방침 (할인/할증 방침)
- 구매 방침
- 납품 방침 (납품/공급 주기, 운송책임, 운송방법 등)
- 대금 결제 방침
- 경제적인 발주(EOQ) 방침
- 생산일정 계획 수립 방침
- 단가 산정 방침(금액 산출방식)
- 판매 성과금 방침
- 유통 수량, 크기 및 포장 방침

### 외부고리의 문제를 파악하는 새로운 고객인식 조사

우리는 이미 7장에서 충성고객 중심의 고객인식 조사에 대해서 살펴본 바가 있다. 80%의 일반고객 대신 20%의 충성고객에 초점을 맞추고 그들의 의견에 귀를 기울이는 것이었다. 고객이 원하는 것을 아웃풋으로 제공하는 것이 프로세스이므로, 이렇게 하여 파악된 고객의 기대와 필요는 프로세스의 수립방향을 정하는 데에 아주 중요했다. 또, 고객이 중요시하는 제품특성이 무엇인지, 무엇에 불만을 갖는지를 알아내는 데에도 유용했다.

그렇지만 대부분의 기업에서 수행하는 고객만족도 조사결과의 현실은 애초의 기대를 저버리게 한다. 고객의견(고객불만) 중 단골로 올라오는 부동의 1위는 '가격이 비싸다' 는 것인데, 이 조사결과는 마케팅에, 공정 개선에, 제품기능을 보완하거나 신제품을 설계하는 데에 피드백Feedback할 수 없다. 이 조사결과는 아무짝에도 쓸모가 없다. 고객에게 기대했던 대답이 언제나 이렇게 뻔한 것이라면, 고객만족도는 무엇하려고 조사하는가?

영업이 문제가 되는 상황에서는 고객인식조사도 좀더 업그레이드된 방식으로 접근할 필요가 있다. 새로운 방법의 핵심은 충성고객의 만족도보다 비고객이 된 가망고객의 아쉬웠던 경험을 이해하는 것이다. 더 많은 주문이 절대적으로 필요하기 때문이다. 즉 '놓친(비고객이 된) 대부분의 가망고객이 인식하는 상품의 가치요소' 를 파악하여 조직이 가망고객을 잃게 되는 이유를 알아내야 한다. 특히 고객이 중요시하는 비제품 가치요소가 무엇인지 파악한다.

이제까지 고객의 불만(증상)을 이해하고 이를 해결하려는 노력을 해왔다면, 이제는 비고객이 된 가망고객의 의견을 파악하는 데에 주력하는 것이다. 이제까지 동일한 고객불만이 재발하지 않도록 조직구성원에게 정신교육을 실시해 왔다면, 이제는 고객의 문제를 알고 조직이 여기에 어떤 영향을 주는지, 조직의 정책을 어떻게 바꾸면 그들의 고민을 해결할 수 있는지 타진해 보아야 한다. 나아가 다양한 고객의 필요를 적절히 그룹핑할 수 있다면 세분화된 시장별로 마케팅 전략을 수립할 수도 있을 것이다.

고객이 원하는 것을 제공하려고 할 것이 아니라, 고객의 문제를 해결하려고 할 때 보다 더 가치 있는 결과를 얻게 될 것이다.

| 구분 | 프로세스 개선을 위한 고객인식조사 | 영업 확대를 위한 고객인식조사 |
|---|---|---|
| 관점(1) | ① 고객이 원하는 제품/서비스의 특성은 무엇인가<br>② 고객의 불만은 무엇인가 | ① 고객은 왜 제품을 구매하지 않았는가<br>② 제품/서비스와 관련하여, 고객에게 일어나는 바람직하지 않은 현상은 무엇인가 |
| 관점(2) | 제품가치요소 | 비제품 가치요소 |
| 조사정보 | 제품과 관련된 고객의 만족/불만족 | 제품과 관련된 고객의 문제 |
| 조사대상 | 충성고객, 목표고객 | 비고객, 놓쳐버린 고객 |
| 활용방안 | 마케팅, 공정개선, 신제품 개발 | 고객의 핵심문제 해결을 위한 제안 |
| 고객의<br>소리(예) | 제품원가가 높다.<br>고장이 잦다.<br>납품기일을 자주 어긴다. | 구제품 소진을 위해 할인행사를 해야 한다.<br>판매대금이 잘 회수되지 않는다.<br>소비자는 꼭 품절된 제품만 찾는다. |

[표 15-5] 새로운 고객인식조사의 방향

## 상품의 가격은 고객이 결정하게 하라

또 하나의 마케팅 접근방법은 상품의 가치결정에 관한 것이다. 상품판매에 따른 이익을 확보하려면 생산원가에 마진을 더해서 제품가격을 결정해야 한다. 그러나 근본적으로 제품의 가격은 시장의 수요(필요)에 따라 결정될 것이다. 시장의 수요를 무시한 가격결정으로는 판매이익은 커녕 판매도 힘겨울 것이다. 과연 어느 장단에 맞추어야 할까? 늘 우리를 곤경에 빠뜨리는 이 딜레마를 이해하기 쉽게 도식화 하였다.

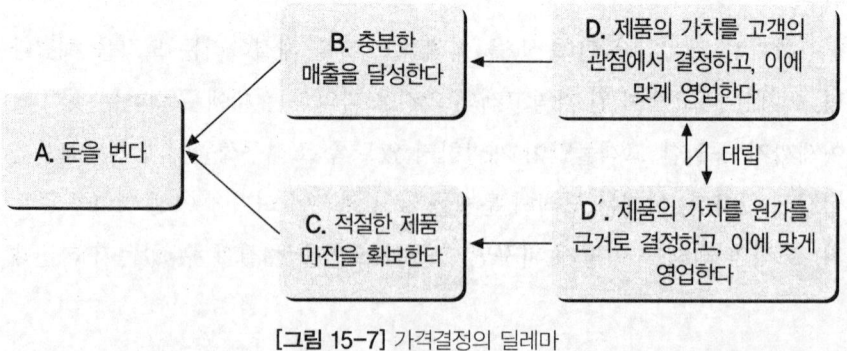

[그림 15-7] 가격결정의 딜레마

공급자는 제품 생산에 투자한 모든 비용 즉 생산원가에 적정한 이익(마진)을 붙여서 제품가격을 설정한다. 그리고 이렇게 하는 것이 공정하다고 믿는다. 생산원가에는 제품(서비스)의 설계, 생산, 유통, 마케팅 등 모든 단계에서 일어나는 총 소요비용이 포함되어 있다.

제품 가격 = 생산원가(제품의 총 소요비용) + 적정 이익(마진)

그러나 구매자는 단지 구매자 자신의 필요에 따라 제품이 효용성이 있는지 판단할 뿐이다. 필요에 비해 효용성이 있었다고 생각되면 제품가격이 적절하다고 믿는다.

그런데 구매자 개개인의 필요나 느끼는 효용성은 모두 다르다. 따라서 한 제품의 가치에 대한 인식은 구매자마다 모두 다른 것이다. 다음은 공급자가 설정한 제품가치에 대한 구매자의 반응이 제각기 다름을 보여준다.

| 고객군 | 제품가치에 대한 인식 | 결과 |
|---|---|---|
| 가 | 제시된 가격만큼 가치가 있다고 생각하지 않는다<br>(제품가격 > 제품가치) | 구매하지 않음 |
| 나 | 제시된 가격만큼 가치가 있다고 생각하지만 더 낮은 가격으로 대체할 수 있다고 믿어 새로운 공급자를 찾거나, 트집을 잡거나, 심하게 불평한다<br>(제품가격 = 제품가치) | 경우에 따라 다름 |
| 다 | 제시된 가격이 합당하다고 생각한다<br>(제품가격 < 제품가치) | 구매함 |
| 라 | 제시된 가격이 헐값이라고 생각한다<br>(제품가격 < 제품가치) | 구매함 |

[표 15-6] 제품가격 vs 제품가치에 대한 인식

기업에서는 일반적으로 '가'와 같은 고객들은 계란으로 바위치기라고 생각하여 영업대상에서 제외한다. '다'와 '라'는 이미 확보된 고객이라고 생각하므로 영업인력은 주로 '나'를 공략하는 데에 노력한다. 그리고 이러한 접근방법이 맞다고 믿는다. 그러나 정말 그럴까? 또, 보통은 '다' 고객군이 대부분이라고 믿고 있지만(그렇게 믿고 싶지만), 만약 시장의 상황이 대부분의 고객은 '가' 이고 '나', '다', '라' 는 극소수라면 어떻게 되는가? 회사는 어려운 상황을 겪게 될 것이다.

따라서 뭔가 다른 방향의 접근이 필요하다. 이제까지의 고정관념을 바꾸어 본다. 동일한 제품에 대한 고객의 인식이 제각기 다르므로, 고객군을 적절히 나누어 시장을 세분화하고 이에 따라 대응하는 것이다!

### 고객군에 따라 시장을 세분화하라

예를 들어 컴퓨터 바이러스를 예방하는 소프트웨어 프로그램의 가격은 한 가지가 아니다. 팩키지로 구매할 때의 가격이 다르고 온라인으로 다운로드 받을 때의 금액이 다르다. 또한 개인용이 다르고 기업용이 다르며 가정용이 또 다르다. 어떤 제품과 함께 구매하느냐에 따라, 사용자 수에 따라 또 사용계약기간에 따라 가격이 모두 다르다. 언뜻 보면 이런 제품들이 모두 다른 것 같지만, 사실은 제품의 근본은 같되 판매경로, 사용자의 용도, 인수조건, 계약조건 등 여러 가지 경우에 따라 가격도 나누어 놓은 것이다. 바로 이것이 시장을 세분화한 좋은 예라고 할 수 있다.

소프트웨어 상품이니까 물론 그럴 수 있겠다고? 하드웨어 상품도 마찬가지이다. 고급 만년필은 포장 조건에 따라 가격이 모두 다르다. 선물용이 다르고 낱개 판매용이 다르고, 학생용이 다르고, 볼펜과 함께 세트로 팔 때 또 다르다.

제품이 아닌 서비스 상품은 더 말할 것도 없다. 서울과 대구를 왕래하는 KTX 요금이 과연 한 가지 뿐인지 따져 보면 금방 알 수 있을 것이다. 탑승 시각, 탑승 요일, 마일리지, 회원 구분, 순/역 방향, 예매 유무 등등 상품 가격을 다르게 하는 얼마나 많은 비상품요인들이 존재하는가?

공급자 스스로 제조원가에 근거하여 제품의 가치를 결정하는 낡은 사고방식에서 벗어나지 못하면 고객에게 현재보다 더 큰 가치를 제공하기도 어렵고 더 많은 이익을 효과적으로 창출할 수도 없다. 구매자가 인식하는 다양한 제품의 가치로부터 시작해야 한다. 같은 제품이라도 구매자들은 자신의 필요에 따라 서로 다른 가치를 부여하므로, 각 고객군별로 다르게 대응한다. 특정한 고객(군)들을 세분화하고, 세분화된 각 고객군마다 호감이 가는 제안과 가격정책을 지속적으로 만들어 나아간다. 이러한 시장 세분화 전략은 틈새시장 전략과는 분명히 다른 것이다.

이때 세분화된 시장 간에는 서로 영향을 미치지 않아야 한다.(즉 한 시장에서의 판매가격이 다른 시장에서의 판매가격에 영향을 주지 않아야 한다.)

또 하나 주의할 것은, 제품의 등급이나 종류 등 회사의 자원을 세분화하는 것이 아니라, 시장을 세분화해야 한다는 점이다. 회사의 자원을 세분화한다면 시시각각 변화하는 시장의 수요에 유연하게 대응하기 어렵기 때문이다. 그러나 시장의 수요를 예측할 수 없는 환경에서, 시장을 여러 개로 세분화하면 세분화된 시장간에 자원을 유연하게 운영할 수 있다. 일부의 시장이 판매가 저조해도 다른 시장에서까지 그렇지는 않을 것이므로, 매출의 안정성을 확보하고 시장의 혼란으로부터 회사를 보호할 수 있다.


## 마케팅에서의 집중개선 5단계

마케팅에 있어서도 집중개선 5단계를 적용할 수 있다. [그림 15-5]를 참조하라.


**발견** 우리 조직의 제품공급보다 시장에서의 수요가 작으므로, 가치흐름상의 병목은 '가망고객(인풋)'을 '고객(아웃풋)'으로 변환하는 곳에서 일어난다(가망고객은 대부분 '비고객'으로 변환된다). 즉 제약은 우리 조직의 마케팅/영업 프로세스가 된다.

**활용** 가망고객의 낭비를 최대한 막기 위한 조치를 한다(즉 '고객'이 될 수 있었을 '가망고객'을 '비고객'으로 놓치는 일이 없도록 한다). 예를 들어 관심은 있지만 구매하지는 않은 대부분의 가망고객이 "납기가 너무 길어서"라고 답했다면, 거래 성사의 열쇠는 '납기'에 있는 것이다. 이 단계를 위해서는 다음과 같이 한다.

– 가망고객을 고객으로 변환하는 데에 사용할 수 있는 한정된 자원(영업자원)을, 아무 고객에게나 무분별하게 투입하지 않는다(=가망고객의 고객화에 자원을 우선적으로 배분/투입한다).

– '가망고객'이 '비고객'이 되는 이유 즉 비고객이 된 가망고객 대다수가 구매하지 않는 이유를 조사한다. 예를 들면 제안을 요청했으나 주문(계약)은 하지 않은 고객, 전시회 때 찾아와 상세하게 문의했으나 비고객이 되고 만 고객과 만나 면담을 하거나 설문조사를 수행한다(기존 고객에게 묻지 않는다).

– 6시그마, BPR과 같은 혁신/개선 기법도 마케팅/영업 프로세스에 우선적으로 활용한다.

**종속** 생산, 기술, 구매, 창고/출하, 재무 등 영업(마케팅)을 제외한 모든 프로세스 또는 기능을 마케팅/영업(판매) 프로세스에 정렬시킨다. 마케팅/영업에 다른 모든 기능/프로세스를 종속시킨다는 것은 예를 들면 다음과 같이 하는 것이다.

– 출하프로세스에서는 차량가동률, 적재, 외주 운송, 연료 절약 등이 고객에의 제품 정시인도에 우선하지 않도록 한다.

– 제품보관(창고관리)프로세스에서는 제품 결품으로 주문받은 품목을 판매하지 못하는 일이 없도록, 유통망의 올바른 곳에 제품재고를 확보해 둔다.

– 제품개발프로세스에서는 시장에서 선호하는 제품이 최우선적으로 설계(개발)되도록 한다.

– 제품생산프로세스에서는 생산성, 설비가동효율 등이 짧은 리드타임으로 인한 납기준수보다 우선하지 않도록 한다.

– 재무회계프로세스에서는 믿을 수 있는 고객에게 신용구매 절차를 확대하거나, 까다로운 대금지불 수속절차로 고객의 제품구매를 어렵게 하지 않는다.

**향상**  '가망고객'을 충분히 '고객'으로 전환하여 가망고객이 대부분 소진되었다면, 더 많은 가망고객을 확보해야 한다. 즉 더 많은 오징어를 불러모으도록 불의 밝기를 높이거나, 면적을 확대하거나, 자리를 옮기는 것이다. 현실적인 방안은 다음과 같다.

– 신제품을 개발하려고 하기보다는, '우리 시장의 고객들은 어떤 고민을 가지고 있는가?'라는 질문으로부터 시작하여 고객의 갈등을 해소하려고 노력한다(마피아오퍼Mafia Offer를 개발한다).

– 또한 이 질문이 시장조사의 핵심이 되도록 기존의 고객만족도 조사절차를 개선(변경)한다.

– 시장을 세분화하고, 세분화 시장마다의 가격정책을 운영한다.

– 마피아오퍼나 시장세분화 전략을 적용했음에도 여전이 시장에 제약이 있다면, 제품개발 기간을 가속화할 필요가 있다

**반복**  마피아오퍼와 시장세분화 등으로 마케팅프로세스에서의 가치흐름이 원활해졌다면(즉 시장의 수요가 우리 조직의 제품공급능력보다 커졌다면) 1단계로 되돌아가서 새로운 제약을 찾는다. 제약이 다른 프로세스로 이동했다면 활용, 종속을 위한 규칙은 이제 더 이상 유효하지 않으므로, 기존의 규칙을 처음부터 다시 주의 깊게 점검하고 적절히 변경해야 한다.


## 공급망에서의 마케팅 활용 사례

Orman Grubb사의 사례[47]를 통해 마케팅에서의 사례를 살펴보자. 이 회사는 캘리포니아에 있는 가구 제조회사이다. 20년 전 창업되어 오크oak, 가정용 사무가구, 침대를 생산한다. 공장의 생산능력은 남는 상황이었으며, 어떻게 더 많은 고객을 확보하느냐가 해결과제였다.

이 회사의 사장은, 현재의 고객이나 잠재고객의 불편함을 해소해 주는 정

---

47) Securing the Future(Gerald Kendall)에 실린 자료를 이해하기 쉽게 구성하였다. 본 내용은 공급망에서 가치흐름을 개선한 사례로도, 또 마피아오퍼의 사례로도 훌륭하다고 생각된다.

책을 개발하여 고객에게 제안하는 마피아오퍼Mafia Offer에 흥미를 느끼고 있었다. 회사는 이미 그 불편함이 어떤 것인지 업무경험을 통해 어느 정도 알고 있었지만, 더 상세한 내용을 확인하기 위해 고객, 판매사원, 직원들의 이야기를 들어보기로 했다.

고객의 문제들이 파악되었지만 모든 문제를 한꺼번에 해결할 필요는 없었다. 모든 문제를 한꺼번에 해결할 능력이 없기도 했지만, 해결책을 준비해 두었다가 경쟁사가 따라오면 그 때 추가로 적용하여 따돌릴 필요가 있기 때문이었다.

가구 대리점들의 고민은 다음과 같은 3가지 갈등으로 압축되었다. 보통의 대리점들이 수년 동안 몸부림치면서도 해결책은 찾지 못하는 골치 아픈 것들이었다.

1. 재고유지 수준 - 가구 재고를 많이 가져야 할 것인가 아니면 적게 유지해야 할 것인가
2. 주문업무 수행노력 - 주문을 소량씩 여러 번 할 것인가 아니면 주문횟수를 줄여 대량으로 주문할 것인가
3. 운송비 - 고객수요에 맞추어 여러 번의 소량주문을 할 것인가 아니면 운송비를 절약하기 위해 대량주문을 할 것인가

### 대리점의 딜레마 (1) : 재고수준 유지 노력

대리점이 겪는 첫 번째 갈등은 재고수준을 어느 정도로 해야 하는지에 대한 것이다. 다음 그림은 이러한 갈등을 논리적으로 표현한 것이다.[48]

---

48) 갈등해소도(Cloud)

재고를 고객의 수요와 일치시킨다

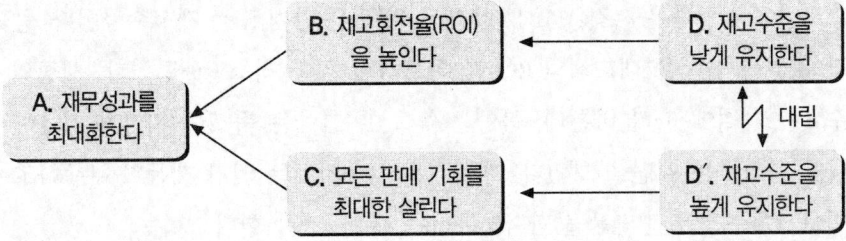

[그림 15-8] 재고수준을 시장수요와 일치시키기 위한 대리점의 갈등

대리점이 재무성과를 최대화하기 위해서는 재고회전율을 높여야 한다. 재고회전율을 높이려면 재고수준을 낮게 유지하여야 한다. 다른 한편으로, 대리점은 재무성과를 최대화하기 위해서 모든 판매기회를 최대한 살려야 한다. 그러기 위해서는 재고수준을 높게 유지해야 한다.

결국 대리점들은 낮은 재고수준과 높은 재고수준 사이를 오락가락한다. 즉 성수기에는 재고수준을 높이고, 다른 때에는 낮춘다.

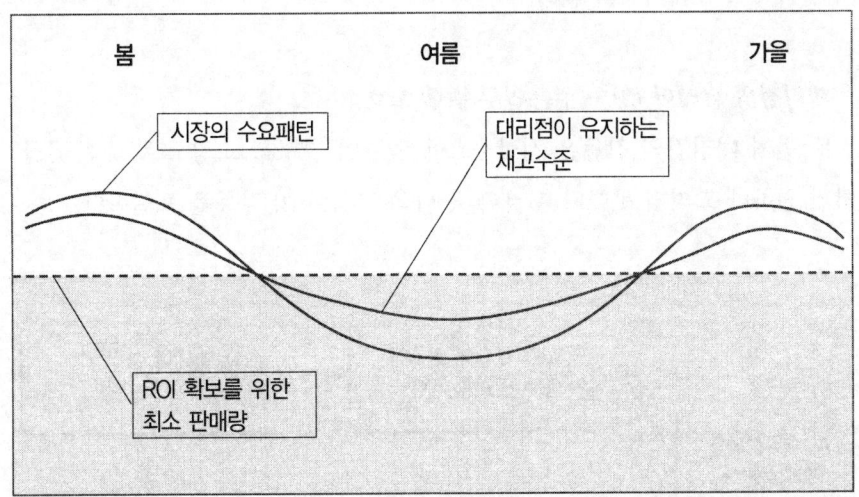

• 대리점들은 높은 수준과 낮은 수준을 오락가락하며 인기 상품의 품절, 진부화 상품의 과다보유 현상을 반복한다
• 대리점들은 성수기에는 많은 물량을 구매하다가, 재고수준을 맞추기 위해 갑자기 구매를 뚝 끊는다

[그림 15-9] 계절 변화에 따른 대리점 재고수준의 변화

그림에서 종축은 시간(1년 사계절)이고, 횡축은 판매 또는 재고수량이다. 중간에 있는 점선은 대리점의 ROI를 확보하기 위한 최소판매량이다. 시장의 수요는 계절에 따라 다른데, 봄에는 높고, 여름에는 뚝 떨어지다가 가을에 다시 올라가는 패턴을 보인다. 대리점은 성수기에는 인기 제품이 부족하고 비수기에는 진부화 제품을 과다보유하는 패턴을 반복한다.

이렇게 대리점은 구매량에 민감한 경향이 있는데, 성수기를 대비해서 많은 물량을 구매하다가 재고수준을 맞추기 위해서 갑자기 구매를 뚝 끊어 버린다. 대리점의 이런 구매습관은 제조회사에 심각한 부담을 안기는데, 이런 물량 차이 때문에 생산과 수송이 장단을 맞추기가 너무 어렵다. 그래서 제조회사는 대리점의 요구에 리드타임을 길게, 그리고 불확실하게 제시하여 대응할 수밖에 없게 된다. 이것은 계절에 따른 수요의 변동을 더욱 부풀려 버린다.

파레토법칙에 따라 대리점에서 잘나가는 인기 상품은 전체의 20%인데, 비수기에 구매를 중단한 대리점은 특히 인기 상품의 재고가 충분하지 않아서 결품으로 판매기회를 놓친다.

### 대리점의 딜레마 (2) – 주문업무 수행 노력

두 번째 대리점의 갈등은 시장수요에 맞추어 가구를 소량으로 자주 공급받기 원하나 그러지 못한다는 것이다. 다음 그림이 이 갈등을 표현한다.

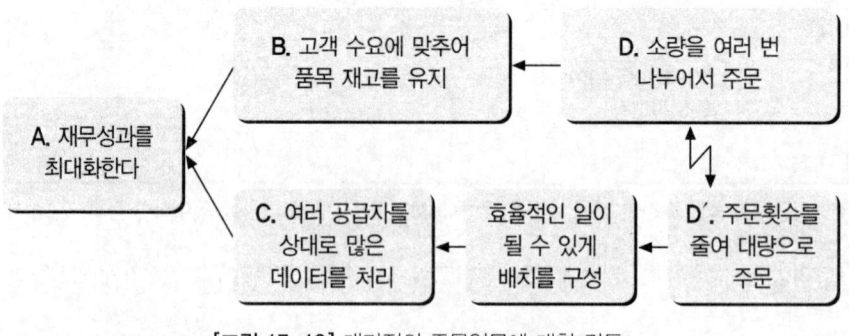

[그림 15-10] 대리점의 주문업무에 대한 갈등

대리점에서는 재무성과를 최대화하기 위해 재고품목을 시장수요에 맞추어야 한다. 이렇게 하기 위해서 대리점은 고객에게 판매하는 양과 품목에 맞추어 공급자에게도 소량씩 여러 번 주문해야 한다. 다른 한편으로, 대리점은 재무성과를 최대화하기 위해 여러 공급자를 상대로 많은 주문데이터를 효율적으로 처리해야 한다. 그러기 위해서 대리점은 주문 횟수를 줄여 대량으로 주문해야 한다.

이런 원칙 없는 주문방식은 대리점 창고에 있는 가구세트 재고가 이 빠진 것처럼 만들어 버린다. 예를 들어 침대세트가 머리판, 서랍, 팔걸이, 조명등받이, 그리고 거울로 구색을 갖추어 판매된다고 할 때, 팔걸이와 조명등받이가 결품되는 상황이다. 이렇게 되면 고객은 침대세트를 사지 않을 수 있고, 이는 판매기회 손실이 된다. 또는 운반을 나누어 두 번 해야 하거나, 제조회사에 긴급운송을 의뢰하면서 운송비를 더 부담해야 한다. 아무튼 재고에 결품이 생길 때마다 손실이 발생한다.

### 대리점의 딜레마 (3) – 운송비

대리점이 겪는 세 번째 갈등은 두 번째 것과 비슷하지만, 운송비 절감에 대한 것이다.

대리점들은 운송비를 매출액의 일정비율로 산정한다. 운송비는 계산서에 나와 '눈에 보이는 돈'이므로, 대리점들은 가능하면 이 돈을 절감하려고 노력한다. 그러나 대리점들이 미처 생각하지 못하는 것은 판매기회 상실에 따른 '눈에는 보이지 않는 돈'이다. 그래서 '눈에 보이는 돈' 500불에 집착한 나머지 '눈에 보이지 않는 돈' 2,000불을 잃고 만다.

- 운송비 500불은 눈에 보여 집착하나(hard dollar),
  - 가능하면 운송비를 절감하려고 노력한다
- 판매기회 상실로 사라지는 2,000불은 눈에 띄지 않는다(soft dollar)
  - "필요할 때" 있어야 돈이 된다 ("필요할 때" 없으면 손실을 본다)

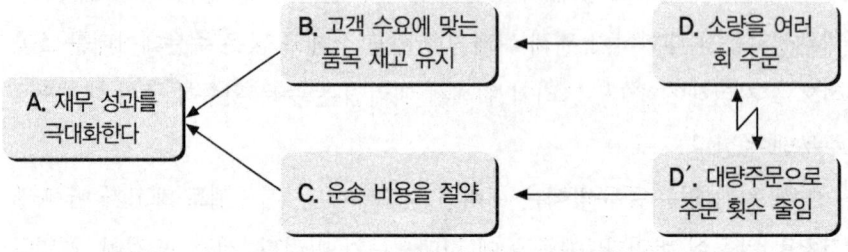

[그림 15-11] 대리점의 수송비 부담에 대한 갈등

Orman Grubb사는 기업의 목표가 돈을 '버는' 것이지, 돈을 '절약하는' 것이 아니라는 것을 알고 있었다. Orman Grubb사는 기회를 놓치지 않는 것이 절약하는 것보다 중요하다는 점을 대리점들에게 인식시키는 것이 가장 힘들었다고 한다.

### 해결방안

Orman Grubb사가 도출해낸 이러한 3가지의 딜레마(갈등상황)에 대한 해결방안[49]은 각각 다음과 같다.

대리점의 첫 번째 딜레마에서 모든 판매기회를 살리기 위해서는 재고수준을 높게 유지하는 것이다. 그 이유는 공급자를 믿지 못하고 리드타임이 너무 길다는 가정 때문이었다.

이러한 가정을 무효화하기 위해 Orman Grubb사는 짧은 리드타임과 일관성있는 도착일을 해결방안으로 도출했다. 이 업계의 리드타임은 대략 4~6주였고, 동부의 큰 가구회사에서는 10~15주가 되는 경우도 흔했다. Orman Grubb사는 리드타임을 2주 2일로 떨어뜨리고, 또 이를 보장해 주기로 했다. 여기서 2일은 돌발사고 대비용이다.

---

49) 해결방안은 논리가 성립하기 위한 가정(assumption)을 찾아 무효화시키는 것이다. 주입(injection)이라고 한다.

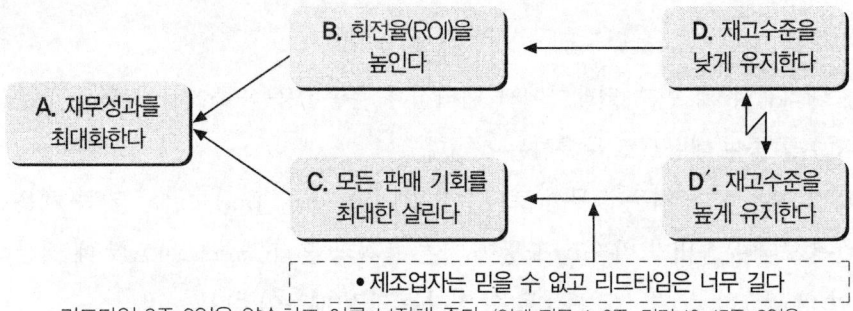

B. 회전율(ROI)을 높인다

D. 재고수준을 낮게 유지한다

A. 재무성과를 최대화한다

C. 모든 판매 기회를 최대한 살린다

D'. 재고수준을 높게 유지한다

• 제조업자는 믿을 수 없고 리드타임은 너무 길다

• 리드타임 2주 2일을 약속하고 이를 보장해 준다. (업계 평균 4~6주, 길면 10~15주, 2일은 돌발사고 대비용)

[그림 15-12] 해결아이디어 #1 - 짧은 리드타임을 보장한다

대리점의 두 번째 딜레마에서 대리점은 여러 공급자를 상대로 많은 주문 데이터를 효율적으로 처리하기 위해서 묶음단위로 주문을 편성하고 주문 횟수를 줄여 대량으로 주문해왔다. 그 이유는 많은 데이터를 다루느라 시간이 많이 걸리고 힘들다는 가정 때문이었다.

가정을 깨는 해결방안은 간단하다. 대리점에서 Orman Grubb사 품목을 안전재고로 보유하고, 매주 정해진 날에, 지난 7일 간의 판매수량만큼 주문한다. 그러면 주문한 수량이 2주 2일만에 대리점에 보충된다. 이렇게 하면 다른 것은 생각할 것이 없고, 업무가 단순해져서 주문하는 데에 시간이 거의 걸리지 않는다. 대리점에서 할 일은 그저 지난 주 판매량을 집계하여 그 만큼만 주문하는 것뿐이다. 그리고 몇 개월마다 한 번씩 목표 재고수준을 다시 정한다.

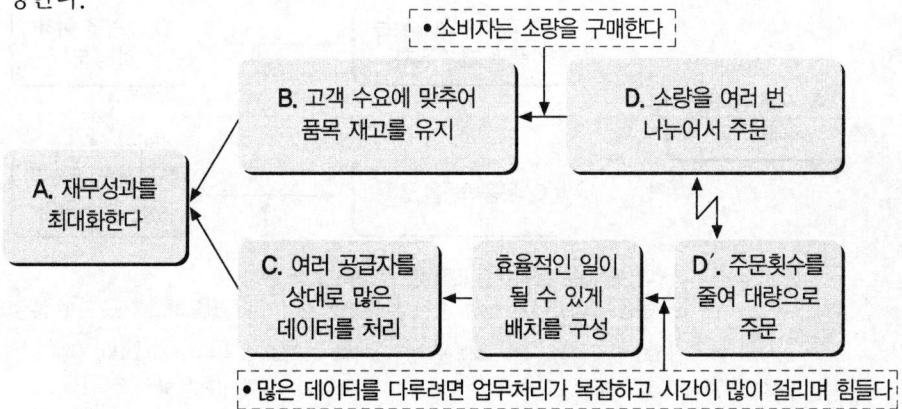

• 소비자는 소량을 구매한다

B. 고객 수요에 맞추어 품목 재고를 유지

D. 소량을 여러 번 나누어서 주문

A. 재무성과를 최대화한다

C. 여러 공급자를 상대로 많은 데이터를 처리

효율적인 일이 될 수 있게 배치를 구성

D'. 주문횟수를 줄여 대량으로 주문

• 많은 데이터를 다루려면 업무처리가 복잡하고 시간이 많이 걸리며 힘들다

• 대리점은 매주 O요일마다 지난 주 판매량만큼 주문한다
• 안전재고를 보유하며 몇 개월마다 한 번씩 재고수준을 조정한다

[그림 15-13] 해결아이디어 #2 - 주문절차를 단순화시킨다

대리점의 세 번째 딜레마에서 대리점은 운송비용을 줄이기 위해서 주문 횟수를 줄여 대량으로 주문하는 것이다.

그 이유는 다 채우지 못한 트럭수송(LTL:Less-than-Truckload)은 가득 채운 운송보다 운송비가 비싸고, 도중에 다른 품목과 혼적Consolidation할 때 시간이 더 필요하고, 가구도 손상될 수 있다는 가정 때문이었다.

대리점은 운송사가 트럭을 가득 채우도록 여러 가구제조회사의 물품을 모아서 운송해 주기를 원한다. 그렇지 않으면 한 트럭 분량이 되도록 모아서 주문하는데, 이것은 모으는 기간만큼 인도기간이 길어지기 때문에 판매기회 손실이 더 커지고 만다.

또한 LTL 운송은 비싸고, 물품이 손상될 위험도 크다. 예를 들어 Orman Grubb 공장에서 가구는 트럭에 실렸다가 운송회사 창고에 내려진다. 여기서 다른 품목과 합해져서 한 트럭분이 채워지면 다른 창고로 옮겨지고, … 이런 일을 몇 번 반복해서 대리점까지 운반된다. 더욱이 한 트럭을 채우는 데 시간이 얼마나 걸릴지 알 수 없다. 1주, 혹은 2주, 혹은 3주가 걸릴 수도 있다.

가정을 무효화시키기 위한 해결방안으로 Orman Grubb사는 운송할 짐

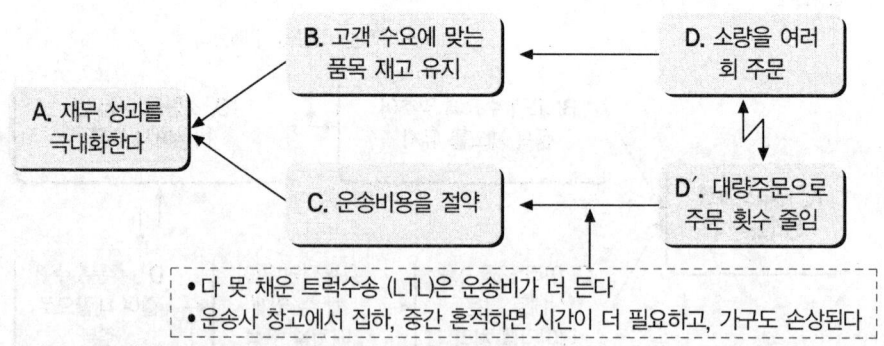

• 회사(Orman Grubb)가 직접 짐을 꾸려 운송한다. (예: 아리조나 경유 필라델피아 행)
※ 트럭은 날마다 출발하며, LTL보다 수송비용도 적게 들고, 신뢰성도 높다
※ 대리점은 한 차분이 다 모여질 때까지 주문을 기다릴 필요가 없어진다

[그림 15-14] 해결아이디어 #3 – 운송화물 꾸리기를 Orman Grubb사가 직접 한다

꾸리기 작업을 직접 하기로 했다. 아리조나를 경유하여 필라델피아로 보낼 물품을 한 트럭에 모아, 날마다 출발시킨다. 이것이 LTL보다 수송비용도 적게 들고 믿을 수 있다. 각 대리점에서도 주문할 때 한 트럭분을 다 모을 때까지 기다릴 필요도 없다.

다음 그림은 이 세 가지의 해결방안을 통해 당초 예상되었던 효과이다.[50]

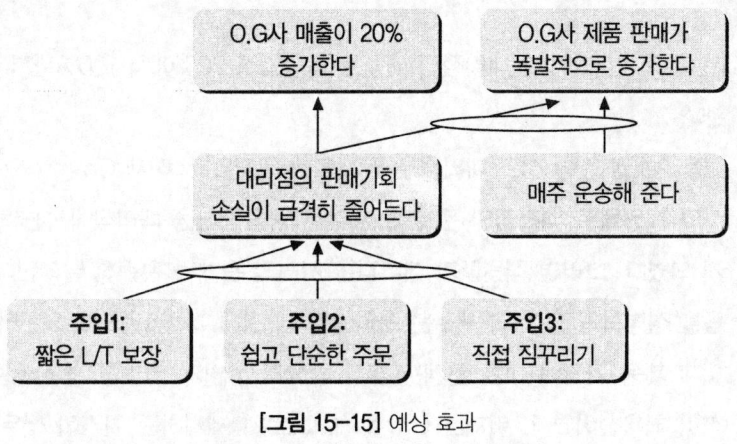

[그림 15-15] 예상 효과

Orman Grubb사의 사장은 "만약 발주부터 도착까지 리드타임이 2.5주 내지 3주로 보장되고, 발주 절차를 간단하게 만들면, 침팬지라도 해낼 수 있는 일이 된다. 우리가 직접 짐을 꾸리면, 판매기회 손실이 거의 없어지도록 재고를 보충해 줄 수 있다. 이제 대리점에서 우리 제품이 결품되는 일은 결코 발생하지 않는다"고 말한다.

Orman Grubb사는 실제로 위의 그림과 같은 예상 효과를 그대로 거두었

---

50) 미래상황구조도(FRT, Future Reality Tree)

다. 더욱 놀라운 것은 수송 횟수와 관련된 결과다. Orman Grubb사 트럭이 매주 대리점 문 앞에 나타난다는 사실은 대리점 주인, 판매사원, 그리고 고객들을 심리적으로 고무시켰고, Orman Grubb사 제품의 판매가 획기적으로 치솟게 했다.

## 성과

이 과정을 통해 Orman Grubb사가 거둔 성과는 적지 않다.

1. 1년이 채 안 되어서, 대리점의 매출은 품목별로 20%에서 100%까지 증가했다.
2. 적용 2개월 만에 신규 대리점은 37개로 확대되었다. 이제 Oramn Grubb사의 직원들은 대리점의 문제와, 새로운 공급방식을 대리점에 설명해 주게 되었다. 그러면 직원들과 대리점들 사이의 관계가 완전히 달라진다. 제품을 설명하기 전에 이 새로운 사업 방법에 관해 1시간 정도 토의한다.
3. 이제 제품 가격에 대한 문제는 별로 중요하지 않게 되었다. 종전에는 가격이 최우선이었다. 이제는 Orman Grubb가 제시하는 가격이 터무니없지 않다면, 대리점들은 대게 수락한다.
4. Orman Grubb는 이제 신규 대리점을 심사하여 선택적으로 선정할 수 있게 되었다. 시장에서 독보적 지위를 확보했으므로, 위험률이 낮은 대리점들만 골라 회사의 이익을 늘리고 있다.
5. 수금이 획기적으로 개선되었다. 종전에는 대리점들이 대량으로 주문하므로 금액은 크지만 당장 지불 능력이 모자랐다. 이제는 대리점들이 매주 소량을 주문하므로, 결제가 쉬워졌고 대리점으로부터의 수금은 획기적으로 개선되었다.

Orman Grubb사는 매주 대리점의 결제현황을 확인한 후에 물품을 배송하므로, 대리점들은 매주 결제한다. 이건 Orman Grubb에 너무나 좋은 일이다.

경쟁사들은 보통 성공한 전략을 모방하려고 한다. 그러나 이러한 일련의 과정에 대해 경쟁사들의 반응은 처음부터 시큰둥했다. 그들은 이런 정도는 누구나 할 수 있다고 생각했고, 이런 방식이 대리점 매출에 도움을 준다고는 생각하지 못했다. Orman Grubb사가 처음에 염려한 것은 경쟁사들이 자신들을 금방 따라 모방하는 것이었지만, 1년이 지나도록 이를 긍정적으로 보는 경쟁사는 하나도 없었다. 혹시 모방을 하더라도 제대로 이해하거나 해결책의 전체는 보지 못하므로, 문제해결에 성공하지 못할 것이었다.

# 7. 가치흐름과 가치혁신

이제까지의 혁신 대상은 가치흐름의 과정이었다. 이제는 가치 그 자체를 혁신의 대상으로 하는 분야에 대해서 살펴보려고 한다. 예를 들어 이제까지의 논리로 '프로세스'를 혁신하는 것이라면, 이제부터는 '프로세스아웃풋(최종가치, 제품 및 서비스)'과 '고객(시장)'이 혁신의 대상이라는 뜻이다. 사실 고객(시장)과, 그들에게 제공하려는 가치는 추상적이고 막연해서 어렵지만, 가치흐름을 혁신하기 전에 먼저 고려해야 할 혁신의 대상이다.

가치흐름 혁신과 가치혁신의 대상이 어떻게 다른지, 다음의 표가 그 차이를 보여준다.

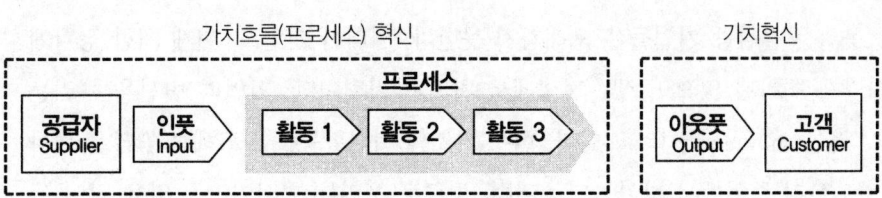

[그림 15-16] 가치흐름 혁신과 가치혁신

| 가치흐름 혁신의 예 (프로세스 혁신) | 구분 | 가치혁신의 예 (블루오션전략) |
|---|---|---|
| 프로세스의 산출가치 정의 | 접근방식 | 고객(시장)의 새로운 가치 정의 |
| 프로세스 가치(중간가치)의 흐름성 | 개선/혁신의 대상 | 시장(고객)의 가치(최종가치) |
| 프로세스의 (성과) 개선 | 목표 | 고객 창조, 새로운 시장 창출 |
| 경쟁우위전략 | 전략 | 경쟁회피전략 |
| 기존자산 최대활용 (기존자원 최대활용) | 자원활용 | 새로이 정의된 가치에 자원 재배열 |
| 고객의 만족도(인식)에 집중 | 고객/비고객의 인식 | 비고객의 의견에 집중 |

[표 15-7] 가격흐름과 가치혁신

대부분의 기업은 자신들이 놓인 산업조건을 주어진 것으로 받아들이고 이에 따라 전략을 수립한다. 경쟁회사에 의해 자신의 전략적 요소도 결정한다. 자신의 약점과 강점을 경쟁사와 비교하고, 장점을 구축하는 데 중점을 둔다(전략을 수립하기 위해 SWOT분석 같은 환경분석을 수행한 것을 생각해 보라). 전략 수립의 초점은 경쟁자를 이기고 경쟁자에 대하여 전략적 우위를 점하는 것이다.

그러나 가치혁신에서의 접근방법은 다르다. 동종업 경쟁 타사의 성과와는 관계없이, 사업의 대성공을 위한 아이디어와 가치의 획기적인 도약을 꾀한다. 산업 조건도 주어진 것이 아니고 기업이 만들어 갈 수 있는 것이며, 시장의 가치에 따라 산업의 경계도 자유로이 넘어설 수 있다. 따라서 경쟁자를 벤치마크할 필요가 없다. 시장을 지배하기 위해 가치의 도약을 실현하고자 하는 것이다.

기업을 둘러싸고 증가하는 불확실성과, 빠르게 변화하는 환경은 어제, 오늘의 일이 아니다. 이러한 추세는 앞으로도 극심해질 것이다. 시장의 환경은 자꾸만 변해 가는데, 어떤 기업들은 이러한 새로운 변화를 알아채지 못하거나, 아니면 아예 자신들과 무관하다고 생각하는 것 같다. 변화의 바람을 알아채지 못하는 불감증 기업들은 오래가지 못한다. 어떠한 기업도, 현재 처한 상황에 맞게 변하지 않으면 생존경쟁에서 처지기 마련이다. 기업의 변신을 우리는 '혁신Innovation'이라고 한다. 한두 가지의 혁신활동을 시도해보지 않은 회사는 우리 주위에서 찾아보기 어려울 정도로 우리는 혁신이라는 말을 많이 듣고, 또 사용한다.

기업은 어떻게 혁신을 꾀하는가? 주로 그 분야에서 성공을 거둔 회사를 벤치마킹하는 것으로부터 출발한다. 그리고 그들이 어떻게 경쟁사들을 물리칠수 있었는지를 배우고 연구한다. 그 결과 품질혁신, 프로세스 리엔지니어링, 원가혁신 등과 같이 상대방보다 더 나아지려는 노력에 상당한 시간과 자원을 투자한다. 그리고 그들이 선택하게 되는 것은 시장에서 경쟁우위를 확보하기 위한 차별화 전략이거나, 아니면 저가 전략이다.

그러나 90년대 중반, 블루오션전략Blue Ocean Strategy이라는 경영 전략이 새롭게 발표되었다. 이것은 프랑스 인시아드 경영대학원의 김위찬 교수와 르네 마보안 교수가 주창한 가치혁신이론으로, 한정된 파이를 가지고 경쟁사와 다투기보다는, 경쟁하지 않아도 되는 새로운 시장을 찾으라는 메시지이다. 여기서 '블루오션'이란 아직 아무도 가지 않은 바닷가, 먼저 도착하는 사람이 임자가 되는 푸른 바닷가, 아직 알려져 있지 않은 시장을 의미한다. 피 터지게 경쟁해야 하는 시장인 레드오션의 반대 의미로 사용된다.

### 블루오션전략 Blue Ocean Strategy

간단히 말해 이제까지의 경영 전략이 기존의 시장에서 시장점유율을 높이기 위해 경쟁사보다 우위에 서려는 경쟁우위 전략(레드오션전략)이라면, 블루오션전략[51]은 경쟁을 피하기 위해 이미 설정된 시장의 경계를 어떻게 벗어날 수 있는가에 대한 시장창조 전략이다. 기존 시장에서 경쟁해 이기기보다는 무경쟁의 새 시장을 창출하라는 주장이다. 블루오션에는 높은 수익과 빠른 성장을 가능케 하는 엄청난 기회가 존재한다. 블루오션에서는 게임의 법칙도 아직 정해지지 않아서 경쟁이란 무의미하다. 아래 표[52]는 레드오션전략과 블루오션전략의 주요 특징을 비교한 것이다.

---

51) 하버드비즈니스리뷰(1997)에 소개된 W.Chan Kim과 Renee Mauborgne 교수의 Value innovation : the Strategic Logic of High Growth를 기초로 Blue Ocean Strategy를 요약, 참조하였다.
52) Blue Ocean Strategy, W.Chan Kim & Renée Mauborgne

| 레드오션전략 | 블루오션전략 |
|---|---|
| 기존 시장공간 안에서 경쟁 | 경쟁자 없는 시장공간 창출 |
| 경쟁에서 이긴다 | 경쟁을 무의미하게 만든다 |
| 기존 수요시장 공략 | 새 수요창출 및 장악 |
| 가치-비용 가운데 택일 | 가치-비용 동시 추구 |
| 차별화나 저비용 가운데 하나를 택해<br>회사 전체 활동 체계를 정렬 | 차별화와 저비용을 동시에 추구하도록<br>회사 전체 활동 체계를 정렬 |

　김위찬 교수와 르네 마보안 교수는 지난 120년 간 획기적인 성공을 거둔 전세계 150개 기업을 분석하여 성공한 기업들이 갖고 있는 공통적인 성공요인을 찾아냈다. 이들 기업은 기존 시장에서 경쟁자들과 싸워 이긴 것이 아니라, 전혀 다른 새 시장을 만들어냄으로써 큰 성공을 거뒀다는 것이었다. 경쟁에서 이기는 방법에만 몰두해 온 기업들에게는 하나의 충격이었다.

　가치혁신이 기존의 경영혁신 논리와 어떻게 다른지, 프랑스 Accor사의 저가 호텔인 Formule 1의 사례를 살펴보자. 1985년에 프랑스의 저가 호텔은 크게 두 종류의 시장으로 세분화되어 있었다. 하나는 객실당 평균가격이 60~90프랑인 별이 없는 호텔과, 또 하나는 별 한 개 등급의 호텔로, 객실당 평균가격은 200프랑이었다. 고객이 이들 저가 호텔들을 이용하는 이유는 단지 저렴한 가격 때문이다. 비싼 호텔들은 별이 없거나 한 개 등급인 호텔에 비해 더 나은 수면환경을 제공하여 고객을 유치하고 있었는데, 사람들은 더 비싼 값을 지불하고 편안한 수면을 취하든지 아니면 적게 지불하는 대신 불편한 침대와 소음을 참아야 했다.

　Accor는 염가호텔 체인인 Formule 1 사업을 시작하면서, 저가 호텔의 고객이 강요당하는 불편한 문제가 무엇인지 파악하고 극복하는 데에 집중하기 시작했다. Accor가 알아낸 사실은, 별의 개수에 상관없이 모든 저가 호텔을 이용하는 고객이 진정으로 원하는 것은 저렴한 가격에 편안한 수면을 원한다는 것이었다. Accor는 다음의 네 가지 질문에 자문자답해 나아갔다.

1. 저가 숙박업계에서 당연하게 받아들이고 있는 요소 중 제거되어야 할 것은 무엇인가?
2. 어떤 요소가 업계표준 이하로 감소되어도 좋은가?
3. 어떤 요소가 업계표준 이상으로 증가되어야 하는가?
4. 이 업계에서 결코 제시한 적이 없는 요소 중 어떤 요소가 새로이 창출되어야 하는가?

첫 번째 질문은 다른 회사와 경쟁하고 있는 요소가 실제로 고객에게 가치를 부여하는지를 판단하려는 것이다. 어떤 요소는 고객에게 전혀 가치가 없거나 가치가 하락되었음에도 불구하고 있어야 하는 것으로 당연하게 생각하는 것이 있다. 때로는 고객에게 가치를 제공한다고 믿는 근본적인 요소가 변하지만, 경쟁하는 데 급급한 회사는 고객의 니즈(필요) 변화에 반응하지도 않으며, 심지어는 인식조차 못하고 있다. 고객에게 강요한 불편한 요소를 발견하고 제거하도록 한다.

두 번째 질문은 경쟁자에 대항하고 이기기 위해 상품과 서비스를 지나치게 디자인하고 있는지의 여부를 판단하려는 것이다. 이런 요소는 제거하지는 않지만, 줄이도록 한다.

세 번째 질문은 고객에게 더 중요하게 인식되는 요소가 어떤 것인지 발견하고, 이에 중점적으로 집중하려는 것이다. 이러한 요소는 더 강화하도록 한다.

네 번째 질문은 기존 산업의 경계를 넘어서, 고객을 위한 새로운 가치의 원천을 발견하려는 것이다.

이렇게 네 가지 질문에 대답해 가면서, Accor는 호텔에 대한 새로운 개념을 스스로 인식하게 되었다. 이에 따라 Formule 1은 우선 값비싼 식당과 화려한 라운지와 같은 호텔의 일반적인 특징을 제거했다. 이 과정에서 비록 소수의 기존고객을 잃게 된다고 하더라도, 대부분의 고객은 호텔의 이러한 부대서비스 없이도 큰 불편이 없을 거라고 생각했다. Formule 1의 방은 작고, 침대와 꼭 필요한 필수품만을 구비하고 있으며, 문구류나 책상, 장식 등은 전혀 없다.

옷장과 화장대 대신에 방의 한쪽 모퉁이에 선반과 옷걸이가 있다. 방은 공장에서 제조된 조립식 시설로, 높은 품질관리와 대량생산으로 원가상의 이점을 누릴 수 있었으며 방음효과 역시 훌륭했다.

이러한 원가절감을 통해 Accor는 객실당 제조원가를 반으로 절감했으며 인건비도 숙박산업 평균보다 낮출 수 있었다. 그러나 고객이 가장 중요하게 여기는 요소는 별 두 개 등급 이상의 프랑스 호텔 평균수준보다도 향상시켰다. 그러면서도 가격은 별 한 개 등급 호텔보다 약간 높은 정도다.

결과적으로 Accor는 많은 프랑스의 저가 호텔을 흡수했을 뿐 아니라, 시장을 넓혀 나갔다. 전에는 자신의 차에서 잠을 잤던 트럭 운전기사에서부터, 몇 시간의 휴식이 필요한 직장인에 이르기까지, 모두 새로운 고객으로 흡수되었다. Formule 1은 경쟁상황을 무관하게 만든 것이다. 결국은 프랑스에서 Formule 1의 시장점유율은 바로 밑의 5개 경쟁사의 시장점유율을 합한 것보다도 커지게 되었다.

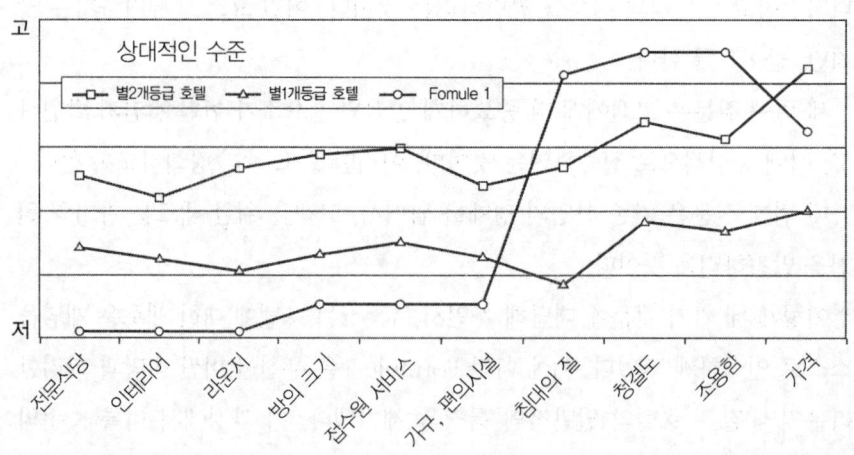

[그림 15-17] Formule 1의 가치곡선(전략캔버스)

Accor가 제공하는 서비스 요소가 기존 숙박업계 표준으로부터 이탈된 정도는 '전략캔버스' 라고 부르는 가치곡선으로 설명할 수 있다. 이 가치곡선은 산업의 주요 성공요소에 대한 기업의 상대적인 성과를 그래프로 나타낸 것이다.

그림에서 어떤 요소가 새로 생기거나 제거되었으며, 강화되거나 감소되었는지 쉽게 파악할 수 있다. 전략캔버스를 역으로 활용하면, 현재의 상품이나 서비스가 제공하지 못하는 새로운 가치를 찾아내고(설계하고) 새 시장을 개척하는 데 유용하게 사용할 수 있다.

### 가치혁신의 핵심

경쟁 없는 시장과 가치를 재창출하는 가치혁신의 성공요소를 몇 가지로 요약해 본다.

### *비고객에 주목한다*

대부분의 기업은 고객을 확보하고 확대시킴으로써 성장을 도모한다. 즉, 고객이 중요하게 인식하는 것에 집중하여 이를 충족시키기 위해 시장을 세분화하고 이들에게 차별화(특화)된 상품(서비스)을 통해 기존의 고객을 유지하고 확장하려고 한다. 그러나 가치혁신에서는 소수 고객을 차별화하기보다는, 고객 대다수에 초점을 맞추고 일부 기존고객을 놓치는 것은 기꺼이 감수하면서까지 고객이 가치를 두는 것의 주요 공통점에 초점을 맞춘다.

가치혁신은 고객의 공통적 니즈(필요)에 기초하여 고객가치를 증대시키고 비용절감을 동시에 추구하는 전략이다. 그런데 여기서 고객이라 함은 확장된 고객의 개념으로, 기존산업 내에서 우리의 상품 및 서비스를 구매하는 고객뿐만 아니라 이를 사용하는 고객, 영향력을 행사하는 고객, 심지어 비고객까지도 포함하는 거대한 수요집단을 말한다. 따라서, 우리 회사의 상품 및 서비스를 이용하지 않는 비고객을 만족시킬 수 있다면, 이런 거대한 시장을 새롭게 창출할 수 있다. 그래서 기존의 고객보다는 비고객을 관찰함으로써, 그들의 니즈를 파악하고 거대 수요를 만족시키는 가치(효용)와 가격, 비용구조를 마련하여 기존의 수요를 넘어서려는 것이다.

병법의 대가 손자는 싸우지 않고 이기는 것을 최상의 전략으로 꼽았다. 경쟁자와 싸우지 않고 이기려면 경쟁 그 자체를 피하고 경쟁자와 다른 새로운 시장을 창출하는 것이다. 따라서 고객에 대한 고정관념에서 벗어나, 이제까지는 간과했던 비非고객에 다가설 수 있는 방법을 살펴보면 경쟁이 없는 시장을 발견할 수 있다. 가치흐름을 구축하는 단계에서는 기존시장 고객의 인식을 파악하는 것이 중요했지만, 가치혁신의 관점에서는 새로운 시장을 만드는 것이므로 이러한 벽을 깨고 비고객의 인식을 파악하는 것이 중요하다. 그들에게 이렇게 물어본다.

"우리 회사(또는 우리 업종)의 상품(서비스)을 이용하지 않는다면 당신은 도대체 어떻게 필요를 해결하는가?"라고.

### 상품(서비스)의 사업영역을 자유로이 벗어나, 산업과 시장의 경계를 재구성한다

일반적으로는 그 산업의 범위(경계) 내에서 기업이 제공하는 제품과 서비스가 결정되고, 그 안에서 경쟁이 일어난다. 그러나 Formule 1의 사례에서 보듯 가치혁신에서는 산업이 고객에게 강요해 온 불편한 점을 극복하고자 종종 이 한계를 무너뜨린다. 이것은 때로 산업영역에서 규정된 것 이상의 가치를 고객에게 제공함을 뜻한다.

과거에 이발소는 남성의 두발을 자르는 서비스를 제공하는 곳이었다. 지금은 남성 헤어컷 전용 헤어숍이 생겨나서 두발을 자르는 서비스뿐만이 아니라 탈모방지를 위한 진단과 클리닉을 제공하는 분야에까지 영역이 확장되었다. 이것은 과거에 피부과 병원에서나 제공하던 의료서비스였다.

산업 조건은 주어진 것이 아니고 만들어질 수 있는 것이며, 시장의 가치를 따라서 산업의 경계도 자유로이 넘어설 수 있다. 따라서 경쟁자를 벤치마크할 필요는 없다. 시장을 지배하기 위해 가치의 도약을 실현하고자 하는 것이다

## 대체 산업을 살펴본다

기업과 산업구조 내에서 제공되는 상품에 만족하지 못하고 대체상품을 찾는 소비자들을 유심히 살펴보는 것도 종종 가치혁신을 위한 큰 기회를 제공한다. 대표적인 예가 미국의 초저가 항공사 사우스웨스트다. 현재는 최저의 고객불평수, 가장 신속한 수화물처리, 정시도착률 등 각종 평가 지표에서도 선두를 기록하고 있으며, 미국 포춘Fortune지가 선정한 가장 존경받는 미국 기업에서도 1998년 이후 Top 10에 오르고 있다.

1971년 후발주자로 출범한 사우스웨스트는 기존의 항공사들과 경쟁하는 길을 택하지 않았다. 대신 대체산업에 주목했다. 미국의 경우 그것은 자가용 자동차였다. 대도시 공항까지 가서 기다리다가, 비싼 돈을 내고 다른 도시로 날아가 또 렌터카를 이용하는 식의 여행이 너무 버겁고 힘든 일반인들은 아예 차를 몰고 길을 나서고 있었다. 사우스웨스트가 주목한 계층은 비행기와 자가용 가운데 어느 한쪽에도 완전히 만족하지는 못하는 고객군이었다. 그들의 필요를 만족시킬 수 있는 모델을 내놓을 수 있으면 전혀 새로운 비즈니스를 창조할 수 있었다.

사우스웨스트는 비행기의 장점인 속도와 친절한 서비스만 그대로 남기고 나머지는 자가용이나 택시 수준으로 서비스를 낮췄다. 기내식을 제공하지 않고 비즈니스 라운지도 없앴다. 좌석도 지정되지 않으며 허브공항이 아닌 변두리 공항을 이용하도록 했다. 이를 통해 항공요금을 택시 수준까지 낮출 수 있었다. '초저가 국내선 항공사'라는 무경쟁 시장이 창출되는 순간이었다. 출범 당시 3대로 시작한 이 회사는 현재 260대의 비행기로 미국 52개 도시에 취항하면서 현재까지 30년이 넘게 흑자경영을 이어오고 있다.

과거 큰 히트를 쳤던 소니의 워크맨도 사실은 첨단 기술혁신 제품이 아니다. 그냥 들고 다니기 편한 트랜지스터 라디오에 음질이 좋은 하이파이 붐박스를 결합한 것이다. 디지털카메라를 장착한 휴대폰도 그렇고, 테니스 라켓처럼 잘 맞출 수 있도록 헤드를 키운 캘러웨이사의 골프 드라이버 빅버사도 같은 예이다.

### *상품(서비스)의 기능적 · 감성적 매력을 뒤바꿔 본다*

우리나라에는 잘 알려져 있지 않지만 캐나다를 근거지로 전세계 공연을 하는 태양의 서커스단Cirque du Soleil이 그 좋은 예이다. 서커스단이라고 해서 동물과 어릿광대가 등장하는 곡예단 정도로 쉽게 속단한다면 크게 실수할지도 모른다. 이들이 보여 주는 퍼포먼스는 가히 예술이라고 할 만하며, 상상력과 감동적인 공연예술로 전세계의 관객을 설레게 한다. 태양의 서커스단은 1984년 캐나다 퀘벡 주에서 결성된 이래로 호주, 브라질, 캐나다, 중국, 프랑스, 일본, 루마니아 등 전세계 70개국에서 모여든 500여 명의 예술가와 2,100명 이상의 직원들로 구성되어 있으며, 서커스, 퍼포먼스, 연극, 음악, 댄스가 총망라된 전무후무한 장르의 작품으로 서커스의 개념을 뛰어넘은 공연을 선보이고 있다.

무대의 짜임새와 화려함은 웬만한 브로드웨이 뮤지컬을 능가한다. 어릿광대의 삶과 애환을 그린 이들의 공연은 때로는 신명나고 혹은 구슬프게 전개되며 라이브 연주와 노래 그리고 뮤지컬에 가까운 아름다운 내용은 음악과 미술, 무용 등을 조화시켜 수준 높은 공연예술로 많은 관객들을 매료시키고 있다. 거기에 예술적인 빛과 색채가 더해져서 아름다움의 극치를 보여 주기도 하고, 연출, 안무, 무대 장치, 조명, 음악에 이르는 모든 요소들이 각 쇼의 컨셉과 테마에 맞게 구성된 모습은 황홀하기까지 하다. 이들은 또한 서커스에서 썼던 음악을 모아서 음반을 내기도 하는데, 우리가 들어왔던 음악도 이중에 있을 정도로 잘 알려져 있다. 이 서커스단의 공연을 한 번 관람하는 것이 유럽인들의 소원 중의 하나라고 한다.

이렇게 천막과 동물, 그리고 고난이도의 기술과 기능으로 대표되는 서커스가 예술의 범주를 넘나들며 서커스도 발레도 연극도 뮤지컬도 아닌 전혀 새로운 장르의 가치로 발전하며 시장을 재창조한 것이다.

상품이나 서비스의 기능적 · 감성적인 면을 뒤집어 보면 새로운 시장을 형성할 수 있는 기회가 보일 수도 있다.

## 새로운 가치를 찾는 네 가지 질문

일반적인 전략은 시장에서 경쟁우위를 확보하기 위하여 구매자의 가치를 높여 차별화하거나 아니면 원가절감을 택하는 반면에, 가치혁신은 고객을 위해 월등히 더 높은 가치를 제공하는 것과, 회사를 위해 더 낮은 원가를 제시하는 두 가지 활동을 동시에 추구한다. 생산비용을 줄이고 상품(서비스)의 가치는 증대시키는 전략 즉, 생산에선 경쟁에서 오는 요소를 감소하거나 제거하고 동시에 산업이 이전에 전혀 제공하지 않았던 요소를 창출해서 시장에 제공하려는 발상이다.

아이디어의 장벽, 산업의 제약조건을 뛰어 넘어 가치혁신의 관점에서 시장에 제공하려는 고객가치를 재구성하려면, 새로운 가치곡선으로 사고를 전환시켜 줄 수 있는 다음의 네 가지 질문에 대한 답을 얻어야 한다.

- 제거해야 할 요소는 무엇인가?
- 수준을 낮추어야 할 요소는 무엇인가?
- 수준을 높여야 할 요소는 무엇인가?
- 지금까지 제공한 적이 없는 새롭게 창조해야 할 요소는 무엇인가?

한두 가지만을 추려 내어 답하기보다는 네 가지 문제에 모두 답하는 것이 수익성 있는 성장을 위해 필요하다.